Berlin
et ses environs
2023/2024

Cofondateurs : Philippe GLOAGUEN et Michel DUVAL

Directeur de collection et auteur
Philippe GLOAGUEN

Secrétaire général
Gavin's CLEMENTE-RUIZ

Rédacteurs en chef
Amanda KERAVEL (France)
Benoît LUCCHINI (Étranger)

Directrice administrative
Bénédicte GLOAGUEN

Conseiller à la rédaction
Pierre JOSSE

Responsable voyages
Carole BORDES

Direction éditoriale
Élise ERNEST

Rédaction
Isabelle AL SUBAIHI
Emmanuelle BAUQUIS
Mathilde de BOISGROLLIER
Marie BURIN des ROZIERS
Camille CAMPET
Véronique de CHARDON
Laura CHARLIER
Florence CHARMETANT
Fiona DEBRABANDER
Anaëlle HASCOËT
Géraldine LEMAUF-BEAUVOIS
Alain PALLIER
Anne POINSOT
Alexia POULAIN

hachette

TABLE DES MATIÈRES

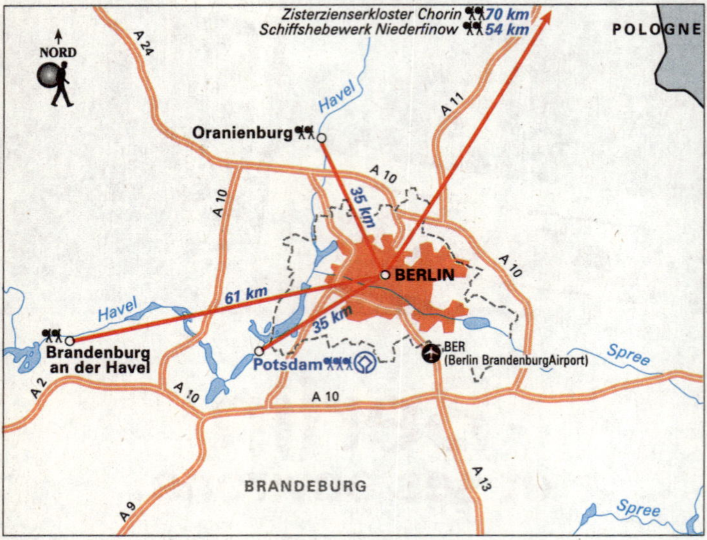

PRÉAMBULE

- La rédaction du *Routard* 8
- Introduction 11
- Nos coups de cœur 12
- Itinéraires conseillés 28
- Interview #experienceroutard 33
- Les questions qu'on se pose avant le départ 34

COMMENT Y ALLER ? 36

- En avion 36
- Les organismes de voyages 36
- En train 39
- En voiture 39
- En bus 40

BERLIN UTILE 41

- ABC de Berlin 41
- Avant le départ 41
- Argent, banques, change 43
- Budget 45
- Climat 46
- Dangers et enquiquinements 47
- Enfants 48
- Fêtes et jours fériés 48
- Hébergement 49
- Langue 51
- Livres de route 52
- Poste 55
- Pourboire 55
- Santé 55
- Tabac 56
- Téléphone 56
- Transports 57

INFOS PRATIQUES SUR PLACE 59

- Arriver – Quitter 59
- Adresses et infos utiles 60
- Comment se repérer ? 66
- Comment se déplacer ? 67

BERLIN, QUARTIER PAR QUARTIER 70

CHARLOTTENBURG-WILMERSDORF 70

- Où dormir ? 70
- Où manger ? 72
- Où prendre un goûter ? 75
- Où boire un verre ? Où sortir ? 75
- Où écouter de la musique ? 76
- À voir 76

LES QUARTIERS DE TIERGARTEN ET SCHÖNEBERG 81

- Où dormir ? 81
- Où manger ? Où boire un verre ? 83
- Où faire une pause sucrée ? 84
- Où boire un verre ? Où danser ? 84
- Achats 85
- À voir 85

LE QUARTIER DE MITTE 97

- Où dormir ? 97
- Où manger ? 101
- Où prendre le *Frühstück* ? 106
- Où boire un verre ? 106
- Où danser dans une vieille salle de bal ? 107
- Où sortir ? Où écouter de la musique ? 108
- Achats et dégustation 109
- À voir 109

LE QUARTIER DE PRENZLAUER BERG 135

- Où dormir ? 136
- Où manger ? 137
- Où prendre le *Frühstück* ? Où faire un brunch ? Où goûter ? 139
- Où déguster une bonne glace ? 140
- Où boire un verre ? 140
- Où écouter de la musique ? Où faire la fête ? 141
- Achats 141
- À voir 141

LES QUARTIERS DE KREUZBERG ET NEUKÖLLN 143

- Où dormir ? 144
- Où manger ? 145
- Où prendre le *Frühstück* ? Où faire un brunch ? 147
- Où boire un verre ? Où grignoter à toute heure ? 148
- Où écouter de la musique ? Où danser ? 149
- Achats 150
- À voir 150

LE QUARTIER DE FRIEDRICHSHAIN 159

- Où dormir à Friedrichshain ? 160
- Où manger à Friedrichshain et côté Kreuzberg 36 ? 162
- Où prendre un verre en journée ? Où manger une glace à Kreuzberg 36 ? 164
- Où boire un verre le soir ? Où sortir ? 164
- Où danser ? Où faire la fête ? 166
- À voir à Friedrichshain et côté Kreuzberg 36 167

LES QUARTIERS PÉRIPHÉRIQUES 170

- Les quartiers de Treptow et Köpenick 170
- Le quartier de Lichtenberg 171
- Le quartier de Wedding 172
- Le quartier de Spandau 173
- Le quartier de Dahlem 174
- Le quartier de Wannsee 178

LES ENVIRONS DE BERLIN, LE BRANDEBOURG 180

AU SUD-OUEST DE BERLIN 180

- Potsdam, le Versailles prussien 180
- Brandenburg an der Havel 198

AU NORD DE BERLIN 199

HOMMES, CULTURE, ENVIRONNEMENT 202

- Berlin mode d'emploi 202
- Cuisine et boissons 203
- Curieux, non ? 208
- Économie 208
- Environnement 211
- Français à Berlin 211
- Histoire... de réviser ses classiques 212
- Histoire express de Berlin 216
- Médias 220
- Mur de Berlin 221
- Patrimoine culturel 223
- Personnages berlinois 230
- Population 232
- Savoir-vivre et coutumes 233
- Scènes et spectacles 34
- Sites inscrits au Patrimoine mondial de l'Unesco 237

Index général 250

Liste des cartes et plans 259

Place Gendarmenmarkt

© canadastock/Shutterstock

Pictogrammes du Routard

Établissements

- Hôtel, auberge, chambre d'hôtes
- Camping
- Restaurant
- Terrasse
- Pizzeria
- Boulangerie, sandwicherie
- Pâtisserie
- Glacier
- Café, salon de thé
- Café, bar
- Bar musical
- Club, boîte de nuit
- Salle de spectacle
- Boutique, magasin, marché

Infos pratiques

- Office de tourisme
- Poste
- Accès Internet
- Hôpital, urgences
- Adapté aux personnes handicapées

Sites

- Présente un intérêt touristique
- Point de vue
- Plage
- Spot de surf
- Site de plongée
- Recommandé pour les enfants
- Inscrit au Patrimoine mondial de l'Unesco
- Pas de côté

Transports

- Aéroport
- Gare ferroviaire
- Gare routière, arrêt de bus
- Station de métro
- Station de tramway
- Parking
- Taxi
- Taxi collectif
- Bateau
- Bateau fluvial
- Piste cyclable, parcours à vélo

« OSONS LE PAS DE CÔTÉ »

Le surtourisme ? Tous concernés. Et pourtant, à l'écart des grands flux touristiques, il existe des pépites méconnues, souvent oubliées des circuits trop encombrés. Ici un site ignoré ; là un quartier secret ; plus loin un village caché au charme discret, avec un troquet d'une autre époque. Autrement dit, une infinité de lieux peinards que l'on a envie de mettre en avant avec ce pictogramme. Un vagabondage au calme favorisé aussi par les **visites aux heures creuses**. Vive le *slow trip* !

#osonslepasdecote

☎ **112 :** c'est le numéro d'urgence commun à la France et à tous les pays de l'UE, à composer en cas d'accident, agression ou détresse. Il permet de se faire localiser et aider en français, tout en améliorant les délais d'intervention des services de secours.

Important : dernière minute

Entre deux parutions du *Routard,* des événements fortuits (conditions sanitaires, catastrophes naturelles mais aussi formalités, taux de change, conditions d'accès aux sites, fermetures inopinées, etc.) peuvent modifier vos projets de voyage. Pour éviter les déconvenues, nous vous recommandons de consulter la rubrique « Guide » par pays de notre site • **routard.com** • et plus particulièrement les dernières ***Actus voyageurs.***

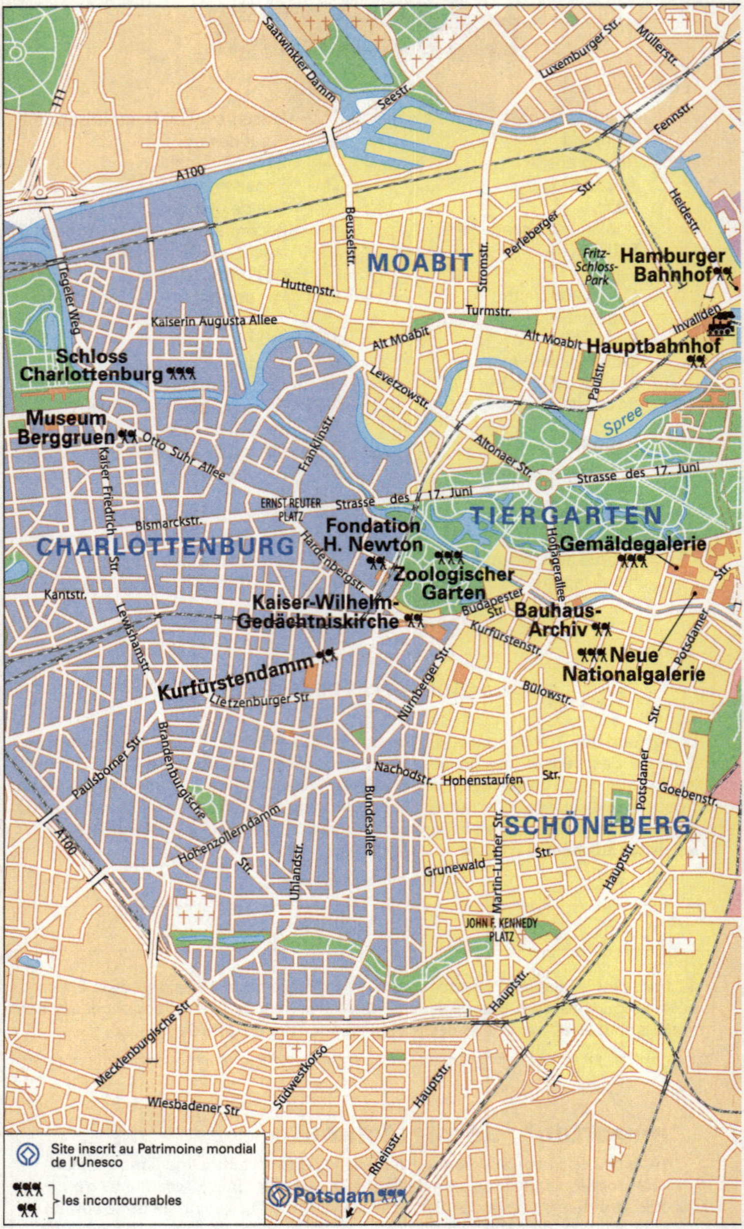
MOABIT
CHARLOTTENBURG
TIERGARTEN
SCHÖNEBERG
Hamburger Bahnhof
Hauptbahnhof
Schloss Charlottenburg
Museum Berggruen
Fondation H. Newton
Zoologischer Garten
Kaiser-Wilhelm-Gedächtniskirche
Kurfürstendamm
Gemäldegalerie
Bauhaus-Archiv
Neue Nationalgalerie
Fritz-Schloss-Park
Spree
ERNST REUTER PLATZ
JOHN F. KENNEDY PLATZ
Saatwinkler Damm
Seestr.
Luxemburger Str.
Müllerstr.
Fennstr.
Heidestr.
A100
Beusselstr.
Stromstr.
Perleberger Str.
Huttenstr.
Turmstr.
Invaliden
Alt Moabit
Kaiserin Augusta Allee
Tegeler Weg
Levetzowstr.
Paulstr.
Altonaer Str.
Strasse des 17. Juni
Otto Suhr Allee
Franklinstr.
Kaiser Friedrich Str.
Bismarckstr.
Hardenbergstr.
Hofjägerallee
Kantstr.
Lewishamstr.
Budapester Str.
Kurfürstenstr.
Lietzenburger Str
Nürnberger Str.
Bülowstr.
Potsdamer Str.
Paulsborner Str.
Brandenburgische Str.
Nachodstr.
Hohenstaufen Str.
Goebenstr.
Hohenzollerndamm
Bundesallee
Uhlandstr.
Martin-Luther Str.
Grunewald Str.
Hauptstr.
Mecklenburgische Str
Wiesbadener Str
Südwestkorso
Rheinstr.
Potsdam
Site inscrit au Patrimoine mondial de l'Unesco
les incontournables

Berliner Unterwelten e.V.
Volkspark Humboldthain
Gedenkstätte Berliner Mauer
PRENZLAUER BERG
Hackesche Höfe
Museumsinsel
Alexanderplatz
Fernsehturm
Reichstag
Humboldt Forum
Unter den Linden
PARISER PLATZ
Brandeburger Tor
MITTE
Holocaust Mahnmal
Nikolaiviertel
FRIEDRICHSHAIN
Karl Marx Allee
Potsdamer Platz
Checkpoint Charlie
East Side Gallery
RAW
Jüdisches Museum
Oberbaumbrücke
Deutsches Technik-museum
KREUZBERG
Volkspark Friedrichshain
Görlitzer Park
Viktoriapark
Volkspark Hasenheide
NEUKÖLLN
Tempelhof Flughafen
TEMPELHOF FREIHEIT
0 500 1 000 m

LA RÉDACTION DU ROUTARD

La saga du *Routard* : en 1971, 2 étudiants, Philippe et Michel, avaient une furieuse envie de découvrir le monde. De retour du Népal germe l'idée d'un guide différent qui regrouperait tuyaux malins et itinéraires sympa, destiné aux jeunes fauchés en quête de liberté. 1973. Après 19 refus d'éditeurs et la faillite de leur 1re maison d'édition, l'aventure commence vraiment avec Hachette. Aujourd'hui, *Le Routard*, c'est plus d'une cinquantaine d'enquêteurs impliqués et sincères. Ils parcourent le monde toute l'année dans l'anonymat et s'acharnent à restituer leurs coups de cœur en toute indépendance.

Merci à tous les Routards qui sont solidaires de nos convictions : liberté et indépendance d'esprit ; découverte et partage ; sincérité, tolérance et respect des autres.

NOS SPÉCIALISTES BERLIN

André Poncelet : Bruxellois, biberonné aux aventures de Tintin et de Bob Morane, il trace la route dès ses 17 ans. Après une carrière dans le livre, il participe au 1er *Routard* consacré à son pays. Ciseleur de mots et arpenteur de méridiens, il n'a de cesse de communiquer ses coups de cœur tant pour les cités au riche patrimoine que pour les grands espaces.

Jean Tiffon : passionné par les cartes depuis l'enfance, il a commencé à voyager dans les livres. Longtemps éditeur de guides de voyage, il aime parcourir le monde avec ses obsessions pour bagages : manger local et penser global. Ce qui lui donne envie de repartir ? Une grande ville méconnue, un jardin qu'il n'a pas arpenté ou la promesse d'une nuit de fête.

UN GRAND MERCI À NOS AMI(E)S SUR PLACE

Pour cette nouvelle édition, nous remercions particulièrement :

- **Bénédicte Richer** et **Marion Artarit**, de l'ONAT à Paris ;
- **Carlo Carbone** et **Émeline Pelzer**, de Visit Berlin ;
- **Élodie Benchereau**, guide à Berlin ;
- **Céline Meyer**, guide à Berlin.

NOS ENQUÊTEURS-FURETEURS

Nous tenons à remercier tout particulièrement Loup-Maëlle Besançon, Thierry Bessou, François Chauvin, Grégory Dalex, Fabrice Doumergue, Cédric Fischer, Carole Fouque, Guillaume Garnier, Nicolas George, Michelle Georget, David Giason, Claude Hervé-Bazin, Emmanuel Juste, Fabrice de Lestang, Éric Milet, Pierre Mitrano, Olivier Page, Jean-Sébastien Petitdemange, André Poncelet, Thomas Rivallain, Dominique Rolland et Jean Tiffon pour leur collaboration régulière.

Jean-Jacques Bordier-Chêne, Jean-Paul Collet, Julie Coupet, Philippe Coupy, Jeanne Debats, Agnès Debiage, Jérôme Denoix, Tovi et Ahmet Diler, Clélie Dudon, Alain Fisch, Adrien et Clément Gloaguen, Stéphane William Gondoin, Carla Le Nouÿ, Martine Partrat, Odile Paugam et Didier Jehanno, Orianne Pouchard, Prakit Saiporn, Lucas Truffier-Blanc.

DU CÔTÉ D'HACHETTE-LIVRE

Direction : Sidonie Chollet

Direction éditoriale : Élise Ernest

Édition : Lucie Barbé et Pauline Huet

Cartographie : Frédéric Clémençon et Aurélie Huot

Fabrication : Nathalie Lautout, Liza Sacco et Aude Cauchet

Relations presse : COM'PROD, Fred Papet et Laëtitia de Cerval. ☎ 01-70-69-04-69. • info@comprod.fr • Martine Levens (Belgique) ☎ +32-47-568-35-76.

Contact Partenariats : Jérôme Denoix • jeromedenoix@gmail.com •

Contact Partenariats et régie pub : Florence Brunel-Jars • fbrunel@hachette-livre.fr •

Silhouette du Routard : Clément Gloaguen (d'après Solé) ; **couverture :** le-bureau-des-affaires-graphiques.com ; **logo des « 50 ans » (couverture) :** So BAM ; **maquette intérieure :** le-bureau-des-affaires-graphiques.com, Thibault Reumaux et npeg.fr

La porte de Brandebourg

L'Oberbaumbrücke relie Friedrichshain et Kreuzberg 36

« Berlin, c'est le testicule de l'Ouest. Chaque fois que je veux faire hurler l'Ouest, j'appuie sur Berlin. »

Nikita Khrouchtchev – 1963

« Berlin est pauvre mais sexy ! », c'est son ancien maire Klaus Wowereit qui l'affirmait... Une formule qui a fait le tour du monde ! De quoi rendre la ville encore plus attractive aux yeux des millions de visiteurs qui, chaque année, ne viennent plus seulement en pèlerinage sur des lieux chargés d'histoire mais veulent découvrir la ville la plus en vogue, **la plus branchée du continent.**

Berlin a réussi l'exploit de faire aimer l'Allemagne à toute une génération dont les parents s'étaient promis de ne jamais y (re)mettre les pieds. Certains élaborent même des projets pour y vivre, ne serait-ce que quelques années, le temps de réaliser ici ce qu'ils ne pourraient construire aujourd'hui ailleurs, d'autant plus qu'avec ses nombreux parcs, jardins et zones boisées, Berlin est une des villes les plus vertes d'Europe.

Berlin, c'est une **jeune capitale,** en mouvement de jour comme de nuit, qui donne les clés pour une Europe du futur telle que certains la rêvent : une ville-monde où se croisent 190 nationalités, accueillant à la fois des gens de l'Est comme de l'Ouest en quête de créativité et des réfugiés fuyant les conflits meurtriers qui endeuillent leur pays.

Berlin possède une force d'attraction incroyable, un enthousiasme étonnant dans cette Europe aujourd'hui maussade et policée. Y foisonnent toutes les **tendances artistiques du moment** : beaucoup d'art plastique et de ***street art*** bien sûr, mais aussi de l'architecture, du cinéma, de la musique, du théâtre et de la danse... C'est le lieu où un autre style de vie reste possible, un territoire où la liberté semble sacrée et où les différences d'origine, d'orientation sexuelle ou de genre sont abolies. Les artistes et les créateurs continuent d'y affluer, affirmant que le Berlin d'aujourd'hui serait **l'équivalent du New York des années 1960-1970...** Bref, un véritable âge d'or !

Après la parenthèse Covid, qui a mis à mal le secteur touristique et la bouillonnante vie nocturne, la ville semble bien décidée à repartir de l'avant : plusieurs institutions culturelles ont fait peau neuve – comme la formidable Neue Nationalgalerie – tandis que d'autres ont vu le jour, à l'image du controversé Humboldt Forum. Les chantiers ont repris de plus belle et de nouveaux projets d'aménagement lancés... Au risque de « normaliser » Berlin et de lui faire perdre sa spécificité ? L'avenir le dira.

NOS COUPS DE CŒUR

1 **Monter sous la coupole du Reichstag et découvrir l'architecture futuriste du nouveau Berlin.**

L'immense vide situé entre les 2 secteurs de la ville après la chute du Mur a fait le bonheur des architectes du monde entier. Ils ont pu se lancer dans les projets les plus fous pour aménager le nouveau quartier des institutions de l'Allemagne réunifiée. Le Reichstag a été coiffé d'une superbe coupole de verre conçue par Sir Norman Foster. Une galerie hélicoïdale mène au sommet, ce qui permet une vue panoramique sur les architectures audacieuses de la chancellerie, du Band des Bundes, de la Hauptbahnhof, de la Potsdamer Platz et de la majestueuse enfilade formée par l'avenue Unter den Linden au-delà de la mythique porte de Brandebourg. *p. 85*

Bon à savoir : réserver obligatoirement en ligne, • bundestag.de/fr/visite •

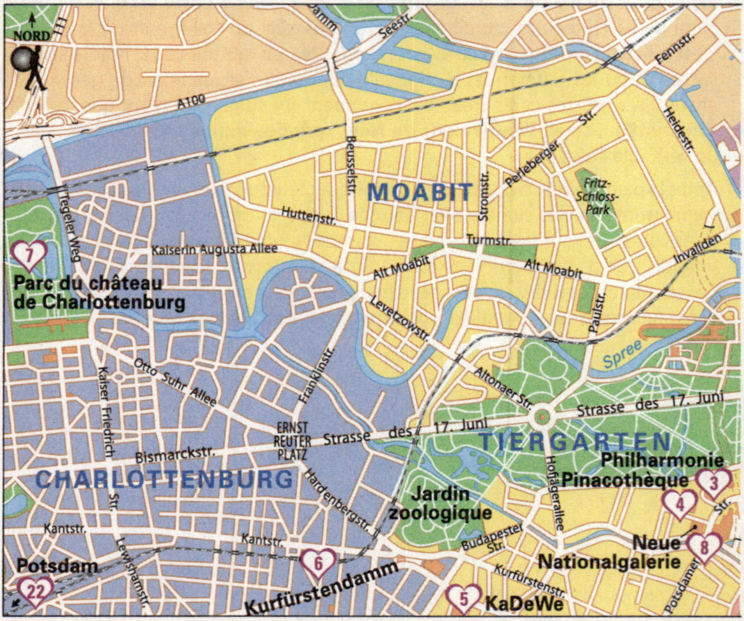

2 Se prendre une bouffée de nostalgie au musée du Cinéma devant les robes et les souvenirs évoquant la carrière de Marlene Dietrich.
Installée dans le complexe du *Sony Center,* la Maison du Cinéma abrite un passionnant musée. Superbe réalisation multimédia : parcours lumineux au milieu des miroirs et des effets spéciaux inventés par les pionniers légendaires de l'expressionnisme allemand, projecteurs et affiches. Genèse des grands classiques, notamment de *L'Ange bleu,* avec la divine Marlene Dietrich. Une rotonde entière est consacrée à cette divine actrice, avec quelques-uns de ses costumes de tournage où elle incarna un érotisme éthéré et inaccessible. Quelques souvenirs particulièrement émouvants de son engagement contre les nazis… Un lieu magique rythmé par ses chansons. *p. 90*
***Bon à savoir :** la Berlinale, le festival du Cinéma où sont attribués les fameux Ours d'or, s'y déroule en février.* • *deutsche-kinemathek.de* •

© Perousse Bruno/hemis.fr

3 **Pour les mélomanes, concert obligatoire au *Berliner Philharmoniker.*** Berlin est un lieu privilégié pour écouter de la musique classique ou aller à l'opéra. Les représentations y sont très nombreuses, les prix franchement abordables et à la portée d'un public le plus large possible. Toujours dirigé par des chefs prestigieux, l'orchestre propose des représentations d'une qualité remarquable. Large répertoire d'œuvres classiques, romantiques, modernes et contemporaines. La salle a la particularité d'être circulaire, le public entourant l'orchestre. *p. 91, 234*
Bon à savoir : *réduc pour les moins de 28 ans. • berliner-philharmoniker.de • Ne pas oublier non plus le Konzerthaus ou l'Opéra ou le Deutsche Oper.*

© Rieger Bertrand/hemis.fr

4 Rester pantois devant l'accumulation de chefs-d'œuvre visibles à la *Gemäldegalerie* (pinacothèque), considérée comme l'une des plus importantes du monde en matière de peinture.

Complètement rénové, ce musée possède une collection de plus de 2 700 œuvres réalisées entre le XIIIe et le XVIIIe s. Tous ces chefs-d'œuvre ont connu bien des aventures. Pendant la Seconde Guerre mondiale, ils ont été soit évacués, soit entreposés dans des caves. Avec l'arrivée des Russes et des Américains, certains ont été emportés et beaucoup ont disparu. Ils ont été restitués plus tard et, après la chute du Mur, en 1996, regroupés dans une nouvelle structure mettant en valeur tous les grands classiques de la peinture européenne : Van Eyck, Bosch, Botticelli, Raphaël, La Tour, Poussin, Watteau, Velázquez… *p. 93*

Bon à savoir : *gratuit le 1er dim du mois.* • *smb.museum* •

© Angela Serena Gilmour/Alamy/Hemis

5 Visiter le *Kaufhaus des Westens,* le légendaire KaDeWe, véritable temple de la consommation.

Situé près du Ku'damm, c'est la vitrine du mode de vie à l'allemande à parcourir depuis les rayons de parfumerie du rez-de-chaussée jusqu'au légendaire 6e étage, royaume de la gastronomie et de l'épicerie fine, avec ses nombreux comptoirs et restaurants gourmands, pour grignoter avec style. Magasin labyrinthique sur plus de 60 000 m², on y trouve « tout ce qui est introuvable ailleurs », disait-on autrefois. *p. 85*

Bon à savoir : • *kadewe.de* •

6 Déambuler sur la longue avenue du Kurfürstendamm, les « Champs-Élysées » berlinois, jusqu'à la carcasse de l'église du Souvenir entourée d'un décor monumental d'immeubles modernes.

L'avenue la plus fréquentée de la capitale, ancienne vitrine commerciale de Berlin-Ouest, s'étire sur 3 km. C'est de nos jours une artère agréablement arborée où s'alignent magasins chics, cafés, restaurants, théâtres, cinémas, galeries d'art et boutiques de fringues. La nuit, le clocher moderne de l'église du Souvenir se pare d'une sublime lumière bleutée émanant de ses 20 000 blocs de verre fabriqués à Chartres. *p. 79*

7 Flâner dans le parc du château de Charlottenburg, l'un des plus beaux exemples d'architecture baroque à Berlin.

C'est à la fin du XVIIe s que Frédéric III fit construire Schloss Lietzenburg, un palais d'été pour Sophie-Charlotte de Hanovre. Devenu roi de Prusse sous le nom de Frédéric Ier, il rebaptise son palais Charlottenburg à la mort de son épouse. Plusieurs fois agrandie au cours du XVIIIe s, et cernée d'un grand parc, la propriété s'enorgueillit d'une façade de plus de 500 m flanquée de 2 grandes ailes. Gravement bombardé, le palais est une reconstruction à l'identique réalisée après 1945. On peut y visiter l'*Altes Schloss* et son cabinet des Porcelaines, ainsi que la nouvelle aile *(Neuer Flügel)* et les luxueux appartements des souverains prussiens. *p. 77*

***Bon à savoir :** belles balades dans le Schlossgarten avec son petit bijou de belvédère.*

8 Plonger dans l'art allemand du XXe s à la formidable Neue Nationalgalerie, musée d'art moderne dessiné par Mies van der Rohe

Magistralement restauré par David Chipperfield, ce musée figure parmi les must de la capitale allemande. Ses collections permettent de redécouvrir tous les courants artistiques qui ont émergé dans l'Allemagne de la 1re moitié du XXe s, de l'expressionnisme au surréalisme en passant par le Bauhaus ou la Nouvelle Objectivité. Un parcours aussi foisonnant que passionnant où l'on croisera les œuvres de Franz Marc, Kandinsky, Max Beckmann, Otto Dix ou Max Ernst. Le tout dans un bâtiment iconique de Mies van der Rohe, conçu dans les années 1960... *p. 92*

Bon à savoir : *• smb.museum •*

9 Se rendre au mémorial du Mur, un lieu incontournable pour comprendre le Berlin d'hier et d'aujourd'hui.

Le site, inauguré en 1998, s'étend sur plus de 1 km. Une section du Mur de 300 m de long a été sauvée par le pasteur Fischer, qui s'est battu pour faire classer Monument historique le pan qui longeait son presbytère sur la Bernauer Straße, enfermé entre 2 plaques d'acier perpendiculaires. Du sommet de la tour observatoire, on se retrouve dans la position des Berlinois de l'Ouest, impuissants devant ce qui se passait sous leurs yeux. *p. 132*

Bon à savoir : *• berliner-mauer-gedenkstaette.de •*

© Eden Breitz/Alamy/Hemis

10 Entamer la soirée dans un *Biergarten,* une bonne entrée en matière pour s'imprégner du mode de vie berlinois.

Biergarten a pour traduction littérale « jardin de la bière », le lieu où la bière coule à flots ! Au moindre rayon de soleil, les Berlinois y affluent en masse. On vous recommande le *Prater Garten,* le plus ancien (1837), ou encore, au Tiergarten, le *Café am Neuen See,* immense et populaire : transats au bord de l'eau, aire de jeux pour les enfants, et barques à louer durant l'été. Ici, rien ne vous empêche de prendre seulement une bière avec une tranche de *Leberkäse* (pain de viande) sur un bout de pain. *p. 83, 140*

Bon à savoir : *• pratergarten.de •*

© Gardel Bertrand/hemis.fr

© Forget-Gautier/Sagaphoto.com

11 **S'offrir une vraie *Currywurst* berlinoise avec une bière locale.**
La *Currywurst,* en fait, c'est une banale saucisse coupée en petits morceaux. Son originalité, c'est sa sauce : un savant mélange de concentré de curry, de tomate, de sauce Worcester, poivre de Cayenne, piment, huile d'olive, moutarde et oignons finement hachés, poivre et sel ! Chaque quartier, chaque maison s'enorgueillit de proposer la meilleure. On en trouve partout, dans les *Imbiss,* ces comptoirs de rue à des prix dérisoires. À arroser, idéalement, d'une bonne bière blanche. *p. 137*
Bon à savoir : Konnopke's Imbiss, *sous la voie du métro, est sans doute le plus culte des snacks de rue de Berlin, là où ouvriers, étudiants et employés font la queue pour se faire servir leur petite saucisse. • konnopke-imbiss.de •*

© Lescourret Jean-Pierre/hemis.fr
Architecture : Eisenman Architects

12 **Se perdre dans les allées grises de l'Holocaust-Mahnmal (mémorial de l'Holocauste) comme dans un vaste cimetière de sarcophages de béton gris.**
Ce passage obligé de toute visite à Berlin évoque avec force l'horreur de la haine et participe au travail de mémoire nécessaire pour ne jamais oublier ce que fut la barbarie nazie. *p. 111*
Bon à savoir : *champ des stèles accessible 24h/24. Centre d'information tlj sauf lun 10h-18h ; dernière entrée 45 mn avant la fermeture.*

© VPC Travel Photo/Alamy/Hemis

13 **Tomber en admiration devant le buste de Néfertiti au *Neues Museum,* sur l'île aux Musées *(Museumsinsel).***

Parmi un ensemble de musées renouant avec la prestigieuse tradition culturelle de la capitale allemande, le *Neues Museum* abrite les collections égyptiennes de Berlin, mais aussi le musée de la Préhistoire et de la Protohistoire ainsi qu'une collection d'antiquités, offrant aux visiteurs un regard croisé sur ces œuvres venues de différents horizons. En vedette, le célèbre buste de la reine égyptienne, épouse du pharaon Akhénaton, un incroyable modèle de travail en plâtre, retrouvé en 1912 dans les fouilles de l'atelier de Thoutmosis, le sculpteur de la Cour. *p. 116*

***Bon à savoir :** pour 19 €, un pass (à réserver en ligne) offre la possibilité de visiter tous les musées de l'île en 1 jour (sauf lun). • smb.museum •*

(14) **Découvrir le Humboldt Forum, un imposant bâtiment de style baroque-béton, qui a ressuscité l'ancien palais des rois de Prusse détruit par la Seconde Guerre mondiale, et un temps remplacé sous la RDA par le *Palast der Republik,* bourré d'amiante.**

Grand comme 2 terrains de football, couronné d'une coupole pompeuse, prétentieuse, boursouflée, le mammouth clôture la perspective d'*Unter den Linden* face à l'*Altes Museum* et au *Berliner Dom*. En plus d'une vivante exposition sur le Berlin d'aujourd'hui, il abrite de riches collections africaines, asiatiques et océaniennes qui étaient autrefois réparties en divers endroits de la capitale. Au rez-de-chaussée, une spectaculaire vidéo revient sur l'incroyable histoire du site. *p. 113*

***Bon à savoir :** grimpez sur la terrasse perchée au-dessus du bâtiment pour jouir d'une vue imprenable sur le centre de Berlin et son éclectisme architectural.*

(15) **Pique-niquer sur le Tempelhofer Feld dans le plus improbable des parcs, au bord des pistes de l'ancien aéroport.**

Un nom mythique qui ne cesse de se réinventer, puisque cet aéroport de légende est devenu célèbre à l'occasion du blocus soviétique de la ville en 1948-1949. En 2008, après la fermeture définitive du site, la Ville fit un choix inattendu, à l'heure des grands investissements immobiliers : celui de transformer ce gigantesque espace en parc urbain. Résultat : plus de 380 ha de gazon, sillonnés de 6 km de pistes, parcourus désormais par les vélos et les rollers. Dès les 1ers rayons du soleil, on y pique-nique, on y lâche des cerfs-volants, le tout face aux anciennes infrastructures, intactes, de la tour de contrôle et à quelques vieux coucous sur le tarmac. Vraiment insolite ! *p. 158*

***Bon à savoir :** il est possible de pénétrer dans l'ancien aéroport en participant à des visites guidées.*

© Architecte : Daniel Libeskind
© Zylberyng Didier/hemis.fr

Visiter l'émouvant Musée juif qui éclaire le passé pour mieux comprendre le présent. (16)

Prouesse architecturale signée par l'Américain Daniel Libeskind, le *Jüdisches Museum* suscite un effet d'oppression puissant, faisant affluer le souvenir de l'Holocauste. L'exposition permanente illustre la relation entre les communautés juive et allemande depuis 2 000 ans et retrace cette histoire depuis le Moyen Âge jusqu'à aujourd'hui, rythmée par les persécutions, l'exclusion et le déracinement. Ce monument constitue un moment important du voyage à Berlin, réserver une large plage horaire pour la visite ! *p. 153*

***Bon à savoir :** • jmberlin.de •*

Test the best, Kinder Birgit © ADAGP, Paris, 2023
© Serge Attal/Onlyworld.net

Découvrir, sur une section de 3 km, la juxtaposition hétéroclite des fresques de la fameuse *East Side Gallery*, réalisée en 1990 par 118 artistes venant de 21 pays. (17)

En 2009, cette section de l'ancien Mur s'est offert un lifting complet pour célébrer (ou) fêter les 20 ans de sa chute : les signatures datées témoignent du retour de certains artistes, 19 ans après. Parmi les plus célèbres, le baiser goulu de Honecker à Brejnev, la fameuse Trabant défonçant le Mur ou cet « autre côté », dépeint avec poulets rôtis et Mercedes à la parade. L'ensemble évoque, dans tous les styles possibles, l'aspiration à la liberté et l'amitié entre les peuples. *p. 167*

18 **En été, prendre le soleil et buller sur l'une des *Strände* (plages) qui bordent la Spree, en regardant passer les bateaux-mouches.**
À Berlin, dès les beaux jours, on en profite pour se relaxer et bronzer sur le moindre carré de verdure et notamment le long de la Spree, sur les nombreuses plages de sable artificielles près de l'*Oberbaumbrücke,* le plus photogénique pont de la ville, qui relie les quartiers de Kreuzberg et Friedrichshain. Lorsque le ciel est d'un bleu intense, que le soleil darde ses rayons et que l'on est sur le sable… se croirait-on vraiment à Berlin ? *p. 168*

19 **Jouer les explorateurs urbains en découvrant les friches industrielles du quartier de Friedrichshain investies par les performances d'artistes ou des concerts.**

À la chute du Mur, ce *no man's land* gris et sans âme constitué de friches industrielles s'est transformé en squats d'artistes et en clubs illégaux. Dorénavant au cœur de la « hype » berlinoise, Friedrichshain attire les artistes, intellos et plasticiens boboïsés dans une créativité inépuisable. Le quartier étant vaste, le mieux est de louer un vélo pour entamer une méga balade dans le monde du *street art*, ou un grand voyage au bout de la nuit berlinoise qui a pu se réinventer (souvent clandestinement) pendant la crise sanitaire. *p. 167*

***Bon à savoir :** à l'intérieur de ces hangars désaffectés se trouvent de nombreux bars-clubs qui ne s'animent vraiment qu'à partir de 2h du matin.*

© Berlin-Zeitgeist/Alamy/Hemis

20 Braver la longue file d'attente pour accéder au *Berghain*, l'un des meilleurs clubs au monde, installé dans une ancienne centrale électrique.
Un temple mythique de la musique électro et techno minimale, à l'esthétique un peu froide, très apprécié de la communauté gay. Les queues interminables et la sélection sévère à l'entrée sont légendaires. Cette cathédrale de béton et d'acier comporte 2 étages et plusieurs bars. Accueillant les meilleurs DJs du monde, le *Berghain* draine jusqu'à 2 400 fêtards par soirée. Ambiance forcément électrique… mais aussi très décadente avec ses recoins intimes ! *p. 166*
Bon à savoir : *attention, objectif de téléphone portable masqué à l'entrée. • berghain.de • water-gate.de • tresorberlin.com •*

© Urbanmyth/Alamy/Hemis

21 Frémir à l'évocation du sort des prisonniers politiques incarcérés dans la prison de l'implacable Stasi à Hohenschönhausen.
Parmi les plus effrayantes du régime, cette prison a fonctionné de 1945 à 1990. La Stasi y a interné les dissidents politiques et des dizaines de milliers d'hommes et femmes tentés par la fuite à l'Ouest. Les prisonniers y survivaient dans des conditions psychologiques insoutenables, soumis à d'incessantes séances d'interrogatoires. La détention « provisoire » pouvait durer 3 ans ! Après la chute du Mur, la prison a été transformée en mémorial. Les guides, souvent d'anciens détenus, savent donc de quoi ils parlent ! *p. 171*
Bon à savoir : *• stiftung-hsh.de •*

22 Prendre le train jusqu'à Potsdam et plonger dans l'univers rococo du château de Sanssouci.

Classé au Patrimoine mondial de l'Unesco, ce château était le lieu de villégiature de Frédéric II, roi de Prusse, qui y collectionnait les tableaux et y recevait ses amis philosophes. Voltaire lui-même y séjourna 3 ans. Petit par sa taille et ne comprenant qu'un seul étage, le château est néanmoins représentatif de l'art de cour dans l'Europe du XVIIIe s. Son merveilleux parc lui sert d'écrin idéal : jardins en terrasses, fontaines, pavillon chinois, cours d'eau, statues, arbres fruitiers exotiques… p. 191

Bon à savoir : • potsdam-park-sanssouci.de •

ITINÉRAIRES CONSEILLÉS

Voici quelques suggestions d'itinéraires, de sites à voir et de choses à faire pour 3, 5 et 7 jours de séjour. Attention Berlin est immense! Il convient de bien cibler ses centres d'intérêt.

3 jours dans Mitte et alentour

Cet itinéraire riche en incontournables offre un bel aperçu de la capitale allemande et permet de plonger dans son histoire tourmentée sans quitter le centre.

Commencez votre exploration de la ville par la découverte de la **porte de Brandebourg (1)**, lieu le plus emblématique de Berlin. À quelques pas, aventurez-vous au cœur du mémorial de l'Holocauste avant de grimper dans la coupole du Reichstag (réservation obligatoire). Parcourez ensuite Unter den Linden, prestigieux axe de 3 km de long bordé d'élégants bâtiments prussiens. Au terme de cette perspective, le nouveau **Humboldt Forum (2)**, un château mi-baroque mi-béton, abrite une détonnante exposition sur Berlin ainsi qu'une riche collection d'art premier. En sortant, petite flânerie le long de la Spree vers le **Hackescher Markt (3)**, ses terrasses et ses cours riches en *street art*, les fameuses Höfe. Soirée dans le Scheunenviertel voisin, ancien quartier de la culture alternative des années 1990 aujourd'hui prisé pour ses innombrables restaurants et galeries d'art.

Le 2e jour, on consacrera la matinée à un ou plusieurs musées du **Kulturforum (4)** : au choix, la Neue Nationalgalerie (sublime écrin dédié à l'art moderne), la Gemäldegalerie (le « Louvre de Berlin ») ou la Deutsche Kinemathek, située derrière la **Potsdamer Platz (5)** au cœur de l'audacieux Sony Center. Après

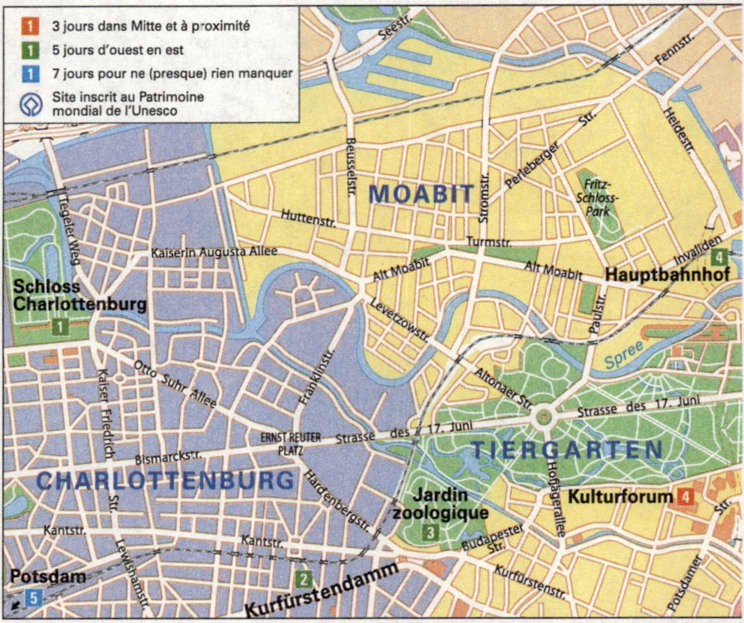

un déjeuner autour de la Gendarmenmarkt, on rejoint **Checkpoint Charlie (6)** et le Mauermuseum, qui offrent un voyage à l'époque de la guerre froide. Pour les férus d'histoire, la visite pourra se poursuivre au spectaculaire **Musée juif (7)**, dessiné par l'architecte Daniel Libeskind. En fin de journée, on rejoint le **Nikolaiviertel (8)**, l'un des plus anciens quartiers de Berlin, patiemment reconstitué après les destructions de 1945. Bière et dîner dans l'une des *Gaststätte* (auberges) du coin.

Le dernier jour, on file vers la **Museumsinsel (9)**, où 5 musées d'exception attendent les amateurs d'art et d'archéologie. Nos préférés ? Le Neues, qui recèle un fascinant buste de Néfertiti, et le Pergamon, où se découvrent – entre autres merveilles – les splendeurs de Babylone. En sortant, direction **Alexanderplatz (10)**, épicentre de l'ancien Berlin-Est : après avoir découvert l'horloge Urania et les divers bâtiments socialistes entourant la place, on prend l'ascenseur jusqu'au sommet de la tour de Télévision (Fernsehturm) pour profiter de la perspective vertigineuse sur la Karl-Marx-Allee. En complément, la visite de l'amusant DDR Museum permettra d'avoir une idée de la vie des Allemands de l'Est pendant la période communiste. Soirée dans le quartier bohême et verdoyant de **Prenzlauer Berg (11)**, entre restos branchés et bars animés, autour de la Kastanienallee ou de la Kollwitzplatz...

5 jours d'ouest en est

Pour compléter ce qui précède. Les distances sont importantes, mais le réseau du S-Bahn et du U-Bahn permet de se déplacer rapidement.

Tout à l'ouest, cap sur le fameux château baroque de **Charlottenburg (1)** et son délicieux parc, propice aux balades. Les amateurs d'art moderne visiteront la

collection Scharf-Gerstenberg toute proche. Métro ensuite pour rejoindre, via la Savigny Platz, le quartier cossu du **Kurfürstendamm (2),** sa Fondation Helmut Newton et les symboles de la prospérité à l'Ouest d'avant 1989, comme l'église du Souvenir, l'Europa-Center et le grand magasin *KaDeWe.* Le **zoo (3)** et l'immense Tiergarten, avec ses *Biergarten* populaires, sont proches pour passer une fin de journée tranquille. Il ne reste qu'à aller jeter un coup d'œil, via le S-Bahn, à la futuriste **Hauptbahnhof (4)** et son nouvel environnement architectural, voisins de la Hamburger Bahnhof, transformée en musée d'art contemporain. À 2 pas de là, le passionnant musée **Futurium (5)** attirera les amoureux de prospective mondiale.

Changement de décor le 5e jour : cap à l'est vers Friedrichshain avec le S-Bahn jusqu'à Ostbahnhof, pour une découverte à vélo (loueurs sur place) des quartiers les plus festifs de Berlin. Dans un décor de grues et d'anciens sites industriels, longez la Spree sur un gros kilomètre et découvrez la **East Side Gallery (6)** devenue le musée à ciel ouvert le plus célèbre de Berlin. Tout au bout, à l'entrée de l'Oberbaumbrücke, *The Wall,* un musée qui retrace l'histoire de ce symbole de la guerre froide. À gauche du pont, Friedrichshain reste un bastion de la marginalité berlinoise et le paradis des fans de *street art,* avec son incroyable **RAW (7),** une friche industrielle transformée en lieu de vie et de sortie prisé des jeunes venus festoyer le temps d'un week-end. La *Simon-Dach-Straße,* elle, regorge de bars et de restos en tous genres. Le plan parfait pour une soirée prolongée jusqu'au petit matin…

Au sud de la Spree débute le vaste quartier de Kreuzberg, autrefois populo et cosmopolite (forte immigration turque). La partie la plus intéressante (Kreuzberg 36) se situe en face de Friedrichshain, le long de la Spree où se multiplient les clubs et autres adresses nocturnes. On y trouve même des rives aménagées en plages. Le jeudi soir, ne pas manquer de faire un saut jusqu'à la **Markthalle Neun (8)** qui abrite un formidable *food market* avec des chefs proposant des cuisines du monde à prix doux.

7 jours pour ne (presque) rien rater

Le 6e jour peut être l'occasion de souffler. Néanmoins, voici en vrac un assortiment de suggestions à piocher selon vos envies et vos goûts.

Dans un périmètre relativement proche de la **Potsdamer Platz (1)**, les musées des Instruments de musique, celui des Arts décoratifs, le Spy Museum ou le musée de la Communication sont tous intéressants.

Au nord de Mitte, près de la station de Bernauerstrasse, le **mémorial du Mur (2)** passionnera les fans d'histoire.

Plus loin, autour de Lichtenberg, le **musée de la Stasi (3)** et la prison de Hohenschönhausen valent franchement le détour.

Consacrez en tout cas la fin d'après-midi à vous balader nez au vent autour de la **Kastanienallee et de la Kollwitzplatz (4),** dans Prenzlauer Berg, un vieux quartier de l'Est récupéré par les bobos et aujourd'hui branché.

Pour clore tout ce qui précède, le 7e jour sera consacré à **Potsdam (5),** l'historique capitale du Brandebourg. Au programme, son merveilleux château de Sanssouci, flanqué de sa galerie de peintures, et l'immense Neues Palais, campé à l'autre extrémité du parc. Prenez aussi le temps de flâner dans le pittoresque quartier hollandais. Ne pas négliger l'excellent *Filmmuseum* et visiter les studios de cinéma de Babelsberg. Les amateurs d'histoire découvriront le Cecilienhof, théâtre en 1945 de la conférence de Potsdam réunissant les 3 vainqueurs de l'Allemagne nazie. Au retour, profitez-en pour vous arrêter au bord d'un lac afin de piquer une tête, s'il fait beau.

SI VOUS AIMEZ...

Les musées d'exception : le quintette majeur des **musées de Museumsinsel** ; le **Humboldt Forum** ; le **Musée juif** ; la **Neue Nationalgalerie** ; la **Gemäldegalerie** ; le **Brücke-Museum** ; la **Hamburger Bahnhof.**

L'architecture contemporaine : la **Potsdamer Platz** et le **Sony Center,** le **Musée juif,** la **chancellerie,** l'**atrium de la *DZ Bank*** sur la Pariser Platz ; les ambassades nordiques, la **Hauptbahnhof, The Cube,** le **Futurium** et les ***Galeries Lafayette*** de Jean Nouvel sur la Friedrichstraße.

Les endroits pour faire la fête : tout se passe entre Friedrichshain et Kreuzberg, où l'on trouve les clubs les plus légendaires comme le ***Berghain*** ou le ***Watergate.*** Sans oublier le complexe du RAW, où le ***Cassiopeia*** accueille tous les publics et toutes les musiques.

Les symboles éternels : le **Reichstag** et sa nouvelle coupole de verre ; la **porte de Brandebourg** et son quadrige ; la **Fernsehturm,** une gigantesque asperge de métal ; la **colonne de la Victoire,** chère à tous ceux qui ont aimé le film de Wim Wenders *(Les Ailes du désir)* ; l'hôtel ***Adlon.***

La grande Histoire : le **bunker de Berlin Story,** le **Deutsches Historisches Museum** (partiellement fermé jusqu'en 2025) ; l'**Holocaust Mahnmal** ; la **Topographie des Terrors,** l'église française et le **musée des Huguenots** ; le **mémorial de Sachsenhausen.**

Les souvenirs de la guerre froide : Checkpoint Charlie ; le **Mauermuseum** ; le **mémorial du Mur** ; le **mémorial des Soldats soviétiques** ; le **musée de la RDA** ; la **Karl-Marx-Allee** (les Champs-Élysées communistes) ; le **musée de la Stasi** et son ancienne prison centrale ; le **Spy Museum** ; le musée **The Wall.**

Les grands espaces : l'**Alexanderplatz,** une des places les plus larges de Berlin ; la **Bebelplatz,** pavée et carrée, voisine du mythique Unter den Linden ; l'**Olympiastadion,** théâtre des J.O. de 1936, puis de la Coupe du monde de football de 2006 ; le **Tempelhofer Park,** sur les vestiges du prestigieux aéroport ; le **Jardin botanique** de Dahlem ; le mémorial soviétique de **Treptower Park** ; le **parc de Sanssouci** à Potsdam.

Le cinéma : la **Deutsche Kinemathek Museum** sur la Potsdamer Platz ; le **Filmmuseum** de Potsdam ; le **Filmpark** et les studios de Babelsberg.

Les ruines glorieuses : l'**église du Souvenir,** au bout du Kurfürstendamm ; un morceau du **Mur** rescapé à côté de la **Topographie des Terrors** ; les visites des anciens abris avec l'association **Berliner Unterwelten.**

Les architectures originales : les **Hackesche Höfe** (magnifiques cours Art nouveau) ; la **Neue Synagoge** dans le Scheunenviertel ; les **archives du Bauhaus** ; l'**Oberbaumbrücke** à Friedrichshain.

Les châteaux : Charlottenburg, au départ un petit château d'agrément pour Sophie-Charlotte devenu un rival de Versailles ; le **château de Sanssouci** à Potsdam et ses célèbres terrasses de vignobles (résidence d'été de prédilection de Frédéric le Grand) ; le **Cecilienhof** de Potsdam que Frédéric-Guillaume II fit construire comme un cottage et où Staline, Churchill et Truman ont tenu leur conférence en 1945.

Berliner Dom

Interview #experienceroutard

Par la rédaction du *Routard*

En quoi cette destination est-elle unique ?

En ce début de siècle, Berlin serait, pour les artistes et les créateurs, l'équivalent du New York des années 1960-1970, bref, le lieu où un autre style de vie est encore possible. Avec une force d'attraction incroyable, elle attire toutes les tendances de la postmodernité : architecture, arts plastiques, cinéma, mais aussi musique, théâtre, danse et *street art*... En mouvement de jour comme de nuit, la capitale allemande donne les clés pour une Europe du futur rêvée : une ville-monde où se croisent 190 nationalités, avec des gens de l'Est comme de l'Ouest, et des réfugiés fuyant les conflits meurtriers qui endeuillent leur pays.

Un quartier à visiter absolument ?

Ancien quartier populaire de Berlin-Est, Friedrichshain est le QG des artistes et des graffeurs. Un paradis pour les fans de *street art* qui longeront l'*East Side Gallery,* une portion de l'ancien Mur bordant la Spree, longue de 1,3 km et servant de support aux réalisations les plus débridées. Sans oublier l'emblématique RAW, un haut lieu de la culture alternative berlinoise, installé dans une ancienne gare, composé de hangars désaffectés aménagés en murs d'escalade, bars et restaurants. Avec ses clubs emblématiques le complexe devient, le soir, le paradis des fêtards... Les oiseaux de nuit vont adorer !

Une balade incontournable ?

Le *Tempelhofer Park* : avec plus de 380 ha de gazon, et 6 km de tarmac dévolus aux joggers, vélos, rollers et autres skate-boards, l'ancien terrain d'aviation désaffecté en 2008 est un lieu insolite reflétant bien la douceur de vivre à la berlinoise. On y entretient des jardins potagers communautaires, on y pique-nique, on y fait planer les cerfs-volants, le tout face aux infrastructures intactes de l'ancien aéroport, toujours flanqué de sa tour de contrôle. C'est aussi le paradis des oiseaux et des abeilles.

Un mode de vie typiquement berlinois ?

Le *Kiez* : pour les Berlinois de souche, cela désigne le quartier de cœur, celui où l'on a grandi, qu'on a éventuellement quitté, mais où l'on est revenu, celui dont on reste fier. Chaque *Kiez* possède sa propre identité, tous ont leur attrait. Dès votre arrivée, mettez-vous en quête des bons *Kiez,* ceux qui correspondent à votre style et à vos envies.

Une spécialité ?

L'*Eisbein mit Erbspüree und Sauerkraut* : le classique parmi les classiques. Il s'agit d'un jarret de porc bouilli accompagné de purée de pois et de choucroute. Existe également en version rôtie, avec la peau bien croustillante, sous le nom de *Schweinshaxe.* Cela dit, la cuisine végétalienne a aussi le vent en poupe à Berlin !

LES QUESTIONS QU'ON SE POSE AVANT LE DÉPART

➢ Quels sont les documents nécessaires ?

Pour les ressortissants de l'Union européenne et de la Suisse, la ***carte d'identité*** ou le ***passeport*** (y compris pour les enfants) ***en cours de validité*** suffisent. Pour les Canadiens, passeport valide pour les séjours touristiques de moins de 90 jours. Les ***mineurs*** doivent être munis de leur propre pièce d'identité (carte d'identité ou passeport). Pour l'autorisation de sortie du territoire lorsque les enfants ne sont pas accompagnés par un de leurs parents, chaque pays a mis en place sa propre régulation. Ainsi, pour ***les mineurs français,*** une loi a ***rétabli l'autorisation de sortie du territoire.*** Pour voyager à l'étranger, ils doivent être munis d'une pièce d'identité personnelle (carte d'identité ou passeport), d'un formulaire signé par l'un des parents titulaires de l'autorité parentale et de la photocopie de la pièce d'identité du parent signataire. Renseignements auprès des services de votre commune et sur ● *service-public.fr* ●

➢ Quelle est la meilleure saison ?

La région de Berlin jouit d'un climat continental, donc entre l'été et l'hiver la météo est très contrastée. Si la neige s'installe plus durablement que chez nous, les mois d'été sont souvent chauds et secs. Printemps et automne peuvent être pluvieux.

➢ Quel budget prévoir ?

Le coût de la vie à Berlin est moins élevé que dans le reste de l'Allemagne. On y trouve une ribambelle d'auberges de jeunesse et d'*hostels* ainsi que des centaines d'adresses bon marché, dont les *Imbiss* (les snacks de rue). Boire une bière ou faire la fête coûte moins cher qu'à Paris ou dans les grandes villes de France. Au restaurant, vu la taille des portions, on peut facilement se contenter d'un plat.

➢ Comment se déplacer ?

À vélo, bien sûr ! Et le réseau de transports en commun est dense, fiable et très pratique : on peut même embarquer son vélo à bord des rames de métro ou de S-Bahn. La voiture n'est pas d'une grande utilité et son usage est soumis à des règles antipollution rigoureuses.

➢ Y a-t-il des problèmes de sécurité ?

Aucun problème à redouter, prendre néanmoins toutes les précautions d'usage, comme dans toute grande ville.

➢ Y a-t-il un décalage horaire ?

Aucun décalage, Berlin est dans le même fuseau horaire que Paris, Bruxelles ou Genève. Sachez tout de même qu'en hiver, le jour se couche bien plus tôt qu'en France.

➢ Quel est le temps de vol ?

Environ 1h30 depuis les villes énumérées ci-dessus.

➢ Peut-on y aller avec des enfants ?

Les enfants sont les bienvenus dans pas mal de musées qui organisent des activités ludiques. Et puis il y a le zoo du Tiergarten et Anoha, l'arche de Noé reconstituée en face du Musée juif. Repérez nos meilleurs sites grâce au symbole .

➢ Comment payer sur place ?

L'Allemagne étant dans la zone euro, aucune commission ne sera débitée de votre compte lors des retraits et paiements par carte (sauf dans les ATM-EC). Bien que cela évolue, de nombreux commerces continuent à préférer les règlements en espèces, en particulier les bars.

➢ La langue est-elle un obstacle ?

La question se pose moins à Berlin qu'ailleurs en Allemagne, car tout le monde ou presque parle l'anglais et les Français y sont nombreux. Faites un effort pour retenir quelques mots de vocabulaire courant et vous serez étonné du nombre d'Allemands qui, eux, se débrouillent bien en français.

➢ Peut-on visiter Berlin en un week-end ?

Cela paraît difficile tant il y a à découvrir. Néanmoins, en 3 jours et 3 nuits bien remplis, on peut déjà s'en faire une idée. Juste de quoi avoir envie d'y revenir plus longtemps, et pas seulement pour faire la fête.

➢ Mange-t-on gras et lourd en Allemagne ?

Si, à la base de la cuisine, il y a toujours le cochon et les pommes de terre sous toutes leurs formes, sachez qu'à Berlin, on trouve une offre culinaire en provenance des 4 coins de la planète. Et de plus en plus d'adresses végétariennes, voire véganes ! Au petit déjeuner, les buffets des hôtels sont souvent plantureux.

➢ Et la culture dans tout cela ?

Berlin est redevenue l'un des épicentres de la culture européenne. Une architecture contemporaine fascinante, des musées fabuleux, des expos pointues, une scène alternative novatrice, des concerts classiques à gogo, toutes les musiques actuelles, des temples de la techno... et une riche histoire présente à chaque coin de rue.

COMMENT Y ALLER ?

EN AVION

Le nouvel aéroport de la capitale allemande, le ***Berlin-Brandeburg Airport, Willy-Brandt (BER),*** est desservi par toutes les grandes ***compagnies régulières...*** Les compagnies low cost atterrissent en général à l'ancien aéroport de Schönefeld, rebaptisé ***terminal 5*** du BER.

Les compagnies régulières

▲ **AIR FRANCE**
Rens et résa au ☎ 09-69-39-36-54 (appel non surtaxé 7j./7), sur • airfrance.fr •
➢ Air France propose jusqu'à 5 vols/j. de Paris-Roissy-Charles-de-Gaulle au Berlin-Brandeburg Airport (BER).

▲ **BRUSSELS AIRLINES**
• brusselsairlines.com •
➢ La compagnie assure 1-2 liaisons directes depuis Brussels Airport à destination de Berlin BER en partage de codes avec *Lufthansa*.

▲ **LUFTHANSA**
• lufthansa.fr •
Lufthansa propose de nombreux vols entre la France et Berlin, mais rarement directs.
➢ ***Au départ de la France :*** depuis Paris-Roissy-Charles-de-Gaulle, vols pour Berlin BER avec escale à Munich ou Francfort ; promos fréquentes depuis Paris, Lyon, Marseille, Nantes, Nice, Strasbourg ou Toulouse.
➢ ***Au départ de la Belgique :*** vols directs depuis Brussels Airport vers Berlin BER, en partage de codes avec *Brussels Airlines.*
➢ ***Au départ de la Suisse :*** vols directs depuis Zurich vers Berlin BER, en partage de codes avec *Swiss*.

Les compagnies *low-cost*

▲ **EASYJET**
Résa slt sur Internet : • easyjet.com •
➢ Vols directs vers Berlin BER au départ de Paris-Charles-de-Gaulle (1-2 fois/j.), Paris-Orly (2-3 fois/j.), Lyon (2-3 fois/sem), Nice (4-5 fois/sem), Genève (5-6 fois/sem) et Bâle-Mulhouse (2-3 fois/j.).

▲ **RYANAIR**
• ryanair.com •
➢ Vols vers Berlin BER depuis Marseille et Brussels Airport.

Conservez dans votre bagage cabine vos médicaments, vos divers chargeurs et appareils ainsi que vos objets de valeur (clés et bijoux). Et, on ne sait jamais, ajoutez-y de quoi vous changer si vos bagages n'arrivaient pas à bon port avec vous.

LES ORGANISMES DE VOYAGES

En France

▲ **AMSLAV TOURISME**
– Paris : 60, rue de Richelieu, 75002. ☎ 01-44-88-20-40. • amslav.com • Ⓜ Bourse ou Pyramides. Lun-ven 9h-18h ; sam 10h-12h, 14h-17h sur rdv.
Tour-opérateur et créateur de voyages, Amslav Tourisme est spécialiste de l'Europe centrale et orientale, dont l'Allemagne. L'équipe, composée de personnel expérimenté connaissant parfaitement le terrain pour y avoir vécu ou pour y être né, réunit son expérience et son savoir-faire pour proposer une gamme variée de produits : week-ends, voyages à la carte, séjours libres ou organisés, autotours, circuits culturels, circuits combinés dans plusieurs pays d'Europe centrale et orientale.

Trouvez les mots
QUI SAUVENT !
Le Routard
G'palémo
6€
150 dessins
POUR SE FAIRE COMPRENDRE...
DANS TOUTES les LANGUES !
hachette
routard.com
Le Routard

▲ VOYAGEURS DU MONDE – VOYAGEURS EN RUSSIE ET EN EUROPE CENTRALE

• voyageursdumonde.fr •

– Voyageurs en Europe centrale (Allemagne, Autriche, Belgique, Hongrie, Pays baltes, Pays-Bas, Pologne, République tchèque, Russie, Slovénie) : ☎ 01-42-86-17-60.

– Paris : La Cité des Voyageurs, 55, rue Sainte-Anne, 75002. ☎ 01-42-86-16-00. Ⓜ Opéra ou Pyramides. Lun-sam 9h30-19h. Avec une librairie spécialisée sur les voyages.

– Agences à Bordeaux, Grenoble, Lille, Lyon, Marseille, Montpellier, Nantes, Nice, Rennes, Rouen, Strasbourg et Toulouse. Également à Bruxelles, Montréal, Lausanne et Genève.

Parce que chaque voyageur est différent, que chacun a ses rêves et ses idées pour les réaliser, Voyageurs du Monde conçoit, depuis plus de 30 ans, des projets sur mesure. Les séjours proposés sur 120 destinations sont élaborés par leurs 180 conseillers voyageurs. Spécialistes par pays et même par régions, ils vous aideront à personnaliser les voyages présentés à travers une trentaine de brochures d'un nouveau type et sur le site internet où vous pourrez également découvrir les hébergements exclusifs et consulter votre espace personnalisé. Au cours de votre séjour, vous bénéficiez des services personnalisés Voyageurs du Monde, dont la possibilité de modifier à tout moment votre voyage, l'assistance d'un concierge local, la mise en place de rencontres et de visites privées et l'accès à votre carnet de voyage via une application iPhone et Android.

Voyageurs du Monde est membre de l'association ATR (Agir pour un tourisme responsable) et a obtenu sa certification Tourisme responsable AFAQ AFNOR.

Comment aller à Roissy et à Orly ?

Toutes les infos sur notre site *• routard.com •* à la rubrique suivante : *• bit.ly/aeroports-routard •*

En Belgique

▲ CONNECTIONS

Rens et résa : ☎ 070-233-313. • connections.be •

Fort d'une expérience de plus de 20 ans dans le domaine du voyage, Connections dispose d'un réseau de 32 *travel shops,* dont un à Brussels Airport. Connections propose des vols dans le monde entier à des tarifs avantageux et des voyages destinés à des voyageurs désireux de découvrir la planète de façon autonome. Connections propose une gamme complète de produits : vols, hébergements, locations de voitures, autotours, vacances sportives, excursions...

▲ VOYAGEURS DU MONDE

– Bruxelles : chaussée de Charleroi, 23, 1060. ☎ 02-543-95-50 (0,45 €/mn). • voyageursdumonde.com •

Le spécialiste du voyage en individuel sur mesure. Voir le texte dans la partie « En France ».

En Suisse

▲ VOYAGEURS DU MONDE

• voyageursdumonde.com •

– Genève : rue de la Rôtisserie, 19, 1204. ☎ 022-519-12-10. Lun-ven 9h30-19h, sam 9h30-18h30 ; fermé dim.

– Lausanne : rue du Bourg, 6 (2e étage), 1003. Lun-ven 9h-18h30, sam sur rdv. ☎ 021-519-10-65.

Le spécialiste du voyage en individuel sur mesure. Voir le texte dans la partie « En France ».

Au Québec

▲ TOURS CHANTECLERC

• tourschanteclerc.com •

Tours Chanteclerc est un tour-opérateur qui publie différentes brochures de voyages : Europe, Amérique du Nord, Amérique du Sud, Asie et Pacifique Sud, Afrique et le Bassin méditerranéen en circuits ou en séjours. Il s'adresse aux voyageurs indépendants qui réservent un billet d'avion, un hébergement (dans toute l'Europe), des excursions ou une location de voiture.

EN TRAIN

13 trains quotidiens relient Paris à Berlin-Hauptbahnhof (HBF). Plusieurs options pour aller à Berlin, mais chaque fois avec 1 ou 2 changements. Fin 2023, un **nouveau train de nuit** (direct en 7h de trajet) sera, en principe, mis en place entre Paris et Berlin. À suivre !

➢ ***Au départ de Paris-Nord :*** 6 A/R tlj en *Thalys* avec changement à Bruxelles, Essen ou Dortmund pour emprunter le réseau *Intercity* (compter un peu plus de 8h pour le trajet le plus rapide).

➢ ***Au départ de Paris-Est :*** pour rejoindre Berlin, TGV-Est soit par Saarbrücken, Kaiserslautern et changement à Mannheim vers Berlin (env 8h de trajet), soit par Strasbourg, Francfort (changement) et Berlin (compter 8h06 pour le trajet le plus rapide).

Il est d'ores et déjà possible de rejoindre Berlin en train de nuit, à condition de rejoindre la *Night City Line* au départ de Mannheim ou Francfort. Cela dit, le trajet prend alors 12h en tout.

Au départ de Bruxelles, le train le plus rapide (6h42) part à 16h22 et arrive à 23h04, avec un changement à Cologne.

Pour en savoir plus, se renseigner sur le site de la Deutsche Bahn : ● *bahn.de* ●

Renseignements et réservations

– ***Internet :*** ● *sncf-connect.com* ●
– ***Téléphone :*** ☎ *36-35 (0,40 €/mn).*
– Également dans les gares, les boutiques SNCF et les agences de voyages agréées.

Les *pass* internationaux

Avec les ***pass InterRail,*** les résidents européens peuvent voyager dans 33 pays d'Europe, dont l'Allemagne. Plusieurs formules et autant de tarifs, en fonction de la destination et de l'âge.

À noter que le *pass InterRail* n'est pas valable dans votre pays de résidence. Cependant, l'*InterRail Global Pass* offre une réduction de 50 % de votre point de départ jusqu'au point frontière en France. ● *interrail.eu* ●

– Pour les grands voyageurs, le ***Pass InterRail Global*** est valable dans l'ensemble des 33 pays européens concernés. Intéressant si vous comptez parcourir plusieurs pays au cours du même périple. Il se présente sous 7 formes au choix :

5 formules flexibles utilisables 4, 5 ou 7 j. sur une période de validité de 1 mois (185-251 € selon formule en version jeune 12-27 ans), ou utilisables 10 ou 15 j. sur une période de validité de 2 mois (301-370 € selon formule en version jeune 12-27 ans) ;

5 formules « continues » : *pass* 15 j., 22 j., 1 mois, 2 mois ou 3 mois (332-677 € selon formule en version jeune 12-27 ans).

Ces formules existent aussi en version 1re classe ! Les voyageurs de plus de 60 ans bénéficient d'une réduc sur le tarif de l'*InterRail Global Pass* en 1re et 2de classes (tarif senior). Également des tarifs enfants 4-11 ans et adulte 28 ans et plus.

– Si vous ne parcourez que l'Allemagne, le ***Pass InterRail Un Pays*** vous suffira. D'une période de validité de 1 mois et utilisable, selon les formules, 3, 4, 5, 6 ou 8 j. en discontinu : tarif selon pays et formule. Là encore, ces formules se déclinent en version 1re classe (mais ce n'est pas le même prix, bien sûr). Pour voyager dans 2 pays, vous pouvez combiner 2 ***Pass InterRail Un Pays.*** Au-delà, il est préférable de prendre le *Pass InterRail Global.*

InterRail offre également la possibilité d'obtenir des réductions ou des avantages à travers toute l'Europe avec ses partenaires (musées, chemins de fer privés, hôtels, etc.).

Tous ces prix ne sont qu'indicatifs.

EN VOITURE

Ceux qui n'ont pas séché leurs cours de géographie au collège savent bien que l'Allemagne est un pays limitrophe à la France. Bref, ce n'est pas si loin !

De plus, après Strasbourg, les autoroutes se déploient sur 12 000 km et sont gratuites. En Allemagne, il n'y a pas de limitation de vitesse sur les autoroutes, mais il est recommandé de ne pas dépasser les 130 km/h et d'éviter de tomber en panne d'essence, car vous risqueriez une amende. Néanmoins, les travaux de réfection sont nombreux et parfois de fâcheux bouchons se forment, tenez-en compte.

➢ ***Pour rejoindre le nord de l'Allemagne et Berlin au départ de Paris :*** l'itinéraire passera par la Belgique. Autoroute du Nord A 1, puis A 2 vers Mons et E 42 vers Charleroi, Liège, Cologne, Düsseldorf, Hanovre, Braunschweig, Magdebourg et Berlin, qui se trouve à 1 060 km de Paris ; le trajet peut s'accomplir en 10h de route. Le parcours est entièrement autoroutier et les seuls péages se trouvent sur le territoire français.

➢ ***Pour rejoindre Berlin au départ du sud-est de la France :*** compter 1 500 km (15h) depuis Marseille. Prendre l'A 7 vers Lyon, passer en Suisse par Genève, Lausanne, Berne et Bâle (attention, vignette suisse à payer pour utiliser les autoroutes), puis, en Allemagne, Stuttgart, Nuremberg, Leipzig et enfin Berlin. ***Les autoroutes allemandes sont gratuites.***

Berlin, zone verte

Instaurées dans de nombreuses villes allemandes dont Berlin, elles visent à restreindre la circulation des automobiles et utilitaires trop polluants (principalement les moteurs diesel sans filtres). ***Tous les véhicules immatriculés à l'étranger doivent être munis d'une vignette de couleur, à afficher sur le pare-brise, indiquant à quel groupe de polluants ils appartiennent.*** ● *umwelt-plakette.de* ●

Ces zones sont signalées par un panneau « ***Umweltzone*** » au bas duquel figurent les couleurs des vignettes autorisées à circuler dans l'aire concernée. Il s'agit presque toujours de « zones vertes », cette couleur étant celle des véhicules les moins polluants (ce qui est le cas de tous les véhicules récents, essence ou diesel). Les touristes visitant ces villes doivent se rendre avec leur carte grise dans les garages, les stations-service, les bureaux d'immatriculation *(Zulassungsstelle)* ou les centres de contrôle techniques agréés (TÜV, DEKRA...).

La ***zone environnementale*** concernée à Berlin où seuls les véhicules qui répondent à certaines normes d'émission de gaz d'échappement sont autorisés à circuler est limitée par la ligne circulaire de train (« S-Bahn-Ring »). Seuls les véhicules munis de vignettes vertes sont autorisés à circuler dans cette zone.

La vignette (9,90 €) est valable dans tout le pays. Il est aussi possible de la commander avant de partir par courrier ou message électronique, mais c'est souvent beaucoup plus cher. Toute infraction au règlement de la zone écologique est passible d'une amende de 80 € ! Les motos ne sont pas concernées par cette obligation.

Covoiturage

Le principe est économique, écologique et convivial. Il s'agit de mettre en relation un chauffeur et des passagers afin de partager le trajet et les frais, que ce soit de manière régulière ou de façon exceptionnelle (pour les vacances, par exemple). Les conducteurs sont invités à proposer leurs places libres sur ● *blablacar.fr* ● (disponible sur le Web et sur mobile). L'inscription est gratuite.

EN BUS

2 compagnies se partagent le réseau des bus longue distance en Europe : ***Flixbus*** et ***Blablabus.*** De nouvelles dessertes sont régulièrement mises en place entre de nombreuses villes du continent. Il existe des sites de comparaison et de réservation de billets, certains concernent plusieurs modes de transport (train, bus, covoiturage) et permettent d'acheter directement son billet : ● *kombo.co* ● *comparabus.com* ●

Pour Berlin, compter env 60 €.

BERLIN UTILE

ABC de Berlin

- ❑ ***Statut :*** Land fédéral, mais aussi capitale de l'Allemagne réunifiée, divisée en 12 *Bezirke*.
- ❑ ***Superficie :*** 892 km² (9 fois Paris !).
- ❑ ***Population :*** 3 750 000 hab.
- ❑ ***Densité :*** 4 203 hab./km².
- ❑ ***Taux de chômage :*** environ 8,8 % en 2021.
- ❑ ***PIB :*** 33 300 €/hab.
- ❑ ***Religions :*** protestantisme luthérien dominant (600 000), catholiques (325 000), musulmans (250 000) et juifs (12 000).
- ❑ ***Langue officielle :*** l'allemand.
- ❑ ***Monnaie :*** l'euro.
- ❑ ***Régime politique :*** Land fédéral, avec une Chambre des députés élue pour 5 ans qui désigne le maire et les sénateurs de la ville.
- ❑ ***Bourgmestre (maire) de Berlin :*** Franziska Giffey (SPD), depuis 2021.

AVANT LE DÉPART

Adresses utiles

En France

🛈 ***Office national allemand du tourisme :*** *fermé au public. Nombreuses brochures, téléchargeables sur le site valable pour ts les pays francophones. • germany.travel/fr •*

■ ***Institut Goethe :*** *17, av. d'Iéna, 75116 Paris. ☎ 01-44-43-92-30. • goethe.de/paris • Ⓜ Iéna. Lun-ven 9h-21h, sam 10h-17h ; fermé dim. Accès à la bibliothèque mar-mer et ven 9h-21h, jeu 9h-16h, sam 9h-17h ; fermé dim-lun. Congés : fin juil-fin août.* Cinéma, expositions, etc. Toute la culture allemande dans un lieu lumineux, complètement relooké. Succursales à Bordeaux, Lille, Lyon, Marseille, Nancy, Strasbourg et Toulouse.

■ ***Office allemand d'échanges universitaires (DAAD) :*** *Maison de la Recherche-Université Paris-Sorbonne, 28, rue Serpente, 75006 Paris. ☎ 01-53-10-58-32. • daad-france.fr • Ⓜ Odéon. Service d'information et de documentation lun-jeu 10h-13h, 14h-17h ; ven 10h-12h30. Congés : fin juil-fin août.* Chargé de la coopération franco-allemande dans le domaine de l'enseignement, l'office s'adresse aux étudiants désireux de poursuivre leurs études ou recherches en Allemagne. Infos sur l'organisation de l'enseignement supérieur allemand, ses voies et conditions d'accès, et la reconnaissance des diplômes.

■ ***Office franco-allemand pour la jeunesse (OFAJ) :*** *51, rue de l'Amiral-Mouchez, 75013 Paris. ☎ 01-40-78-18-18. • ofaj.org • Ⓜ et RER B, Ⓣ Cité-Universitaire. Lun-ven 9h-12h, 13h-17h ; fermé w-e.* L'OFAJ dispose de nombreuses informations utiles, dont une brochure très complète sur toutes les possibilités de contact avec l'Allemagne (stages, formations, voyages, rencontres...). Il attribue aussi des bourses dans certains cas.

■ ***Consulat d'Allemagne :*** *28, rue Marbeau, 75116 Paris. ☎ 01-53-83-*

45-00. ● allemagne.diplo.de ● Ⓜ Porte-Maillot ou Porte-Dauphine. Lun-jeu 14h-16h ; ven 12h-14h.

■ **Centre d'information de l'ambassade d'Allemagne (CIDAL) :** 31, rue de Condé, 75006 Paris. ☎ 01-44-17-31-31. ● ffa-dff.org ● Ⓜ Odéon ou RER B : Luxembourg. Lun, mer et ven 11h-13h, 14h-17h ; mar et jeu 14h-17h.

Ambassades et consulats à l'étranger

– **Belgique :** ☎ 02-787-18-00. ● bruessel.diplo.de ●
– **Suisse :** ☎ 031-359-41-11. ● bern.diplo.de ●
– **Canada** (Montréal) **:** ☎ (514) 931-2277. ● canada.diplo.de ●

Formalités

Avant de partir, pensez à scanner passeport, carte bancaire, billet d'avion et *vouchers* d'hôtel. Ensuite, adressez-les-vous par e-mail en pièces jointes ou glissez-les dans une clé USB. En cas de perte ou de vol, rien de plus facile pour les récupérer. Les démarches administratives en seront bien plus rapides. Merci tonton Routard !

– Une ***carte d'identité en cours de validité*** ou un ***passeport*** français, belge ou suisse, même périmé depuis moins de 5 ans, suffisent pour entrer en Allemagne. Les Canadiens doivent se munir de leur passeport mais sont exemptés de visa. Important : la loi allemande exige que l'on ait toujours une pièce d'identité valable sur soi.

Vivre à Berlin

C'est peu dire que Berlin attire les francophones, jeunes ou moins jeunes, dans les secteurs créatif et alternatif, ou le secteur plus lucratif des restos et des bars, sans parler des start-up en tout genre. Si l'été berlinois fascine, avec ses longues nuits, ses longues fêtes, ses colocations faciles, les 5 ou 6 mois de grisaille et de froid découragent ceux qui, pour reprendre le slogan de son ancien maire, trouvent Berlin pauvre, certes, mais sexy.

Assurances voyages

■ ***Routard Assurance 2023 :*** *Le Colisée Gardens, 10 avenue de l'Arche, CS 70126, 92419 Courbevoie Cedex.* Ⓜ *La Défense.* ☎ *01-44-63-51-00. Pour tte demande d'infos :* ● *routard@avi-international.com* ● *avi-international.com* ● Enrichie au fil des années par les retours des lecteurs, *Routard Assurance* reste l'assurance voyage référence des globe-trotters. Tout y est inclus, même la Covid : frais médicaux, assistance rapatriement, bagages, responsabilité civile... Avant votre départ, contactez *AVI* pour un conseil personnalisé. À la recherche d'une attestation Covid ? Vous la recevrez automatiquement après chaque souscription. Besoin d'un avis médical, d'une prise en charge dans un hôpital ? Le plateau d'assistance *AVI* dispose d'un vaste réseau médical à travers le monde disponible 24h/24 pour une réponse en temps réel. De simples frais de santé en voyage ? Téléchargez vos factures depuis l'*espace assuré AVI,* ils vous remboursent sous une semaine.

■ ***AVA – Assurance Voyages et Assistance :*** *25, rue de Maubeuge, 75009 Paris.* ☎ *01-53-20-44-20.* ● *ava.fr* ● Ⓜ *Cadet.* Un autre courtier fiable pour ceux qui souhaitent s'assurer en cas de décès-invalidité-accident lors d'un voyage à l'étranger, mais surtout pour bénéficier d'une assistance rapatriement, perte de bagages et annulation. Attention, franchises pour leurs contrats d'assurance voyage.

■ ***Pixel Assur :*** *18, rue des Plantes, BP 35, 78601 Maisons-Laffitte.* ☎ *01-39-62-28-63.* ● *pixel-assur.com* ● *RER A : Maisons-Laffitte.* Assurance de matériel photo et vidéo tous risques (casse, vol, immersion) dans le monde entier. Devis en ligne basé sur le prix d'achat de votre matériel. Avantage : garantie à l'année.

Carte internationale d'étudiant (carte ISIC)

Elle prouve le statut d'étudiant dans le monde entier et permet de bénéficier d'avantages, services et réductions dans les domaines du transport, de l'hébergement, de la culture, des loisirs, du shopping...
La carte ISIC permet aussi d'accéder à des avantages exclusifs (billets d'avion spécial étudiants, hôtels et auberges de jeunesse, assurances, cartes SIM internationales, locations de voitures...).

Renseignements et inscriptions

- ***En France :*** • *isic.fr* •
- ***En Belgique :*** • *isic.be* •
- ***En Suisse :*** • *isic.ch* •
- ***Au Canada :*** • *isiccanada.ca* •

Carte d'adhésion internationale aux auberges de jeunesse (carte FUAJ)

Cette carte vous ouvre les portes de plus de 2 400 auberges de jeunesse du réseau *HI-Hostelling International* en France et dans le monde. Vous pouvez ainsi loger dans plus de 80 pays à des prix avantageux et bénéficier de tarifs préférentiels avec les partenaires des auberges de jeunesse *HI*. Enfin, vous intégrez une communauté mondiale de voyageurs partageant les mêmes valeurs : plaisir de la rencontre, respect des différences et échange dans un esprit convivial. Il n'y a pas de limite d'âge pour séjourner en auberge de jeunesse. Il faut simplement être adhérent.

Renseignements et inscriptions

- ***En France :*** • *hifrance.org* •
- ***En Belgique :*** • *lesaubergesdejeunesse.be* •
- ***En Suisse :*** • *youthhostel.ch* •
- ***Au Canada :*** • *hihostels.ca* •

Si vous prévoyez un séjour itinérant, vous pouvez réserver plusieurs auberges en une seule fois en France et dans le monde : • *hihostels.com* •

ARGENT, BANQUES, CHANGE

Argent

Pour les Français et les Belges, on est en zone euro. Pour nos amis suisses et canadiens, à titre informatif, 1 € = 0,99 CHF et 1,43 $Ca (fin 2022). Sur les pièces des euros allemands figurent au verso la feuille de chêne, la porte de Brandebourg ou l'aigle de la démocratie.

Avertissement

Si vous comptez effectuer des retraits d'argent aux distributeurs, il est **très vivement conseillé d'avertir votre banque avant votre départ** (pays visités et dates). En effet, **votre carte peut être bloquée** dès le 1er retrait pour suspicion de fraude. C'est de plus en plus fréquent. Bonjour les tracasseries pour faire rentrer les choses dans l'ordre, et on se retrouve vite dans l'embarras !

Banques, change

Les banques sont généralement ouvertes du lundi au vendredi de 9h à 13h et de 14h30 à 16h ou 17h30.
Pour nos amis hors zone euro, les bureaux de change dans les aéroports, aux frontières et dans les gares des grandes villes sont ouverts de 6h à 22h, même le week-end ! Les commissions sur le change ne varient que très peu d'une banque à l'autre.
En zone euro, pas de frais bancaires sur les paiements par carte. Les retraits sont soumis aux mêmes conditions tarifaires que ceux effectués en France ou en Belgique (gratuits pour la plupart des cartes).
Attention, les distributeurs jaunes, ATM-EC, prélèvent encore une commission sur vos retraits en euros. Vérifiez si c'est le cas au moment du retrait (il y a un avertissement) et préférez ceux des grandes banques.

Cartes de paiement

Berlin est quadrillé par un réseau de ***distributeurs*** de billets (DAB), où vous pourrez retirer de l'argent à l'aide de votre carte bancaire. Le logo des cartes utilisables figure en bordure de chaque distributeur. Même si beaucoup d'Allemands ont encore l'habitude de payer en liquide, les cartes *Visa* et *MasterCard* sont désormais largement acceptées dans les hôtels, magasins, restaurants et supermarchés, surtout avec la pratique du paiement sans contact dont le plafond a été porté à 50 € depuis la crise sanitaire.
Quand vous partez à l'étranger, pensez à téléphoner à votre banque pour relever le plafond de retrait aux distributeurs et pour les paiements par carte, quitte à le rebaisser à votre retour.
Avant de partir, notez bien le numéro d'opposition propre à votre banque (il figure souvent au dos des tickets de retrait, sur votre contrat, ou à côté des distributeurs de billets), ainsi que le numéro à 16 chiffres de votre carte. Bien entendu, conservez ces informations en lieu sûr et séparément de votre carte.
Par ailleurs, l'assistance médicale se limite aux 90 premiers jours du voyage et l'assistance véhicule aux cartes haut de gamme (renseignez-vous auprès de votre banque). Et surtout, n'oubliez pas aussi de ***VÉRIFIER LA DATE D'EXPIRATION DE VOTRE CARTE DE PAIEMENT*** avant votre départ !
Une carte perdue ou volée peut être rapidement remplacée. En appelant sa banque, un système d'opposition, d'avance d'argent et de remplacement de carte pourra être mis en place afin de poursuivre son séjour en toute quiétude.
En cas de perte, de vol, ou de fraude, quelle que soit la carte que vous possédez, chaque banque gère elle-même le processus d'opposition et le numéro de téléphone correspondant.
Le plus simple est de faire opposition en ligne via le site de votre agence bancaire ou leur appli mobile, ou en les appelant directement. Voici les numéros des centres d'assistance des différentes cartes.

– ***Carte Visa :*** *n° d'urgence depuis l'Allemagne, ☎ 0800-811-8440 (24h/24). • visa.fr •*
– ***Carte MasterCard :*** *n° d'urgence depuis l'Allemagne, ☎ 0800-071-3542. • mastercardfrance.com •*
– ***Carte American Express :*** *n° d'urgence, ☎ (00-33) 1-47-77-72-00 (n° accessible tlj 24h/24). • americanexpress.fr •*

Il existe un ***serveur interbancaire d'opposition*** qui, en cas de perte ou de vol, vous met en contact avec le centre d'opposition de votre banque. *Depuis la France : ☎ 0892-705-705 (prix d'un appel + 0,35/mn) ; depuis l'étranger : ☎ + 33-442-605-303.*

Petite mesure de précaution : si vous retirez de l'argent dans un distributeur, utilisez de préférence un distributeur attenant à une agence bancaire. En cas de pépin avec votre carte (carte avalée, erreurs de code secret...), vous aurez un interlocuteur dans l'agence, pendant les heures ouvrables.

BUDGET

Constat rassurant : à Berlin, le coût de la vie n'est pas (encore) prohibitif. On peut considérer que c'est même de 20 à 30 % meilleur marché qu'à Paris, par exemple. Manger au resto à Berlin revient globalement moins cher. Vu la générosité des portions, et sans parler d'habitudes culinaires, les Allemands se contentant habituellement d'un plat. Aucun serveur ne vous imposera une entrée, un plat et un dessert. Les boissons sont également abordables, à moins évidemment de choisir un vin étranger. L'hébergement demeure effectivement onéreux, mais les *hostels* et autres AJ officielles ou privées (plébiscitées également par les seniors et offrant de confortables chambres doubles) constituent une bonne alternative !

VACHEMENT LIMITE

C'est grâce aux Allemands que la monnaie européenne ne s'est pas appelée « écu » : c'était une vacherie qu'ils n'auraient pas supportée (à l'oreille, « écu » était trop proche du mot Kuh, *qui signifie « vache »).*

Hébergement

L'offre est considérable, au point qu'on juge que Berlin dispose de plus de lits que New York. Compter à partir de 10 € et jusqu'à 40 € par personne pour une nuit dans les adresses figurant en catégorie « Bon marché » (auberges de jeunesse et *hostels*). Pour les adresses « Prix moyens », compter de 35 à 50 € par personne. Les adresses classées « Chic » commencent à 50 € par personne.
Des tarifs auxquels il convient d'ajouter la taxe de séjour, en vigueur à Berlin, soit 5 % du coût global de votre séjour. Et les prix qu'on vous indique sont des plus flexibles, certains hôtels refusant même de les donner en dehors de périodes précises. Si les prix grimpent lors des congrès ou des grandes manifestations, ils chutent de façon impressionnante au cœur de l'été, par exemple. D'où l'intérêt de faire une réservation par Internet le plus vite possible, dès que les dates de séjour sont fixées.
Avant de confirmer une réservation, jetez un coup d'œil sur la situation géographique réelle de votre choix. Pas mal d'adresses s'affublent d'une localisation un peu trompeuse, se réclamant d'un quartier ou d'un site de prestige. Le plus intéressant est de choisir une adresse proche d'une station de métro, ce qui permet des déplacements plus rapides dans cette ville 9 fois plus grande que Paris !

Restaurants

En ce qui concerne la restauration, un en-cas dans un *Imbiss* (stand très populaire avec saucisses ou plats à emporter pour manger sur le pouce, tout à côté bien souvent) vous coûtera autour de 5 €. Pour un repas au restaurant, compter 12-18 € dans une adresse « Bon marché », 18-25 € dans une adresse « Prix moyens », 25-35 € pour une adresse « Chic » et à partir de 35 € dans une adresse « Plus chic ».
– *Bon à savoir :* la municipalité a mis en ligne sur son site internet les résultats des contrôles d'hygiène effectués dans les restaurants et bars afin de faciliter le choix des consommateurs.

Réductions

En bref, profitez de toutes les ***réductions*** possibles : les étudiants sont particulièrement bien lotis avec des réductions jusqu'à - 50 % sur les musées et les spectacles...

– Il existe également des avantages dont chacun peut profiter : billets de théâtre et d'opéra à - 50 % le soir même, logement en résidence universitaire (quand il y a de la place), etc.
– De plus, Berlin propose des cartes de transport pour les petits groupes de 5 ou 10 personnes (intéressant si vous voyagez à plusieurs) ; d'autres formules offrent des réductions sur les musées, concerts et spectacles. Particulièrement avantageuses pour les familles, car avec une carte adulte on fait bénéficier jusqu'à 3 enfants entre 6 et 14 ans.
Voir la *Welcome Card* dans les « Adresses et infos utiles. Réductions pour musées et transports » du chapitre « Infos pratiques sur place », plus loin.

Musées

À Berlin, on en compterait plus de 180 ! Sur tous les sujets imaginables... des nounours au jeu vidéo en passant par la *currywurst* : pas toujours indispensables ! Prévoir un budget en conséquence, même si leur tarif est souvent raisonnable : nombre d'entre eux s'avèrent assez fabuleux et valent franchement le détour. Les collections de peintures (de sculptures aussi, d'ailleurs) sont par exemple d'une richesse époustouflante. La mise en valeur est complète, avec plans détaillés, consignes (et vestiaires), cafétérias, etc. Malheureusement, les audioguides et docs en français sont devenus rares. Il faudra effectuer la visite en allemand ou en anglais. Le français vient ici après l'italien ou l'espagnol, lorsqu'il est utilisé...
– *Bon à savoir :* la plupart du temps, l'accès aux moins de 16 ans est gratuit et ils accordent des réductions pour les étudiants (sur présentation d'une carte), les enfants (quand ils ne bénéficient pas déjà de la gratuité), les familles, les seniors, les militaires, les personnes handicapées...
– ***Museumspass Berlin :*** forfait à 29 € (tarif réduit 14,50 €) valable pour 3 jours consécutifs. Il donne droit à l'accès à des expositions permanentes dans environ 30 musées. Ceux-ci ouvrent généralement (sauf quelques exceptions) de 10h à 18h et proposent parfois quelques nocturnes le jeudi jusqu'à 20h. Comme partout en Allemagne, ils sont souvent fermés le lundi. Mais il faut vérifier au cas par cas en consultant leurs sites internet.
– Le dernier week-end d'août, la ***Longue Nuit des musées*** permet un accès aux musées de 18h à 2h avec également une utilisation gratuite de navettes, selon plusieurs itinéraires. • *lange-nacht-der-museen.de* •

Attention : avec la crise sanitaire, la pratique de la réservation pour une plage horaire précise et du paiement en ligne s'est généralisée. Consultez donc les sites des lieux que vous désirez visiter bien en amont.

CLIMAT

C'est sûr, Berlin n'est pas la capitale la plus ensoleillée d'Europe. Frais mais peu humide, le climat de Berlin reste agréable une bonne partie de l'année – vous dira-t-on ici, tout en vous recommandant d'emporter un pull même en plein été et de programmer quelques musées en cours de route, en cas d'ondée. Un temps idéal, du moins pour les trekkeurs urbains qui veulent optimiser leurs déplacements en ville.
Dès la mi-octobre, le crachin envahit le ciel et l'hiver pointe le bout de son nez. Disons-le franchement, ce n'est pas la meilleure saison pour s'y rendre car les températures peuvent descendre jusqu'à - 15 °C, avec des vents d'est « sibériens » qui s'engouffrent dans les grandes avenues et une neige bien au rendez-vous, entre décembre et février. Les lacs se transforment en patinoires et le gel peut y subsister jusqu'en avril : il y a de quoi hésiter ! Sachez que certains

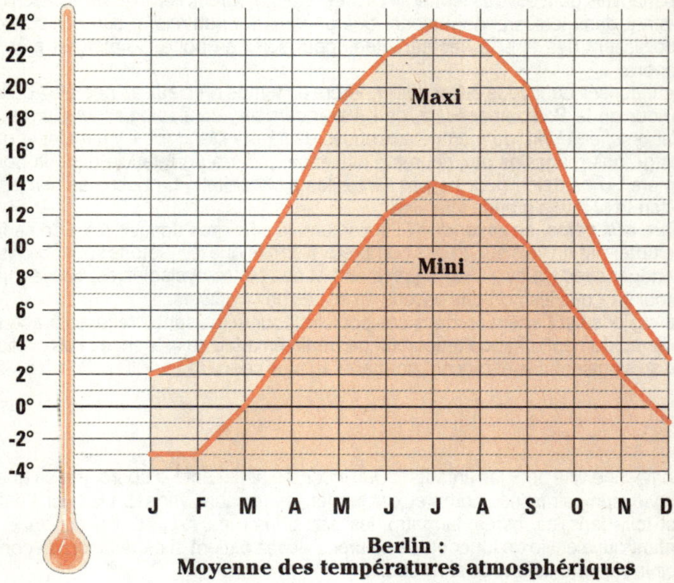

Berlin :
Moyenne des températures atmosphériques

établissements ferment à cette période. De même, les mois d'hiver sont-ils le plus souvent couverts, et si c'est le cas, la nuit peut vous surprendre... dès 16h ! En revanche, c'est au début du mois de décembre que les marchés de Noël égaient la ville.

Le printemps est long à s'installer, mais quels débordements de joie et d'activité dès les 1res chaleurs ! Les parcs et leurs *Biergarten* sont rapidement pris d'assaut. L'été est normalement chaud sans être caniculaire, mais avec des périodes orageuses : parfait pour se rendre au bord d'un des nombreux lacs de Berlin et sa région. L'idéal est donc de partir entre mai et septembre, tout en sachant que ce climat continental peut rendre parfois étouffant le cœur de l'été (mais on a connu des journées à 13 °C à la mi-juillet). Un conseil, donc : pour faire face à la fraîcheur des soirées et aux averses orageuses, n'oubliez pas votre petite laine, de bonnes chaussures et surtout un vêtement imperméable. Sachez aussi que de nombreuses salles de spectacle sont fermées en été.

L'automne est peut-être la période la plus magique de la ville, mais attention, là encore, il peut pleuvoir à tout moment. Septembre se révèle également très agréable pour un long week-end découverte.

Par ailleurs, évitez de vous rendre à Berlin lors de foires ou de congrès, vous rencontreriez des difficultés pour trouver un hébergement.

DANGERS ET ENQUIQUINEMENTS

Berlin est ***une ville très sûre*** pour les couples, les familles, mais aussi les femmes seules, du moins en restant dans les quartiers décrits ici : c'est en fait une grande capitale avec un style de vie plutôt tranquille, ce qui est fort appréciable ! Agressions et vols à l'arraché y sont rares. Cependant, on s'abstiendra de se promener (la nuit en particulier) avec des objets de valeur trop apparents. En outre, ça serait de mauvais goût et vous fermerait l'accès à de nombreux lieux de vie, les Berlinois restant dans leur grande majorité des gens plutôt naturels et sans chichis, qui choisissent des tenues décontractées pour sortir en boîte, au resto et même à l'opéra.

Petit conseil pour vous éviter d'aller perdre un temps précieux au poste de police : autour de la *Potsdamer Platz,* de l'*Alexanderplatz,* du *Zoologischer Garten,* du *Hackescher Markt,* du marché aux puces du *Mauer Markt* (où il y a foule) et dans les grands magasins aux heures d'affluence, pas de portefeuille dans la poche arrière du pantalon pour ne pas tenter les pickpockets. La police se révèle fort discrète et d'une grande affabilité.

Gare aux vélos, en revanche ! Finalement, le plus gros danger, c'est de se faire percuter par un vélo sur un des nombreux trottoirs que les piétons sont obligés de partager avec les cyclistes. Le revêtement des pistes cyclables est souvent plus « roulant » que les portions pavées réservées aux cyclistes.

La vigilance et l'attention dans ces couloirs pour vélos sont 2 réflexes à acquérir très rapidement, chaque amoureux de Berlin en a fait l'expérience ! Les cyclistes ne se signalent pas et foncent pour aller au plus court.

ENFANTS

Berlin, une ville pour les enfants ? Oui, incontestablement ! D'abord, par sa qualité de vie, son calme, ses nombreux et immenses espaces verts. En fait, ici, l'enfant est roi : dans les restos, le métro, les parcs, les rues, rien ne doit contrarier un enfant qui a envie de jouer ou de pleurer... Soyez patient si cette façon de concevoir la vie parentale vous surprend.

C'est en tout cas une ville détendue pour les minots qui vous accompagnent, une ville où il fera bon rouler à vélo avec eux sans angoisse. Il y a également de nombreuses activités culturelles et ludiques à leur disposition : musées avec sections spécifiques « enfants », activités nature, balades diverses, piscines de plein air, baignades dans des rivières et des lacs aux eaux claires et saines, spectacles et animations pour enfants.

Courte sélection : les robots rigolos qui jouent avec les visiteurs au ***musée de la Communication,*** les dinosaures qui reprennent vie au ***Museum für Naturkunde...*** Également possible de manipuler et d'effectuer de nombreuses expériences techniques et scientifiques au ***musée allemand de la Technique.*** Le ***Labyrinth Kindermuseum*** a ses fans, ainsi que le ***Museumsdorf Düppel*** (reconstitution d'un village de l'an 1200 apr. J.-C.). Quant à l'onéreux ***Legoland Discovery Centre,*** il a trouvé son public, pas forcément français celui-là.

Belles ***balades en bateau*** sur la Spree et au départ de Potsdam... En été, se rafraîchir à la grande ***plage*** populaire ***de Wannsee...*** Ne surtout pas manquer le ***zoo,*** l'un des plus avancés d'Europe en matière de respect des animaux et de leur environnement, ainsi que le ***Jardin botanique*** et son parc de 43 ha, propice à de belles balades...

À propos, découvrez aussi, en pleine ville, cette authentique ferme du ***Domäne Dahlem*** (avec 15 ha de champs et vergers, et des activités pour les enfants). En hiver, possibilité de patiner sur les lacs gelés de la ville et de faire de la luge dans le parc de *Tiergarten* et ses nombreux confrères.

FÊTES ET JOURS FÉRIÉS

Les magasins, musées, établissements publics sont fermés les jours suivants (mais renseignez-vous avant pour les musées, car il y a des exceptions) :

– 1er janvier, Vendredi saint, dimanche et lundi de Pâques, 1er mai, jeudi de l'Ascension, dimanche et lundi de Pentecôte, Noël, Saint-Étienne. En Brandebourg, il

faut ajouter le 31 octobre, fête de la Réforme.
– ***Fête nationale :*** le 3 octobre, date de la réunification. Tout est fermé ce jour-là.
– À noter que les rentrées scolaires des écoliers et étudiants varient d'un Land à l'autre assez sensiblement selon les années pour permettre d'étaler les vacances de tous : ce sera le 25 août en 2023 pour Berlin.

UN JOUR UN PEU PARTICULIER

Pourquoi l'Allemagne n'a-t-elle pas choisi la date de la chute du mur de Berlin (9 novembre) comme fête nationale ? Explication : Guillaume II abdiqua un 9 novembre (1918). C'est aussi la date du putsch manqué de Hitler à Munich (1923) et, plus grave, celle de la Nuit de cristal (1938) qui envoya près de 30 000 juifs en camp de concentration. Voilà pourquoi on a sagement préféré le 3 octobre, date de la réunification allemande en 1990.

Calendrier

– ***16-26 février 2023 :*** *Festival international du cinéma.* ● *berlinale.de* ● Entièrement ouvert au public. C'est là qu'on décerne le fameux Ours d'or. Une Berlinale d'été grand public se tiendra désormais aussi début juin.
– ***Mars :*** *Foire internationale du tourisme* (10 000 participants, venant de 180 pays, et quelque 180 000 visiteurs !) pendant 4 jours au début du mois. ● *messe-berlin.de* ●
– ***8 mars :*** *Journée internationale de la femme.*
– ***Avril :*** *Longue Nuit de l'opéra et du théâtre* (jusqu'à minuit et au-delà) le dernier week-end du mois. ● *kulturprojekte.berlin* ●
– ***26 mai-29 mai 2023 :*** *Carnaval des cultures*, le week-end de la Pentecôte, à Kreuzberg. ● *karneval.berlin* ● Créé en 1996, ce carnaval *multi-kulti*, comme on dit ici, accueille aujourd'hui 5 000 participants d'une soixantaine de nationalités et connaît un succès toujours croissant. Riche en couleurs, le défilé des chars se déroule le dimanche, mais la fête dure 4 jours, du vendredi au lundi, avec de nombreux concerts de musiques du monde, et même un carnaval des enfants. Un mini-Rio à Berlin.
– ***28 juin 2023 :*** *Gay Pride*, pour le *Christopher Street Day.* ● *csd-berlin.de* ● Le trajet s'effectue dans une ambiance de fête depuis le Kurfürstendamm.
– ***Début juillet :*** *Classic Open Air*, sur Gendarmenmarkt. ● *classicopenair.de* ●
– ***Fin août :*** *Longue Nuit des musées*, le dernier week-end du mois. ● *lange-nacht-der-museen.de* ●
– ***Septembre :*** *Marathon de Berlin* (le 24 en 2023). ● *bmw-berlin-marathon.com* ●
– ***Mi-septembre/début octobre*** *(selon l'année)* ***:*** *Berlin Art Week* (festival d'art contemporain, ● *berlinartweek.de* ●). Cette importante foire internationale d'art contemporain a lieu chaque année.
– ***Octobre :*** *Festival of Lights.* ● *festival-of-lights.de* ● Plus de 50 sites et espaces sont revisités avec des jeux de lumières pendant une dizaine de nuits. Magique !
– ***Début novembre :*** *Jazzfest* (se renseigner à l'office de tourisme, ● *berlinerfestspiele.de* ●) et *Jüdische Kulturtage Berlin* (Journées de la culture juive, ● *juedische-kulturtage.org* ●).
– ***Décembre :*** *Weihnachtsmärkte* (marchés de Noël). Durant tout le mois : artisanat, vin chaud, saucisses à profusion, pains d'épice... sur la Breitscheidplatz, l'Alexanderplatz, à Gendarmenmarkt, mais celui de Spandau est le plus grand.

HÉBERGEMENT

Voilà le problème principal, même si le choix est très large, nous insistons : RÉSERVEZ chambres d'hôtel, AJ et campings LE PLUS TÔT POSSIBLE. Nous indiquons le maximum d'adresses, car il est plus prudent de réserver via Internet.

Auberges de jeunesse

La FUAJ offre à ses adhérents la possibilité de réserver en ligne grâce à son système de réservation international ● *hihostels.com* ● jusqu'à 12 mois à l'avance, dans plus de 4 000 auberges de jeunesse dans le monde. Et si vous prévoyez un séjour itinérant, vous pouvez réserver plusieurs auberges en une seule fois.
Ce système permet d'obtenir toute information utile sur les auberges reliées au système, de vérifier les disponibilités, de réserver et de payer en ligne.
Sur plus de 450 AJ officielles en Allemagne il n'y en a que 4 à Berlin, Wansee et Potsdam. ● *jugendherbergen-berlin-brandenburg.de* ●
À Berlin, la floraison des *hostels* indépendants dans l'air du temps ou de chaînes internationales, inspirés des *backpackers* anglo-saxons, rend le choix plus facile. Avantages : situation souvent centrale, pas de carte de membre requise, service 24h/24 et sans couvre-feu. On y trouve une ambiance moins rigide et un cadre plus original que dans les AJ officielles. Il y en a de tous les styles et l'éventail de formules est très large, depuis les grands dortoirs (lits autour de 10-15 € la nuit) mixtes ou séparés avec sanitaires à partager, jusqu'aux chambres design pour couples ou familles dignes d'une hôtellerie de bon confort.
Plusieurs sites à consulter : ● *hostelworld.com* ● *europeanhostels.com/hostels/germany* ● *hostelbookers.com* ●

Campings

Pour les campings de Berlin, réserver au ***Landesverband Deutscher Camping Club Berlin*** : ● *dccberlin.de* ●
Les tarifs sont les mêmes partout.

⛺ ***Campingplatz Krossinsee*** *(plan d'ensemble, D3)* **:** *Wernsdorfer Str 38, 12527 Schmöckwitz, sur le lac Krossin.* ☎ *675-86-87.* ● *campingplatz-berlin.de* ● *À 35 km de la ville, au sud-est, dans les environs de l'aéroport. Prendre le S-Bahn jusqu'à Grünau, puis le tram nº 68, puis le bus jusqu'à Schmöckwitz (terminus) en direction de Ziegenhals. Tte l'année. Compter à partir de 20 € pour 2 avec tente en hte saison. Loue aussi des cottages (2-12 pers) 185-530 € (tarifs à partir de 2 nuits).* Un camping éloigné pour faire une pause au vert, sous les pins. Pas mal de mobile homes sur les pelouses. Restaurant sur place. Plage de sable et petit port de plaisance avec bateaux à louer.

Chambres, studios et appartements à louer chez l'habitant

Une solution qui en sauvera plus d'un. D'abord, c'est moins cher qu'un hôtel, et surtout on en trouve partout, on partage la vie d'une maison, d'un quartier en allant faire ses courses.
– Très nombreux sites internet à consulter, dans l'ensemble très complets et descriptifs : ● *uebernachten-berlin.de* ● *bed-and-breakfast.de* ● *ferienwohnung-zimmer-berlin.de* ● *ferienwohnungen.de* ●

Hôtels

Attention, dans les brochures et sur les sites internet, les prix sont souvent indiqués par nuit et ***par personne.*** Bien se faire préciser le montant pour 2 à la réservation. Berlin se distingue du reste de l'Allemagne par l'apparition chaque année de nouveaux *Small Design Hotels* et *Art Hotels,* qu'on aime bien car ils allient confort et tendances actuelles côté déco. Quelques-uns de ces petits bijoux font partie de nos choix d'hébergement, leur prix n'étant pas hors de portée – surtout si vous choisissez bien vos dates – sur leur site internet. Précisez aussi si vous désirez un seul lit ou 2 lits en chambre double *(Doppelzimmer),* c'est plus prudent.

LANGUE

Pour vous débrouiller dans la langue de Goethe, on vous recommande fortement notre ***Guide de conversation du routard en allemand.*** D'autant plus que la plupart des brochures ou des infos données dans les musées sont en allemand, parfois en espagnol ou en italien, mais rarement en français.

KRAFTFAHRZEUGHAFTPFLICHTVERSICHERUNG

Traduction : assurance de responsabilité civile pour véhicules automobiles, soit le mot le plus long de la langue allemande d'un seul tenant (36 lettres). Pas facile à placer dans une conversation !

Prononciation

La prononciation et l'intonation sont très importantes pour se faire comprendre en Allemagne. Aucune lettre n'est muette, elles doivent toutes être prononcées (sauf le « h » dans certains cas).

E	se prononce *é*	*Y*	se prononce *u*
G	se prononce *gué*	*Z*	se prononce *tse*
j	se prononce *yeu*	*Ä*	se prononce *è*
Q	se prononce *qveu*	*Ö*	se prononce *œ*
U	se prononce *ou*	*Ü*	se prononce *u*
V	se prononce *f*	*au*	se prononce *ao*
W	se prononce *v*	*eu*	se prononce *oï*

– Attention, derrière des voyelles fortes (a, o, u), le couple de consonnes « ch » se prononce *r* (exemple : *Buch* se prononce « bour », alors que *Bücherei* se prononce « bucheraï »).

– Autre particularité : le « ß » (appelé « estset ») est une lettre qui n'existe que dans l'alphabet allemand. Elle est utilisée quand la voyelle qui précède est longue ou comporte une diphtongue (exemples : *Straße, Gruß, weiße...*) tandis qu'en cas de voyelle courte on utilise le double « s » (exemples : *Schloss, Kuss...*).

– Enfin, le « s » se prononce « ch » en début de mot quand il est suivi d'un « t » ou d'un « p » (*Straße* se prononce ainsi « chtrasse » et *Sport* « chport »).

Un peu de grammaire

La langue allemande n'est pas simple car très structurée, et sa grammaire a traumatisé plus d'un collégien ou lycéen ! 1er problème : si le français compte 2 genres (le masculin et le féminin), l'allemand en dénombre 3 avec le neutre. Mais le plus difficile reste probablement les cas, comme en latin, avec les déclinaisons des adjectifs, des articles et des pronoms qui s'ensuivent (et hop ! une bouffée de mauvais souvenirs pour nombre de lecteurs !). Cela dit, comme le couple franco-allemand se trouve être plus que jamais le fer de lance de la construction européenne, nous aurions tout intérêt à nous atteler à la tâche...

– Autres particularités qui compliquent encore l'affaire : si dans la phrase simple, le verbe occupe toujours la 2e place, dans la subordonnée, il est renvoyé en fin de phrase. Exemple : *Er **spielt** mit dem Ball, der rot **ist*** (il joue avec la balle qui est rouge).

– Pour information, enfin, sachez qu'en allemand, les noms communs prennent toujours une majuscule. Ne confondez donc pas une carte de restaurant avec une liste d'invités !

Spécificités du dialecte berlinois

Exagération, humour et rudesse ostentatoires sont les caractéristiques du berlinois. Vous entendrez peut-être parler de la *Berliner Schnauze* : c'est la « gouaille

berlinoise », qui désigne à la fois le patois local et la manière crue et distanciée de s'exprimer. Beaucoup d'expressions sont dérivées du français (apport des huguenots) et également du yiddish. Quelques termes typiques :
- *Kiez :* le quartier, le voisinage immédiat ;
- *Schrippe :* c'est le nom local des *Brötchen* (petits pains) ;
- *Urst ! :* génial !
- *Molle :* une bière grand format ;
- *Weiße mit Schuss :* bière blanche amère et jus de framboise (ou d'aspérule) que l'on boit à la paille ;
- *Meschugge :* débile, dingue. Comme à New York... puisque c'est un mot yiddish ;
- *Großkotz :* un frimeur, et les Berlinois n'aiment pas ces gens-là !
- Enfin, pour les branchés, la *Szene* : lieu à la mode, souvent off.

LIVRES DE ROUTE

Portraits croisés

- ***Berlin : petit atlas hédoniste,*** d'Élodie Benchereau et photos de Daniel Farò (Le Chêne, 2021). Un album séduisant conçu comme un beau magazine, découpé par quartiers, avec de jolies photos inspirantes, les essentiels à visiter, mais aussi des itinéraires de flânerie et quelques pages pour comprendre les réalités contemporaines de cette ville de Berlin qui a vécu tant de vicissitudes. De quoi donner l'envie de découvrir !
- ***Berlin, portrait d'une ville*** (Taschen). Ville en perpétuel changement, jamais épargnée par les événements, la cité allemande garde une incroyable capacité à se renouveler. L'album (un grand format, difficile à emporter dans son sac) retrace son histoire et fait l'étude approfondie de toutes ses facettes avec, à l'appui, des images splendides de plus de 280 photographes, tels qu'Henri Cartier-Bresson, Helmut Newton ou Robert Capa.
- ***Berliner Promenade,*** d'Éléonore Muhidine (Infolio). Guide culturel et architectural, cet essai stimulant invite le promeneur à une redécouverte urbaine critique hors des sentiers battus, par le biais de 9 entrées thématiques. Voici une lecture de l'histoire de Berlin depuis la fin du XIXe s jusqu'aux années 1980.
- ***Dictionnaire insolite de Berlin,*** de Sara Roumette (éd. Cosmopole, 2017). Un abécédaire répertoriant toutes les facettes de la capitale allemande entre fantasmes et réalités et qui donne envie de se plonger dans le melting-pot berlinois sans délai.
- ***Berlin : histoire, promenades, anthologie et dictionnaire,*** de David Sanson (Laffont, coll. « Bouquins », 2014 ; 1 216 p. !). Dans la tradition de la collection, 25 ans après la chute du Mur, un vrai gros pavé rassemblant des textes à la fois artistiques, historiques, littéraires et sentimentaux sur la capitale de l'Allemagne. Un outil de référence à garder chez soi, à défaut de l'emporter dans son sac de voyage.

Récits et fictions

- ***Toute une histoire,*** roman de Günter Grass (Points Seuil). Les critiques de l'époque se sont déchaînés contre ce roman, vision stéréoscopique de l'histoire. Berlin de 1989 à 1991, au moment de la réunification, observé par un couple littéraire digne de Cervantès : le grand et maigre Fonty, le petit et trapu Hoftaller.
- ***Berlin Alexanderplatz,*** roman d'Alfred Döblin publié en 1929 (Folio no 1239). Döblin, médecin et romancier allemand, est l'équivalent germanique de Louis-Ferdinand Céline. Il décrit les bas-fonds du Berlin des années 1925-1930. L'antihéros Franz Biberkopf est un criminel repenti. Mais la fatalité le rattrape et il retombe dans la délinquance. Ce récit résolument moderne est composé de références

bibliques et mythologiques, de collages d'extraits de journaux, et mélange, dans une cacophonie effrayante, la tragédie à la drôlerie populaire.

– ***Seul dans Berlin,*** roman de Hans Fallada (Folio n° 5941). De ce roman, Primo Levi disait qu'il était « l'un des plus beaux livres sur la résistance allemande antinazie ». En mai 1940, la ferveur nazie est au plus haut en Allemagne. Un monde de misère et de peur se terre dans les petites rues de Berlin. Persécuteurs et persécutés cohabitent : familles juives dénoncées et pillées, jeunes recrues des SS, résistants au régime du Reich... Ce roman décrit avec fidélité les conditions réelles de la vie des citoyens allemands sous la dictature de Hitler.

– ***Checkpoint Charlie,*** de Gilles Perrault (Fayard). En toile de fond de la fascination qu'exerçait Berlin-Est pour les gens de l'Ouest, 4 années de combats croisés, au temps du Mur, opposant les services de la DST et les espions allemands au service de l'URSS. Sans oublier Leopold Trepper, l'organisateur du réseau de l'Orchestre rouge pendant la guerre, devenu comme juif paria dans son propre pays, la Pologne.

– ***La Chute du Mur,*** d'Olivier Guez et Jean-Marc Gonin (Livre de Poche n° 32355). Erich Honecker reçoit Gorbatchev pour célébrer les 40 ans de la RDA. Il contemple sereinement l'avenir de son pays. Illusion fatale : un mois plus tard, c'est la chute du Mur ! Depuis quelques semaines, ils étaient des milliers dans la rue à affronter la Stasi et les Vopos, au péril de leur liberté, et à ébranler une dictature sclérosée et au bord du gouffre. Reporters chevronnés, à l'aide d'un considérable travail d'archives, les auteurs ont rencontré les acteurs anonymes de ce tourbillon de l'Histoire et en ont fait les héros d'un récit qui se déroule comme un thriller.

– ***Berlin secret,*** de Franz Hessel (Albin Michel). Par le père de Stéphane Hessel, l'évocation par petites touches du Berlin des Années folles sur fond de marivaudage à 3 qui inspira Truffaut pour son film *Jules et Jim*.

– ***Une femme à Berlin,*** récit anonyme (Folio n° 4653). Journal d'une jeune Berlinoise qui relate les derniers jours de la guerre, d'avril 1945 aux débuts de l'occupation russe en juin 1945. Description hyperréaliste de la vie quotidienne des Berlinois livrés à eux-mêmes dans le chaos de la débâcle allemande, et surtout des Berlinoises tenaillées tant par la faim que par la peur, l'occupation soviétique se révélant rapidement être un cauchemar pour les femmes, reléguées au statut de gibier sexuel pour les soldats soviétiques.

– ***Je t'écris de Berlin,*** roman de Klaus Kordon (Folio Junior n° 979). Matze, jeune adolescent de Berlin-Est, jette dans la Spree une lettre avec son adresse. Il espère recevoir une réponse venue de l'autre bout du monde ; en réalité, elle ne fait que traverser le Mur puisqu'une jeune fille la récupère côté Ouest. Une correspondance se met alors en place, défiant la surveillance de la RDA...

– ***L'Invention de la nature,*** récit d'Andrea Wulf (Libretto). Ce livre sous-titré « Les aventures d'Alexander von Humboldt » revient sur la vie trépidante de ce grand philosophe allemand, qui fut aussi naturaliste et géographe en même temps qu'explorateur intrépide. De l'Orénoque aux Andes et des Caraïbes aux sociétés savantes d'Europe, sa vie est un vrai roman d'aventures, mise au service du savoir universel.

Polars

– ***L'Espion qui venait du froid,*** de John Le Carré (Folio policier n° 587). Dans un Berlin dévasté par la guerre, coupé en 2 par le Mur, un espion anglais tente d'élucider la disparition d'un réseau patiemment constitué à l'Est. Un classique de la guerre froide.

– ***La Trilogie berlinoise,*** roman policier de Philip Kerr (Le Livre de Poche n° 31644 ; 1 020 p. !). Bernie Gunther est un privé solitaire dans la lignée du Philip Marlowe de Raymond Chandler. Au fil de 3 épisodes, on le suit lors d'enquêtes difficiles sur fond d'événements historiques : en 1936, il est le témoin du nettoyage de Berlin pour les J.O. ; en 1938, il côtoie les huiles du régime (Himmler, Göring, Heydrich...)

qui préparent la Nuit de cristal ; et en 1947, il se retrouve plongé dans la Vienne de l'Occupation en pleine guerre froide au milieu d'espions et de trafiquants de tous bords. Du grand art servi par un humour revigorant.

– ***Hotel Adlon,*** le 6e volet des aventures du personnage créé par Philip Kerr il y a plus de 20 ans (Le Livre de Poche n° 32820) est à lire pour comprendre l'évolution d'un homme et d'un pays, entre 1934 et 1954, ce roman passionnant se déroulant lui aussi sur 20 ans. Un roman dit policier, foisonnant, angoissant, qui donne plus d'infos à sa façon que nombre d'ouvrages historiques.

UN POSTE CONVOITÉ

Le pouvoir d'attraction de l'hôtel Adlon *était tel qu'un candidat concierge y a négocié un contrat où il payait 3 000 DM par mois pour y travailler, au lieu de recevoir un salaire ! En développant une activité de limousines, de réservations de billets et de livraisons de fleurs, ce petit malin a fini par gagner en commissions... 10 fois le montant qu'il versait à l'hôtel !*

– ***Germania, Les Fils d'Odin et Derniers jours à Berlin,*** de Harald Gilbers (10/18, coll. « Grands Détectives »). Un ancien inspecteur de la Kripo sous la république de Weimar est recruté en 1944 par la SS pour mener à bien l'enquête sur des meurtres mystérieux. Le paradoxe : Richard Oppenheimer est juif et, à ce titre, obligé de vivre misérablement en compagnie de sa femme allemande... Une remarquable trilogie qui mène le lecteur dans le Berlin de la fin du IIIe Reich jusqu'à l'arrivée des troupes soviétiques.

– ***Le Poisson mouillé et autres enquêtes du commissaire Rath,*** de Volker Kutscher (Le Seuil, coll. « Policiers »). Avec Rath, on plonge dans le Berlin des années 1930, en compagnie de personnages à la complexité attachante. Une vision d'aujourd'hui pour comprendre un monde en mutation que l'auteur, germaniste et historien, nous rend plus lisible, plus inquiétant aussi. *Le Poisson mouillé* et *La Mort muette* ont inspiré le scénario de la série : ***Babylon Berlin.***

– ***Deux dans Berlin,*** de Richard Birkefeld et Göran Hachmeister (Le Livre de Poche n° 32979). À la fin de la guerre, dans un Berlin où chacun tente de survivre aux bombardements alliés, s'engage une chasse à l'homme sans merci. Le régime s'effondre. Hitler a perdu son aura auprès de son peuple, mais quelques irréductibles font régner la terreur pour sauver ce qui est déjà perdu. Un roman très fort qui a reçu 2 prestigieux prix du polar en Allemagne. Autre titre des mêmes auteurs (par ailleurs historiens) : *Des hommes de tête,* une plongée sur fond de course de moto dans la république de Weimar, dont le ciel s'assombrit de couleurs brunes, trop brunes...

Bandes dessinées

– ***Berlin,*** de Marvano (Dargaud, 3 tomes). Trilogie aérienne sur fond d'histoire contemporaine qui démarre avec un équipage de pilotes britanniques qui bombardent la capitale du Reich en 1943, se poursuit dans les ruines de la ville au moment du blocus de 1948 et se termine de nos jours, en passant par les épisodes de l'érection et de la chute du Mur. Récit qui mêle le didactique et la poésie.

– ***Berlin, la cité des pierres,*** de Jason Lutes (Le Seuil). Roman graphique en noir et blanc. Captivant récit où les personnages principaux, à l'époque des heures sombres de la république de Weimar, évoluent au milieu d'événements dramatiques, qui dépeignent les espoirs et les combats de ses habitants, alors que leur futur s'obscurcit devant la montée du péril brun. On y croise des artistes d'avant-garde, syndicalistes, hommes politiques et journalistes engagés qui se mêlent aux figures de l'Histoire (Rosa Luxemburg, Frans Masereel, Otto Dix...).

– ***La Trilogie berlinoise :*** adaptation de l'œuvre de Philip Kerr par Pierre Boisserie et François Warzala (Les Arènes BD). 1er tome : *L'Été de cristal.*

POSTE

Bureaux de la Deustche Post (de couleur jaune) ouverts du lundi au vendredi entre 8h et 18h, ainsi que le samedi de 8h à 12h. Dans les gares des grandes villes et dans les aéroports, ils restent ouverts plus longtemps, et le sont parfois même le dimanche.
Les tarifs d'expédition « pour l'intérieur » s'appliquent également aux pays de l'Union européenne, ainsi qu'à la Suisse. Pour l'affranchissement d'une lettre ou d'une carte postale pour l'étranger, compter 1,10 € par envoi. À glisser dans la boîte marquée *Andere Postzahlen*.

POURBOIRE

Dans les restaurants berlinois, les prix affichés incluent en principe le service et les taxes. Mais une pratique, de plus en plus répandue, consiste à réclamer le pourboire (il est alors écrit sur le menu ou sur l'addition : « *tip is not included* »). On laisse en général 5 à 10 % du total. Le service est souvent assuré par des étudiants qui dépendent du pourboire pour s'assurer un revenu (les salaires ici sont plus bas que dans le reste du pays). Faites mentir la réputation des Français, qui passent souvent pour de véritables radins. ***Le pourboire se donne directement au serveur, ça ne se fait pas de le laisser sur la table.***
Pour cela indiquer le montant du pourboire en payant ou plutôt la somme totale que vous souhaitez laisser (pour un repas à 15 €, annoncer par exemple 16,50 € quand vous donnez vos billets ou votre carte de paiement). Ou alors, précisez : *stimmt so* (on prononce « chtimtzo ») pour dire : « gardez la monnaie ». Toutefois, dans beaucoup de bars et de cafés, le service est souvent minimum et il faut passer sa commande au comptoir et la porter à table tout seul, comme un grand. Dans les restos où l'on vous sert à table, on vous demandera, si vous êtes plusieurs, *zusammen oder getrennt* (« ensemble ou séparé »), et même si vous êtes 15, chacun pourra régler séparément sa note. Indiquez alors le montant du pourboire en payant.
Cela dit, c'est presque toujours avec gentillesse et de manière détendue, même si vous ne parlez pas l'allemand. Essayons du coup de faire mentir la réputation de radins des Français.
En ce qui concerne les taxis, le pourboire n'est pas obligatoire mais il est courant d'arrondir le prix de la course à l'euro supérieur.

SANTÉ

Si vous souhaitez vous procurer une ***Carte européenne d'assurance maladie*** (CEAM), il vous suffit d'appeler votre centre de Sécurité sociale (ou de vous connecter au site internet de votre centre) qui vous l'enverra sous 15 jours environ. Cette carte fonctionne dans tous les pays membres de l'Union européenne (y compris les derniers arrivés), ainsi qu'en Islande, au Liechtenstein, en Norvège et en Suisse. C'est une carte plastifiée bleue du même format que la carte Vitale. Valable 2 ans, elle est gratuite et personnelle (chaque membre de la famille doit avoir la sienne, y compris les enfants). Elle permet la prise en charge des soins médicalement nécessaires dans les établissements publics. Attention, la carte n'est pas valable pour les soins délivrés dans les établissements privés.
Les médecins consultent en général de 8h à 12h et de 16h à 18h, sauf les mercredi, samedi et dimanche. En cas de pépin, on peut toujours consulter le site du consulat de France, qui fournit une liste de médecins francophones. En urgence, demander l'*Ärztlicher Notdienst* au ☎ 89-00-91-00.

TABAC

Les Allemands suivent le modèle de leurs voisins et appliquent des lois anti-tabac sur les ***lieux publics,*** les ***lieux de travail*** et dans la ***restauration.*** Mais du fait du fédéralisme, chaque Land a sa propre législation, ce qui génère un peu la confusion. Ainsi, les Berlinois, qui entretiennent un rapport entre familial et social avec les bistrots-cafés de leur quartier, montrent une grande tolérance en la matière et on peut y fumer à condition qu'il soit clairement indiqué que le lieu est fumeur et que l'entrée est interdite aux mineurs. Pour vous simplifier encore plus la tâche, dites-vous que les lieux où l'on boit et où l'on mange tout à la fois sont non-fumeurs, à la différence des bars branchés, lounge ou alternatifs, où vous pourrez parfois... fumer.

TÉLÉPHONE

L'indicatif téléphonique de Berlin est le 030.
Allemagne → France : 00 + 33 + numéro du correspondant à 9 chiffres (sans le 0).
Allemagne → Belgique : 00 + 32 + indicatif de la ville + numéro.
France ou ***Belgique → Allemagne :*** 00 + 49 + indicatif de la ville + numéro du correspondant.
Allemagne → Allemagne : pour téléphoner d'une localité à l'autre de l'Allemagne, il faut composer le 0 devant l'indicatif de la ville.

– ***Renseignements nationaux :*** *☎ 01-188.*
– ***Renseignements internationaux :*** *☎ 00-118 depuis l'Allemagne et ☎ 00-33-12 + code pays (49 pour l'Allemagne) depuis la France.*
– ***Appel en PCV :*** *☎ 013-08-000 + 33 (pour la France).*

Le téléphone portable en voyage

Le voyageur européen titulaire d'un forfait dans son pays d'origine peut utiliser son téléphone mobile ***au tarif national*** dans les 27 pays de l'Union européenne, sans craindre de voir flamber sa facture. Des plafonds sont néanmoins fixés par les opérateurs pour éviter les excès... Cet accord avantageux signé entre l'UE et ses opérateurs télécoms concerne aussi la consommation de ***données internet 3G ou 4G,*** dont le volume utilisable sans surcoût dépend du prix du forfait national (se renseigner). Par ailleurs, si le voyageur réside plusieurs mois en dehors de son pays, des frais peuvent lui être prélevés...

La connexion internet en voyage

Dans l'UE, et en Allemagne en particulier, la majorité des hôtels, restos, bars, et les espaces publics disposent du wifi gratuit. Mieux que la connexion 3G et 4G qui peut entraîner des frais en usage intensif, le wifi permet aussi de profiter d'un débit souvent supérieur.
Une fois connecté au wifi, vous avez accès à tous les services de la ***téléphonie par Internet. WhatsApp, Messenger*** (la messagerie de *Facebook*), ***Viber, Skype*** permettent d'appeler, d'envoyer des messages, des photos et des vidéos aux 4 coins de la planète, sans frais. Il suffit de télécharger – gratuitement – l'une de ces applis sur son smartphone. Elle détecte automatiquement dans votre liste de contacts ceux qui utilisent la même appli que vous.

Urgence : en cas de perte ou de vol de votre téléphone portable

Suspendre aussitôt sa ligne permet d'éviter de mauvaises surprises au retour du voyage ! Le plus simple est de demander la suspension de votre ligne depuis le site internet ou l'appli de votre opérateur. Sinon, voici les numéros des 4 opérateurs français, accessibles depuis la France et l'étranger :

- **Free :** *depuis la France, ☎ 3244 ; depuis l'étranger, ☎ + 33-1-78-56-95-60.*
- **Orange :** *depuis la France, ☎ 3900 ; depuis l'étranger, ☎ + 33-969-39-39-00.*
- **SFR :** *depuis la France, ☎ 1023 ; depuis l'étranger, 📱 + 33-6-10-00-10-23.*
- **Bouygues Telecom :** *depuis la France, ☎ 1064 ; depuis l'étranger, ☎ + 33-800-29-1000 (service et appel gratuits).*

Vous pouvez aussi demander la suspension de votre ligne depuis le site internet de votre opérateur.
Avant de partir, notez (ailleurs que dans votre téléphone portable !) votre numéro IMEI, utile pour bloquer à distance l'accès à votre téléphone en cas de perte ou de vol. Comment avoir ce numéro ? Il suffit de taper sur votre clavier *#06#.

TRANSPORTS

● ***ampelmann.de*** ● Le site consacré au petit personnage qui animait (et anime encore) les feux de circulation à Berlin-Est.

Le vélo

Moyen de locomotion économique et écologique, le vélo est particulièrement apprécié des Berlinois. Le relief de la ville s'y prête : il est quasiment plat ! Dans certains quartiers, on en voit partout. Pour un peu, on se croirait en Chine, il y a 40 ans... Plus de 600 km de pistes cyclables ont été aménagés. Dessinées sur les trottoirs, ces pistes sont exclusivement réservées aux cyclistes, qui foncent sans toujours avertir. Ce sont d'ailleurs les mêmes qui portent... des casques. ***Piétons, prudence !*** Il y a de plus en plus d'accidents, parfois mortels, ce qui inquiète les Berlinois eux-mêmes ; ne relâchez jamais votre attention !

> **LA BERLINE**
>
> *Au XVIIIe s, on appelait « berlines » des voitures hippomobiles fermées, dotées de bonnes suspensions, idéales pour voyager. Les 1res furent fabriquées à Berlin, d'où le nom. Aujourd'hui, on dénomme ainsi une voiture à 4 portes. Bizarrement, en allemand, on dit limousine.*

Avertissement aux automobilistes : en ville, les cyclistes font partie intégrante de la circulation et sont donc respectés par les conducteurs de véhicule. De ce fait, les cyclistes ont tendance à être moins vigilants (par exemple, quand ils ont la priorité). Soyez prudent, là aussi, et ne faites pas n'importe quoi quand vous partagez la route avec eux.
Une remarque qui peut servir : certains loueurs de vélos équipent ceux-ci d'une serrure qui permet de bloquer la roue. N'oubliez jamais les clés dessus car certains rigolos les enlèvent et vous vous retrouvez avec un vélo à traîner ! Pour la location d'un vélo standard, compter en moyenne entre 10 et 15 €/jour.
On voit aussi de plus en plus de ***trottinettes électriques.*** Certains les considèrent comme un moyen de locomotion rapide et pratique, d'autres comme la plaie des trottoirs. Leur usage est pourtant strictement réglementé : vitesse limitée à 20 km/h et âge minimum 14 ans.
Si les utilisateurs ne sont pas soumis à l'obligation de porter un casque ni d'être détenteur du permis de conduire, ils doivent cependant être assurés. La circulation de ces engins se limite aux pistes cyclables et est formellement interdite sur les trottoirs. Pliées et rangées sous le siège, elles sont autorisées dans le métro et le train gratuitement. Ainsi, moyennant 0,15 €

la minute, vous pouvez désormais enfourcher une trottinette garée, souvent n'importe comment, en bas de chez vous à Berlin.
Un loueur qui propose de mars à octobre des forfaits attractifs avec la *Welcome Card* : • *tretroller.berlin* •

La voiture, si vous l'utilisez pour y aller...

Ne pas oublier, pour les conducteurs : permis de conduire, carte grise et assurance auto.
L'Allemagne possède l'un des meilleurs réseaux routiers d'Europe (11 500 km d'autoroutes gratuites), mais les travaux omniprésents à l'est ralentissent considérablement l'allure. Les autoroutes sont désignées par un **A** *(Autobahn)* de couleur bleue. Les numéros pairs concernent celles qui vont d'ouest en est (ou l'inverse) et les impairs concernent les axes nord-sud (ou l'inverse, vous aviez compris !). L'essence est plus chère qu'en France.
La ceinture de sécurité (avant et arrière) est obligatoire dans l'ensemble du pays. Il est conseillé de ne pas dépasser 130 km/h sur autoroute (bien qu'il ne soit pas interdit de le faire) ; vitesse limitée à 100 km/h en dehors des agglomérations et, attention, en ville, à bien respecter la vitesse de 50 km/h ou 30 km/h, selon les zones, car il y a souvent des radars fixes. Tomber en panne d'essence sur l'autoroute peut vous valoir une amende. Le taux d'alcool toléré dans le sang est de 0,5 g/l. Téléphoner au volant sans « mains libres » est interdit et les amendes sont salées.
En ville, n'oubliez pas les tramways. Ils peuvent surprendre l'automobiliste distrait. Sachez qu'ils doivent toujours être dépassés par la droite, et jamais à l'arrêt. Cette règle peut vous éviter un homicide involontaire !
– Bon plan : l'*ADAC* est un service de dépannage présent dans presque toutes les villes. La main-d'œuvre est gratuite, seuls les frais de pièces doivent être remboursés. Les dépanneurs (leurs véhicules jaunes sont aisément identifiables) sont souvent très sympas et méritent un bon pourboire. En cas de panne, appelez le numéro national : ☎ *089-20-20-4000.* • *adac.de* •

L'ICÔNE DE L'EST

Faute d'acier pendant la guerre froide, la carrosserie de la Trabant était composée de phénol et de fibres de coton. Plus chère à fabriquer qu'en métal, la carcasse était tellement résistante qu'elle était... indestructible, à moins d'injecter une bactérie dans les épaves pour les faire disparaître. Moquée pour la puanteur de ses gaz d'échappement et sa vitesse de pointe à 110 km/h, la Trabi n'en était pas moins la seule voiture que pouvaient s'offrir les travailleurs méritants de l'Est, à condition toutefois de patienter 10 à 15 ans sur une liste d'attente...

Une vignette verte pour circuler dans Berlin

Attention, Berlin est classé zone verte : seuls les véhicules disposant d'une vignette verte garantissant une norme antipollution adéquate sont autorisés à circuler dans le secteur central signalé « UMWELTZONE » (voir plus haut le chapitre « Comment y aller. En voiture »).

Location de voitures

Bureaux de location aux aéroports et dans les gares principales. Tarif week-end proposé du vendredi 12h au lundi 9h.

■ ***BSP Auto :*** ☎ *01-43-46-20-74 (lun-ven 9h-21h30, w-e 9h-20h).* • *bsp-auto.com* • *Remise spéciale de 5 % aux lecteurs de ce guide avec le code « ROUTARD23 ».* Les prix proposés sont attractifs et comprennent le kilométrage illimité et les assurances. *BSP Auto* vous propose exclusivement les grandes compagnies de location sur place, assurant un très bon niveau de services. Les plus : vous ne payez votre location que 5 jours avant le départ.

INFOS PRATIQUES SUR PLACE

• Pour se repérer, voir le plan centre, les zooms 1 et 2 et le plan du métro sur le plan détachable en fin de guide. • Plan d'ensemble *p. 62-63* • Plan Friedrichshain *p. 161* • Plan Dahlem *p. 176-177*

Arriver – Quitter

En avion

Après pas mal de contretemps, les travaux du nouvel aéroport de Berlin sont enfin arrivés à leur terme : il a été inauguré en ***octobre 2020.*** Le vénérable aéroport de ***Tegel*** a donc fermé ses portes.

✈ ***Aéroport Berlin-Brandeburg, Willy-Brandt*** *(BER ; plan d'ensemble, C3)* **:** *terminaux 1 et 2, fléchage aisé.* • *berlin-airport.de* •

✈ ***Aéroport de Schönefeld*** *(plan d'ensemble, C3)* **:** *ancien aéroport de Berlin-Est, à 18 km au sud-est.* C'est l'aéroport de nombre de compagnies *low-cost,* principalement. Il est intégré au *BER* (terminal 5).

ℹ ***Berlin Brandenburg Welcome Center :*** *terminal 1, niveau E 0.* ☎ *49-30-25-00-25.* • *visitberlin.de* • *Tlj 9h-21h.* Vente de la *Welcome Card,* de billets de transport et tickets de musées (tous services de résa d'événements, de City tours et d'hébergement concernant Berlin et Potsdam), plans, livres et souvenirs.

Pour rejoindre le centre-ville

– ***En train :*** *départ au niveau U2 du terminal 1.* Le train *Airport Express (FEX)* de/vers la Hauptbahnhof relie l'aéroport au centre-ville en 30 mn en s'arrêtant aux stations d'Ostkreuz et de Gesundbrunnen, mais seulement 2 fois/h (à l'heure + 02 et + 32). Tarif zone ABC : 3,80 € (réduc ; gratuit si vous vous êtes procuré la *Welcome Card*). N'oubliez pas de composter. Vous avez aussi intérêt à prendre d'entrée un forfait journalier ABC (env 7-8 €) ou tout autre forfait correspondant le mieux à votre séjour (voir plus loin « Comment se déplacer ? »).

Ttes les 20 mn, le *S-Bahn* de la ligne *S9* dessert Warschauer Str (20 mn), Alexanderplatz (25 mn), Hauptbahnhof (30 mn) et Zoologischer Garten (40 mn). Aussi fréquent et rapide, le *S-Bahn* de la ligne *S45* dessert le sud de Berlin (Neukölln, Südkreuz). Également des liaisons ferroviaires directes vers Potsdam, Spandau, Dessau, Dresde et Rostock. Au terminal 5, navette gratuite jusqu'à la gare S-Bahn, distante de 400 m environ (passage protégé pour ceux qui préfèrent se dégourdir les jambes après l'avion !).

– ***En bus :*** les *bus X7* et *X71* rejoignent la station de métro Rudow (U7) en 18 mn. Les bus express *BER1* relient les terminaux 1 et 2 à la mairie de Steglitz (près de Wannsee) et le *BER2* vous amène à la Hauptbahnhof de Potsdam.

– Prendre un ***taxi*** peut être une bonne idée si vous êtes plusieurs, bien sûr, et avez choisi un hôtel au sud-est ou à l'est de la capitale (compter env 40-50 €). En revanche, si vous avez loué une voiture, sachez qu'une autoroute permet de rejoindre le centre en 20 mn environ.

En train

🚂 Les trains grandes lignes arrivent à la ***Hauptbahnhof*** (gare centrale ; *plan centre, D2*). On y trouve un point d'informations touristiques, une consigne (env 5 €/24h) et un bureau de change. Connexion immédiate avec les réseaux des U-Bahn (métro), S-Bahn

(RER) et des bus. Correspondance pour l'aéroport de Berlin-Brandebourg. Pour les autres dessertes, rendez-vous à *Zoologischer Garten, Alexanderplatz, Ostbahnhof.*

En bus

ZOB Reisebüro *(hors plan centre par A3 et plan d'ensemble, B2)* **:** *la Zentraler Omnibusbahnhof de Berlin (ZOB) se trouve Masurenallee 4-6, à Charlottenburg. ☎ 301-03-80. • zob.berlin/de • U-Bahn : Kaiserdamm ; S-Bahn : Messe-Nord/ICC. Env 30 mn en métro depuis Alexanderplatz. Achat de billets : tlj 6h-21h (20h w-e), ou résa en ligne.* C'est la grande gare routière de Berlin. Idéal pour voyager à petits prix dans toute l'Allemagne et dans la plupart des pays européens (beaucoup de liaisons avec les pays de l'Est). Compagnies sur place : *FlixBus, BlaBlaCar Bus, Eurolines, RegioJet.* À noter : certains bus arrivent à la gare d'Ostbahnhof, à Friedrichshain.

Adresses et infos utiles

Offices de tourisme

Les offices de tourisme de la ville et des aéroports proposent globalement les mêmes services, à savoir la vente de la **Berlin Welcome Card** et du **Museum Pass,** les réservations d'hôtel, les billets pour les événements, spectacles, visites guidées, promenades en bateau et les tickets de transport. Quelques brochures proposées en français sont payantes.

Visit Berlin : *regroupe les offices de tourisme et un centre d'appels téléphoniques, le ☎ 25-00-23-33 (lun-ven 9h-19h, sam 10h-18h), où l'on peut vous renseigner en français.*
• ***visitberlin.de*** • Le site officiel de l'office de tourisme de la ville, en français. Calendrier des manifestations, attractions culturelles, hôtels, sorties, shopping... Très complet.

Office de tourisme – Hauptbahnhof *(plan centre, D2,* ***1****)* **:** *au rdc de la gare principale (Hauptbahnhof) en face du point infos de la Deutsche Bundesbahn ; entrée par Europaplatz. ☎ 25-00-25. Tlj 8h-19h.*

Office de tourisme – Brandenburger Tor *(zoom 2, E3,* ***2****)* **:** *BTM, aile sud, sous la porte de Brandebourg, Pariser Platz. ☎ 25-00-25. S-Bahn : Unter den Linden ; bus nos 100 et 200. Tlj 10h-18h.*

Office de tourisme – Humboldt Forum *(zoom 2, F3,* ***4****)* **:** *au rdc, dans la cour principale. ☎ 25-00-25. U-Bahn : Museumsinsel. Tlj 10h-18h.*

Berlin Brandenburg Welcome Center : *terminal 1, niveau E 0. (voir plus haut).*

Visites guidées en français

Visites assurées par des jeunes (et moins jeunes) francophones proposant, en français, des parcours insolites dans leur ville d'adoption.

■ ***Vive Berlin :*** *infos et résa sur le site • viveberlintours.com • ou par mail à • francais@viveberlintours.de • Visite guidée en groupe à partir de 19 €/pers ; gratuit moins de 12 ans. Possibilité d'organiser des visites privées (plus cher, évidemment).* Coopérative de guides proposant plusieurs visites en petits groupes en semaine et durant le week-end. À partir de différents thèmes historiques ainsi que des visites des quartiers les guides dynamiques de *Vive Berlin* vous feront découvrir les aspects complexes de leur ville de manière originale : de Berlin sous le nazisme à la visite de Berlin-Est en passant par le Berlin authentique. Ces guides passionnés ont conçu des parcours à pied et en transports publics, qui permettent durant 3h30 (ou 6h pour Potsdam), une approche didactique de cette ville aux mille facettes. C'est avec naturel et bonne humeur qu'ils répondent aux questions, d'actualité ou non. Les visites au programme permettent de revoir les classiques d'un œil neuf, mais aussi de découvrir les quartiers de *Kreuzberg, Friedrichshain* avec un(e) jeune Berlinois(e) qui les connaît sur le bout des doigts.

■ ***Good Morning Berlin :*** *visites sur résa.* • *goodmorningberlin.com* • *Pour les tarifs, consulter le site.* Élodie, la créatrice d'un blog, vous invite à partir à la découverte d'un Berlin insolite et hors des sentiers battus avec l'un de ses 12 guides francophones. Au cours d'une balade d'environ 3h, à pied ou à vélo, on aborde les anciens no man's land créés par le vide du Mur et qui ont été transformés par des projets alternatifs (squats, projets communs autour de l'écologie, associations musicales, artistiques et culturelles...), tous ces terrains qui attisent aujourd'hui la convoitise des promoteurs immobiliers. La visite évoque les conséquences du passé sur le Berlin d'aujourd'hui, décrit avec passion par cette Berlinoise d'adoption. Les circuits (plusieurs thèmes, dont *Street Art*) se font en petits groupes pour une convivialité assurée et une exploration discrète de ces espaces méconnus. Surtout des visites privées sur une dizaine de thématiques précises dont *Berlin insolite Architecture, Seconde Guerre mondiale*, et des *e-books* sur chaque quartier *(payant)* pour découvrir la ville à son rythme.

■ ***Berliner Unterwelten :*** ☎ *49-91-05-17. Infos en français et contact sur* • *berliner-unterwelten.de* • Plusieurs tours au choix parmi lesquels (en principe) 3 en français *(env 1h30-2h ; 12-15 €/pers ; non adapté aux enfants de moins de 7 ans)* dans le Berlin des bunkers du IIIe Reich, des abris antiatomiques pendant la guerre froide et des tunnels creusés à l'époque du Mur pour passer de l'Est à l'Ouest. Consulter le site pour repérer le calendrier des visites en français. Voir plus loin « Les quartiers périphériques. Le quartier de Wedding » dans « Berlin, quartier par quartier ».

■ ***Go Art ! Berlin :*** *Yorckstr 16, 10965.* ☎ *30-87-36-26.* • *goart-berlin.de* • Visites guidées pour individuels ou petits groupes sur des thèmes artistiques essentiellement : architecture, design, mode, galeries, *lifestyle, street art,* cuisine, mais également histoire et vie culturelle juives. Prix en rapport, compter pour 2 à 3h de visite 250-270 € pour 6 personnes.

Représentations diplomatiques

■ ***Ambassade de France*** *(zoom 2, E3,* ***7****) :* *Pariser Platz 5, 10117. N° d'urgence :* ☎ *590-03-90-00.* • *de.ambafrance.org* • *Pas ouv au public. Les services consulaires se trouvent au 69, Wilhemstr. Lun-ven 9h-12h, plus mer 14h-16h.* Installée à son emplacement d'origine, dans un bâtiment conçu par Christian de Portzamparc, juste à côté de la porte de Brandebourg. L'ambassade regroupe la chancellerie diplomatique, la section consulaire et l'ensemble des services officiels français et les services culturels. Si vous passez par là autour du 14 juillet, sachez que la fête nationale y est célébrée avec faste et humour : stands, musique, etc.

■ ***Ambassade de Belgique*** *(zoom 2, F3,* ***8****) :* *Jägerstr 52-53, 10117.* ☎ *20-64-22-00.* • *germany.diplomatie.belgium.be/fr* • *Sur rdv slt, lun-ven 9h-12h30, 14h-16h.*

■ ***Ambassade de Suisse*** *(plan centre, D2,* ***3****) :* *Otto-von-Bismarck-Allee 4a, 10557.* ☎ *390-40-00.* • *eda.admin.ch/berlin* • *Sur rdv, lun-ven 9h-12h.*

■ ***Ambassade du Canada*** *(zoom 2, E3,* ***9****) :* *Leipziger Platz 17, 10117.* ☎ *20-31-20.* • *international.gc.ca* • *Section consulaire lun-ven 9h-12h.*

Poste

✉ ***Poste principale*** *(zoom 2, E2) :* *Georgenstr 14-18, Berlin-Mitte, dans la gare de Friedrichstr. Lun-ven 7h-21h, sam 8h-18h, dim 10h-17h.* Très centrale.

Renseignements

Le numéro des renseignements est le ☎ *118-33.* L'annuaire téléphonique sur Internet : • *dastelefonbuch.de* • et • *gelbeseiten.de* • pour l'équivalent de nos Pages jaunes.

Internet

À Berlin, le wifi (appelé ici W-LAN) est généralement gratuit dans les hôtels, bars, cafés et restos. N'hésitez pas à demander le mot de passe. Il existe

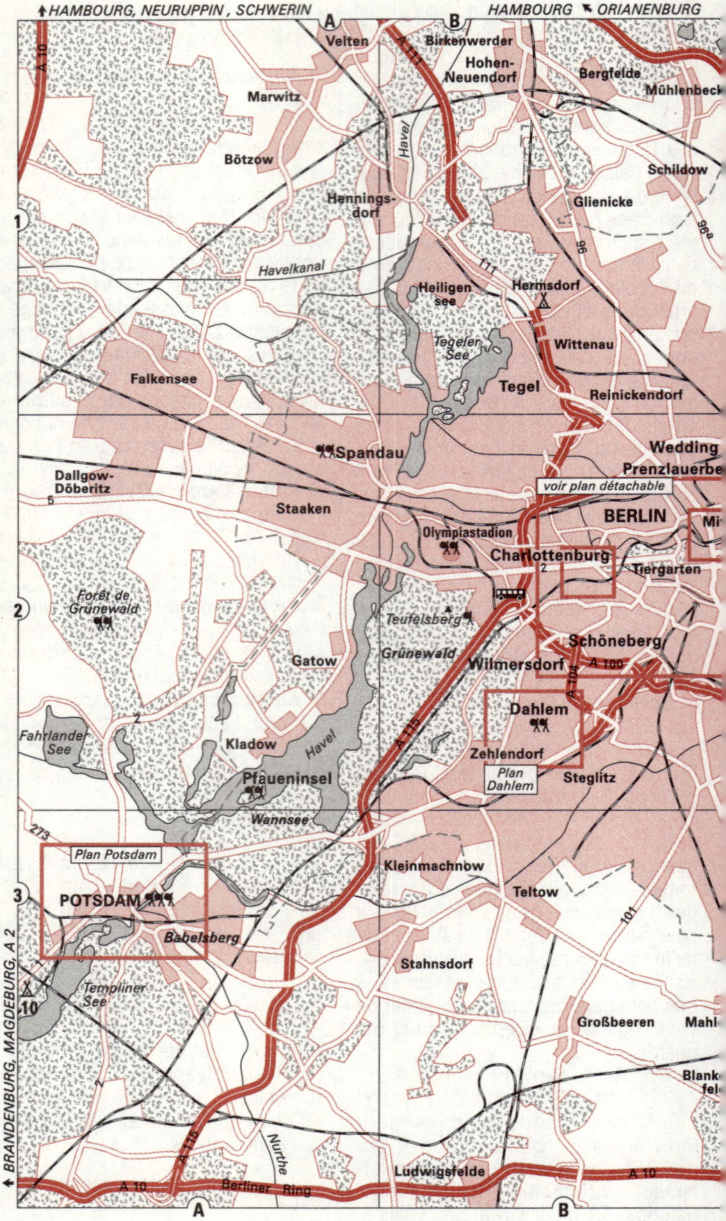

HAMBOURG, NEURUPPIN, SCHWERIN
HAMBOURG
ORIANENBURG
A
B
1
2
3
Velten
Birkenwerder
Hohen-Neuendorf
Bergfelde
Mühlenbeck
Marwitz
Havel
Bötzow
Schildow
Hennings-dorf
Glienicke
Havelkanal
Heiligensee
Hermsdorf
Tegeler See
Wittenau
Falkensee
Tegel
Reinickendorf
Spandau
Wedding
Prenzlauerbe
Dallgow-Döberitz
voir plan détachable
Staaken
BERLIN
Olympiastadion
Charlottenburg
Tiergarten
Forêt de Grünewald
Teufelsberg
Grünewald
Schöneberg
Gatow
Wilmersdorf
A 100
A 104
Dahlem
Fahrlander See
Kladow
Havel
A 115
Zehlendorf
Pfaueninsel
Plan Dahlem
Steglitz
Wannsee
273
Plan Potsdam
Kleinmachnow
POTSDAM
Teltow
Babelsberg
101
Stahnsdorf
Templiner See
10
Großbeeren
BRANDENBURG, MAGDEBURG, A 2
Nurthe
Ludwigsfelde
A 10
Berliner Ring
A 10

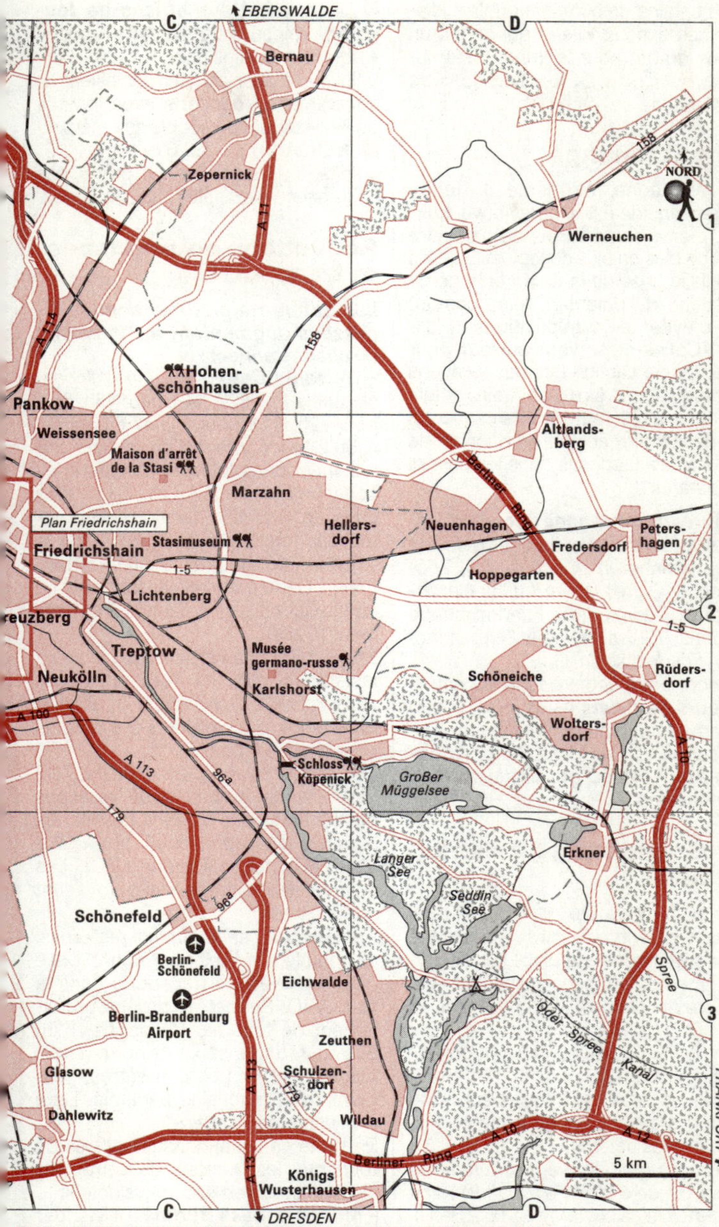

BERLIN – Plan d'ensemble

une centaine de *hotspots* publics, disséminés dans la ville et qui offrent un accès gratuit pour 30 mn/j. Liste sur • *publicwifi.de* • en fonction de votre localisation.

Argent, change

En Allemagne, et même à Berlin, l'argent liquide est encore souvent utilisé, même si les cartes de paiement sont de plus en plus acceptées, surtout depuis la crise de la Covid et la généralisation du paiement sans contact afin d'éviter les manipulations de billets. Celles-ci servent surtout pour garantir une caution lors des locations ou réservations (voitures, train, hôtel). Garder malgré tout du cash avec soi est nécessaire et permet d'éviter les (mauvaises) surprises dans les bars et restaurants !

■ ***Bureaux de change :*** pour nos lecteurs hors zone euro, dans les gares de Hauptbahnhof *(plan centre, D2)*, Zoologischer Garten *(zoom 1, C3)*, Alexanderplatz *(zoom 2, F2)*, Friedrichstraße *(zoom 2, E2)*, ainsi qu'à Ostbahnhof *(plan Friedrichshain, G3)*.

– Sinon, pratiquement tous les ***distributeurs de billets*** (GAB, ou guichets automatiques bancaires) acceptent les cartes *Visa* et *MasterCard*. ***Attention aux ATM-EC qui prélèvent une commission.***

Infos spectacles, loisirs, sorties...

– Le périodique ***Tip*** *(• tip-berlin.de • version en anglais dispo)* est le must pour se rencarder sur place sur les programmes en tout genre : ciné, musées, théâtres, concerts, DJ à l'affiche *in town...*

– Disponible dans les cafés, le magazine gratuit ***030*** *(• berlin030.de •)* donne les infos essentielles sur la vie nocturne aussi bien pour les homos que pour les hétéros.

– La revue gratuite ***Siegessäule*** *(• siegessaeule.de • site en allemand)* fournit toutes les infos sur la vie LGTB à Berlin.

Réservations (théâtre, concerts, manifestations sportives...)

Voici quelques points de vente.

■ Directement aux ***offices de tourisme*** ; voir au début de cette rubrique « Adresses et infos utiles ».

Voici 1 site pour acheter des billets de spectacles et concerts avec jusqu'à 50 % de réduction pour le soir même :

■ ***KOKA 36 :*** ☎ *61-10-13-13.* • *koka36.de* • Ici, on ne prône pas l'alternance mais l'alternatif.

Réductions pour musées et transports

Les différents prix mentionnés ci-dessous augmentent au 1er janvier de chaque année.

– ***Welcome Card :*** • *berlin-welcomecard.de* • En 2022, 24 € pour 48h, 34 € pour 72h, 41 € pour 4 j., 47 € pour 5 j. et 50 € pour 6 j. Permet de voyager gratuitement dans tous les transports en commun de la zone AB et offre de 25 à 50 % de réduction dans de nombreux musées (mais pas tous, consulter le site), et 200 théâtres, visites, attractions... Cette carte est valable pour un adulte accompagné jusqu'à 3 enfants (max 14 ans).

Existe aussi une ***version ABC*** incluant les transports vers Potsdam et les aéroports de Schönefeld et Berlin-Brandebourg (compter 3-5 € en plus pour chaque forfait).

Une option pour 3 j. consécutifs (72h) inclut l'entrée gratuite dans les expos permanentes des musées de l'île aux Musées *(Museumsinsel)* pour 52 € (zone AB) ou 55 € (zone ABC). Les enfants de moins de 6 ans voyagent gratuitement.

Une ***version all inclusive*** est aussi disponible. De 89 € pour 48h à 129 € pour 4 j. avec les transports dans la zone ABC. Permet de profiter gratuitement de tous les transports, d'un bus-tour, d'une soixantaine de sites, musées, attractions, théâtres, restaurants et magasins berlinois. Liste exhaustive sur le site.

En vente en ligne, dans les offices de tourisme, les bureaux de vente des titres de transport et certains hôtels.

– ***Museumspass Berlin :*** • *visitberlin.de* • Pour 29 € (valable 3 j.), permet l'accès libre à une cinquantaine d'expositions et de musées, dont les musées nationaux de la ville ; tarif réduit à 14,50 € pour les scolaires et les étudiants. Carte intéressante pour ceux qui ont l'intention de visiter plusieurs musées à la suite, dans différents quartiers. Peu intéressante en revanche pour les étudiants, qui bénéficient déjà de réductions dans les musées.

À noter : les musées de la ville sont GRATUITS le 1er dimanche du mois.

– ***La Longue Nuit des musées :*** *• lange-nacht-der-museen.de •* Pour ceux qui sont de passage à Berlin le dernier week-end d'août, la grande majorité des musées et centres d'art (plus d'une centaine !) ouvrent leurs portes jusque tard dans la nuit du samedi (2h), pour 18 € (12 € en réservant à l'avance, gratuit moins de 12 ans), avec gratuité dans les transports en commun ainsi que l'accès gratuit à un service de bus-navettes entre les différentes manifestations, sur plusieurs tinéraires. Une sorte de journée portes ouvertes à l'échelle d'une ville, avec concerts, lectures et buffets. C'est aussi l'occasion de découvrir les collections d'art d'entreprises privées, rarement accessibles.

Bon plan : vous trouverez la liste complète des musées OUVERTS LE LUNDI, et celle des musées GRATUITS sur le site *• visit berlin.de •*

Librairies et lieux de culture

■ ***Librairie Dussmann*** *(zoom 2, E3,* ***184****) : Friedrichstr 90, Mitte. ☎ 20-25-11-11. • kulturkaufhaus.de • S-Bahn et U-Bahn : Friedrichstr. Tlj sauf dim 9h-minuit (23h30 sam).* C'est la plus grande librairie de la ville, mais on y trouve aussi des disques et des films : une sorte de *Megastore* avec un café-resto au décor rafraîchissant pour grignoter tout en lisant.

■ ***Librairie Zadig*** *(zoom 2, F2,* ***405****) : Gipsstr 12. ☎ 28-09-99-05. • zadig buchhandlung.de • U-Bahn : Oranienburger Tor. Lun 14h-19h, mar-sam 11h-19h (18h sam) ; horaires d'été restreints.* « Librairie française à vocation européenne », c'est un lieu agréable de rencontres et d'échanges, où l'on peut se renseigner sur le Berlin littéraire et les thématiques franco-allemandes. Grand choix de livres sur Berlin et conseils avisés.

■ ***Librairie française des Galeries Lafayette*** *(zoom 2, E3,* ***403****) : Friedrichstr 76-78, Mitte. ☎ 20-94-81-27. • galerieslafayette.de/tag/librairie-francaise • U-Bahn : Französische Str. Tlj sauf dim 11h-19h.* Au sous-sol de l'immeuble de verre conçu par Jean Nouvel, cette petite librairie française est animée par de vrais connaisseurs. Polars, romans, essais...

■ ***La Maison de France*** *(zoom 1, B4,* ***6****) : Kurfürstendamm 211. ☎ 885-90-20. • berlin.institutfrancais.de • U-Bahn : Uhlandstr.* Elle héberge l'Institut français de Berlin et une médiathèque *(mar et jeu 14h-18h30, mer et ven 12h-18h30, sam 11h-17h ; fermé dim-lun),* où l'on peut consulter la presse francophone, confortablement installé. La vue sur le Ku'damm y est meilleure que dans nombre de cafés, et le service est gratuit. L'Institut français propose aussi différentes manifestations culturelles : spectacles, concerts, conférences...

Les Français à Berlin

• lepetitjournal.com/berlin • « Le média des Français et francophones à l'étranger » consacre une section à Berlin aussi variée qu'intéressante et surtout pleine de vécu.

• connexion-francaise.com • Site d'infos pratiques pour les francophones qui vivent en Allemagne, avec en plus une partie dédiée à Berlin.

• vivreaberlin.com • Plein d'infos pratiques, mais aussi des bons plans pour visiter et des adresses pour sortir.

• berlin.de • Le site officiel de la ville de Berlin (version en français), qui propose de nombreuses infos sur la culture, les musées, l'actualité locale ou les affaires économiques.

Apprendre l'allemand

■ ***GLS, école d'allemand*** *(plan centre, F1,* ***10****) : Kastanienallee 82 10435.*

● *gls-allemand-a-berlin.de* ● *U-Bahn : Eberswalder Str.* Au cœur du quartier branché de Prenzlauer Berg sur un agréable campus de 16 000 m² comprenant, hébergement en appart ou chambres modernes, resto et cafét', l'école dispense des cours en différentes langues dont l'allemand, à l'intention des jeunes autant que des adultes. Tarifs et conditions sur le site. Promos en été.

Urgences, divers

Urgences médicales : *pompiers-secours au ☎ 112 ou ☎ 116-117.*

■ **Soins dentaires urgents :** *☎ 89-00-43-33.*

■ **Police :** *☎ 110.*

■ **Consignes :** *dans les gares principales (Hauptbahnhof, de Lichtenberg, Friedrichstraße, Ostbahnhof) et à la gare de S-Bahn Alexanderplatz. À la Hauptbahnhof, consigne env 5 €/24h.*

■ **Laveries automatiques (Wäscherei) :** elles sont partout facilement reconnaissables.

■ **Supermarché ouvert 24h/24 :** **Edeka,** *Berliner Str 24-25, Wilmersdorf.*

■ **Objets trouvés :** **Zentrales Fundbüro** *(plan centre, E5), Platz der Luftbrücke 6, Tempelhof. ☎ 902-773-101. U-Bahn : Platz der Luftbrücke. Lun-mar 9h-14h, jeu 13h-18h ; fermé mer, ven et w-e.*

■ **Objets perdus sur le réseau des transports en commun :** **BVG Fundbüro** *(plan Friedrichshain, G3), Rudolfstr 1-8, Friedrichshain. ☎ 194-49. U-Bahn : Warschauer Str. Lun-mar et jeu-ven 9h-17h ; fermé mer et w-e.*

■ **Objets perdus dans le train et le S-Bahn :** *☎ 29-74-33-33 (central téléphonique).*

Comment se repérer ?

Pour plus de commodité, nous avons abrégé le mot « Straße » (rue) en « Str ».

Étendu sur 892 km² (9 fois Paris intramuros, dont 40 % de lacs et de forêts, ça fait du bien !), Berlin est divisé en 12 arrondissements *(Bezirke)* possédant chacun son propre caractère.

– ***Mitte*** *(voir zoom 2),* le centre historique de Berlin-Est, est plus que jamais au cœur du Berlin actuel, avec son *île aux Musées,* son *Humboldt Forum,* sa *tour de Télévision,* ses bars et restos animés dans le *Scheunenviertel,* et la très symbolique avenue *Unter den Linden* au bout de laquelle se dresse la *porte de Brandebourg.*

– Au nord-est, le quartier de ***Prenzlauer Berg,*** ancien symbole de l'époque communiste, est devenu l'un des quartiers les plus boboïsés. La *Kollwitzplatz,* la *Kastanienallee* et le *Wasserturm* (château d'eau) seront un passage obligé lors de vos virées.

– À l'est, bordé au sud par la Spree, le quartier de ***Friedrichshain*** *(plan Friedrichshain)* est sans conteste le *Kiez* (quartier) le plus fréquenté en soirée. S'y rassemblent les oiseaux de nuit en partance pour les envolées underground du Berlin musical et dansant.

– Au sud de celui-ci, ***Treptow*** et ***Neukölln,*** encore riches de leurs friches, accueillent aujourd'hui les créatifs de tout poil. Plus au sud, l'ancien aéroport de ***Tempelhof*** marque la limite de la ville qui bouge.

– Quant au quartier de ***Kreuzberg,*** baigné par le *Landwehrkanal,* il est le lieu par excellence du *multi-kulti.* Une promenade dans l'*Oranienstraße,* très animée en soirée et parfois même jusqu'au bout de la nuit, ou autour du canal s'impose.

– Le grand parc du ***Tiergarten,*** qui a donné son nom au quartier, reste pour tous les Berlinois le poumon vert de la ville, traversé par l'avenue du 17-Juin, avec en point de mire la colonne de la Victoire, *Siegessäule.* Ce quartier est aussi devenu le symbole du renouveau architectural de Berlin avec la *Potsdamer Platz,* le *Reichstag* et la *Hauptbahnhof.*

– À l'ouest du Tiergarten, on suit la longue artère du ***Kurfürstendamm,*** ou *Ku'damm* pour les intimes, vitrine de l'Ouest à l'époque du Mur. Quant au quartier bourgeois voisin de ***Charlottenburg*** *(zoom 1),* il tire son nom du château des Hohenzollern, situé à son extrême ouest.

– À Berlin, le ***système de numérotation des immeubles*** est particulier : il n'existe pas toujours un côté pair et un côté impair, mais souvent un classement continu en boucle : les plaques des rues situées aux carrefours indiquent heureusement, en général, les numéros pour chaque tronçon de rue.

Comment se déplacer ?

Le réseau des transports en commun, géré par le BVG, est divisé en 3 zones tarifaires : la zone A est délimitée par le périmètre parcouru par les trains de S-Bahn et englobe le centre-ville à l'intérieur du *Ringbahn* (en blanc sur notre plan). C'est dans cette zone que vous ferez la majorité de vos déplacements. La zone B se termine aux limites de la ville de Berlin (en gris sur notre plan). La zone C comprend la banlieue proche sur le territoire du Brandebourg (par exemple l'aéroport de Berlin-Brandebourg, Potsdam, Oranienburg).

– Un ticket de transports en commun coûte 3 € (1,90 € 6-14 ans) pour la zone AB (Berlin, à l'intérieur du *Ringbahn* – périphérique), et 3,80 € (2,70 € 6-14 ans) pour un trajet allant jusqu'à la zone C (Brandenburg ; cas de Potsdam, par exemple, et de l'aéroport Willy-Brandt de Berlin-Brandebourg). Pour les zones B et C seulement, compter 3,50 € (2,40 € 6-14 ans). Gratuit pour les moins de 6 ans. Validité de 2h avec autant de changements de lignes souhaités.

– Pour un ticket à la journée, compter 8,80 € pour la zone AB (pour la zone ABC, il faut ajouter une extension à 3,70 €). Mais il existe de nombreuses formules économiques sous forme de forfaits, combinant ou non la visite des musées.

– Pour un forfait 7 j., compter 36 € pour la zone AB. Il y a aussi une formule à la journée pour un petit groupe de 5 personnes maximum, très pratique (25,50 €). Toutes ces cartes vous permettent de prendre tous les transports publics de la zone choisie, que ce soit le métro, le bus ou le train régional.

Tarifs complets sur ● *bvg.de* ● ou dans l'un des kiosques du *BVG*, ☎ *194-49*.

Ces tarifs étaient en application en 2022 et ont peut-être été modifiés depuis.

IMPORTANT : à Berlin, les guichets sont rares dans le métro et les stations de tram. Achetez vos tickets aux distributeurs sur les quais : ils acceptent les pièces, les billets de 5 ou 10 €, et rendent la monnaie. Évitez de frauder, il vous en coûterait au minimum 60 € d'amende, et les contrôleurs, habillés en civil, ne sont pas repérables.

Attention : la carte de transport ne doit être compostée qu'une seule fois.

Plan du réseau sur ● *sbahn.berlin* ● et sur notre plan centre.

➢ ***S-Bahn et U-Bahn :*** le RER et le métro berlinois (S- et U-Bahn) se combinent très bien pour circuler rapidement tous les jours dans la ville et en périphérie. Ils fonctionnent de 4h à 1h en semaine. Il n'y a pas de portillon pour accéder aux quais, mais il faut composter avant de monter dans une rame.

Les lignes de U-Bahn U1 et U2 et la ligne de S-Bahn S7 fonctionnent toute la nuit les vendredi et samedi. Seule la U4 ne circule pas la nuit. La ligne de U-Bahn U9 est remplacée par un bus la nuit le week-end.

Le transport de bicyclette est autorisé toute la journée, mais il est payant (2,10 € par trajet en zone AB ; 1,40 € courte distance et 5 € pour 24h).

➢ ***En bus :*** le réseau des bus et des tramways (à l'est) est organisé selon le même découpage. Il est difficile de se procurer le plan de ces réseaux même aux kiosques du *BVG*. Mais on peut les télécharger sur le site ● *bvg.de* ●, ce qui permet de programmer son itinéraire. À chaque arrêt un panonceau très clair permet de visualiser le trajet de la ligne et indique les fréquences de passage.

Les bus circulent de 4h30 à 1h, ensuite les bus de nuit prennent le relais à fréquence plus espacée. Les *Metrobuses* (M) fonctionnent tlj et 24h/24 et leur fréquence est plus élevée. De jour comme de nuit, il est obligatoire de présenter son ticket au conducteur. Les bus de nuit (fréquents et très

INFOS PRATIQUES SUR PLACE

nombreux) circulent au tarif normal, mais ils ont souvent des trajets spéciaux (plan disponible dans les stations de U-Bahn). Leurs numéros de ligne sont précédés d'un N *(Nachtbus)*. Quant à ceux précédés d'un X *(Expressbus)*, ils ne s'arrêtent que très rarement, justifiant leur nom. Bon plan : le ***bus nº 100,*** qui relie le zoo à Alexanderplatz, présente l'avantage de desservir de nombreux monuments berlinois *(Gedächtniskirche, Siegessäule, Schloss Bellevue, Reichstag, Staatsoper, Berliner Dom...)*. Pour le prix d'un ticket de bus, c'est tout Berlin qui défile devant vos yeux ! À noter que le bus nº 200 suit un trajet assez analogue.

➢ ***En tramway :*** seulement à l'est. Nombreux départs de Hackescher Markt et Alexanderplatz. Les lignes de tramway commençant par « M » circulent tlj et 24h/24.

➢ ***À vélo :*** les pistes cyclables étant très bien aménagées à Berlin, il est intéressant de louer un vélo pour visiter la ville, quartier par quartier, ou pour découvrir la belle campagne avoisinante. Location auprès de nombreuses boutiques ainsi que dans certains hôtels et AJ. Le tarif moyen est de 10-15 €/j.

➢ ***En taxi :*** on les reconnaît à leur couleur beige. Le tarif de base est de 3,90 € de prise en charge, puis de 2,30 €/km pour les 7 premiers km (1,50 € au-delà) mais il existe une formule très intéressante pour les parcours jusqu'à 2 km, un forfait à 6 €, quelle que soit l'heure, jusqu'à 4 personnes, mais sans arrêts. Annoncez au chauffeur « *Kurzstrecke* ». Pratique pour rentrer des soirées bien arrosées, mais attention, au-delà de 2 km, le compteur s'emballe rapidement !

Pour réserver 24h/24 un taxi : ***Funk Taxi*** *(☎ 26-10-26)* ou ***Taxi-Funk Berlin*** *(☎ 44-33-22)*. Le réseau ***UBER*** est bien implanté.

➢ ***En voiture :*** tous les Berlinois se plaignent de la circulation dans leur ville, mais aucune comparaison avec Paris, entre autres ! La largeur des axes principaux garantit la fluidité du trafic. Le problème majeur demeure le stationnement en centre-ville, quoique l'on trouve assez facilement de la place (ne pas oublier de coller sa vignette verte sur le pare-brise avant de pénétrer en ville).

➢ ***En bateau :*** le réseau fluvial sur la Spree et la Havel est très développé ; plus d'une trentaine de stations entre Brandenburg à l'ouest et Bad Saarow à l'est. Tout est possible, des trajets simples aux excursions à la journée. Brochures disponibles aux offices de tourisme de la ville.

Vous pouvez par exemple contacter la compagnie ***Stern und Kreisschiffahrt*** *(Puschkinallee 15 ; ☎ 536-36-00 ; • sternundkreis.de •)* qui propose quotidiennement de mars à octobre des balades variées de 1h à 3h15 sur la Spree, le Landwehrcanal et à travers le Berlin historique et jusqu'au lac de Wannsee. Audioguide (2 €) en français ou anglais. Départs à partir de 10h30 de la Friedrichstraße, du Hackescher Markt et du Nikolaiviertel. Résa en ligne.

Également la compagnie ***Reederei Hadynski*** *(☎ 679-614-70 ; • reederei-hadynski.com •)* qui propose 1h de balade sur la Spree, ttes les 30 mn. Achat des billets sur le quai.

Réductions avec la *Welcome Card* pour les 2 compagnies.

Transports

■ ***Service de renseignements de la Deutsche Bahn*** *(pour les horaires de trains)* **:** *☎ 018-06-99-66-33. • deutschebahn.com • On peut également consulter avt le départ le site • bahn.com/fr • Tlj, 24h/24. Sinon, directement dans les gares.*

🚌 ***Gare routière principale*** *(Zentraler Omnibusbahnhof Berlin – ZOB ; plan d'ensemble, B2)* **:** *Masurenallee 4-6, Charlottenburg. Infos et résas : ☎ 301-03-80. • zob.berlin/de • U-Bahn : Kaiserdamm ; S-Bahn : Messe-Nord/ICC. Près de la Funkturm (tour de la Radio). Ouv 24h/24. Correspondances aisées vers l'aéroport et le centre-ville (Ⓜ U2).*

Location de vélos et tours organisés

■ ***Fahrradstation :*** *résas au ☎ 0180-510-8000. • fahrradstation.com • Loc principale : Dorotheenstr 30, à la gare Friedrichstr (zoom 2, E3). Tlj sauf dim 10h-19h30 (18h sam) ; horaires réduits en hiver. Plusieurs autres sites de loc dans la ville (voir le site). Env 15 €/j. la* *loc du vélo. Possibilité de tour de ville guidé : avr-oct, le w-e 10h-14h, incluant les meilleurs spots de la capitale.*

■ ***Berlin on Bike*** *(plan centre, F1) : Kulturbrauerei, Knaackstr 97, Prenzlauer Berg. ☎ 43-73-99-99. • berlinonbike.de • U-Bahn : Eberswalder Str. Tlj 9h-17h ; horaires réduits en hiver. Départs tlj à 10h30, selon circuit. Env 32 €/pers avec loc du vélo ; réduc de 25 % avec la* Welcome Card. *Loc également : 15 €/24h, 75 € pour 5 j. Proposent aussi des vélos électriques.* Promenades guidées de 15 km et d'environ 4h autour de thèmes historiques et culturels (le Mur, la Prusse, Berlin-Est, le nazisme, etc.).

■ ***Fat Tire Tours*** *(zoom 2, F2) : Panoramastr 1a, au pied de la Fernsehturm. ☎ 24-04-79-91. • fattiretours.com/berlin • Tlj 9h45-18h30 (20h mai-sept). Tours organisés ; tarifs variés selon thème et durée. Réduc de 25 % avec la* Welcome Card. Très bons vélos VTC costauds. Une équipe dynamique de jeunes Américano-Européens, qui organise des parcours thématiques (IIIe Reich, guerre froide...) et même jusqu'à Potsdam. Véritable plus : chacun a reçu une formation poussée en histoire ou en art. Café internet avec connexion gratuite (important, ça aussi).

■ La *Deutsche Bahn* a mis en place un système de location de ***vélos en libre-service*** : • callabike-interaktiv.de • À la différence du système français *Vélib'*, les stations de location/remise ne sont pas disséminées dans toute la ville, mais limitées seulement aux gares et à quelques dizaines de stations dans le centre. L'enregistrement se fait en ligne (instructions en allemand ou en anglais) à l'aide de votre carte de paiement (3 € d'inscription) ou aux bornes de location. Cette étape franchie, identifiez-vous à la borne à l'aide de votre carte bancaire, allez au vélo désigné et tapez le code attribué à l'inscription pour déverrouiller le cadenas. Il vous sera débité 1 € pour 30 mn avec un plafond de 9 € pour 24h. Ce type de service est également proposé par de nombreuses compagnies privées.

– Si vous préférez circuler en ***trottinette électrique,*** téléchargez l'appli d'un opérateur comme *Tier* ou *Lime* sur votre smartphone et suivez les indications. Attention : âge minimum 14 ans, port du casque recommandé et circulation sur les pistes cyclables uniquement.

Les vélos et vous

– On le répète, ***attention aux couloirs de pistes cyclables !*** Ils ne se trouvent pas uniquement sur la chaussée mais également sur les trottoirs. Et les cyclistes ne préviennent pas toujours, car ils sont prioritaires.

– Le club de cyclisme allemand *ADFC* a édité un petit guide en anglais de l'ensemble du réseau cyclable de la ville :

■ ***ADFC*** *(plan centre, F1) : Möckernstr 47. ☎ 448-47-24. • adfc-berlin.de • Mer et ven 15h30-18h30 ; horaires réduits en hiver.*

Le guide est également disponible en librairie et dans les magasins de cycles.

BERLIN, QUARTIER PAR QUARTIER

CHARLOTTENBURG-WILMERSDORF *(plan centre, A-B2-4 et zoom 1)*

Traversé par la célèbre avenue du *Kurfürstendamm,* ou *Ku'damm,* qui s'étend avec 3 voies sur 3,5 km – les « Champs-Élysées berlinois » –, ce quartier a été le centre de la vie mondaine et artistique des années 1920 et jusqu'au début des années 1930, comme en témoignent, notamment, les boîtes de jazz encore bien vivantes. Détruit en grande partie au cours de la Seconde Guerre mondiale, le Ku'damm est aujourd'hui une artère commerçante animée qui continue d'attirer bon nombre de visiteurs. Ces dernières années, le quartier a perdu un peu de son lustre – celui du temps de la guerre froide, pendant laquelle il était considéré comme une « vitrine de l'Ouest » – mais il est en train de reprendre ses « marques », dans tous les sens du terme. Même si les Berlinois vous parleront toujours de quartiers plus vivants, ou dans l'air du temps, une visite du coin s'impose si on aime faire du lèche-vitrines au sens strict plutôt que du shopping, car les prix sont à l'avenant : nombreuses boutiques de mode, de design et d'antiquaires.

Sa parallèle, la *Kantstraße,* aligne une série de restos souvent asiatiques allant de la gargote chinoise au japonais sophistiqué.

La plupart des rues sont bordées d'arbres qui ombragent les terrasses des cafés et des restaurants, de la *Fasanenplatz* à la *Savignyplatz,* devenues des lieux de rendez-vous décontractés et incontournables. Derrière la gare de *Zoologischer Garten* se trouve le quartier étudiant avec, notamment, l'université technique (TU) et l'université des Beaux-Arts (UdK). Et tout à l'ouest, l'élégant faubourg de *Charlottenburg* rassemble de beaux édifices des XIXe et XXe s autour de l'ancienne résidence d'été des Hohenzollern.

Étrange retour du balancier : 30 ans après avoir vu le cœur des visiteurs pencher vers l'Est retrouvé, c'est vers l'Ouest qu'on annonce un renouveau : même les jeunes parents ex-communistes emménagent au sud de *Charlottenburg,* pour le calme que l'on y trouve ; les artistes y retournent pour ouvrir des galeries dans des quartiers qui voient une nouvelle clientèle les fréquenter, de jour comme de nuit. C'est ça aussi, Berlin, une ville qui n'est jamais la même, d'une décennie sur l'autre, voire d'une année sur l'autre.

Où dormir ?

De prix moyens à chic

☗ ***Pension Peters*** *(zoom 1, B3, **33**) : Kantstr 146, 10623 Charlottenburg. ☎ 312-22-78. ● pension-peters-berlin.de ● S-Bahn : Savignyplatz. Doubles 79-90 € ; familiales ; petit déj-buffet payant. Parking payant à proximité.* Très bien situé, au 2e étage d'une jolie maison de la fin du XIXe s, à 2 pas des nombreux cafés et restos de *Savignyplatz.* Une déco simple mais chaleureuse. Une trentaine de chambres claires, décorées par des peintures d'artistes locaux, de différentes tailles, mais toutes aux salles de bains impeccables. Préférez celles sur l'arrière, plus calmes. Certaines donnent sur une agréable courette où il fait bon lézarder. Personnel disponible et arrangeant. Accueil en français. Un des bons choix dans cette catégorie.

■ ***Hotel Art Nouveau*** *(zoom 1, B4,* ***29****) : Leibnizstr 59, 10629 Charlottenburg. ☎ 327-74-40. • hotelartnouveau.de • S-Bahn : Savignyplatz ; U-Bahn : Adenauerplatz. Doubles 99-143 € selon confort ; petit déj-buffet en plus.* Situé non loin du Ku'damm, dans le Charlottenburg résidentiel et élégant, au 4e étage d'un ancien bâtiment Art nouveau. 21 belles chambres spacieuses à la déco sobre et soignée (meubles anciens, parquets) sous les hauts plafonds, donnant toutes sur une cour offrant un calme absolu. Literie confortable. Accueil serviable et attentif. Une jolie terrasse sur le toit en prime.

■ ***Hotel-Pension Funk*** *(zoom 1, B4,* ***26****) : Fasanenstr 69, 10719 Charlottenburg. ☎ 882-71-93. • hotelpensionfunk.de • U-Bahn : Uhlandstr. Doubles selon confort (3 catégories : avec lavabo slt, avec douche, avec douche et w-c) 52-82 €, petit déj-buffet compris.* Immeuble ancien datant de 1895, de style Art nouveau, avec vitraux et plafonds ouvragés. Intérieur *Jugendstil* intact avec des meubles d'époque et de tradition berlinoise, petits lavabos accrochés aux murs, tapis au sol et téléphones antiques... qui fonctionnent ! Ambiance Berlin des Années folles dans ce qui fut autrefois la demeure d'*Asta Nielsen,* une actrice danoise star du cinéma muet. Les photos de tournage aux murs et le personnel aux petits soins vous en apprendront un peu plus sur sa vie. Toutes les chambres, claires et hautes de plafond, ont une anecdote à raconter. Une adresse pleine de charme, dans ce nid douillet chargé de souvenirs.

■ ***Pension Güntzel*** *(plan centre, C4-5,* ***38****) : Güntzelstr 62, 10717 Wilmersdorf. ☎ 857-90-20. • pension-guentzel.de • U-Bahn : Güntzelstr. Doubles sans ou avec w-c privé (douches partout) 85-95 €, petit déj compris. Garage 8 €.* Très bien situé. Chambres de bon confort, simples et sans chichis. Certaines ont été rénovées dans un style moderne et lumineux bien agréable. Accueil plein de gentillesse par un couple germano-polonais, avec quelques mots de français. Une bonne adresse, parfaitement tenue.

■ ***Hotel-Pension Kima*** *(zoom 1, B4,* ***27****) : Wielandstr 27, 10707 Charlottenburg. ☎ 883-41-85. • hotel-kima.de • U-Bahn : Adenauerplatz. Doubles 59-79 €, avec petit déj-buffet.* Bel immeuble, ascenseur ancien en bois type confessionnal, grandes chambres claires au confort correct, petit déj servi dans une belle salle. Située dans une rue perpendiculaire calme et ombragée du Ku'damm bordée de boutiques chics, c'est une adresse au rapport qualité-prix tout à fait acceptable pour les prix du quartier. Bus et métro à proximité. Accueil et équipements moyens.

■ ***Motel One Upper West*** *(zoom 1, C3,* ***25****) : Kanstr 163-165, 10623 Charlottenburg. ☎ 322-93-190. • motel-one.com • U-Bahn : Zoologischer Garten. Doubles 89-125 € ; petit déj payant.* Au sein de cette chaîne d'une dizaine d'hôtels à Berlin, celui-ci offre un niveau de standing particulièrement intéressant pour son prix. Cette grande tour de verre de près de 600 chambres, avec son emplacement imbattable face à l'église du Souvenir, offre un design soigné et des chambres contemporaines parfaitement tenues et insonorisées, quoiqu'un peu aseptisées. Les chambres *standard* sont assez petites et avec peu de rangements. Au dernier étage, un bar en terrasse où l'on peut siroter un cocktail *(9 €)* avec une vue imprenable sur le zoo et le *Tiergarten.*

■ ⛱ ***Art'otel Berlin Ku'damm*** *(zoom 1, B4,* ***34****) : Lietzenburger Str 85, 10719 Charlottenburg. ☎ 887-77-70. • artotels.com • U-Bahn : Uhlandstr. Doubles 93-140 € selon période (salons, événements particuliers...).* Dans la veine des grands hôtels modernes qui voient le jour un peu partout, la déco de celui-ci est inspirée de l'œuvre d'Andy Warhol. Vous n'arriverez pas à échapper à sa tignasse peroxydée et ébouriffée, il est partout, au bar, au resto, et dans les 150 chambres, jusque dans les salles de bains ! Service haut de gamme et confort raffiné, on regrette toutefois la petite taille de certaines chambres. Buffet du petit déj bien garni, à condition d'arriver à la bonne heure. Un bar et une terrasse pour siroter des cocktails maison. Garage privé.

Hotel-Pension Savoy *(zoom 1, C4,* ***41****)* *: Meinekestr 4, 10719 Charlottenburg. ☎ 88-47-16-10. • hotel-pension-savoy.de • U-Bahn : Kurfürstendamm et Uhlandstr. Doubles 69-109 € (hors congrès !) selon confort, saison et j. de la sem, avec petit déj correct, sans plus.* Bien situé, au cœur du Ku'damm, au 1er étage d'un immeuble de caractère avec colonnes et fresques à l'entrée. Chambres à l'ancienne de tailles différentes, parfois avec coin salon cosy. Meilleur rapport qualité-prix pour les familiales jusqu'à 5 personnes. Attention, rien à voir avec l'hôtel *Savoy*, à quelques pas de là (on ne joue pas dans la même cour !).

De chic à très chic

Max Brown Hotel *(zoom 1, B4,* ***24****)* *: Uhlandstr 49, 10719 Charlottenburg-Wilmersdorf. ☎ 21-78-26-39. • maxbrownhotels.com • U-Bahn : Uhlandstr. Doubles 115-210 € selon taille et confort ; petit déj en plus* Un coup de cœur dans le quartier. Derrière sa façade blanche, cet hôtel branché de 70 chambres offre de belles prestations dans une ambiance chaleureuse. Accueil de bonne humeur dans une réception à la déco jungle chic, chambres de tailles et de prix très différents. Style vintage et literie vraiment confortable. Le copieux petit déj se déguste au café de l'hôtel, le *Benedict*, où l'on sert notamment du pain provenant de la petite boulangerie du même nom, attenante à la réception. Service un peu long, mais c'est un régal. Ne ratez pas les pancakes ! Vélos en location.

Sir Savigny *(zoom 1, B3,* ***28****)* *: Kantstr 144, 10623 Charlottensburg. ☎ 21-78-26-38. • sirhotels.com • U-Bahn : Uhlandstr ; S-Bahn : Savignyplatz. Doubles 95-215 € selon confort et période ; petit déj payant à réserver à l'avance.* Bien situé en plein centre de West City, cet hôtel est certainement l'un des plus branchés. La réception alliant modernité et vintage, le salon d'hiver et sa cheminée centrale, le grand patio *lounge*, tout est fait ici pour vous mettre à l'aise, jusqu'à l'accueil souriant et amical. Les chambres ne dénotent pas : style rétro, urbain ou baroque, toutes impeccables, colorées et bien insonorisées (la ligne de S-Bahn passe juste derrière). Une adresse à fréquenter sans réserve, si on en a les moyens.

Hotel Zoo *(zoom 1, C4,* ***30****)* *: Kurfürstendamm 25, 10719 Charlottenburg. ☎ 88-43-70. • hotelzoo.de • U-Bahn : Kurfürstendamm. Doubles 140-250 € selon période ; petit déj-buffet, très cher, 30 €.* Élégant hôtel idéalement situé, construit en 1891, il a été transformé en établissement classe. Certaines suites dépassent les 1 000 € et les prix des cocktails au bar sont un peu excessifs, mais c'est ici l'occasion d'un séjour chic à prix raisonnables. À l'intérieur, une ambiance moderne, feutrée et tamisée, tout juste pimentée par quelques motifs zèbre ou léopard. De différentes tailles, les chambres parfois un peu sombres sont irréprochables, avec pour certaines des murs aux briques apparentes. Un *lounge* confortable, un petit patio pour vous détendre, et dans l'ascenseur, des paparazzis qui vous mettent dans la peau d'une vedette (on vous laisse découvrir). Un certain goût de luxe au cœur de l'Ouest berlinois. Évitez la proximité du *rooftop* si vous avez le sommeil léger.

Où manger ?

Bon marché

Saigon Green *(zoom 1, B3,* ***114****)* *: Kanstr 23. ☎ 45-08-63-42. S-Bahn : Savignyplatz. Tlj sauf dim 12h30-23h. Résa conseillée. Plats 6-12 €.* Parmi les nombreux restaurants asiatiques du quartier, ce vietnamien s'impose comme le meilleur rapport qualité-prix, en plus de son emplacement avantageux jouxtant la *Savignyplatz*. Ici, des étudiants révisent leurs cours en terrasse entre 2 bols de soupe, tandis que des couples partagent un *bo bun* avec un verre de vin en tête à tête. La décoration épurée aux tons verdoyants vous apaisera autant que la douceur de l'addition. Attention cependant, les habitués ne s'y trompent pas, et on peine parfois à trouver une chaise libre le soir. Service efficace.

Soup Kultur (zoom 1, C4, **103**) : *Kurfürstendamm 224. ☎ 42-68-319. U-Bahn : Kurfürstendamm. Entrée au début de la Meinekestr. Tlj sauf w-e 11h-15h. Autres adresses : Kurfürstendamm 66, mêmes horaires ; Markgrafenstr 22, fermé à 14h. Env 5-7 €.* Un *Imbiss* nouvelle génération à la déco tonique. Rien de mieux qu'une soupe, surtout quand elle est faite maison. 5 soupes chaudes ou froides en fonction de la saison, et 4 plats avec pâtes ou riz à déguster sur le pouce en terrasse, mais souvent debout (4 places assises seulement). Délicieux smoothies.

Cafétéria de la TU (zoom 1, B3, **102**) : *Ernst-Reuter-Platz 7. ☎ 939-39-77-80. Au 20e étage, dans l'immeuble de la TU (Technische Universität). U-Bahn : Ernst-Reuter-Platz. Lun-ven 8h-15h. Fermé pdt vac universitaires. Env 5 €.* Pratique, mais on y va surtout pour le magnifique point de vue sur le *Tiergarten*, la *Siegessäule* et la tour de Télévision. Pour les nostalgiques de la fac !

Café Küchen Zeit (plan centre, A2-3, **104**) : *Kaiser-Friedrich-Str 1. 177-64-20-373. Bus n° 109 au Kurfürstendamm, arrêt Luisenplatz, ou U-Bahn : Richard-Wagner-Platz. Tlj 9h-18h (19h w-e). Env 3,50-8 €. CB refusées.* Aux abords du château, une bonne alternative aux restos des alentours bondés de touristes. Petite salle, quelques tables sur le trottoir. Quiches, salades, sandwichs, omelettes, tartes et gâteaux gourmands, le tout 100 % fait maison. Service agréable et rapide. Café à emporter.

Prix moyens

Cèdre Blanc (plan centre, A3, **172**) : *Nehringstr 34. ☎ 633-39-380. Bus n° 109 au Kurfürstendamm, arrêt Luisenplatz, ou U-Bahn : Richard-Wagner-Platz. Tlj 12h-21h30 (22h ven-sam). Portions 5-10 € ; plats 10-15 €.* À 300 m des musées et du château de Charlottenburg, un resto libanais sur un coin avec des tables en terrasse. Salle décorée de jolies aquarelles et large comptoir pour choisir de quoi se composer de délicieux mezze (houmous, feuilles de vigne, pois chiches, taboulé, tzatziki...) à consommer dehors ou à emporter. Salades et pâtisseries orientales. Vins libanais. Accueil gentil en français.

Gasthaus Krombach (zoom 1, B-C4, **139**) : *Meinekestr 4. ☎ 881-86-02. U-Bahn : Uhlandstr. Tlj 12h-minuit. Plats 10-29 €.* Une brasserie classique à proximité du Ku'damm et des hôtels. Lambris, banquettes, beau comptoir boisé, lampes de cuivre, tout pour composer une ambiance *gemütlich*, un poil vieillotte. Plats bien tournés, foie de veau à la berlinoise avec oignons, pommes et purée, *Wiener Schnitzel*, jarret de porc, saucisses, salade de pommes de terre. Bon, copieux et prix raisonnables. Les végétariens y trouveront aussi leur compte et à prix raisonnables. Pas grand-chose en dessert.

Nu (zoom 1, B3, **112**) : *Schlüterstr 55. ☎ 88-70-98-11. S-Bahn : Savignyplatz. Tlj 12h (13h w-e)-23h. Formule déj en sem env 10 € ; plats 13,50-27 €.* Cuisine panasiatique : *bo bun, dim sum*, salades, *phô bo, wan tan* ou *tom kha gai* en 2 tailles, wok végétarien. Le tout se déguste en compagnie des branchés du quartier dans une salle couleur fuchsia, aux murs baignés de néons, ou sur une grande terrasse au soleil l'été. Service rapide et portions généreuses.

Plus chic

Marjellchen (zoom 1, B4, **113**) : *Mommsenstr 9. ☎ 883-26-76. S-Bahn : Savignyplatz. Tlj 17h-23h. Plats uniques 12-22 €.* Un restaurant allemand typique, pour ceux qui veulent découvrir la cuisine de la Prusse orientale, de la Poméranie et de la Silésie. Ambiance traditionnelle à l'ancienne, tables nappées de blanc, atmosphère très *gemütlich* appréciée des habitués. L'adresse est très courue (à juste titre), et forcément un peu touristique. On y tient une comptabilité de toutes les nationalités des convives. Ce qui ne retire rien à la qualité de la cuisine, qui malgré le changement de propriétaire n'a pas changé, comme la carte, depuis plus de 30 ans. Essayez la liqueur de cassis maison.

Dudu 31 (zoom 1, B4, **120**) : *Bleibtreustr 31. ☎ 57-79-55-77. U-Bahn : Uhlandstr. Tlj 12h-22h30 (23h ven-sam). Résa vivement conseillée le soir. Formule déj en sem 13 € ; plats 11-27 € ; carte 23-42 €.* Élégante adresse de spécialités asiatiques aux murs violets et à la déco branchée. On vient y déguster sushis, soupes *phô*, *pad thai*, *ramens* et autres jolis plats typiques et bien relevés. En soirée, la grande salle est vite bondée, il n'est pas rare de devoir partager sa table. Service toujours aimable.

Baba Angora (zoom 1, B4, **110**) : *Schlüterstr 29. ☎ 323-70-96. S-Bahn : Savignyplatz. Tlj 11h-23h. Formules déj en sem 12-17,50 € ; plats 15-20 € ; menu 23 €.* Resto turc familial à l'intérieur en pierre brute rehaussé par des tapisseries rouges et des bas-reliefs au look assyrien... Un cadre plutôt agréable pour déguster de copieux mezze froids et chauds, puis les classiques *köfte* (bâtonnets de viande hachée), de l'agneau en sauce et des plats végétariens. Quelques tables sur le trottoir. Service pas toujours chaleureux.

La Tía Rica (zoom 1, B3, **133**) : *Knesebeckstr 92. ☎ 31-51-86-93. S-Bahn : Savignyplatz. Tlj sauf dim-lun 17h-22h. Résa conseillée. Entrées 10-13 € ; plats 16-24 €.* Un resto chilien chaleureux, petite salle avec impressionnants casiers de bouteilles aux murs. Sur fond de musique latino, après le *pisco sour* de rigueur en apéro, piochez dans les plats typiques de là-bas : *ceviche, empanadas*, gratin de maïs, poulet au chocolat... Suggestions du jour au tableau noir. Aux beaux jours, essayez d'avoir une table sur le trottoir pour éviter l'intérieur un peu bruyant. Large choix de vins sud-américains servis au verre. Patron jovial et service aux petits soins de sa fille.

Die Dicke Wirtin (zoom 1, B3, **121**) : *Carmerstr 9. ☎ 312-49-52. S-Bahn : Savignyplatz. Tlj sauf mar 11h-minuit. Résa conseillée le soir. Plats 15-20 €.* Une brasserie traditionnelle à la déco style vieille auberge avec terrasse. Murs lambrissés couverts de plaques publicitaires émaillées. Large choix de bières et de vins. Plats classiques en portions généreuses. Goûtez au méga-*Schnitzel*. Bourré d'habitués qui préfèrent le bar et sa musique des années 1980 au côté sombre de la salle-musée. On peut aussi se contenter d'y boire une bière.

Lubitsch (zoom 1, B3, **106**) : *Bleibtreustr 47. ☎ 8862-66-60. S-Bahn : Savignyplatz. Tlj 12h-minuit. Résa conseillée. Plat du jour 9,50 ; sinon, plats 17-28 €.* Le légendaire cinéaste Ernst Lubitsch était le parrain de ce sympathique restaurant. Le mobilier de style bistrot est agréablement discret et garni de tableaux et de photos originales. Cuisine berlinoise raffinée, spécialité de *Königsberger Klopse*, boulettes aux câpres avec purée de pommes de terre. Un régal ! Quelques tables en terrasse.

Ottenthal (zoom 1, B3, **118**) : *Kantstr 153. ☎ 313-31-62. S-Bahn : Savignyplatz. Tlj sauf dim-lun 17h-23h (12h ven-sam). Plats 15-32 € ; menu env 34 €.* L'un des meilleurs ambassadeurs de la gastronomie autrichienne à Berlin. Cadre épuré pour cette salle voûtée au charme indéniable, ce qui permet de se concentrer sur le *Tafelspitz* et autres plats typiques servis au rythme de la vieille horloge centenaire, tout droit rapportée d'Ottenthal, un village à 60 km de Vienne. Viande bio et carte de vins proposant également ceux du propriétaire, vigneron dans son village d'origine. Prix un peu élevés, mais on se régale. Service et accueil agréable. Quelques tables en terrasse.

Pratirio (zoom 1, B3, **109**) : *Knesebeckstr 22. ☎ 54-71-09-30. S-Bahn : Savignyplatz. Lun-jeu 16h-minuit, ven-sam 16h-1h, dim 13h-minuit. Mezze 8-14 € ; grillades 14-25 € ; poissons 24-31€.* À 2 pas de l'animation de Savignyplatz, un resto grec qui se révèle comme une bonne surprise. Intérieur cossu avec impressionnants casiers à bouteilles entouré d'une vaste véranda en L. Toute la palette de la cuisine hellénique avec sa ribambelle d'amuse-bouches chauds ou froids plus attrayants les uns que les autres. Puis sa traditionnelle et succulente moussaka à mettre en balance avec les délicieux *souvlakis*, les *keftedes*, les grillades de côtes d'agneau ou les beaux poissons aperçus au comptoir. Choix cornélien... Vin blanc de là-bas pour accompagner et qui sera suivi d'un ouzo offert par la maison. Service adorable et prévenant.

Samowar *(plan centre, A2, **121**) : Luisenplatz 3. ☎ 341-41-54. U-Bahn : Richard-Wagner-Platz ou Sophie-Charlotte-Platz, puis marcher 10 mn. Tlj 11h-23h (minuit ven-sam). Petits déj en sem à partir de 7,90 € ; carte 11-25 €.* Un restaurant russe chaleureux au décor chargé. Cuisine solide, spécialités de gibier. Excellents *bortsch,* bœuf Stroganoff ou à la Raspoutine. Plats végétariens. Carte en français, ça aide. Certains soirs, des musiciens entonnent à votre table des ballades aux accents nostalgiques. On se croirait dans *Docteur Jivago* !

Où prendre un goûter ?

What do you fancy love ? *(zoom 1, B4, **145**) : Knesebeckstr 68-69. U-Bahn : Uhlandstr. Tlj 8h (9h w-e)-18h. Commande au bar.* Dans une rue passante mais tranquille à quelques pas du Ku'damm, ce café branché un poil rétro attire une clientèle de quartier venue se réveiller avec un café en lisant le journal, ou pour une pause gourmande. Jus de fruits frais, *smoothies, bagels, muesli,* tartes et cakes aux associations de saveurs originales sont à déguster dans une ambiance détendue et pour un prix mini *(5-14 €).* Agréable terrasse.

Café Wintergarten im Literaturhaus *(zoom 1, B4, **211**) : Fasanenstr 23. ☎ 882-54-14. U-Bahn : Uhlandstr. Tlj 9h-minuit ; petit déj servi jusqu'à 14h. Sandwich env 7 € ; plats 12-31 €.* Pas besoin d'aimer la littérature pour apprécier le charme de cet adorable café-resto de style Art nouveau. Dans une rue bordée de galeries d'art, grande villa entourée d'un jardin fleuri de roses et de lilas l'été, très agréable pour s'isoler du bruyant Ku'damm. Privilégier le jardin d'hiver et la terrasse pour se poser et profiter du glouglou de la fontaine en sirotant une limonade au gingembre frais. À l'intérieur, ambiance manoir. Petit plus : librairie au sous-sol avec lectures et présentations d'auteurs toute l'année (courte pause en été). Sandwichs, plats du jour, desserts et petite cave.

Où boire un verre ? Où sortir ?

Alt Berliner Biersalon *(zoom 1, B4, **212**) : Kurfürstendamm 225-226. ☎ 884-39-90. U-Bahn : Kurfürstendamm. Tlj 10h-2h.* Cette immense salle, à la fois café-resto-bar, entièrement dédiée à la bière, est une institution centenaire, avec sa déco typique et sa large terrasse sur le Ku'damm. On y vient pour suivre les événements sportifs sur les écrans, observer l'animation de la rue ou pour se plonger les soirs de week-end *(ven-dim)* dans une ambiance festive et bon enfant au son de petits groupes de rock qui s'y produisent.

Diener Tattersall *(zoom 1, B3-4, **210**) : Grolmanstr 47. ☎ 881-53-29. S-Bahn : Savignyplatz. Tlj sauf dim 18h-2h.* Cette taverne doit son nom à un champion de boxe qui en fut le propriétaire. Ambiance un brin passéiste : nombreuses photos d'artistes et de stars de la boxe sur les murs. Rien n'a changé ici depuis que le cinéaste américain Billy Wilder décernait au *Diener* sa Palme d'or du meilleur restaurant berlinois. Ce n'est malheureusement plus le cas, mais c'est encore un bon endroit pour boire un verre.

Schwarzes Café *(zoom 1, B3, **218**) : Kantstr 148. ☎ 313-80-38. S-Bahn : Savignyplatz. Tlj 8h-3h (minuit jeu et non-stop w-e)* Une clientèle hétéroclite à toute heure du jour et de la nuit, sur la terrasse comme à l'intérieur. Bons petits déjeuners, servis eux aussi à n'importe quelle heure, mais plats assez quelconques. À l'étage, longue salle parsemée de petites tables rondes, avec des fresques marrantes et une terrasse cosy dans la cour intérieure. Toilettes assez surprenantes.

Où écouter de la musique ?

Quasimodo *(zoom 1, B-C3, **219**) : Kantstr 12a, à l'angle de la Fasanenstr, sous le* Delphi Filmpalast. *☎ 31-80-45-60. • quasimodo.de • S-Bahn et U-Bahn : Zoologischer Garten. Tlj sauf lun-mar 17h-2h. Concert à 22h, parfois payant. Arriver à partir de 21h pour avoir une table.* Cette institution du jazz berlinois est située au sous-sol d'une ancienne salle de danse qui abrite aussi un café et un cinéma. Bonne ambiance et musique live presque chaque soir. Pas sectaire : on n'y joue pas seulement du jazz, mais aussi du blues, du folk ou de la soul. Petite restauration.

A-Trane *(zoom 1, B3, **214**) : Bleibtreustr 1, à l'angle de la Pestalozzistr. ☎ 31-32-550. • a-trane.de • S-Bahn : Savignyplatz. Tlj 12h-1h. Concert à 21h. Résa conseillée.* Charmant petit club de jazz à l'angle d'une rue tranquille. Ambiance intimiste, avec une programmation serrée et pointue, débordant parfois sur le funk et la soul pour des prix raisonnables *(env 20 €, réduc étudiants).* Places assises face à la scène, comme si vous étiez en studio avec les musiciens. Une équipe jeune et dynamique vous servira aussi de jolis cocktails au bar.

À voir

Museum Berggruen *(musée Berggruen ; plan centre, A2-3, **326**) : Schlossstr 70. ☎ 266-42-42-42. • smb.museum • U-Bahn : Sophie-Charlotte-Platz ou Richard-Wagner-Platz ; bus nos 109, 309 et M45. **Fermé pour travaux jusqu'en 2025.*** Un des musées les plus intéressants du Berlin actuel. ***Heinz Berggruen*** quitte l'Allemagne nazie en 1936 pour se réfugier aux États-Unis. Il devient l'assistant du conservateur du musée de San Francisco. Après la guerre, il participe à la réalisation d'une revue destinée à réhabiliter en Allemagne l'***art dégénéré,*** boycotté par les nazis. Dépêché à l'Unesco à Paris, il ouvre une galerie place Dauphine et acquiert une renommée internationale dans le domaine de l'estampe, de la gravure et de la lithographie. Après les avoir exposées, il rassemble une cinquantaine d'œuvres de ***Klee*** et de ***Picasso,*** devenant, comme il le disait, son meilleur client. Dans ce musée qui porte son nom, on peut admirer des œuvres de Delacroix, Matisse, Cézanne, Giacometti, Braque, et surtout une centaine d'œuvres de Picasso (natures mortes, portraits, gravures, sculptures et dessins), le tout dans une muséographie épurée (peu d'œuvres par salle) mais très étudiée.

L'ART DÉGÉNÉRÉ

C'était l'expression officielle adoptée par le régime nazi pour interdire l'art moderne en faveur d'un art officiel appelé l'« art héroïque ». Il visait essentiellement, selon des critères raciaux, des artistes et musiciens n'appartenant pas à la race aryenne. En 1937, les nazis ont organisé à Munich une expo présentant, pour les dénigrer, la production d'artistes juifs et « bolcheviks ». Des Allemands comme Nolde, Beckmann ou Kirchner en faisaient partie. L'expo eut un tel succès que Joseph Goebbels fut obligé de la fermer.

Sammlung Scharf-Gerstenberg *: Schlossstr 70. ☎ 266-42-42-42. • smb.museum • U-Bahn : Sophie-Charlotte-Platz ou Richard-Wagner-Platz ; bus nos 109, 309 et M45. Tlj sauf lun 10h (11h sam-dim)-18h. Entrée : 10 € ; réduc ; gratuit moins de 18 ans.* Cette institution située juste en face du *Museum Berggruen* accueillera une partie de ses chefs-d'œuvre pendant sa rénovation. Ils s'ajouteront à la collection privée d'*Otto Gerstenberg* (1848-1935) et à celle de *Dieter Scharf,* son petit-fils (1926-2011), toujours visibles. Les ***Surreale Welten,*** les mondes surréalistes au sens large, y sont à l'honneur, avec de très nombreuses œuvres de peintres considérés comme précurseurs et apparentés : *Piranese* ou *Hugo* (gravures), *Goya, Manet, Seurat, Redon, Kubin, Bellmer, Grosz* et *Ensor,* auxquels s'ajoutent des membres reconnus du mouvement comme *Dalí, Chirico, Miró, Ernst, Picabia, Man Ray, Tanguy* et *Magritte.*

Bröhan Museum *(musée Bröhan ; plan centre, A3,* ***327****)* **:** *Schlossstr 1a. ☎ 32-69-06-00. • broehan-museum.de • U-Bahn : Sophie-Charlotte-Platz ou Richard-Wagner-Platz ; bus n*os *109, 309 et M45. Tlj sauf lun 10h-18h. Entrée : 8 € ; réduc (- 25 % avec la* Welcome Card*) ; supplément lors d'expos temporaires ; gratuit moins de 18 ans et pour tous le 1*er *mer du mois. Audioguide.* Hébergé dans un bâtiment néoclassique à côté du précédent, ce musée des Arts décoratifs présente une riche collection privée, autour de l'Art nouveau (*Jugendstil* en Allemagne) et de l'Art déco, constituée par ***Karl Bröhan.*** On y trouve des objets artisanaux ou industriels, des meubles, des statues et des peintures réalisés entre 1890 et 1940. La présentation chronologique, dans des intérieurs reconstitués, en fait toute l'originalité. On aurait bien envie de s'asseoir dans un fauteuil *Ruhlmann* ou de prendre place devant le secrétaire de *Louis Majorelle !* On admire les vases de Bohême, les porcelaines danoises, les luminaires et chandeliers en métal, et aussi les unes de la revue satirique *Simplicissimus,* publiée à Munich jusqu'en 1944. L'école française est bien représentée : verres de ***Gallé,*** vases Daum, meubles de ***Guimard*** et porcelaines de Sèvres. Intéressante collection de tableaux de la Sécession berlinoise à l'étage.

Schloss Charlottenburg *(château de Charlottenburg ; plan centre, A2)* **:** *Spandauer Damm 10-22. ☎ 32-09-11. • spsg.de • U-Bahn : Richard-Wagner-Platz ou Sophie-Charlotte-Platz, puis marcher 10 mn. Le moyen de transport le plus rapide est le bus n° 109 au Kurfürstendamm, arrêt Luisenplatz ; sinon, bus n° M45. Pour le pavillon central (Altes Schloss), tlj sauf lun 10h-17h30 (16h30 nov-fin mars), de même pour la nouvelle aile (Neuer Flügel). Dernière admission 30 mn avt fermeture. Résa et vente des billets en ligne sur le site. Entrée : 17 € pour tt le site (12 € pour le Altes Schloss seul), ticket familial 25 € (2 adultes + 4 enfants max), 13 € étudiants ; petite réduc avec la* Welcome Card. *Vestiaire gratuit. Audioguide en français gratuit. Droit photo pour l'ensemble du site : 3 €.*

Un des plus beaux exemples d'architecture baroque à Berlin. Tout a commencé à la fin du XVIIe s à Lützow, qui n'était alors qu'un village au milieu des champs et des vergers. En 1695, le ***prince-électeur Frédéric III*** y fait construire le *Schloss Lietzenburg,* un palais d'été pour son épouse ***Sophie-Charlotte de Hanovre.*** Passionnée de musique, de théâtre et de sciences (le savant Leibniz l'influença), elle fut la 1re femme à accéder au trône de Prusse. Dans l'intention de faire de son château de Lützow la « cour des Muses », elle attire les meilleurs artistes et savants de son temps. Curieuse de tout, elle s'intéresse à l'Extrême-Orient, collectionne les porcelaines et les chinoiseries. Francophile, elle s'inspire du style français. Elle s'éteint en 1705, à l'âge de 37 ans seulement. Son tombeau se trouve dans le *Berliner Dom.* Frédéric III, devenu en 1701 roi de Prusse sous le nom de ***Frédéric Ier,*** rebaptisa son palais de Lützow en Charlottenburg en hommage à son épouse, qu'il estimait.

Plusieurs fois agrandie au cours du XVIIIe s, la propriété entourée d'un grand parc s'enorgueillit alors d'une façade de plus de 500 m grâce à ses 2 grandes ailes. Un faubourg résidentiel se développe autour du château et conserve son autonomie jusqu'en 1920. Gravement touché par les bombardements de la Seconde Guerre mondiale, le château a été reconstruit à l'identique à partir des années 1960. Les jardins ont été réaménagés en 2001 dans le style baroque.

– ***Altes Schloss*** *(vieux château)* **:** une trentaine de pièces, toutes richement décorées et meublées d'époque, souvent ornées de cheminées remarquables et de tapisseries de Damas ou des Gobelins. Au rez-de-chaussée, on notera la splendeur des salons d'apparat, ainsi que l'étonnant ***cabinet des Porcelaines.*** Celui-ci renferme une foisonnante collection de 2 700 porcelaines de Chine : vases, assiettes, statuettes et objets divers décorent les murs et les niches jusqu'au plafond. Remarquer aussi la jolie chambre aux damas rouges, la chapelle au style somptueux et l'insolite ***galerie chinoise,*** tout en boiserie, qui témoigne du goût du XVIIIe s pour les chinoiseries. En fin de parcours, on visite les appartements de Sophie-Charlotte, avant de grimper à l'étage pour découvrir les ***appartements d'Élisabeth de Prusse*** et ***de Frédéric-Guillaume IV.*** Ici, la guerre ayant fait des ravages, les salles reconstruites de façon très sobre accueillent désormais des collections de sculptures, de tableaux, mais aussi la superbe argenterie du Kronprinz et le trésor (couronnes et armes d'apparat).

– ***Neuer Flügel*** *(nouvelle aile)* **:** *à droite du château quand on est dans la cour, connue aussi comme l'aile Knobelsdorff (nom de son architecte). Entrée : 12 €, audioguide en français inclus ; réduc.* Cette aile est la partie la plus intéressante. Elle abrite les ***appartements de Frédéric II, dit « le Grand »*** (1740-1786), et ceux de son successeur ***Frédéric-Guillaume II*** (1786-1797). Contraste étonnant entre les 2 hommes, qu'on retrouve dans la différence des styles de leurs appartements. Voir notamment les fastueuses salles des fêtes, dont la fameuse ***Goldene Galerie,*** et les tableaux de l'école française chers à Frédéric le Grand, comme *L'Enseigne de Gersaint* et *L'Embarquement pour Cythère* de ***Watteau*** (une version moins poétique que celle qui se trouve au Louvre) et aussi quelques œuvres de ***François Boucher*** et ***Chardin.*** Chez Frédéric-Guillaume, l'atmosphère est plus intimiste, plus chaleureuse. Objets personnels, porcelaine, argenterie, les pièces sont moins grandiloquentes et donnent une impression de confort, avec des poêles pour l'hiver, des tapisseries des Gobelins. Ici, on préfère le néoclassicisme au rococo dont raffolait Frédéric II.

★★ ***Schlossgarten*** *(parc du château ; plan centre, A2)* **:** *derrière le château. Tlj de 8h au coucher du soleil. Entrée libre sauf pour le mausolée (3 €) et pour le belvédère (4 €). Promenades à vélo autorisées.*
Voici un jardin à la française (1697) qui a subi l'influence de la mode du jardin anglais au XIXe s, avec sa rivière (la Spree), son « étang aux carpes » et son jet d'eau. À droite : le *Neuer Pavillon* connu aussi comme le ***pavillon Schinkel*** *(tlj sauf lun 10h-17h30 – 16h nov-déc).* Construit par Schinkel en 1824 pour le roi Frédéric-Guillaume III, qui s'y installa pour y vivre, préférant la simplicité du pavillon au faste de son palais attenant. À l'intérieur, outre un bel exemple d'art berlinois, on peut admirer de superbes tableaux de ***Caspar David Friedrich.*** Au fond du parc, on trouve un ***mausolée*** *(fermé lun et nov-mars),* petit bijou d'Antiquité avec ses colonnes doriques, qui abrite les tombeaux de Frédéric-Guillaume III et de sa femme la reine Louise, ainsi que ceux de l'empereur Guillaume Ier et de sa femme Augusta.
Derrière l'étang, un ***belvédère*** *(tlj sauf lun 10h-17h30, fermé nov-mars ; entrée : 4 €).* Collection de porcelaines berlinoises. Une pure merveille, souvent oubliée des touristes. Un conseil : grimpez tout de suite au dernier étage. Vous commencerez ainsi la visite par les objets les plus anciens. Vous pouvez toujours essayer de comprendre pourquoi le jardin français, dessiné par Godeau au XVIIIe s, fut transformé par Lenné en jardin anglais lors des excursions de Napoléon...

★ ***Käthe-Kollwitz Museum*** *(plan centre, A2)* **:** *Theaterbau am Schloss, Spandauer Damm 10. ☎ 969-42-00. ● kaethe-kollwitz.berlin ● Dans l'aile gauche du château de Charlottenburg. Tlj sauf lun 11h-18h. Entrée : 7 € ; réduc ; gratuit étudiants et moins de 18 ans.*
À l'automne 2022, ce musée privé a été transféré dans l'ancien théâtre du château de Charlottenburg. Il présente plus de 200 œuvres autobiographiques d'une femme hors du commun. Käthe Kollwitz a vécu pendant plus de 50 ans dans le quartier ouvrier de *Prenzlauer Berg.* Elle y a trouvé les sujets d'inspiration pour son œuvre, des dessins à l'encre de Chine plutôt sombres. Durant toute sa vie, elle dénoncera les conditions sociales misérables du prolétariat. L'affiche *Travail à domicile en Allemagne,* présentant une ouvrière épuisée par le travail, atteste sa

position courageuse face à un thème provocant, surtout si l'on considère la place de la femme à cette époque. Avec *Brot,* Käthe combat la famine en plaidant la cause de ceux qui en souffrent.
Ses autoportraits dévoilent les détails d'un examen de conscience très poussé. Lors du décès de ***Karl Liebknecht,*** la famille demanda à l'artiste de dessiner le défunt sur son lit de mort. C'est l'émotion des travailleurs qui, selon elle, justifie son travail. « En tant qu'artiste j'ai le droit de dédier cette œuvre aux ouvriers, sans pour autant partager les idées de Liebknecht. » Un témoignage émouvant sur la vie à Berlin des années 1890 à 1940.

👁👁 ***Kurfürstendamm*** *(plan centre et zoom 1, A-B-C4)* **:** le Ku'damm est l'avenue la plus fréquentée de Berlin-Ouest. Ancienne chaussée de rondins que les princes-électeurs empruntaient pour aller à la chasse. ***Bismarck*** la transforma en artère de luxe souvent comparée aux Champs-Élysées : vendeurs à la sauvette contre magasins de luxe. Rien à voir en particulier (quelques façades de la fin du XIXᵉ s de style *Jugendstil*), mais il est agréable d'y déambuler pour l'ambiance, car, avec ses nombreux magasins, dont le célèbre ***KaDeWe,*** le *Harrod's* berlinois (à côté du métro *Wittenbergplatz,* dont le décor rappelle le prestigieux passé de la ville), ses cafés et restaurants, le Ku'damm est toujours animé. Son entrée, côté est, s'est dotée d'un agencement monumental avec la rénovation du centre commercial ***Bikini,*** de l'hôtel ***Waldorf Astoria*** et la tour de 108 m de l'***Upper West.***

👁👁 ***Kaiser-Wilhelm-Gedächtniskirche*** *(église du Souvenir ; plan centre et zoom 1, C3)* **:** *Breitscheidplatz. ● gedaechtniskirche-berlin.de ● S-Bahn et U-Bahn : Zoologischer Garten. Tlj 9h-19h.* Les Berlinois, toujours moqueurs, l'ont surnommée « la dent creuse », et le clocher qui la flanque, « le bâton de rouge à lèvres ». Construite en mémoire du fondateur de l'Empire allemand dans un style néoroman, elle fut gravement atteinte lors de bombardements en 1943. Entrez à l'intérieur pour voir les photos d'archives et mesurer l'étendue des dégâts (avant les bombardements, jusqu'à 2 000 personnes pouvaient s'asseoir à l'intérieur). De bien belles mosaïques ornent encore son plafond. À côté, la nouvelle église *(horaires variables entre 9h et 19h),* surnommée « le poudrier », devient sublime le soir, lorsque ses 20 000 blocs de verre bleu (fabriqués à Chartres) percent le ciel ! Surprenant christ suspendu dans le chœur. L'église est l'un des très rares lieux au monde où le cycle complet des cantates religieuses de J.-S. Bach est joué lors des vêpres du samedi soir. Une centaine de concerts classiques y est programmée chaque année.

👁 ***Temporary Bauhaus Archiv*** *(Museum für Gestaltung ; zoom 1, B3,* ***403****)* **:** *Knesebeckstr 1-2. ☎ 30-25-40-020. U-Bahn : Ernst-Reuter-Platz. Tlj sauf dim 10h-18h. GRATUIT.* En attendant la fin de la rénovation prévue pour 2023 des Archives du Bauhaus dans le quartier de Tiergarten, on peut voir ici quelques objets, meubles et accessoires de mode labellisés Bauhaus. Une exposition photo sommaire explique le rôle joué dans ce mouvement par les étudiantes en art. Quelques conférences et projections ont également lieu. Pour être honnête, le lieu ne mérite pas forcément le détour.

👁 ***The Gallery C/O Berlin*** *(zoom 1, C3,* ***402****)* **:** *Hardenbergstr 22-24. ☎ 284-441-662. ● co-berlin.org ● S-Bahn et U-Bahn : Zoologischer Garten. Tlj 11h-20h. Entrée : 10 € ; réduc (- 2,50 € avec la Welcome Card) ; gratuit moins de 18 ans.* Dans les locaux de l'*Amerika Haus,* un lieu d'expo de 2 000 m² consacré à la photographie contemporaine. Les amateurs jetteront un coup d'œil à la programmation renouvelée tous les 3 mois. Du lourd : Cartier-Bresson, Capa, Salgado et les photographes de l'agence Magnum, mais pas seulement.
🍷 🧺 ***Café*** et ***librairie*** bien fournie sur le sujet.

👁👁 ***Museum für Fotografie*** *(Fondation Helmut et June Newton ; zoom 1, C3)* **:** *Jebensstr 2. ☎ 266-424-242. ● smb.museum ● S-Bahn et U-Bahn : Zoologischer Garten. Tlj 11h-19h (20h jeu). Entrée : 10 € ; gratuit moins de 18 ans.*

C'est par un pied de nez à l'histoire, qui n'était pas pour lui déplaire, que Helmut Newton a conclu son existence. Son œuvre est en effet exposée dans sa ville natale, qu'il avait dû fuir en 1938 parce qu'il était juif, et de plus dans une ancienne caserne d'officiers prussiens qu'il n'avait jamais pu oublier (ce fut le dernier bâtiment qu'il vit depuis le train qui l'emmenait). Après avoir connu le champ de bataille dans... le Pacifique, il devint le photographe attitré des ***beautiful people*** du monde entier, inventeur des icônes érotiques du XXe s, mannequins dénudés aux corps fascinants, actrices se prêtant au jeu de la séduction trouble, gravures de mode décalées ou dérangeantes. Agaçant en raison d'une certaine complaisance, attachant par son humour et son ironie, fascinant par sa maîtrise du noir et blanc, il était sans conteste l'un des maîtres de son art.
Cette fondation, qui porte son nom et celui de son épouse ***June*** (Alice Springs), son modèle, photographe talentueuse elle-même, abrite des expositions temporaires thématiques issues de la donation du couple.
On peut également visiter au rez-de-chaussée une petite section permanente de grande qualité où on entre totalement dans son intimité : *Private Property.* La vie de Newton mise en scène de façon brillante, à l'image du personnage avec de nombreux objets personnels. Pittoresque reconstitution de son salon. Puis ses appareils photo, sacs de voyage et toutes les affiches de ses expos. Intéressantes vidéos de l'artiste au travail. Au-delà du dandy et du mondain, ses portraits d'écrivains révèlent l'immense portraitiste qu'il était. Le dernier étage de ce bâtiment intelligemment rénové est dédié à des expositions d'artistes contemporains, faisant de ce musée pour la photographie un lieu vivant.
Agréable ***cafétéria*** et ***librairie*** particulièrement bien fournie.

Zoologischer Garten *(Jardin zoologique ; plan centre et zoom 1, C3) : ☎ 25-40-10. • zoo-berlin.de • U-Bahn et S-Bahn : Zoologischer Garten. L'entrée principale est située au nº 8 de la Hardenbergplatz (par la porte des Lions) ; les visiteurs intéressés seulement par l'aquarium entrent par la porte aux statues éléphantesques (Budapester Str 34). Tlj 9h-18h30 (18h mars et oct, 16h30 nov-fév). Entrée : 17,50 € pour le zoo (23,50 € avec l'aquarium) ; moins de 15 ans 9 € (12 € avec l'aquarium).* Plus de 2,5 millions de visiteurs par an pour ce zoo qui compte parmi les plus grands et les plus intéressants d'Europe. 14 000 animaux, dont quelques espèces rares. Une salle faiblement éclairée permet d'observer les animaux nocturnes. La partie consacrée aux singes est très complète. Ne pas rater la porte des Éléphants et la salle des crocodiles. Les enfants téméraires peuvent nourrir les petits ; à partir de 10h30 avec les ours polaires. Autre tuyau : après 16h, les animaux ont mangé et digèrent souvent dans leur coin.

LES LIONS FILENT À L'ANGLAISE

Le 1er raid massif de la RAF sur Berlin eut lieu en 1943. Une bombe tomba sur le zoo, tuant le seul éléphant. Le souffle de l'explosion détruisit des clôtures et libéra des lions affamés qui s'échappèrent dans les rues.

Olympiastadion *(stade olympique ; plan d'ensemble, B2 et hors plan centre par A3,* ***338****) : Olympischer Platz 3. ☎ 25-00-23-33. • olympiastadion.berlin • U-Bahn : Olympiastadion. Visite tlj : avr-oct 9h-19h, nov-mars 10h-16h. Entrée : 11 € ; réduc (- 25 % avec la Welcome Card). Visite avec une appli en français : 3 €.* En pénétrant par le sud dans ce stade, où semblent rôder les fantômes du nazisme de 1936 malgré d'importants travaux de modernisation, on est presque attiré dans le gouffre : l'architecte Werner March, utilisant la dépression du site, a pu masquer de l'extérieur ce gigantesque antre diabolique de 120 000 places... Il a été totalement rénové entre 2000 et 2004, et sa capacité d'accueil est aujourd'hui de 80 000 places. La visite individuelle permet de découvrir l'essentiel de ce site hors norme, jalonné de panneaux explicatifs qui relatent les grands événements du stade : les J.O. de 1936 surtout, mais aussi la Coupe du monde de football en 2006. Différentes formules de visites guidées permettent en plus d'accéder à des secteurs fermés au public, comme les vestiaires ou les loges, et de profiter d'une vue époustouflante sur le site et la ville depuis la plate-forme d'observation de la *Glockenturm* (une tour qui s'élève tout de même à près de 80 m !).

LES QUARTIERS DE TIERGARTEN ET SCHÖNEBERG *(plan centre, C-D2-4)*

Véritable poumon vert de Berlin, le Tiergarten, un immense parc de 200 ha, a donné son nom à tout le quartier environnant. La majestueuse *Straße des 17 Juni* le traverse d'ouest en est. Elle rappelle la date du soulèvement populaire de 1953 à Berlin-Est. Ce jour-là, une cinquantaine d'ouvriers manifestant contre la politique économique du gouvernement communiste de la RDA tombèrent à Berlin sous les balles de l'Armée rouge, appelée en renfort par le pouvoir pour réprimer les émeutes.

À mi-chemin entre la gare du *Zoologischer Garten* et la porte de Brandebourg se dresse la *Siegessäule* (colonne de la Victoire), où se retrouvent les anges filmés par Wim Wenders dans *Les Ailes du désir.* Difficile de la manquer. Que vous preniez la ligne n° 100 en direction du *Reichstag* ou le bus n° 200 vers la *Potsdamer Platz,* votre promenade en bus prendra l'aspect d'un cours d'histoire plutôt reposant où défileront les éléments du décor berlinois. D'un côté, l'appareil politique et son cortège de bâtiments officiels ; de l'autre, une place complètement rénovée aux allures futuristes avec commerces, restaurants et cinémas pour tous les goûts et toutes les bourses. Difficile aujourd'hui d'imaginer l'ancien no man's land qui marqua la césure de la ville durant 40 ans, tant il est agréable d'y flâner à vélo, entre *Biergarten* et musées.

Plus loin, au sud, c'est à *Schöneberg* où le cours d'histoire peut reprendre : « *Ich bin ein Berliner* », avait déclaré J. F. Kennedy en 1963 sur le perron de la mairie qui était alors le QG politique de Berlin-Ouest. Aujourd'hui, le quartier n'a gardé que les bons côtés de l'époque de la scission de la ville, le cosmopolitisme (faute de place ailleurs), les nombreux magasins de vin, de livres et les boutiques de mode ont fleuri partout autour de la *Winterfeldtplatz* ou du *Heinrich-von-Kleist Park,* en même temps que la rénovation des immeubles anciens du quartier... Autour de *Motzstraße,* c'est aussi le quartier le plus gay de Berlin.

Où dormir ?

Bon marché

Jugendherberge Berlin International *(plan centre, D3-4,* ***44****) : Kluckstr 3, 10785.* ☎ *747-687-910.* ● *jh-berlin-international.de* ● *U-Bahn : Kurfürstenstr ; bus n° M29. Réception 24h/24. En dortoir 4-12 lits, nuitée à partir de 30,50 €/pers ; double 42 €/pers, petit déj compris. Repas du soir en buffet (jusqu'à 19h30 slt) 8 €. Carte* Hostelling International *demandée (voir « Berlin utile ») Parking gratuit.* L'AJ la plus proche du centre, et certainement la plus pratique avec ses 400 lits. Bien située, près d'un canal, entre la Neue Nationalgalerie et le Bauhaus-Archiv. En revanche, pas de cuisine à dispo. Dortoirs et chambres propres mais basiques, certains avec douches et w-c privés. La déco n'est pas le fort de la maison, mais on y trouve tout de même une salle de jeux (billard, ping-pong, baby-foot) et une grande terrasse. L'ambiance est plutôt animée le soir en été, entre groupes scolaires, jeunes *backpackers* en tour d'Europe et quelques familles. Connexion wifi défaillante. Location de vélos.

De prix moyens à très chic

Hotel-Pension Nürnberger Eck *(plan centre, C4, **45**) : Nürnberger Str 24a, 10789. ☎ 235-17-80. • nuernberger-eck.de • U-Bahn : Augsburger Str ou Wittenbergplatz. À 2 mn de l'Europa-Center. Au 1er étage. Attention, après 22h, il n'y a pas toujours quelqu'un à la réception ! Doubles sans ou avec sdb 80-92 €, petit déj compris.* Une relique que ces 8 chambres ! Les bombes ont épargné le vaste appartement, autrefois refuge d'artistes et aujourd'hui reconverti en pension. Les moulures, le papier peint et le mobilier désuets confèrent aux chambres spacieuses une atmosphère berlinoise d'avant-guerre. Préférez celles de l'arrière. Propreté irréprochable. Excellent accueil, tout sourire et plein de bons conseils, et petit déj quasi à la carte.

Pension Fischer *(plan centre, C4, **45**) : Nürnberger Str 24a, 10789. ☎ 21-91-55-66. • hotel-pension-fischer.de • U-Bahn : Augsburger Str ou Wittenbergplatz. Au 2e étage. Fermé à Noël. Doubles avec douche et w-c sur le palier 60-90 €, avec douche et w-c 80-125 €, petit déj continental compris. Parking payant proche.* Sur une rue passante, une pension idéale pour se loger à prix doux dans le centre. Grand immeuble bourgeois, avec stucs à l'entrée mais sans ascenseur. Accueil affable. Spacieuses et lumineuses, les 9 chambres aux couleurs fraîches sont toutes différentes. Certaines (les familiales) sont aménagées avec un coin salon (le canapé-lit peut accueillir les enfants). Propreté irréprochable.

Meininger Hotel Berlin Hauptbahnhof *(plan centre, D2, **42**) : Ella-Trebe-Str 9, 10557. ☎ 98-32-12-73. • meininger-hotels.com • S-Bahn et U-Bahn : Hauptbahnhof. Doubles à partir de 42 €/pers selon saison ; petit déj en sus.* Sur 8 étages, près de 300 chambres fonctionnelles et colorées mais sans surprise, bien dans le style de cette chaîne qui se développe dans toutes les grandes villes européennes, à l'usage tant des routards que des familles. Situation bien pratique lorsque l'on arrive ou quitte la ville par le train. *Rooftop* au dernier étage.

AMC Arco Hotel *(plan centre, C4, **47**) : Geisbergstr 30, 10777. ☎ 0177-853-71-58. • arco-hotel.de • U-Bahn : Wittenbergplatz. À slt 10 mn du Ku'damm. Doubles 70-95 € selon taille et période ; excellent petit déj payant. Parking 3 €.* Petit hôtel convivial avec une trentaine de chambres, situé dans un secteur tranquille. Doubles impeccables, qui donnent pour la plupart sur un petit jardin où l'on peut prendre son petit déj jusqu'à 11h. Style moderne et légèrement kitsch, élégants escaliers en bois. L'adresse est tenue par un couple aux petits soins... Excellent rapport qualité-prix. Location de vélos.

Motel One Tiergarten *(plan centre, C4, **22**) : An der Urania 12-14, 10787. ☎ 23-63-12-90. • motel-one.com • U-Bahn : Wittenbergplatz. Doubles 88-120 € selon confort ; buffet bio au petit déj en sus.* Même concept, même confort que son homologue de Charlottenburg (voir « Où dormir ? » à Charlottenburg). L'avantage, ici, c'est la situation centrale (à 2 pas du métro), son énorme capacité (avec plus de 400 chambres petites mais impeccables, on a peu de chance de faire chou blanc) et son petit carré de gazon avec transats pour lézarder au calme entre 2 balades. Près d'une dizaine de *Motel One* à Berlin, comme celui situé à côté de la *Hauptbahnhof (Invalidenstr 54 ; ☎ 36-41-00-50).* Mêmes prestations.

25 Hours Hotel Bikini *(plan centre, C3, **37**) : Budapester Str 40, 10787. ☎ 120-22-10. • 25hours-hotel.com • ♿ S-Bahn et U-Bahn : Zoologischer Garten ; bus no 100, arrêt Breitscheidplatz. Doubles 115-210 € selon taille et saison ; petit déj cher et payant. Parking 16 €/j. Promos fréquentes. Resto 25-30 €.* L'atout no 1 de cet hôtel-concept original et branché est son emplacement, tout à côté du zoo. Lobby avec tuyaux apparents et plantes grimpantes, où l'on s'affale sur des poufs aux couleurs acidulées. Parmi les 150 vastes chambres au design réussi et au confort irréprochable, les « Jungle » donnent directement sur les enclos des singes et des éléphants, avec des hamacs pour mieux en profiter. Accès assuré pour les personnes à mobilité réduite. Sauna avec vue sur le zoo, salle de fitness et

resto levantin avec vue, *Neni*. Superbe panorama également depuis la petite terrasse du *Monkey Bar* (voir « Où manger ? Où boire un verre ? ») au 10e étage. Ambiance décontractée et service impeccable. Prêt de vélos.

Où manger ? Où boire un verre ?

Dans un *Biergarten*, de bon marché à prix moyens

🍽 🍸 ☂ ***Zollpackhof*** *(plan centre, D2,* ***267****)* **:** *Elisabeth-Abegg-Str. ☎ 330-99-720. Le long de la Spree, face à la Chancellerie. S-Bahn et U-Bahn : Hauptbahnhof.* Biergarten *tlj 12h-23h. Plats 16-23 €. Résa conseillée pour le resto.* Un *Biergarten* de 300 ans d'âge qui jouit d'un emplacement de choix. D'un côté, le *Biergarten* en self-service ; bière de la brasserie *Augustiner* et, au choix, saucisses, pizzas ou *Flammkuchen* aux comptoirs en bordure (3,50-12,50 €). Grandes tables installées sous les châtaigniers centenaires. De l'autre, resto feutré avec ses lambris sombres dans un chalet plein de charme, bordé d'une terrasse fleurie pour se régaler de plats bavarois traditionnels.

🍽 🍸 ☂ ***Café am Neuen See*** *(plan centre, C3,* ***127****)* **:** *Lichtensteinallee 2. ☎ 25-44-930. Juste derrière le zoo, dans le Tiergarten, au bord du lac. S-Bahn et U-Bahn : Zoologischer Garten. Resto tlj à partir de 9h (10h w-e),* Biergarten *lun-ven 10h-23h (en hiver, slt dim 10h-20h). Plats 10-25 € (tarifs un tantinet élevés, à notre avis).* Immense *Biergarten* très populaire, sympa et animé, ouvert dès les 1ers rayons du soleil : un endroit chaleureux, style chalet avec boiseries et poêles à bois dans la salle. Aux beaux jours, on profite des transats au bord de l'eau, d'une aire de jeux pour les enfants et même de barques à louer. Côté cuisine, on a le choix entre un resto, accueillant s'il fait froid, ou un snack proposant pizzas, salades et grillades en tout genre. Nourriture de qualité moyenne, mais rien ne vous empêche de prendre simplement une bière et une tranche de *Leberkäse* sur un bout de pain. Une vraie pause pour se détendre en pleine nature.

🍽 🍸 ☂ ***Schleusenkrug*** *(zoom 1, C3,* ***140****)* **:** *Müller-Breslau-Str 14b. ☎ 313-99-09. À l'écluse de Tiergarten, de la station de métro du zoo, longer la clôture du zoo à droite. Tlj 12h-23h (cuisine jusqu'à 21h30). Plats 10-20 €. CB refusées.* Pas bien loin du précédent, un autre *Biergarten* en self-service que les Berlinois fréquentent assidûment, même si la qualité est inversement proportionnelle à la quantité de bières et de saucisses qui y sont ingurgitées. La nuit, on le repère à ses petits lampions, qui lui donnent un air de guinguette. Vastes terrasses, dont une en surplomb de l'écluse pour regarder passer les bateaux. Stand de grillades ou cuisine traditionnelle pour caler un gros creux. Très animé les vendredi et samedi soir.

De prix moyens à chic

🍽 ☂ ***Rocket + Basil*** *(plan centre, D4,* ***125****)* **:** *Lutzowstr 22. ☎ 178-323-50-89. U-Bahn : Gleisdreieck, Mendelssohn-Bartholdy-Park. Tlj sauf lun 11h30-15h, w-e 10h-16h. Plats 10-15 € ; brunch le w-e.* Dans une petite rue calme, en terrasse aux beaux jours, ce petit restaurant a tout l'air d'un *Imbiss* comme les autres, mais il propose des plats d'une qualité irréprochable pour le prix. Majoritairement végétariennes, les assiettes associent les saveurs iraniennes et occidentales avec finesse. On peut déguster des salades généreuses, avec pois chiches, feta, légumes de saison et pain pita maison. Délicieux brunch. Service chaleureux, un vrai coup de cœur dans le quartier !

🍽 ***Maultaschen Manufaktur*** *(plan centre, D4,* ***132****)* **:** *Yorckstr 45, angle Bülowstr. ☎ 76-72-46-66. U-Bahn : Yorckstr. Tlj sauf w-e 17h-23h (plats chauds jusqu'à 22h30). Plat env 13 €.* Tout le monde connaît les raviolis, mais c'est moins vrai des *Maultaschen souabes* ! Même principe, sauf que ces derniers sont énormes, fourrés à la viande ou végétariens, accommodés avec des oignons ou des champignons et servis avec patates et salade verte. Pas vraiment diététique mais simple et délicieux ! Avec une bière pression brassée en Forêt-Noire, ça passe encore mieux. Il serait dommage de passer à côté de cette spécialité badoise, d'autant qu'ici ils sont frais du jour et servis avec le sourire.

Malakeh *(plan centre, D4,* ***117****)* **:** *Potsdamerstr 153. 176-221-609-98. U-Bahn : Büllowstr 153. Tlj sauf lun 16h-22h (23h ven-sam et ouv à 14h le w-e). Plats 12-22 €.* Sur la grande artère populaire qui traverse Schöneberg du nord au sud, un resto syrien tenu par une famille de réfugiés. Aux murs, grands portraits de poètes, d'artistes, d'écrivains, de chanteurs, de célébrités et d'opposants au régime. Mobilier banal mais chaude ambiance familiale tout en sourires et hospitalité pour s'essayer à la large variété d'une fine cuisine moyen-orientale composée de plats végétariens ou de grillades et viandes mijotées par la souriante cheffe. Pas de boissons alcoolisées. Service sans chichis. Quelques tables dehors.

Kalus *(plan centre, C4,* ***120****)* **:** *Ansbacherstr 8. ☎ 54-83-64-22. U-Bahn : Wittenbergplatz. Tlj sauf w-e 11h-16h. Plats 8-13 €.* Des lumières tamisées, de longues tables en enfilade qui donnent sur une cuisine ouverte, ici les ouvriers et les employés de bureau ont trouvé leur cantine de quartier. Pâtes, steaks, burgers, la carte n'est pas des plus originale, mais tout est servi généreusement et accompagné de produits méditerranéens frais, servis avec rapidité et bonne humeur. Un bon refuge à petits prix pour faire une pause en famille à 2 pas des grands magasins et sites touristiques.

Les stands du KaDeWe *(plan centre, C4,* ***406****)* **:** *voir plus loin la rubrique « Achats ».* Arrêtez-vous au 6e étage, où plusieurs *food corners* vous permettront de vous faire plaisir en mangeant sur le pouce. On y trouve des stands répondant à toutes les envies, du spécialiste de la *wurst* au bar à fruits de mer (cher !), en passant par des comptoirs dédiés aux pommes de terre fourrées, pizzas, burgers, *phô,* etc. Bonnes pâtisseries pour les becs sucrés. Également plusieurs bars à vins ou à bières pour l'apéro. Pratique mais un peu cher tout de même.

Où faire une pause sucrée ?

Konditorei Buchwald *(plan centre, C2,* ***215****)* **:** *Bartningallee 29. ☎ 391-59-31. U-Bahn : Hansaplatz ; S-Bahn : Bellevue. Tlj 11h-18h. Petits déj jusqu'à 12h, à partir de 8 €.* Cette petite pâtisserie le long de la Spree, très appréciée des Berlinois depuis 170 ans, est l'endroit idéal pour une pause gourmande l'après-midi. Excellent *Käsekuchen,* même si la spécialité maison est le *Baumkuchen,* un gâteau cuit traditionnellement au feu de cheminée, en versant une pâte liquide sur une broche. Un délice. Quelques tables dehors.

Où boire un verre ? Où danser ?

Kumpelnest 3000 *(plan centre, D4,* ***223****)* **:** *Lützowstr 23. ☎ 261-69-18. • kumpelnest3000.com • U-Bahn : Kurfürstenstr. Tlj 19h-5h (7h w-e). Entrée gratuite mais slt plus de 18 ans admis. CB refusées.* Le « nid des potes », un ancien bordel au décor kitsch (tentures des *Mille et Une Nuits,* dessins de Walt Disney...) et à l'ambiance trash, surnommé longtemps « le bar le plus décadent de Berlin », est aujourd'hui le point de chute des oiseaux de nuit, bien après avoir fait la tournée des boîtes. Arriver après minuit. Vers 4h du mat', l'ambiance bat son plein sur la petite piste de danse. Musique variée car, ici, les clients peuvent proposer leur programmation.

Monkey Bar *(plan centre, C3,* ***37****)* **:** *Budapester Str 40 (au-dessus du 25 Hours Hotel Bikini).*

☎ *120-221-210. Au 10e étage (ascenseur direct). S-Bahn et U-Bahn : Zoologischer Garten. Tlj 16h-23h.* Perché au dernier étage du *25 Hours Hotel Bikini* (voir plus haut la rubrique « Où dormir ? »), ce bar branché est apprécié pour son petit *rooftop* offrant une vue imprenable sur la *skyline* berlinoise et les frondaisons du zoo, en particulier sur la cage aux primates (d'où le nom !). Excellents cocktails originaux à déguster sur fond de musique électro bien choisie. *DJ set* tous les soirs de l'été, qui attirent toujours beaucoup de monde. Comme c'est souvent bondé, prévoyez de faire la queue au bas de l'hôtel.

Achats

Europa-Center *(plan centre, C3,* ***402****) : Tauentzienstr 9-12. Tlj sauf dim 10h-20h.* Autrefois, ce centre commercial surmonté de l'emblème de Mercedes qui narguait l'Est était le temple du capitalisme berlinois. Boutiques de mode, restos, cabaret, cinéma. Dans le hall, une fascinante clepsydre de 13 m de haut, « l'Horloge du temps qui coule » *(Uhr der fließenden Zeit).* C'est l'œuvre d'un Français, Bernard Gitton. Hormis cette attraction, la galerie marchande est d'un intérêt assez limité.

KaDeWe *(plan centre, C4,* ***406****) : Tauentzienstr 21-24. • kadewe.de • U-Bahn : Wittenbergplatz. Tlj sauf dim 10h-20h.* Situé près du Ku'damm, le **Kaufhaus des Westens,** plus que centenaire, est le plus grand *Magasin de l'Ouest* : c'est un palais de la consommation et de la découverte, des rayons de parfumerie du rez-de-chaussée jusqu'au légendaire 6e étage, le royaume de la gastronomie et des épiceries fines (voir plus haut « Où manger ? Où boire un verre ? »). Centre commercial labyrinthique sur plus de 60 000 m², on y trouve tout ce que l'on cherche, et même si l'on ne cherche rien, on trouve.

– ***Marché en plein air de Winterfeldtplatz*** *(plan centre, D4) : U-Bahn : Nollendorfplatz. Sam 8h-16h.* Entre Wilmersdorf et Kreuzberg, sur la place de l'église, un marché typique bordé de bars, cafés et restos pour se plonger dans l'ambiance berlinoise. Flâner ensuite dans les rues autour de la place, par exemple de la *Goltzstraße* à la *Grunewaldstraße.*

– ***Marchés aux puces :*** *w-e 10h-17h. Le plus célèbre, le* ***Berliner Trödel-und-Kunstmarkt,*** *se tient à 2 pas du Tiergarten sur la Straße des 17 Juni (plan centre, C3 ; S-Bahn : Tiergarten).*

À voir

Autour du Reichstag *(plan centre et zoom 2, E2-3)*

★★★ **Reichstag :** *Platz der Republik. U-Bahn : Bundestag. Coupole et toit-terrasse accessibles en principe tlj 8h-minuit ; dernière admission à 21h45. Fermé 24 déc et 31 déc ap-m. GRATUIT.*

– ***Accès sur résa préalable uniquement.*** *Le plus simple : par Internet, à faire min 1 sem à l'avance, voire plus en hte saison, sur • bundestag.de/fr/visite • (formulaire en français).*

Possibilité de réserver sur place : il faut présenter son passeport (ou carte d'identité) et faire la queue au guichet du Service d'accueil des visiteurs situé non loin du Reichstag (à côté du Berlin-Pavillon, Scheidemannstraße, le long du Tiergarten ; 13h-17h30). Selon les disponibilités, on obtient une place pour au mieux, 2h plus tard ou pour les 3 j. suivants.

– Attention, quelle que soit la formule choisie, ***la présentation d'une pièce d'identité est obligatoire*** *pour avoir accès au Reichstag avec* ***la confirmation*** *de la résa, validée par e-mail auparavant. Arriver à l'accueil 15-30 mn avt l'heure*

prévue. Entrée sur la droite réservée aux pers à mobilité réduite et aux familles avec jeunes enfants (résa également nécessaire). Pour les groupes, résa en ligne uniquement.

– Le site permet également de réserver une visite guidée (90 mn, de 4 à 6 sem à l'avance), bien utile pour comprendre le fonctionnement du système fédéral allemand. Nombre de participants : 25 max. Visite en français, en principe mar à 13h s'il n'y a pas de session parlementaire. Brochures en français à l'accueil. Audioguide (en français) gratuit et bien utile.

C'est devenu un must parmi les visites incontournables à Berlin : depuis sa réouverture, 40 millions de curieux ont déjà gravi la rampe de la coupole. La réalisation de l'Anglais ***Norman Foster*** intègre à la fois une architecture moderne de verre et d'acier, le respect du bâtiment originel de 1894, signé Paul Wallot, et l'introduction de technologies modernes permettant de limiter la consommation énergétique.

Construit à la fin du XIXe s avec les indemnités de guerre versées par la France après la défaite de 1870 et dédié, depuis 1916, au peuple allemand (*Dem deutsche Volk* inscrit au fronton), le siège du Parlement fut partiellement détruit en février 1933 par le fameux incendie qui déclencha la chasse aux communistes menée par Hitler, à peine 1 mois après son accession au pouvoir. L'image des soldats russes accrochant le drapeau soviétique sur les ruines de la coupole en 1945 a fait le tour du monde.

Après avoir été emballé par ***Christo*** et Jeanne-Claude en 1995, il a été rénové pour accueillir le Parlement fédéral qui y a siégé pour la 1re fois le 19 avril 1999, jour de l'inauguration. Les visiteurs peuvent d'ailleurs assister, depuis un balcon, aux débats des députés.

LA SECONDE PRISE DU REICHSTAG

La photo de l'événement est restée célèbre. Le 1er mai 1945, des soldats soviétiques hissent le drapeau de l'URSS sur le toit du Reichstag encore en flammes ; malheureusement, aucun reporter n'est présent. C'est donc le lendemain, le 2 mai, que la scène est recréée sous l'objectif des photographes officiels. Ce qu'on sait moins, c'est que la photo choisie a été retouchée pour effacer une des 2 montres au poignet de l'officier soutenant le soldat portant le drapeau, la montre en trop résultant manifestement d'un pillage.

Désormais symbole bien visible de la République fédérale à Berlin, la coupole en verre fait l'unanimité. C'est effectivement une réussite : sa légèreté aérienne fait oublier la lourdeur de la façade. Le dôme transparent (8 t d'acier, 3 000 m^2 de verre) est transpercé par un cône central, sorte d'entonnoir dont les 360 miroirs renvoient la lumière dans la salle plénière. Une galerie-promenade hélicoïdale permet d'atteindre le haut de la coupole, à 23,50 m au-dessus de la plateforme. Magnifique vue sur la chancellerie, le *Tiergarten,* la porte de Brandebourg et la *Potsdamer Platz.* Sachez enfin que ce nouveau Reichstag est devenu un modèle en matière de fonctionnement écologique.

À la sortie, côté gauche, jeter un coup d'œil côté *Tiergarten* sur les ***dalles noires*** fichées debout et correspondant chacune à un des 96 députés de gauche ou du centre éliminés par les nazis après leur prise du pouvoir en 1933.

Sur la terrasse, resto ***Käfer*** : *résa conseillée au ☎ 227-92-20 ou avec • berlin@feinkost-kaefer.de • Tlj 9h-17h, 19h-23h. Compter 45 €/pers.* Pour le restaurant, il faut réserver et il n'y a pas d'attente. Il faudra juste donner vos nom, prénom et date de naissance, et vous munir d'une pièce d'identité.

Band des Bundes *(ruban fédéral)* **:** au cœur de Berlin, les bâtiments du quartier gouvernemental forment le long de la Spree, une bande de 1,3 km sur 200 m de large. Ils relient symboliquement l'Est et l'Ouest. Les immeubles de bureaux du

Bundestag et la chancellerie ont été bâtis lors de la décision de transférer à Berlin le siège du pouvoir fédéral. La promotion de la démocratie était le mot d'ordre du projet architectural. Commencée en 1995, la construction a fait l'objet du plus important appel d'offres jamais vu au niveau mondial pour des bâtiments publics : 835 architectes ont été mis en concurrence pour concevoir le nouveau siège du gouvernement de l'Allemagne et les bureaux des députés du Parlement.
La ***Paul-Löbe-Haus*** (bureaux des députés) et la *bibliothèque Marie-Elisabeth-Lüders-Haus,* reliées par une passerelle suspendue au-dessus de la Spree, ont été conçues par l'architecte ***Stefan Braunfels.*** Aujourd'hui, les bâtiments fédéraux ne sont pas seulement le centre de Berlin du point de vue géographique, mais ils constituent depuis 2006 l'entrée de la ville pour les visiteurs de Berlin arrivant via la *Hauptbahnhof.* Ils peuvent emprunter en face de la sortie le pont sur la Spree pour être immédiatement au cœur de la ville.

Bundeskanzleramt *(chancellerie ; zoom 2, E2)* **:** *Otto-von-Bismarck-Allee, Tiergarten. U-Bahn : Bundestag.* Ce bâtiment sur la rive gauche de la Spree, signé des architectes ***Axel Schultes*** et ***Charlotte Frank,*** abrite les bureaux de la chancellerie. Son architecture très moderne est discutée (comme l'est toute chose à Berlin !). Ses détracteurs l'appellent la « Machine à laver ». Pour certains Berlinois, l'édifice semble flotter au milieu d'un environnement dénudé, alors que l'idée des concepteurs était d'ériger vers le Reichstag un *forum des citoyens* qui aurait symbolisé le dialogue entre l'exécutif et le législatif et, pourquoi pas, le rapprochement entre l'Est et l'Ouest.
– Au nord de la chancellerie, dans la boucle de la Spree, l'***ambassade de Suisse*** *(plan centre, D2, **3**),* qui date de 1871, est le seul bâtiment qui a résisté à la mégalomanie destructrice de Hitler et de son architecte Albert Speer.

Schloss Bellevue *(château Bellevue ; plan centre, D3, **343**)* **:** *Spreeweg, Tiergarten.* Construit en 1785 pour le prince Ferdinand, frère de Frédéric II. Sous les nazis, on y accueillait les visiteurs de marque. C'est la résidence officielle du président de la République fédérale. Juste à côté du château, le curieux bâtiment ovale, surnommé « l'Œuf » par les Berlinois, abrite les bureaux de la présidence.

Siegessäule *(colonne de la Victoire ; plan centre, C-D3)* **:** *au croisement des 5 avenues qui traversent le parc de Tiergarten. S-Bahn : Bellevue ou Tiergarten ; bus n° 100. Avr-oct, tlj 9h30-18h30 (19h w-e) ; nov-mars, tlj 9h30h-17h. Accès au sommet : 4 € ; réduc.*
Ce vague sosie du Génie de la Bastille culmine à 67 m. Elle commémore les victoires militaires remportées par la Prusse sur l'Autriche, le Danemark et la France entre 1864 et 1871. Érigée en 1869 sur la *Königsplatz* (place Royale), elle fut transportée en 1938 à son emplacement actuel ! Le fût doré est décoré de canons pris à l'ennemi et de scènes martiales. Haute de 8,30 m, la statue du sommet représente à la fois la déesse de la Victoire et ***Borussia,*** une allégorie du nom latin de la Prusse. Son visage est inspiré de la fille du sculpteur et connu dans la tradition berlinoise comme la *Goldelse* (Else d'or). Après 1945, la colonne de la Victoire se trouvait dans le secteur britannique. Les Français demandèrent aux alliés de détruire ce monument, symbole selon eux du militarisme prussien. L'objectif caché étant sans doute d'effacer le symbole de la défaite de 1870. Les alliés refusèrent au motif que la colonne avait été construite bien avant la Première Guerre mondiale et avait donc peu de liens avec la situation d'alors.

UNE ICÔNE GAY

La colonne de la Victoire est un de ces monuments berlinois qui s'est réinventé au fil du temps. De symbole militariste, elle est devenue l'étendard de la florissante communauté gay de Berlin. D'ailleurs, le city magazine gay de Berlin s'appelle Siegessäule et les défilés des manifestations queers, telles que le Christopher Street Day, se terminent généralement à cet endroit.

BERLIN, QUARTIER PAR QUARTIER

C'est de là que Barak Obama s'adressa aux Berlinois en 2008.
Les routards courageux (et sans sac à dos) graviront les 285 marches intérieures pour admirer la vue sur Berlin.

Le carillon *(plan centre, D3,* ***345****)* **:** *haute tour moderne de granit noir, à proximité de la Kongresshalle, à l'angle de John-Foster-Dulles-Allee et de Große Querallee.* Avec ses 42 m de haut et sa plus grosse cloche de 8 t, ce carillon est l'un des plus imposants d'Europe : petit concert de cloches tous les jours à 12h et 18h. Pour les amateurs, écouter aussi ceux du Französischer Dom et de Saint-Nicolas (détails plus loin dans « Le quartier de Mitte »).

Le mémorial en l'honneur des soldats soviétiques tombés lors de la Seconde Guerre mondiale *(plan centre, D-E3,* ***346****)* **:** *sur la Straße des 17 Juni.* Sa construction débuta quelques jours seulement après la fin de la guerre pour rendre hommage aux 80 000 morts (et 280 000 blessés) russes tombés dans les dernières semaines de la bataille de Berlin en 1945. On utilisa le granit et le marbre des ruines de la chancellerie de Hitler toute proche. Les 2 chars T-34 seraient les 1ers à être entrés dans la ville. Sur les photos de l'époque, on n'y voit qu'un décor vide de toute végétation, les arbres qui n'avaient pas été détruits par les bombes incendiaires ayant servi de bois de chauffage par les habitants durant l'hiver 1945-1946.
– Pour ceux qui sont intéressés par le sujet, il existe aussi un mémorial dans le *Treptower Park (plan d'ensemble, C2)* au sud-est de la ville. Il abrite la sépulture de 5 000 soldats soviétiques tombés lors des derniers combats.

LES JOIES DE L'OCCUPATION

Avant la chute du Mur, Berlin-Ouest était l'un des rares endroits au monde où les gens étaient, paraît-il, reconnaissants d'être occupés par des puissances étrangères. Il est vrai qu'ils étaient du bon côté.

Hauptbahnhof *(gare principale ; plan centre, D2)* **:** *Invalidenstr, Friedrich-List-Ufer.* Inaugurée en 2006, à proximité du quartier gouvernemental, la *Hauptbahnhof* est la plus grande gare ferroviaire d'Europe, et l'un des symboles forts (et horriblement coûteux : 700 millions d'euros et 11 ans de travaux) de la réunification allemande. À la fois prouesse architecturale et modèle d'ingénierie, elle a été conçue pour assurer les besoins du trafic ferroviaire et interurbain du XXIe s. Elle a été bâtie au sud du quartier de ***Moabit,*** au nord de la Spree, sur l'emplacement de l'ancienne *Lehter Bahnhof*. ***Carrefour des voies européennes*** entre l'axe est-ouest Moscou-Paris et nord-sud Copenhague-Rome, elle voit passer quelque 1 300 trains et 300 000 passagers par jour ! Sous la halle centrale, 54 escalators et 34 ascenseurs relient les voies les unes aux autres. Comme pour toutes les gares berlinoises, les trains ne font que s'y arrêter quelques minutes avant de poursuivre leur route. Y circulent à la fois les trains du réseau grandes lignes et des liaisons régionales de la *Deutsche Bahn* et ceux des S-Bahn et U-Bahn locaux, qui se croisent sur plusieurs niveaux, sans interconnexions entre les voies.

The Cube *(zoom 2, F3,* ***328****)* **:** situé au sein du quartier émergent d'Europa City sur un immense parvis qui fait face à la ville, le Cube Berlin s'insère entre la *Hauptbahnhof* et la rive nord de la Spree. La façade du cube à facettes est biseautée de formes triangulaires et attire immédiatement le regard. On admire le jeu des multiples reflets dont les nuances kaléidoscopiques évoluent en fonction de l'angle de vision de l'observateur, de la météo et du moment de la journée ou de la nuit. Conçu par le cabinet d'architecture 3XN, c'est aussi un ensemble de 42 m de haut comprenant 19 500 m² de bureaux sur 10 étages, accompagnés de balcons et d'un toit-terrasse. Pouvant être réservés de manière flexible par différentes entreprises, les espaces proposent un environnement modulable pour les usagers. Qualifié d'immeuble de bureaux « le plus intelligent d'Europe », *The Cube* est équipé d'une façade double high-tech ventilée et entièrement vitrée, avec un revêtement extérieur miroitant. Celle-ci permet non seulement une exploitation optimale de la lumière du jour mais également une ventilation naturelle des bureaux et protège de l'apport solaire. Pour éviter le réchauffement de l'espace intérieur pendant les mois d'été, des brise-soleil orientables ont été installés.

Hamburger Bahnhof, Museum für Gegenwart *(gare de Hambourg, musée d'Art contemporain ; plan centre et zoom 2, E2)* **:** *Invalidenstr 50-51. ☎ 266-42-42-42. • smb.museum • S-Bahn et U-Bahn : Hauptbahnhof ; bus nos M41, M85, 120 et 147. Tlj sauf lun 10h (11h w-e)-18h. Entrée : 10 € ; env 8 € pour les expos temporaires ; réduc ; gratuit moins de 18 ans et pour tous le 1er jeu du mois à partir de 16h. Consultez le site pour vérifier si la programmation en cours vous intéresse.* Attention, une gare peut en cacher une autre. Celle-ci, construite en 1847, reliait autrefois Berlin à Hambourg. Elle a été reconvertie en musée d'Art contemporain pointu. Comme pour le musée d'Orsay à Paris, son architecture de gare a été préservée au profit de lignes épurées.

La visite
Difficile de décrire ce que vous allez voir ici car les expositions temporaires, qui occupent une grande partie du musée, changent plusieurs fois par an. Quant à la collection permanente, qui comporte quelque 2 500 œuvres – tableaux, sculptures, photos, vidéos et installations –, elle est présentée par roulement et ***n'est donc visible que partiellement.*** Peut-être aurez-vous la chance de découvrir, dans l'immense galerie avec voûtes métalliques et verrières, les œuvres d'***Andy Warhol*** *(Portrait géant de Mao Zedong),* Rauschenberg, Lichtenstein, Twombly, ***Jeff Koons*** et ***Anselm Kiefer*** ; ou encore celles de ***Keith Haring,*** Julian Schnabel et ***Jean-Michel Basquiat.*** D'autres artistes peuvent aussi être présentés au gré des expositions comme *Marcel Duchamp, Gerhard Richter,* ***Richard Serra,*** *Bruce Nauman...* Et puis retenez aussi ces noms d'artistes moins célèbres : *Urs Fischer, Martin Kippenberger* et *Dieter Roth* (et ses drôles d'assemblages).
L'artiste allemand ***Joseph Beuys*** est généralement à l'honneur dans l'aile gauche du bâtiment principal mais là encore, ce n'est pas toujours le cas, d'autant plus qu'aux dernières nouvelles, des travaux étaient en cours.
Les expositions temporaires, parfois déroutantes, investissent aussi bien la gare proprement dite que les *Rieck-Hallen* adjacentes, une longue galerie de hangars en éléments préfabriqués.
Resto avec belle terrasse le long du canal.

Autour de la Potsdamer Platz (zoom 2, E3)

Potsdamer Platz *(zoom 2, E3)* **:** du temps de la division de la ville (avant 1989), cette grande place n'était qu'un no man's land entre Berlin-Est et Ouest. Une double rangée de pavés au sol matérialise encore le tracé du Mur dont on a conservé quelques portions devant la gare ainsi qu'un mirador dans l'*Erna-Berger-Straße*. Après 15 années de travaux (ce fut le plus grand chantier d'Europe entre 1990 et 2005), la Potsdamer Platz est redevenue le centre névralgique de la capitale, comme c'était le cas avant-guerre lorsqu'elle était le carrefour trépidant de la circulation avec ses lignes de tram, et ses centres du divertissement et du commerce.

UN HÔTEL HISTORIQUE

Construit en 1907, l'hôtel Esplanade, *dont quelques vestiges ont été intégrés dans le Sony Center, était fréquenté par l'aristocratie de la Belle Époque. Il connut son heure de gloire dans les années 1920 lorsque Charlie Chaplin, Greta Garbo et Billy Wilder y logeaient. Les conjurés de juillet 1944 y préparèrent l'attentat contre Hitler.*

BERLIN, QUARTIER PAR QUARTIER

Seul vestige : la réplique du 1er feu de circulation d'Europe (1924) coiffé d'une horloge. 3 ensembles ultramodernes de verre et d'acier symbolisent ce renouveau : la tour de la ***Deutsche Bahn,*** la tour ***Kollhoff,*** connue pour son panorama (voir plus loin), et le ***Sony Center,*** imaginé par ***Helmut Jahn,*** dont l'énorme forum accueille sur son pourtour bureaux, appartements, cinémas (notamment *Imax*) et le musée du Cinéma allemand. Impression de gigantisme garantie et pari audacieux sur la juxtaposition de l'ancien et du moderne avec l'intégration surréaliste, sous verre, des salons de l'ancien ***hôtel Esplanade*** de style historiciste dans l'ensemble *Sony* ! Le toit de forme conique évoque le Fuji-Yama (splendide le soir quand il change de couleur).
Orchestré par l'architecte ***Renzo Piano*** (celui-là même qui a créé, avec Richard Rogers, le Centre Pompidou à Paris), le secteur *Daimler-Benz* regroupe à lui seul 17 immeubles abritant 50 % de bureaux, 20 % de logements et 30 % de commerces. Belle harmonie de couleur terracotta pour habiller les immeubles aux angles aigus saillants.

Deutsche Kinemathek – Museum für Film und Fernsehen *(cinémathèque – musée du Cinéma et de la Télévision ; zoom 2, E3)* **:** *Potsdamer Str 2. ☎ 300-90-30. ● deutsche-kinemathek.de ● S-Bahn : Potsdamer Platz ; bus nos M48, 200 et 347. En principe, tlj sauf mar 10h-18h (20h jeu). Entrée : 9 € ; réduc ; gratuit le jeu à partir de 16h. Audioguide : 2 €.*
Installée dans le complexe du *Sony Center,* la maison du Cinéma regroupe au sous-sol le cinéma d'art et d'essai *Arsenal,* une école de cinéma et le musée du Cinéma. En février s'y déroule le Festival international du cinéma de Berlin, où sont attribués les Ours d'or et d'argent.
Superbe réalisation multimédia à ne pas rater : parcours lumineux au milieu des miroirs (clin d'œil à *La Dame de Shanghai*) et des 1ers effets spéciaux inventés par les pionniers de l'expressionnisme allemand. Vidéo avec les 1ers films, 1ers projecteurs, 1res affiches, etc. On y voit la genèse des grands classiques expressionnistes du cinéma muet que sont le *Cabinet du Dr Caligari* (1920) de Robert Wiene (gouaches de préparation des décors), *Nosferatu le vampire* (1922) de Murnau, et surtout *L'Ange bleu* (1930) de ***Josef von Sternberg,*** avec la divine Marlene Dietrich. Le cinéma sous la république de Weimar (*M le Maudit* et le *Docteur Mabuse*), les dessins de *Metropolis* et des photos du tournage (tous de l'Autrichien Fritz Lang), le fameux baiser de Louise Brooks dans *Loulou* de G. W. Pabst. De Murnau, des scénarios, des dessins, des lettres... Souvenirs d'Ernst Lubitsch et d'Eric von Stroheim.
Une rotonde entière est consacrée à ***Marlene Dietrich,*** avec quelques-uns de ses costumes de tournage où elle incarne un érotisme éthéré et inaccessible... sauf pour ses nombreux partenaires, apparemment, tel ce sacré Gabin qui eut avec elle ce qu'on nomme pudiquement une idylle à Hollywood (voir dans une vitrine la jolie dédicace faite à Dietrich en accompagnement d'un bracelet : « Je n'ai que deux amours, toi et encore toi. »). Un lieu magique rythmé par ses chansons. Souvenirs particulièrement émouvants de son engagement contre les nazis (sa carte de cantine à Hollywood).
Plus loin, la technique époustouflante de ***Leni Riefenstahl***

MARLENE ET BERLIN

Malgré ses rapports difficiles avec l'Allemagne, Marlene Dietrich resta toujours berlinoise dans l'âme. Antinazie déclarée et exilée à Hollywood, elle devint citoyenne américaine en 1939 après avoir répondu « nein », et peut-être pire, à Hitler qui lui avait demandé de revenir. Pendant la guerre, elle parcourut les bases américaines pour doper le moral des G.I. Restée l'illustre interprète de « Lili Marleen », elle demeura populaire, tant auprès des soldats allemands que parmi les Alliés. Elle retourna dans son pays d'origine en 1960, mais y reçut un accueil mitigé. À sa mort à Paris, Berlin (où elle est enterrée) la fit citoyenne d'honneur et une place porte son nom.

aux J.O. de 1936, un peu trop au service des théories de l'*Übermensch* ; dans le même registre, la propagande antisémite du *Juif éternel.* Le climat malsain, qui exila les plus grands réalisateurs juifs allemands et autrichiens, fut tout bénéfice pour Hollywood. L'après-guerre sera moins flamboyant : *Sissi* avec la belle ***Romy Schneider,*** des westerns, des séries TV (*Derrick !*) ; mais aussi quelques grandes réussites : *L'Honneur perdu de Katharina Blum* et *Le Tambour* de ***Völker Schlöndorff,*** ou la personnalité hors pair de ***Hannah Schygulla.*** Galerie de portraits de grands acteurs et actrices de l'époque : *Gert Fröbe, Hildegard Knef, Heinz Rühmann, Hardy Krüger, Curd Jürgens...* Évocation des succès plus récents : *Das Boot* de Wolfgang Petersen, *Les Ailes du désir* de ***Wim Wenders,*** *Good bye Lenin !* de Wolfgang Becker, *La Chute,* d'Oliver Hirschbiegel ou *La Vie des autres* de Florian Henckel von Donnersmarck. Dans une annexe, en fin de visite, une maquette du bateau amazonien de *Fitzcarraldo* de Werner Herzog. Un musée passionnant.

Legoland Discovery Centre *(plan centre et zoom 2, E3)* **:** *Potsdamerstr 4, dans le* Sony Center. ☎ *301-04-00.* • *legolanddiscoverycentre.de* • *Tlj 10h-19h. Entrée : 19 €/pers accompagnée obligatoirement d'un enfant, et à partir de 15 € sur Internet ; réduc de 30 % avec la* Welcome Card ; *gratuit moins de 3 ans. Résa sur Internet slt, pour une tranche horaire.* Le prix est vraiment prohibitif, on en convient, mais c'est là l'une des plus grandes boîtes de Lego au monde avec plus de 4 millions de pièces, répartie sur 3 000 m² (compter une bonne demi-journée). Au programme, monuments de Berlin et autres figurines en briques Lego, secrets de fabrication, jeux interactifs et voyage dans une jungle... en Lego.

Panoramapunkt *(vue depuis le haut de la tour Kollhoff ; zoom 2, E3)* **:** *tour Kollhoff, Potsdamer Platz 1.* ☎ *25-93-70-80.* • *panoramapunkt.de* • *Tlj 10h-18h. Dernière entrée 30 mn avt fermeture. Billet : 9 € ; réduc de 33 % avec la* Welcome Card. C'est la tour de bureaux en brique marron, située à l'angle de la Potsdamer Straße et de l'Alte Potsdamer Straße. En 20 secondes, l'ascenseur le plus rapide d'Europe propulse les visiteurs aux 24ᵉ et 25ᵉ étages de la tour. De la terrasse au sommet (100 m de haut), superbe vue sur Berlin, tant à l'est qu'à l'ouest. Vous croiserez là-haut un étrange visiteur : une sculpture en résine de l'ours rouge de Berlin. Sur place, panneaux informatifs sur l'histoire de la *Potsdamer Platz,* ainsi qu'un ***café*** accessible de 11h à 19h (17h en hiver, sans billet d'entrée).

Urban Nation Museum for Urban Contemporary Art *(plan centre, D4,* ***347****)* **:** *Bülowstr 7.* ☎ *32-29-59-89.* • *urban-nation.com* • *U-Bahn : Nollendorf Platz. Mar-mer 10h-18h, jeu-dim 12h-20h ; fermé lun. GRATUIT.* Le musée de l'association *Urban Nation* se charge de promouvoir toutes les manifestations de la culture urbaine. Sa façade humoristique et colorée est l'œuvre d'un spécialiste du *street art* berlinois. Artistes locaux émergents ou mondialement reconnus proposent peintures, dessins, graffitis, sculptures, photos et créations en tout genre dans un bel espace en perpétuel mouvement, mais toujours entièrement dévoué au *street art.* Consultez le site internet pour voir la programmation et les artistes en résidence.

Autour du Kulturforum *(plan centre, D3)*

Dans la continuation de la Potsdamer Platz. Vaste complexe culturel comprenant la ***Bibliothèque nationale,*** le ***Kunstgewerbemuseum*** (musée des Arts décoratifs), la ***Gemäldegalerie*** (pinacothèque), le ***Kupferstichkabinett*** (cabinet des Estampes), la ***Neue Nationalgalerie*** (Nouvelle Galerie nationale), la *Philharmonie* et, un peu plus loin, le *Bauhaus-Archiv* (archives du Bauhaus).
La salle de concert de la ***Philharmonie*** *(Herbert-von-Karajan-Str 1 ;* • *berliner-philharmoniker.de* •*),* reconnaissable à son curieux chapiteau, est appelée ironiquement « Circus Karajani » en l'honneur du grand chef d'orchestre qui y régna... Construite en 1960 par l'architecte Hans Scharoun, elle révolutionna le genre : l'orchestre y

joue au centre du public, de manière à donner une ampleur plus importante à la musique ! Des miniconcerts sont organisés gratuitement tous les mardis à 13h, sur l'heure du déjeuner, de septembre à juin. L'occasion d'écouter certains des musiciens les plus reconnus au monde. Programme sur le site internet de la Philharmonie.

– Noter que le Museumspass à 29 € (tarif réduit 14,50 €), valable 3 j., donne droit à l'entrée des 30 musées d'État (en allemand : Staatliche Museen zu Berlin).

– Pour les musées du Kulturforum : ticket combiné 16 € ; réduc. Rens : Kulturforum, ☎ 266-42-42-42. • visitberlin.de/fr/museum-pass-berlin •

Neue Nationalgalerie *(Nouvelle Galerie nationale ; plan centre, D3) : Potsdamer Str 50. ☎ 266-42-45-10. • smb.museum • Tlj sauf lun 10h-18h (20h jeu). Entrée : 14 € (audioguide en français inclus) ; réduc.* Une vraie icône architecturale, à l'image de sa vaste halle, occupant plus de 4 000 m² et soutenue par 8 piliers d'acier seulement... Imaginé par Ludwig ***Mies van der Rohe*** dans les années 1960, ce musée aux lignes épurées a été superbement restauré par David Chipperfield, au terme de 6 longues années de travaux. Un écrin exceptionnel dans lequel sont présentées, de façon cohérente et lumineuse, une partie des 1 800 œuvres formant la collection d'art moderne de la Neue Nationalgalerie.

Exposées par roulement au niveau -1, elles explorent tous les grands mouvements artistiques ayant infusé en Allemagne entre le début du XXe s et la fin des années 1950. On retrouve ainsi des œuvres cubistes de ***Picasso,*** quelques provocations ***Dada,*** une exceptionnelle diversité de peintures expressionnistes des mouvements ***Der Blaue Reiter*** (Franz Marc, August Macke) ou ***Die Brücke*** (Ernst Ludwig Kirchner, Emil Nolde), les expérimentations formelles du ***Bauhaus*** (Kandinsky, Klee), les œuvres cabossées de la ***Nouvelle Objectivité*** (Grosz, Otto Dix), ou encore les créations libres de Max Beckmann, Oscar Kokoschka, Tamara de Lempicka et tant d'autres. Ne manquez pas la *Sonya* de ***Christian Schad,*** l'une des stars du musée, qui résume parfaitement l'esprit de la République de Weimar. Bref, un parcours passionnant, qui met en lumière le lien entre création artistique et contexte social dans l'Allemagne de l'entre-deux-guerres.

Vous risquez également de voir tout ou partie de la ***collection Pietzsch,*** qui s'intéresse au ***surréalisme*** européen et à son développement ultérieur aux États-Unis, dans l'expressionnisme abstrait. Elle comprend ainsi des œuvres de *Max Ernst, Dalí, Magritte* ou *Miró,* ainsi que des toiles de jeunesse de ***Pollock, Rothko*** et *Mark Tobey.*

Des ***expositions temporaires*** viennent compléter cet ensemble déjà très riche, s'installant notamment dans la grande halle. Une salle du niveau -1 est également consacrée à l'œuvre de ***Ludwig Mies van der Rohe*** et à la construction de la Neue Nationalgalerie. À l'arrière, la cour accueille de belles sculptures modernes qui répondent au gigantesque ***Calder*** hantant l'esplanade du musée.

LUDWIG MIES VAN DER ROHE (1866-1969), UN GRAND ARCHITECTE

Américain d'origine allemande, il est célèbre pour sa fameuse maxime « less is more », prônant l'efficacité du minimalisme. À Berlin, c'est en intégrant le cabinet d'architecture de Bruno Paul qu'il rencontre Walter Gropius, fondateur de l'école du Bauhaus. Mies y conçoit différents projets architecturaux avant d'en devenir le directeur en 1930. Il est alors missionné par le gouvernement pour ériger le pavillon allemand de l'Expo universelle de 1929, à Barcelone. En 1933, il fuit l'Allemagne nazie pour s'installer à Chicago, où il dessine des dizaines d'immeubles, emblématiques de la 2de Chicago School. Il dirige même la construction du Seagram Building de New York, iconique gratte-ciel de verre noir.

Face au musée, de l'autre côté de la Potsdamer Str., une nouvelle aile conçue par *Herzog & de Meuron* accueillera un jour (on parle de 2025) le ***musée du XXe Siècle,*** qui viendra enrichir la Neue Nationalgalerie. À suivre !

Gemäldegalerie *(pinacothèque ; plan centre, D3) : Matthäikirchplatz. ☎ 266-42-42-42. • smb.museum • S-Bahn et U-Bahn : Potsdamer Platz ; bus nos M41, 148 et 200. Tlj sauf lun 10h (11h w-e)-18h. Entrée : 14 €, avec exposition temporaire en cours comprise ; réduc ; gratuit le 1er dim du mois. Audioguide gratuit (bien utile) en français.*

Ce musée dont l'origine remonte à 1830, enrichi au fil du temps par les souverains Hohenzollern, possède une collection de plus de 2 700 œuvres (dont près de 1 200 sont présentées) du XIIIe au XVIIIe s. Tous ces chefs-d'œuvre ici réunis ont connu bien des aventures : avant la guerre, la plupart étaient exposés au *Kaiser-Friedrich-Museum* (rebaptisé *Bode-Museum* en 1956). Pendant le conflit, les œuvres ont été emportées, disparues (400 œuvres détruites) ou évacuées. Regroupées, après la chute du Mur, elles sont exposées à la *Gemäldegalerie,* reconstruite en 1996. C'est l'une des plus fabuleuses collections du monde. Un incontournable à Berlin. Vous y retrouverez tous les grands classiques de la peinture allemande, italienne, espagnole, néerlandaise, française, anglaise classés chronologiquement et par école : ***Van Eyck, Bosch, Botticelli, Raphaël, La Tour, Poussin, Watteau, Velázquez...*** Prévoir 3h pour avoir un aperçu consistant des 53 salles qui portent alternativement des chiffres romains et arabes.

Bien entendu, hors de question de présenter la totalité des 72 salles, et encore moins toutes les œuvres ; voici cependant nos coups de cœur. Prendre par la gauche du hall d'entrée. La visite débute à partir de la droite de la rotonde, à tout seigneur, tout honneur, par l'école allemande.

Les peintures allemande, autrichienne et des Pays-Bas du XIIIe au XVIe s

– *Salle 1 :* de Hans Multscher, le prodigieux *Retable de la Passion du Christ* en 8 tableaux, dont les personnages sont en costumes médiévaux. Ne pas rater (salle 1 bis) *Le Marchand Georg Gisze* de **Hans Holbein le Jeune** – on y notera l'apparition des lettres de change. Tous les objets de la scène possèdent une symbolique. Portrait de Charles Quint prognathe par Christoph Amberger. On remarquera que l'empereur n'a ganté qu'une seule main.

– *Salle 2 :* **Albrecht Dürer,** *Hieronymus Holzschuher,* l'un de ses plus beaux portraits (noter le regard un peu sévère, teinté pourtant de sympathie pour le spectateur).

– *Salle III :* **Lucas Cranach** avec *Vénus et l'Amour aux abeilles* et la *Fontaine de Jouvence,* à interpréter de gauche à droite comme l'aspiration de l'homme à l'éternité et un hymne à la puissance de l'amour comme source de l'éternelle jeunesse. Quant au superbe *Retable du Jugement dernier,* on dirait du Jérôme Bosch, mais c'est une copie de celui de Vienne.

– *Salle 4 :* au hasard, **Petrus Christus,** énigmatique *Portrait d'une jeune dame.* De **Rogier Van der Weyden,** une très belle *Nativité* (retable de Middelburg) et le sublime retable de saint Jean-Baptiste.

– *Salle IV :* de Van der Weyden, encore, 2 portraits : celui de Charles le Téméraire, duc de Bourgogne, et celui d'une jeune femme (sans doute la sienne) qui porte une coiffe à rabats.

– *Salle V :* une des salles les plus fascinantes avec **Hans Memling** *(Vierge à l'Enfant),* Gérard David, Dirk Bouts et, surtout, **Hugo Van der Goes** dont on admirera une *Adoration des Rois mages* (richesse des drapés) et celle *des Bergers.*

– *Salle VI :* fabuleux *Jugement dernier* de Jean Bellegambe (le doué de Douai). Ahurissant rendu de l'Enfer, visages horrifiés, tortures multiples, rendu des nuances de rouges, descente aux enfers... Quelle pédagogie !

– *Salle 6 :* de beaux triptyques comme celui de **Jacob Claesz van Utrecht** (perfection du détail et des teintes), **Lucas Van Leyden** *(La Partie d'échecs)...* et un **Joachim Patinir** *(Repos durant la fuite en Égypte)* dans un décor montagneux panoramique donnant une vision cosmique de la nature.

– *Salle 7 :* on y découvre l'extraordinaire *Chemin de Croix* de ***Pieter Bruegel le Jeune,*** aux couleurs hallucinantes. De son père, ***Pieter Bruegel l'Ancien,*** les *Proverbes flamands.* Essayez de déchiffrer les quelque 120 proverbes qui s'y nichent...
– *Salle 8 :* de ***Roelandt Savery,*** *Le Paradis.*

La peinture flamande et hollandaise du XVIIe s
– *Salle VII :* ***Van Dyck,*** le plus important peintre baroque après Rubens, y présente 2 portraits de la haute bourgeoisie génoise. Expression sévère de personnages sûrs de leur rang. Altière marquise de Spinola.
– *Salle VIII :* ***Cornelis de Vos*** (spécialiste des portraits de famille et d'enfants) et surtout ***Rubens*** avec *Saint Sébastien, Persée délivrant Andromède.*
– *Salle IX :* ***Gerrit Van Honthorst*** dont on remarque la *Délivrance de saint Pierre.* Ici, si le coup de pinceau se révèle assez académique, le travail sur la lumière reste prodigieux.
– *Salle 12 :* paysage d'hiver de ***Barent Avercamp*** et marines comme celle de ***Vroom*** avec un trois-mâts hollandais devant le château d'Elseneur au Danemark.
– *Salle 13 :* nombreux ***Frans Hals.***
– *Salle 15 :* les grands paysagistes comme ***Van Ruysdael*** *(La Place du Dam à Amsterdam)...*
– *Salles 16 et X :* ***Rembrandt*** et son école, avalanche de chefs-d'œuvre. En particulier, le sublime *Prédicateur mennonite et sa femme.* Ici, Rembrandt distribue sa lumière uniquement sur les mains, les visages et la Bible. Il réussit un portrait non conventionnel pour l'époque, tout en mettant en valeur le message des protestants : la parole l'emporte sur l'image ! Suivent *Samson et Dalila, Suzanne et les vieillards, Portrait de Saskia* (sa femme)...
– *Salle 17 :* ***Pieter de Hooch*** *(La Mère)* et son magnifique instantané de la vie quotidienne qui n'est pas sans rappeler Vermeer.
– *Salle 18 :* le choc de 2 ***Johannes Vermeer*** majeurs (sur 45 seulement de par le monde). Dans le *Verre de vin,* la lumière jaillit du vitrail de façon extraordinairement fluide et énergique. Dans la *Jeune femme au collier de perles,* la lumière inonde la pièce de façon encore plus subtile. Et puis citons encore ***Gabriel Metsu,*** et ***Jan Steen*** qui nous donne le spectacle d'une rixe aux cartes...

La peinture anglaise, française et allemande du XVIIIe s
– *Salle 20 :* avec plusieurs portraits dans un décor de nature de l'aristocratie anglaise par ***Gainsborough.*** Également, la sévère *Lady Sunderlin* de sir ***Joshua Reynolds...***
– *Salle 21 :* ***Nattier, Watteau*** *(Comédie française ; La Danse),* ***Chardin.***
– *Salle 22 :* ***Antoine Pesne,*** peintre de la cour prussienne, avec un portrait de Frédéric le Grand encore prince héritier et un intéressant *Autoportrait avec ses deux filles.*

La peinture italienne du XIIIe au XVIe s (revenir à la rotonde de l'entrée)
– *Salle XVIII :* démarrage en flèche avec la *Vierge à l'Enfant et les Anges chanteurs* de ***Sandro Botticelli.*** On trouve aussi du même peintre, une autre sublime *Vierge avec les deux Jean,* une de ses œuvres les plus achevées. De ***Piero di Cosimo,*** *Vénus, Mars et Amour.* L'amour est symbolisé par 2 pigeons qui se bécotent.
– *Salle 41 :* avalanche de superbes primitifs religieux, dont *La Mise au tombeau de la Vierge* de ***Giotto,*** ainsi que des Veneziano, Daddi et des triptyques d'anthologie.
– *Salle 40 : Vierge à l'Enfant sur un trône* de ***Gentile da Fabriano,*** la plus ancienne œuvre du plus grand maître de cette époque.
– *Salle 39 :* ***Andrea del Verrocchio*** *(Vierge à l'Enfant),* ***Philippo Lippi,*** le maître de Botticelli avec l'*Adoration dans la forêt,* mais surtout le triptyque du *Jugement dernier* de ***Fra Angelico*** (noter le raffinement des supplices des méchants).
– *Salle 37 : La Préparation du tombeau du Christ* de ***Carpaccio*** avec Job veillant la dépouille au pied d'un arbre et la *Résurrection du Christ* de ***Giovanni Bellini.***

– *Salle 32 : Les Adieux du Christ à sa mère* de ***Lorenzo Lotto,*** *Sainte Famille* de Francia, et 2 portraits de jeunes hommes par ***Giorgione*** et ***Antonello da Messina...***

– *Salle XV : Léda et le cygne* du ***Corrège.***

– *Salle 29 :* magnifique *Madonna Terranuova* avec l'Enfant Jésus et saint Jean-Baptiste enfant, de ***Raphaël.***

– *Salle XVI : célèbre Vénus et l'organiste* (1550) de ***Titien.***

UN LOUIS ICONOCLASTE

Après diverses tribulations dans les cours d'Europe, Léda et le cygne fut acquis par le régent Philippe d'Orléans. Son fils Louis, très pieux, le trouva inconvenant et déchira la toile, abîmant la tête de Léda. Il fallut tout le talent du peintre Coypel pour reconstituer la jolie frimousse de Léda.

La peinture espagnole, française et allemande du XVIIe s, la peinture italienne des XVIIe et XVIIIe s

– *Salle XII : Le Martyre de sainte Agathe* de ***Tiepolo*** et un festival de ***Canaletto,*** dont *Campo di Rialto.* Sans oublier son collègue ***Guardi,*** bien entendu avec *L'Ascension en ballon.*

– *Salle XIII :* splendide *Archange saint Michel* de ***Luca Giordano,*** avec Satan, dont on ne retient que l'abominable bouche... *Portrait d'une dame* par ***Velázquez.*** Noter la grande économie de moyens (seul décor : un dossier de chaise).

– *Salle 25 : Autoportrait* de ***Nicolas Poussin,*** *Paysage du littoral italien à l'aube* de ***Claude Lorrain,*** cet amoureux fou de la lumière italienne.

– *Salle XIV :* 2 chefs-d'œuvre absolus, *Salomé* de ***Bernardo Strozzi*** et, surtout, le sublimissime *Amour céleste, vainqueur de l'amour terrestre* du ***Caravage.*** La métaphore apparaît évidente : à terre, les symboles de la science, des arts, de la gloire et du pouvoir et, triomphant, cet ado au corps parfait et à l'attitude d'un érotisme discret mais réel !...

Kupferstichkabinett *(cabinet des Estampes ; plan centre, D3,* ***341****) : Matthäikirchplatz 6. ☎ 266-42-42-42. • smb.museum • À droite de la Gemäldegalerie. Tlj sauf lun 10h (11h w-e)-18h. Entrée : 6 €.* Uniquement des expositions temporaires. Très riche fonds de dessins, d'aquarelles et de pastels du XIVe au XXe s. La lumière pouvant abîmer les travaux sur papier, ces merveilles sont rarement présentées au public. L'intérêt du cabinet devient alors limité.

Kunstgewerbemuseum *(musée des Arts décoratifs ; plan centre, D3,* ***400****) : le 3e musée du Kulturforum ; entrée principale au n° 10 de la Matthäikirchstr. ☎ 266-42-42-42. • smb.museum • Tlj sauf lun 10h (11h w-e)-18h. Entrée : 8 € ; réduc. Cartels en allemand.* Le musée ***le plus ancien du Kulturforum*** héberge sur 4 niveaux de véritables trésors (céramique, porcelaine, verrerie, mobilier, argenterie, majoliques de la Renaissance, tapisseries) du Moyen Âge à nos jours, en passant par la Renaissance, le baroque, le rococo, le *Jugendstil* (Lalique, Carlo Bugatti) ou l'Art déco. Ne pas manquer de faire un tour au sous-sol, pour découvrir la belle collection de ***mobilier moderniste,*** notamment de l'école du ***Bauhaus,*** avec des créations de ***Marcel Breuer, Mies van der Rohe*** ou le moins connu ***Erich Dieckmann.*** Au rez-de-chaussée, un espace est consacré au ***Trésor des Guelfes*** du XIIe s, avec le font baptismal de l'empereur Barberousse et des chefs-d'œuvre d'orfèvrerie. Le nouveau département dédié à la mode, riche en costumes, robes et accessoires du XVIIIe au XXe s mérite aussi le détour.

Musikinstrumenten-Museum *(musée des Instruments de musique ; plan centre, D3,* ***340****) : Tiergartenstr 1 ; entrée par Ben-Gurion-Str. ☎ 25-48-11-78. • sim.spk-berlin.de • S-Bahn et U-Bahn : Potsdamer Platz ; bus n^{os} M41, M48, M85 et 200. Tlj sauf lun 9h-17h (à partir de 10h le w-e et jusqu'à 20h jeu). Entrée : 6 €. Concerts réguliers (voir le site). Audioguide en français et appli pour smartphone pour entendre le son des instruments.* Une collection unique pour les yeux et les oreilles où chacun des 800 instruments est une œuvre d'art à part entière. Magnifiques instruments, dont un stradivarius du XVIIIe s, d'amusants piano-girafe ou piano boîte à couture, et une vaste collection de clavecins décorés jusqu'aux touches (dont celui de Frédéric le Grand), de harpes et de guitares classiques. On touche à l'époque moderne avec les 1ers instruments électroniques. Chaque samedi midi, le plus grand « orgue de théâtre et de cinéma » en Europe, blanc et or, fait résonner ses sons d'autrefois.

Gedenkstätte Deutscher Widerstand *(mémorial de la Résistance allemande ; plan centre, D3,* ***344****)* **:** *Stauffenbergstr 13-14, derrière le Kulturforum. ☎ 26-99-50-00. • gdw-berlin.de • Tlj 9h (10h w-e)-18h. GRATUIT (audioguide en français).*
Situé dans le bâtiment de l'ancien état-major des armées, appelé aussi le *Bendlerblock* – un lieu chargé d'histoire –, ce musée très complet est consacré aux différents mouvements clandestins qui tentèrent de résister au pouvoir nazi. C'est là que Hitler prononça son discours sur l'« espace vital » en 1933, mais là aussi que les officiers, qui essayèrent de l'assassiner dans son QG polonais de la *Tanière du Loup* en juillet 1944, avaient organisé leur putsch. Les principaux conjurés militaires furent fusillés dans la cour du bâtiment. La scène de l'exécution se retrouve dans le film *Opération Walkyrie,* avec Tom Cruise dans le rôle du colonel ***Claus von Stauffenberg.***
Les 1res salles sont consacrées au climat d'intense propagande des années 1930 (affiches électorales de tous bords, dont un social-démocrate repoussant des coudes extrémistes de droite et de gauche...). Vient ensuite la répression, qui suit l'arrivée des nazis au pouvoir (internés politiques dans les 1ers camps de concentration...). Puis chaque salle est consacrée à un type particulier de résistance intérieure : étudiante (émouvants panneaux sur la *Rose blanche* de ***Hans*** et ***Sophie Scholl*** à Munich), juive, catholique, et bien sûr militaire, avec la conjuration du colonel von Stauffenberg et du général Ludwig Beck pour ne citer qu'eux. Intéressante section sur les Allemands engagés dans les armées alliées ; parmi eux, une certaine Marlene Dietrich. Rappelons enfin que, malgré leur courage et leur sacrifice, les résistants allemands ont dû affronter l'accusation la plus injuste : celle de trahir leur propre pays en temps de guerre.
– Pour ceux que le sujet intéresse, le ***Plötzensee Memorial Center*** *(Gedenkstätte Plötzensee, plan d'ensemble, B2 ; S-Bahn : Beusselstr),* où près de 3 000 opposants au nazisme furent pendus ou décapités de 1933 à 1945, se trouve au *Hüttigpfad,* à 6 km au nord-ouest de là. Très complet et édifiant. Un lieu de mémoire silencieux, dans la salle de l'ancienne prison, où avaient lieu les fusillades.

Bauhaus-Archiv *(archives du Bauhaus ; plan centre, D3,* ***384****)* **:** *• bauhaus.de •* ***Le musée est en rénovation, le nouveau bâtiment ne rouvrira pas avant fin 2023.***
Bâti d'après les plans de ***Walter Gropius,*** le pape du Bauhaus, l'étonnant ensemble architectural qui tient lieu de musée ne date, lui, que de 1978. Gropius fonda l'école d'art du Bauhaus à Weimar en 1919. Avec des professeurs comme ***Kandinsky, Klee*** ou ***Oskar Schlemmer,*** les fameuses recherches d'esthétique industrielle du Bauhaus inspirèrent ensuite l'art abstrait et l'architecture fonctionnelle. L'existence et l'évolution mêmes de ce courant artistique sont évidemment liées à l'histoire allemande très mouvementée de l'entre-deux-guerres. Après avoir déménagé à Dessau en 1925, puis à Berlin en 1932, l'école du Bauhaus est définitivement démantelée par la pression nazie. Joseph Goebbels, ministre de la Propagande, déclare en 1935 : « J'ai trouvé dans le Bauhaus l'expression la plus parfaite d'un art dégénéré. » En fait, les nazis condamnent les liens étroits qu'entretiennent de nombreux membres du mouvement (souvent juifs) avec le parti communiste. L'école est définitivement fermée. Beaucoup d'artistes fuient alors l'Allemagne, dont Walter Gropius, ou encore ***Ludwig Mies van der Rohe,*** qui se réfugient aux États-Unis. En Allemagne, leurs œuvres sont détruites, mais plusieurs d'entre eux poursuivent alors leur carrière de l'autre côté de l'Atlantique et contribuent ainsi à la diffusion des concepts de la modernité aux États-Unis.
En attendant la fin des travaux, une petite annexe a ouvert à Charlottenburg *(****Temporary Bauhaus Archiv,*** *Museum für Gestaltung ; zoom 1, B3,* ***403****).* Vous pouvez

également faire le voyage jusqu'à Dessau (compter une bonne heure de route une fois passé Potsdam) pour en découvrir plus ou poussez jusqu'à *Weimar,* en Thuringe. Là, s'est ouvert en 2019 un tout nouveau musée consacré au mouvement (voir notre guide *Allemagne*).

La cloche de la Liberté *(hors plan centre par C5,* ***339)*** ***:*** *John-F.-Kennedy-Platz, Schöneberg. U-Bahn : Rathaus Schöneberg.* Dans le beffroi de l'ancien hôtel de ville de Berlin-Ouest, redevenu la mairie du quartier de Schöneberg. Écoutez donc à midi ce petit air d'Amérique... la cloche offerte par les Américains et inspirée de la « Liberty Bell » de Philadelphie fait allègrement ses 10 t. Vous pouvez aussi, du balcon, jouer à John et Jackie Kennedy : c'est de là que, le 26 juin 1963, J.F.K. lança son célèbre « ***Ich bin ein Berliner*** ». Qu'il aurait dû dire « *Ich bin Berliner* » est au final peu important, puisque, de toute manière, il n'était pas né en Allemagne. Quant à la légende urbaine qui veut qu'involontairement il se soit comparé à une pâtisserie fourrée, c'est démenti par les Berlinois eux-mêmes qui appellent cette gâterie tout simplement *Pfannkuchen* (beignet).

KENNEDY À BERLIN

Kennedy séjourna seulement 8h à Berlin le 26 juin 1963, mais il y était déjà venu en 1939, quand son père Joseph (admirateur de Hitler) était ambassadeur américain à Londres et partisan d'une position isolationniste de son pays face au nazisme. Le jeune John voyagea plusieurs mois en Europe et au Moyen-Orient pour préparer sa thèse.

LE QUARTIER DE MITTE
(plan centre, E-F2-3, et zoom 2)

Après la chute du Mur, le quartier de *Mitte* s'est retrouvé, comme son nom l'indique, au centre même de la ville, comme il l'était autrefois ! Entre nous, c'est LE quartier incontournable pour toute visite du Berlin d'hier et d'aujourd'hui, quand bien même ses proches voisins, tels *Friedrichshain, Prenzlauer Berg* ou *Kreuzberg-Neukölln,* lui ravissent la primauté en ce qui concerne la vie nocturne. Dynamique, en perpétuelle évolution, toujours en travaux, c'est le quartier qui a connu le plus de transformations depuis 30 ans. Il y a de quoi remplir 3 journées bien chargées. On visitera ses nombreux musées et monuments historiques, situés de part et d'autre de l'avenue *Unter den Linden* et sur l'île aux Musées *(Museumsinsel),* et on fera halte dans les magasins et centres commerciaux de la *Friedrichstraße* ou d'*Alexanderplatz* ; le soir, on s'égaillera dans les petites rues du *Scheunenviertel* ou dans les cours labyrinthiques près du *Hackescher Markt.*
Toujours en effervescence, c'est aussi un quartier créatif ; on peut s'en assurer en faisant un tour dans les nombreuses boutiques de *Rosenthaler Straße* et d'*Alte Schönhauser Straße.* Il suffit de tourner les talons quelques semaines pour voir surgir ici de nouveaux restos, là des bars ou magasins. Mitte compte plus de 700 établissements de ce genre, souvent assez chics ou touristiques. Pas toujours facile de dégoter de bonnes adresses pas trop chères dans *Mitte* ! Suivez le guide...

Où dormir ?

IMPORTANT : réservez impérativement à l'avance pour profiter de la meilleure offre sur les chambres. Les prix des hôtels fluctuent selon les périodes (en principe, le week-end est presque toujours plus cher), et ce n'est pas peu dire, certains grands hôtels du centre proposant pour 70 € une chambre affichée à d'autres dates à 200 €. Vous pourrez vous offrir, en plein été, une belle chambre double autour d'*Alexanderplatz* ou de l'*Orianenburger Straße* à prix cassés. Ceux que nous mentionnons ne sont donnés qu'à titre indicatif.

De bon marché à prix moyens

HOSTELS ET AJ

The Circus Hostel *(zoom 2, F2,* ***62****) :* *Weinbergsweg 1a, 10119. ☎ 20-00-39-39. ● circus-berlin.de ● U-Bahn : Rosenthaler Platz. En dortoir de 4-10 lits, avec douche et w-c à l'étage, 19-35 €/pers ; doubles 50-120 € selon catégorie, mais sans petit déj ; apparts 4 pers à partir de 155 €. Petit déj servi jusqu'à 13h (6 €). Draps et serviettes fournis. Promos fréquentes sur leur site.* Très central et rénové de frais dans un style design contemporain pimpant. Propose des dortoirs, des chambres et, au rez-de-chaussée, un chouette café avec terrasse (sandwichs, salades et petit déj-buffet à volonté pour seulement 6 €) ainsi qu'une micro-brasserie en sous-sol. Coup de cœur pour la petite douzaine d'appartements de bonne taille, décorés avec originalité et dotés d'une salle de bains privée, d'une cuisine et d'un balcon. Un *hostel* à forte personnalité, où l'accueil est vraiment chaleureux, qui propose en outre des *walking tours* et des locations de vélos. Avant de partir, jetez un œil à l'improbable « musée » consacré à David Hasselhoff, célèbre à Berlin pour son single « *Looking for Freedom* ». Également une annexe de type hôtel sur le carrefour, en face, plus confortable mais plus bruyante : en tenir compte lors de la réservation ! Propose enfin, à 300 m de là, de beaux apparts bien décorés pour 2-6 personnes *(Choriner Str 84 ; 140-320 € pour une loc de 3 nuits min).*

Hotel Meininger Mitte Humboldthaus *(zoom 2, E2,* ***36****) :* *Oranienburger Str 67-68, 10117. ☎ 31-87-98-16. ● meininger-hotels.de ● S-Bahn : Oranienburger Str. Réception 24h/24. En dortoir de 4-8 lits, 14-40 €/pers ; doubles avec sdb 54-80 € ; petit déj-buffet payant.* Bien situé et proche des transports, cet *hostel* moderne affiche une déco inspirée de l'explorateur Alexander von Humboldt. Chambres ou dortoirs fonctionnels et impeccables, au décor contemporain agréable, tous dotés de sanitaires privés. Préférer ceux côté cour, plus calmes. Location de vélos et même un garage. Fréquenté autant par des familles avec de jeunes enfants que par des couples ou des bandes de copains. Un joyeux mélange qui donne de la vie au lieu. Personnel souriant. Un bon rapport qualité-prix, comme la plupart des hôtels de cette chaîne. En revanche, ni cuisine ni laverie.

Generator Hostel *(zoom 2, E2,* ***66****) :* *Oranienburger Str 65, 10117. ☎ 92-10-37-680. ● staygenerator.com ● S-Bahn : Oranienburger Str. Réception 24h/24. En dortoir de 4-8 lits, 20-40 €/pers ; doubles avec sdb 65-120 € ; petit déj-buffet. Pas de cuisine.* Un vaste *hostel* apprécié pour son atmosphère chaleureuse et festive, ses chambres bien équipées et toutes dotées de salles de bains privées, ainsi que pour son bar, où les rencontres sont aisées *(happy hour)*. Dortoirs pas forcément très grands mais bien tenus et assez intimes, avec parfois quelques recoins bienvenus, tous équipés de prises et lumières individuelles ainsi que de *lockers*. Lits confortables et robustes qui (pour une fois !) ne grincent pas trop. Laverie. Une adresse très populaire, à réserver bien à l'avance.

St Christopher's Inn Alexanderplatz *(zoom 2, F2,* ***61****) :* *Rosa-Luxemburg-Str 39-41, 10178. ☎ 81-45-39-60. ● st-christophers.co.uk ● U-Bahn : Rosa-Luxemburg-Platz. Réception 24h/24. Lits en dortoir 15-40 €/pers ; doubles et apparts pour 2 pers 68-125 € ; petit déj payant, draps fournis.* Bien située, face au *Volksbühne* et à quelques encablures d'Alexanderplatz, une grande auberge de jeunesse privée offrant presque le confort d'un hôtel. Intérieur spacieux, moderne et design. Dortoirs impeccables de 4-16 lits superposés (certains sont mixtes, d'autres non). Également des chambres doubles basiques et une demi-douzaine d'appartements pour 2-4 personnes avec kitchenette, les moins chers avec sanitaires communs. Grand salon mais pas de cuisine. Au rez-de-chaussée, le *Belushi's*, un bar (à burgers) où l'ambiance est souvent à la fête (ferme à minuit). Location de vélos. Accueil très pro.

De prix moyens à chic

The Student Hotel *(plan centre, G3,* ***95****) : Alexanderstraße 40, 10179. ☎ 31-19-83-39. • thestudenthotel.com • U-Bahn : Jannowitzbrücke. Doubles 80-150 € ; familiales (3-4 pers) env 200 €. Petit déj-buffet payant.* Non loin d'Alexanderplatz, dans une zone peu riante mais proche du métro et du S-Bahn, un grand bâtiment moderne accueillant près de 400 chambres, réparties en 7 catégories. De la *standard* à la *deluxe*, toutes sont avenantes, confortables et bien aménagées (douches à l'italienne). L'originalité de cet établissement, c'est que le lieu sert aussi de résidence étudiante : on peut donc y rester une nuit... ou plusieurs mois ! Au rez-de-chaussée, agora animée et colorée avec bar, resto, *lounge*, terrasse, salle de gym, coiffeur et tables de ping-pong. Cuisines communes dans les étages et location de vélos. Voilà un excellent QG pour explorer Berlin, y compris en famille.

Cosmo Hotel *(zoom 2, F3,* ***21****) : Spittelmarkt 13, 10117. ☎ 58-58-22-22. • cosmo-hotel.de • Doubles 80-150 € ; plus cher pour les suites. Promotions sur Internet, notamment en été. Petit déj en plus (cher).* Au pied du métro, logé dans une tour contemporaine, cet hôtel nous a séduit par ses prestations et la qualité de son service. Les chambres, vastes et ultraconfortables dès les *standard*, jouissent d'une déco épurée mais plaisante, d'une literie premium ainsi que de la clim. Vues sympas pour celles logées dans les étages les plus élevés. Plantureux petit déj-buffet, avec diverses sortes d'omelettes préparées sur commande. Le Humboldt Forum n'est qu'à 5 mn à pied.

Hotel 4 Youth *(plan centre, F1,* ***78****) : Bernauer Str 45-46, 10435. ☎ 45-19-88-80. • hotel4youth.de • U-Bahn : Bernauer Str. Prix comme toujours très fluctuants, à découvrir sur le site. Doubles avec sdb 65-135 €, petit déj-buffet compris. Parking à proximité 25 €.* Un gros cube de brique construit dans l'alignement de l'ancien Mur (à la limite de Prenzlauer Berg). Une centaine de chambres (parfois communicantes), dont certaines (celles du 5e), largement vitrées et sans vis-à-vis, donnent sur le Mauer Park. Intérieur moderne et coloré, qui tranche avec le mobilier blanc. Tout est clean, lumineux et fonctionnel... Une bonne option pour les familles. Excellent accueil, parfois en français (le manager est québécois).

Parkhotel Midi Inn *(plan centre, F2,* ***71****) : Veteranenstr 10, 10119. ☎ 94-04-75-57. • midi-inn.de • U-Bahn : Rosenthaler Platz. Doubles 65-115 € sans petit déj.* Ambiance décontractée et conviviale pour cet hôtel de poche, qui peut aussi faire office de résidence pour séjours de longue durée. Une poignée de chambres (7) tout confort, claires, lumineuses et tranquilles, à l'atmosphère apaisante. Certaines jouissent d'une belle vue sur le Volkspark. Également 1 appartement avec cuisine, pratique pour les familles (durée plus longue). Une adresse où on se sent bien. Pas de petit déj en revanche.

Hotel Kastanienhof *(plan centre, F1,* ***87****) : Kastanienallee 65, 10119. ☎ 44-30-51-99. • kastanienhof.berlin • U-Bahn : Senefelderplatz ou Rosenthaler Platz. Doubles 104-149 € (séjour de 2-3 nuits min en très hte saison) ; petit déj-buffet en sus Parking 15 € (à réserver tôt).* Dans la partie basse d'une des rues les plus animées du quartier, qui se prolonge dans Prenzlauer Berg. Un hôtel à la façade jaune et stores rouges, très classique, qui propose une quarantaine de chambres impeccables, divisées en 4 catégories de confort. Accueil souriant et atmosphère paisible, à l'ancienne. Location de vélos. Sur place, bon resto de cuisine allemande, *Ausspanne (☎ 44-30-51-99, mar-sam).*

Mikon Eastgate Hotel *(zoom 2, E2,* ***75****) : Hessische Str 10, 10115.*

☎ 40-05-40-90. • mikonhotels.com • U-Bahn : Naturkundemuseum. Réception au 5e étage. Doubles avec sdb à partir de 80 € ; petit déj payant. Bien placé, à quelques blocs de l'Oranienburger Straße et à 500 m de la Hauptbahnhof, un hôtel niché à l'étage d'un bâtiment pas vraiment engageant, disposant d'une trentaine de chambres à la déco dépouillée. Sol moquetté, meubles fonctionnels, salles de bains bien conçues. Terrasse colorée donnant sur les toits pour prendre le petit déj. Parking aisé dans la rue.

De chic à plus chic

Flower's by Limehome *(zoom 2, F2,* ***48****)* **:** *Mulackstr 1, 10119. ☎ 288-82-70. • limehome.com • U-Bahn : Rosa-Luxemburg-Platz. Réception 9h-18h. Studios et apparts de tailles diverses pour 2-5 pers 90-200 €, petit déj café-croissants inclus.* À 5 mn d'Alexanderplatz, proche de l'animation, des commerces et des transports, voici un bel appart-hôtel récent, propre et moderne. Une vingtaine de studios lumineux et apparts spacieux, tous avec coin salon et cuisine bien équipée. Déco réussie, dans un style à la fois sobre et chaleureux, et literie douillette pour des nuits calmes. Courette à l'arrière. Excellent accueil.

Miniloft Apartment Hotel *(zoom 2, E2,* ***76****)* **:** *Hessische Str 5, 10115. ☎ 847-10-90. • miniloft.com • U-Bahn : Naturkundemuseum. Réception lun-ven 9h-18h. Résa conseillée (2-3 nuits min). Apparts 2-5 pers 125-270 €. Parking payant.* Un couple d'architectes propose une quinzaine d'appartements répartis dans 2 bâtiments. Dans le 1er, mariage réussi de l'acier, du verre et du béton lissé. Beaux effets de volumes et de lumière. L'ensemble est équipé avec kitchenette, lit « à la française » pour les amoureux, et canapé convertible pour les grincheux. Dans le bâtiment ancien, c'est plus cosy et moins froid, en dépit de l'absence de clim (plus tranquille aussi). *Frühstück* à faire soi-même ou à prendre au coin de la rue. La maison fournit le linge, ainsi qu'un livret gratuit pour se repérer dans la ville. Bon accueil. Annexe à Kreuzberg.

Hotel Honigmond *(zoom 2, E2,* ***69****)* **:** *Tieckstr 11, 10115. ☎ 284-45-50. • honigmond.de • U-Bahn : Oranienburger Tor. Doubles 140-190 €, studios et apparts 170-200 € ; petit déj cher. Garage 19 €.* Au calme, dans un bel immeuble de la fin XIXe s, voici un hôtel de charme qui porte bien son nom. Cette « Lune de miel » propose 39 vastes chambres au style évoluant du classique au design contemporain ; parquet blanc qui craque sous les pas, immenses couloirs, peintures style Grand Siècle, lits à baldaquin, etc. Délicieuse cour à l'arrière. Café-resto à prix doux au coin de la rue. Chambres un poil moins chères au ***Honigmond Garden,*** situé Invalidenstraße 122, à 300 m plus au nord, alternative agréable avec son jardin intérieur.

Art'otel Berlin Mitte *(zoom 2, F3,* ***73****)* **:** *Wallstr 70-73, 10179. ☎ 24-06-20. • artotels.com • U-Bahn : Märkisches Museum. Doubles 95-225 €. Parking 25 €.* Cet hôtel feutré, bien au calme, présente 2 visages bien différents : un bâtiment moderne, au design très actuel ; et un authentique palais rococo, niché à l'arrière du 1er. Cela dit, les chambres sont logées dans la partie la plus récente, côté Wallstraße. Toutes identiques, à la déco épurée, elles sont particulièrement agréables, bien que pas toujours immenses. Le projet artistique de l'hôtel est dédié au peintre *Georg Baselitz* (faut aimer !), dont 130 œuvres recouvrent les murs des couloirs et des chambres. Bar élégant éclairé par une verrière et spa au sous-sol. Le petit déj-buffet (cher) est servi dans une salle alliant l'ancien et le moderne. Location de vélos. Accueil charmant.

Apartments am Brandenburger Tor *(zoom 2, E3,* ***77****)* **:** *Behrenstr 1b, 10117. ☎ 200-75-70. • apartments-mitte.de • U-Bahn : Brandenburger Tor. Réception tlj 9h-17h. Résa conseillée (min 2 j.). Studios 2 pers 92-154 € ; apparts 2 pers 127-191 € ; apparts et duplex 4-6 pers 167-334 €. Pas de petit déj. Parking env 10 €.* Une agence qui centralise plus de 200 appartements et studios à proximité de Unter den Linden. Leurs dimensions vont de 45 à 100 m². Tous sont situés sur la Wilhelmstraße, entre Behrenstraße et An der Kolonnade. On a particulièrement aimé les duplex, lumineux et sobrement meublés. Équipement complet, parquet flottant, grands ou petits lits, canapés convertibles, draps et linge de toilette, fer à repasser, parfois un lave-linge et tous les ustensiles pour la cuisine que vous n'aurez jamais le temps d'utiliser. Plan des adresses du coin pour s'approvisionner et se restaurer.

Où manger ?

Le centre de Berlin, c'est grand, très grand, même : pour simplifier, on a repris ici, grosso modo, la division en sous-quartiers de la rubrique « À voir » des pages suivantes, afin de vous orienter au mieux, là où votre curiosité vous mènera.

Entre Unter den Linden et la Potsdamer Platz

Pas grand-chose d'original et bon marché à se mettre sous la dent autour de cette avenue qui semble toujours en phase terminale (pour les travaux) et de cette place très classe et touristique.

Bon marché

🍽 ***Ursprung – Librairie Dussmann*** *(zoom 2, E3, **184**) : Friedrichstr 90. ☎ 20-25-10-11. S-Bahn et U-Bahn : Friedrichstr. Mar-sam 11h-16h ; fermé dim-lun. Plats 6-12 €.* La plus grande librairie de la ville a eu la bonne idée d'ouvrir une cafétéria pour rassasier les lecteurs fatigués par leur promenade dans les rayons. Un lieu zen pour s'offrir, par exemple, une salade, un tartare de hareng et une tarte au citron, tout en admirant le superbe mur végétal et le bassin à poissons. Il y a même le chant des oiseaux en fond sonore ! Pour les plus pressés, la maison a ouvert un *Delicatessen* au coin de la rue.

🍽 ***Sabzi*** *(zoom 2, E2, **104**) : Luisenstr 15. ☎ 671-27-32. S-Bahn et U-Bahn : Friedrichstr. Lun-ven 11h30-16h30. Env 6,50 € le bol servi avec du riz.* En sous-sol, un micro-resto désuet avec tabourets pour manger sur le pouce – et parfois sur le trottoir – qui fleure bon la cuisine perse. Petit choix du jour parmi des plats végétariens ou non, à consommer avec un délicieux basmati. Peu copieux : les affamés prendront 2 plats plutôt qu'un seul. Accueil souriant et plein d'épices.

🍽 🍸 ⛱ ***Ständige Vertretung*** *(zoom 2, E2, **116**) : Schiffbauerdamm 8. ☎ 282-39-65. S-Bahn et U-Bahn : Friedrichstr Str. Tlj 10h-1h. Plats 11-19 €.* Une brasserie historique devenue assez touristique, fondée par des restaurateurs colonais, qui servait de « mission permanente » entre les 2 Allemagnes pendant la guerre froide. S'y croisaient nombre de politiciens, artistes, journalistes et sportifs qui furent « initiés » à la gastronomie rhénane. En attestent les innombrables photos aux murs où l'on reconnaît, entre autres, les chanceliers de la RFA d'Adenauer à Merkel en passant par Helmut Schmidt, Gerhard Schröder, Helmut Kohl et le maire de Berlin Willy Brandt. Plats servis sur de grandes tables en portions généreuses et à prix plutôt modiques, arrosés de *Kölsh,* la bière « qui rend joyeux ». Large terrasse au bord de la Spree et excellent accueil.

🍽 🍸 ***Treffpunkt*** *(zoom 2, E3, **119**) : Mittelstr 55. ☎ 204-18-19. U-Bahn : Französische Str ou Friedrichstr. Tlj sauf dim 16h-22h. Résa conseillée. Plats 9-20 €.* Bistrot *(Kneipe)* discret avec quelques tables dehors. Décor sombre lambrissé, lustres Tiffany et, en majesté, un Wurlitzer rutilant et incongru. On peut se contenter d'y boire un verre, mais ce serait dommage de passer à côté des plats classiques proposés par le cuistot. Ils se font un peu attendre, mais c'est plutôt bon signe. *Schnitzel,* boulettes, demi-jambe de porc *(Eisbein),* roulades aux choux, poivrons farcis et *Currywurst* font honneur à la tradition berlinoise. Le petit blanc de la Réserve Burgunder est une merveille.

🍽 ⛱ ***Huong Lua*** *(zoom 2, E3, **124**) : Charlottenstr 76 (à l'angle de*

Schützenstr). ☎ 284-26-232. U-Bahn : Stadtmitte ou Kochstr. Tlj sauf dim 11h30-22h. Plats 8-12 €. À 2 pas de Checkpoint Charlie et du musée de la Currywurst (à éviter tous les 2 en cas d'indigestion de faux militaires et de saucisse au curry), un resto vietnamien avec mobilier en bois, déco en bambou et petites lampes. À la carte, les classiques rouleaux de printemps, nems, soupes, *phô, bo bun,* tofu frit, bœuf à la citronnelle et mille autres merveilles de la gastronomie vietnamienne. Accueil souriant.

|●| ⛱ *Kartoffelkeller* *(zoom 2, E2,* ***123****) :* *Albrechtstr 14B. ☎ 28-28-548. S-Bahn et U-Bahn : Friedrichstr. Tlj 12h-minuit. Plats 12-19 €.* Dans une grande maison de brique, précédée d'un jardinet-terrasse grillagé, ce temple dédié au culte de la pomme de terre, assez touristique, occupe une grande salle carrelée décorée de dessins humoristiques et de vieilles radios. La patate y est déclinée dans tous ses états : en soupe, salade, robe des champs, gratin, poêlée, frites, *rösti,* crêpe, gaufre, et même... en dessert. 100 recettes différentes, rien que ça ! On ne vous garantit pas la finesse de chaque plat, mais c'est honnête et copieux. Vous n'aurez plus faim en sortant, c'est sûr ! Service au lance-pierre.

De prix moyens à chic

|●| ⛱ *Augustiner am Gendarmenmarkt* *(zoom 2, E3,* ***126****) :* *Charlottenstr 55. ☎ 20-45-40-20. U-Bahn : Stadtmitte. Tlj 12h-minuit. À midi, plats du jour env 10 € (dont 1 proposition végétarienne) ; sinon plats 13,50-22 €.* La célèbre brasserie munichoise *Augustiner* a ouvert ici une succursale à taille humaine, dans un joli décor boisé. Carte tout ce qu'il y a de plus classique, au fort accent bavarois : *Weißwurst* (boudin blanc), *Obatzda* (fromage assaisonné d'épices) et *Schweinebraten* (rôti de porc), mais aussi *Schnitzel* ou goulasch. Le tout s'accompagne évidemment de l'une des délicieuses bières maison. Service alerte, en tenue traditionnelle. Belle terrasse sur rue, avec vue sur le clocher du *Französische Dom.* Une adresse pratique et généreuse.

|●| *Essenza* *(zoom 2, E3,* ***164****) :* *Kollhoff Tower, Potsdamer Platz 1. ☎ 257-96-856. S-Bahn : Potsdamer Platz. Tlj sauf dim 12h-minuit. Plats 14-31 € au déj, plus cher le soir.* Au rez-de-chaussée de la tour, un agencement tout en coin pour cette *osteria* chic. Mise en scène élégante, tables bien dressées et serveurs sanglés de noir et rouge. Courte carte, mais chaque plat est bien ciblé. Impressionnante liste des vins (chers), longue comme la péninsule. Bon rapport prix-qualité dans cette catégorie à condition de se contenter de 2 services et de se limiter à un verre de vin.

|●| *Borchardt* *(zoom 2, E3,* ***136****) :* *Französische Str 47. ☎ 81-88-62-62. U-Bahn : Französische Str. Tlj 11h30-minuit. Le midi, compter env 22 € ; le soir, plats 20-30 €.* Une brasserie historique, appréciée par les employés en costard du coin lors de la pause déjeuner. Plats du jour variés et ambiance « business décontracté ». Dans une grande salle avec chapiteaux dorés et plafonds stuqués, ou dans le patio ombragé de parasols géants, les serveurs en gilet noir s'affairent pour distribuer salades composées, pâtes, poisson ou encore le fameux *Wienerschnitzel* de la maison. Cuisine honnête sans être ébouriffante, à des tarifs corrects le midi mais carrément chers le soir. Service inégal, souvent débordé lors du coup de feu. Et vérifiez votre addition, des suppléments de pourboire s'ajoutent parfois tout seuls...

Autour du Nikolaiviertel et de la Fernsehturm

Dans les auberges rénovées du Nikolaiviertel, on peine à trouver la fameuse *Gemütlichkeit* berlinoise. Peu de Berlinois se rendent dans ce quartier destiné essentiellement aux touristes. Allez quand même jeter un coup d'œil dans ses rues piétonnes agréables, au gré des boutiques de souvenirs, et posez-vous dans l'une de ses *Gaststätte* (auberges) où l'on mange l'*Eisbein,* jarret de porc salé sur son lit de choucroute. Ne vous étonnez pas si personne ne s'intéresse à vous : l'accueil indifférent et le service au lance-pierre sont 2 spécialités de ce coin de Berlin qui a retrouvé ses façades mais jamais son âme.

Eden Restaurant *(zoom 2, F2, **143**) : Rosenstr 19. ☎ 84-71-10-56. U-Bahn : Hackerscher Markt. Tlj 11h30-22h30. Plats 11-17 € ; le midi en sem, plat 9,50 €.* Déco exotique, jolies photos noir et blanc du pays... Ce resto vietnamien constitue un bon plan pour déjeuner à proximité de l'île aux Musées. Saveurs authentiques : soupes, *phô*, salades, nouilles, *bo bun*, brochettes et options véganes, le tout servi copieusement et avec le sourire.

Rotisserie Weingrün *(zoom 2, F3, **141**) : Gertraudenstr 10. ☎ 20-62-19-00. U-Bahn : Spittelmarkt. Tlj sauf dim-lun 17h-23h. Résa conseillée. Plats 16-30 €.* À quelques encablures du Nikolaiviertel, au bord d'un canal, cette rôtisserie à la belle façade néo-gothique propose une courte carte qui aligne de succulentes viandes, soigneusement sélectionnées : cochon bio « *Apfelschwein* », poulet fermier à la broche ou *ribs* moelleuses, que l'on peut accompagner de délicieux légumes grillés pour changer du chou et des patates. Également du saumon au whisky (flambé à table). Très large carte des vins, plutôt chers. Salle sous plafond en brique, avec sa cuisine ouverte, ses murs rehaussés d'œuvres d'art et ses baies vitrées qui donnent sur l'agréable terrasse posée le long du canal.

Georgbraeu *(zoom 2, F3, **131**) : Spreeufer 4. ☎ 242-42-44. U-Bahn : Klosterstr. Tlj 13h-22h. Plats 9-18 €.* Au bord de la Spree, devant la statue d'un saint Georges terrassant le dragon, une brasserie très touristique avec des salles dans tous les coins, des cuves en cuivre, des tuyaux et des petits hommes verts qui s'affairent... Là une *Bratwurst*, là une *Kartoffelsalat*, ici une grosse *Kohlroulade* (paupiette de chou). Chopes empoignées en batterie, on abreuve son petit monde sur la terrasse verdoyante qui borde la Spree. Une usine à manger, où l'accueil est parfois déplorable : on peut donc se contenter d'une bière sans manquer grand-chose ! Juste en face, la ***Zille-Stube*** n'est pas mal dans son genre, et on y sert de bonnes glaces.

Au nord de la Spree, autour du Scheunenviertel et de l'Alexanderplatz

Bon marché

Yarok *(zoom 2, E2, **108**) : Torstr 195. ☎ 1512-512-82-36. S-Bahn : Oranienburger Str. Tlj 17h-23h. Repas 8-10 €. CB refusées.* Les plats végétariens tels que l'*halloumi*, le *makali*, l'*houmous*, le *falafel* et le taboulé constituent la base de cet excellent *Imbiss* syrien. Mouton ou poulet sont aussi de la partie. À consommer sur les quelques tables qui s'étalent sur le trottoir.

Kebap With Attitude *(zoom 2, F2, **150**) : Gipsstr 2. ☎ 35-52-99-66. Tlj 12h-22h. Sandwichs et plats 5-10 €.* Quand le *döner kebab*, spécialité berlinoise (faut-il le rappeler ?), devient *trendy*... Salle tout en longueur, décorée sobrement, où on a, pour une fois, vraiment envie de s'installer. Chouette terrasse dans la rue et patio intime idéal quand la température s'envole à l'intérieur. Essayez donc le classique *Berliner kebap*, très apprécié des puristes... À moins de goûter à l'une des recettes plus originales de la carte ? Présentation soignée et ingrédients de 1re qualité, servis dans un délicieux pain pita maison ou sur un large plateau. *Falafels* ou *mezze* pour les végétariens. Service efficace et sympa. On reviendra !

Hummus & Friends *(zoom 2, F2, **153**) : Oranienburger Str 27. ☎ 55-47-14-54. Tlj 12h-23h. Compter 12-20 € le repas.* Quoi de plus normal que de trouver, à quelques pas de la magnifique synagogue d'*Oranienburgstrasse*, un restaurant casher ? Ici, la cuisine est 100 % végétarienne et plus influencée par l'Orient que par l'Europe de l'Est. La spécialité ? Le houmous, décliné en une dizaine de versions différentes, est accompagné au choix de caviar d'aubergine, d'avocat, de betterave ou chou-fleur. Une adresse bien pratique quand on sort de l'île aux Musées avec le ventre vide (service continu)...

Oliv Café *(zoom 2, F2, **142**) : Münzstr 8. ☎ 89-20-65-40. U-Bahn : Weinmeisterstr. Tlj 8h30 (10h dim)-18h. Lunchs 7-13 € ; petits déj 5-9 €.* Un bistrot d'angle qui a pris les couleurs et les saveurs du temps. Parfait pour un lunch-grignotage avec un bol de quinoa, ou un goûter accompagné d'un délicieux café. La quiche lorraine a des accents exotiques, les salades sont du jour, du moins on le croit car il ne reste plus rien si l'on arrive un peu tard. Les crumbles et autres gâteaux sont à aller chercher au comptoir. Avec ça, on boit un thé, une limonade maison ou un smoothie. Ambiance jeune, détendue.

Mogg *(zoom 2, F2, **105**) : Auguststr 11-13. 330-060-770. S-Bahn : Oranienburger Str. Au rdc de la Jüdische Mädchenschule, en entrant, à droite. Tlj 11h (10h sam)-22h (20h dim). Snacks et plats 10-17 €. CB refusées.* Dans un bâtiment austère, design épuré et ambiance Amérique Art déco des années 1930-1940. Un lieu parfait pour goûter, par exemple, à un savoureux sandwich au pastrami ou à un cheese-cake. Ce *deli* est une belle surprise ! Quelques tables dehors.

Amrit *(zoom 2, E2, **152**) : Oranienburger Str 45. ☎ 288-848-94-40. U-Bahn : Oranienburger Tor. Tlj 11h30-23h. Plats 9-17 € ; cocktail en happy hour à moins de 5 €.* Dans ce quartier en pleine gentrification, en face de l'ex-Tacheles, qui fut le plus grand squat historique de « l'après-chute du Mur », une vaste terrasse sous un velum jaune-orange au décor asiatique plutôt kitsch. Cuisine indienne correcte, à prix plancher, remplissant son office mais privée des saveurs subtiles des multiples épices. Bons *lassis* en dessert et large choix de cocktails. Une étape pas désagréable pour faire une pause en visitant le quartier. Service virevoltant. 4 succursales dans Berlin.

Prix moyens

Datscha Park *(zoom 2, F2, **144**) : Weinbergsweg 25. ☎ 448-72-86. U-Bahn : Rosenthaler Platz. Tlj 10h-1h (cuisine jusqu'à 23h ; petit déj servi jusqu'à 16h). Résa conseillée. Plats 13-18 €.* Un bar-resto qui fait référence à l'Europe de l'Est, côté déco comme côté cuisine : snacks, blinis fourrés, *bortsch*, burgers *kamtchatka*, *pelmenis* sibériens ou bœuf Stroganoff. Plats végétariens. Bon rapport qualité-prix. Bien aussi pour boire un verre ou un cocktail sur l'agréable terrasse.

Kuchi *(zoom 2, F2, **151**) : Gipsstr 3. ☎ 28-38-66-22. U-Bahn : Rosenthaler Platz. Tlj 12h-22h30. Résa conseillée. Menus 9-28 € ; formules sushis-sashimis à partager 44 € pour 2 pers ou 80 € pour 4 pers.* Réputé comme le meilleur resto japonais du quartier. Petite salle joliment décorée : design asiatique moderne avec des motifs végétaux au mur et des tons rosés qui invitent à la décontraction. Savoureuse cuisine fusion, tout en fraîcheur et en délicatesse : sushis, bien sûr, mais aussi des soupes, makis, tempura ou yakitoris... Aux beaux jours, agréable terrasse sur l'arrière, sous un érable. Service efficace et aimable. Juste à côté, dans la même cour, une antenne de ***Cocolo Ramen,*** célèbre et délicieux restaurant de... *ramens*.

Ristorante Garda *(zoom 2, E-F2, **130**) : Oranienburger Str 32. ☎ 27-58-11-85. S-Bahn : Oranienburger Str. Prendre le petit passage (Heckmann Höfen) à gauche de la synagogue, c'est tt au fond. Tlj 12h-22h. Résa conseillée le soir. Spécialités 12-18,50 € ; carte 25-30 €.* 2 ambiances possibles : dans la salle façon trattoria ou au calme en terrasse l'été, parmi les rosiers et sous la façade couverte de vigne vierge. Cuisine italienne (lombarde comme sicilienne) du genre authentique : pizza croustillante, tortellinis frais, raviolis aux épinards, gnocchis ou escalope milanaise. Service rapide et souriant. Une bonne adresse.

Keyser Soze *(zoom 2, E2, **146**) : Tucholskystr 33. ☎ 28-59-94-89. U-Bahn : Oranienburger Tor. Tlj 8h-1h (cuisine jusqu'à 22h30 ; petit déj servi jusqu'à 18h !). Plats 12,50-26,50 €.* Pourquoi ce bistrot plutôt qu'un autre ? On aime son ambiance bon enfant, son équipe joyeuse, le patron francophile et la cuisine locale, tout simplement sincère à défaut d'être innovante... Spécialités de *Spätzle*. Petite terrasse au coin de la rue, et banquette extérieure.

1840 *(zoom 2, F2,* ***147****)* **:** *Am Zwirngraben 8-10. ☎ 24-72-74-01. S-Bahn : Hackescher Markt ; U-Bahn : Weinmeisterstr. Tlj 10h-minuit. Plats 10-24 €.* Sous les arcades de brique du S-Bahn, une vieille brasserie aux murs lambrissés devenue assez touristique, dotée d'une vaste terrasse animée. C'est l'endroit tout indiqué pour essayer LA spécialité berlinoise : le *Schweinshaxe,* délicieux jarret de porc grillé à la peau dorée et croustillante. Hyper copieux et à s'en lécher les doigts ! En revanche, le reste de la carte n'est pas transcendant. Pour finir, délicieux *Apfelstrudel,* cher mais qui vaut le coup. Service en dents de scie.

Cocodrillo *(plan centre, F2,* ***71****)* **:** *Veteranenstr 9. ☎ 44-04-07-66. U-Bahn : Rosenthaler Platz. Tlj 11h45 (10h30 w-e)-22h. Plats 11-26 € ; pizzas 11-19 € ; brunchs le w-e 20-30 €.* Un emplacement en or, en haut du *Weinbergspark,* avec vue sur les pentes gazonnées et les toits du quartier pour ce resto italien haut en couleur appartenant à la galaxie *Big Mamma,* chaîne créée à Paris. Déco délirante, où se côtoient néons, miroirs et lampes bulbes. Carte où le plaisir est roi, entre *arancini* siciliens boostés à la truffe fraîche, pâtes au pesto *alla trapanese* et généreuses pizzas napolitaines (le soir seulement). Excellents cocktails et large sélection de crus de la Botte. Un resto branché et réjouissant, aux tarifs un peu plus élevés qu'ailleurs.

De chic à plus chic

Altes Europa *(zoom 2, F2,* ***235****)* **:** *Gipsstr 11. ☎ 283-85-588. U-Bahn : Weinmeisterstr. Tlj 12h-minuit (cuisine ouv 18h-22h). Plats 14-25 €.* Mignon bistrot à l'ancienne, avec plancher de bois et quelques vieilles cartes aux murs. On y sert de bons petits plats, tous mitonnés avec des produits de qualité : tartare de bœuf, moules marinières, *Spätzle* fumantes, risotto, etc. Belle terrasse le long du square juste en face, à l'ombre d'un érable. Service aimable. Un coup de cœur !

Sucre et Sel *(zoom 2, F2,* ***137****)* **:** *Torstr 132. 0172-853-88-05. U-Bahn : Rosenthaler Platz. Tlj 12h-minuit. Quiche, soupe, salade ou tarte flambée 9-17 € ; plats 16-35 €.* Atmosphère cosy, avec sièges de cuir et déco façon brocante. Une bonne vingtaine de places assises dehors, et un peu plus à l'intérieur, en compagnie de Delon, Bardot et Belmondo : une adresse tenue par des Français à recommander aux nostalgiques du pays pour retrouver les spécialités nationales ou simplement échanger tuyaux et bons conseils. Sympa comme tout.

PeterPaul *(zoom 2, F2,* ***192****)* **:** *Torstr 99. ☎ 43-77-30-43. U-Bahn : Rosenthaler Platz. Tlj 18h-1h. Tapas 9,50-15 € ; compter 30-40 € le repas, hors boissons.* Très populaire auprès des Berlinois, ce resto de tapas « à l'allemande » (eh oui, ça existe !), à l'ambiance gastronomique un peu B.C.B.G., est parfait pour un dîner romantique ou entre amis. Dans un décor chic et *arty,* on picore de petites portions délicates, créatives, pleines de saveurs nouvelles et d'associations de goût étonnantes. Prendre au moins 3 ou 4 tapas par personne ; on peut commander au fur et à mesure du repas, en fonction de sa faim, mais aussi de son portefeuille, car l'addition, boostée par le prix des boissons, grimpe vite. Bières artisanales et longue liste de vins. Accueil soigné et sympa.

Kopps *(zoom 2, F2,* ***193****)* **:** *Linienstr 94. ☎ 43-20-97-75. U-Bahn : Rosenthaler Platz. Tlj 17h-23h (minuit w-e). Menus 5-7 plats 50-70 €.* L'une des tables véganes les plus réputées d'Allemagne... Élégante salle décorée à la mode « bobo-chic », avec murs bleu ciel, alcôves et lanternes distillant des éclairages savants. D'accord, ce n'est vraiment pas donné et les portions sont aussi chiches que les pois du même nom. Mais quelle finesse, quel beau travail dans l'assiette ! Tout est savoureux, créatif, des amuse-bouches au dessert. Jus artisanaux, cafés d'origine, chocolat bio... Vins allemands et autrichiens. Aussi quelques tables sur le trottoir, face à un square tranquille. Service gentil.

Frea *(zoom 2, E-F2,* ***138****)* **:** *Kleine Hamburger Str 2. ☎ 98-39-61-98. U-Bahn : Rosenthaler Platz. S-Bahn : Oranienburger Str. Tlj 17h30-minuit. Résa indispensable. Menus uniques 3-5 plats 51-71 €.* Chantre de la cuisine zéro déchet, David Johannes Suchy figure parmi les chefs les plus en vue de Berlin. Salle de bistrot élégante avec ses tables en bois, ses fauteuils tout confort et son éclairage étudié... ou terrasse sur le boulevard, protégée de la circulation par un rideau de plantes en pot. C'est le lieu idéal pour goûter à la nouvelle gastronomie berlinoise, qui ne jure que par le local et le végétal. Cuisine originale, joliment présentée, parfois déroutante mais souvent séduisante. Cher, mais l'expérience vaut le coup ! Très belle carte des vins, qui fait la part belle à la biodynamie.

Vers Prenzlauer Berg

Prix moyens

🍽 ☂ ***La Bigoudène*** *(plan centre, F1,* ***178****) : Zionskirchstr 28. ☎ 24-72-91-10. U-Bahn : Rosenthaler Platz ou Senefelderplatz. À côté de l'église. Tlj 18h (12h dim)-23h. Carte 8-15 €.* Une crêpe à la *Currywurst* ? Non, rassurez-vous, ici on fait plutôt dans le traditionnel. Les produits viennent de Bretagne, le chef aussi. Si vous voulez faire une pause galette, salle en briques apparentes et ambiance sympa. Une rangée de tables dehors, au pied de l'église dont la ruche dans le clocher fournit... le miel de tilleul ! Quelques plats végans quand même.

De chic à plus chic

🍽 ☂ ***Katz Orange*** *(plan centre, F2,* ***122****) : Bergstr 22. ☎ 983-208-430. S-Bahn : Invalidentr ; U-Bahn : Rosenthaler Platz. Tlj 18h-minuit. Résa vivement conseillée. Plats 18-28 € (sans les garnitures !) ; menus 49-57 €.* Au fond d'une cour, la façade néogothique d'une ancienne brasserie sert de décor à ce restaurant très en vogue auprès des expats et des *hipsters* berlinois. On y parle d'ailleurs (bruyamment à l'intérieur) plus l'anglais que l'allemand. On s'installe en terrasse dans la cour (c'est préférable si le temps le permet) ou à l'étage, autour de tables rondes, ou au bar. Cuisine de saison soignée, carte réduite et spécialité de viandes longuement mijotées et fondantes, produits rigoureusement bio. Vins choisis mais chers. Service aux petits oignons.

Où prendre le *Frühstück* ?

☕ Voir plus haut, dans « Où manger ? », les restos réputés pour leur brunch : parmi les meilleurs, ***Oliv Café*** et ***Sucre et Sel...***

☕ ☂ ***House of Small Wonders*** *(zoom 2, F2,* ***105****) : Auguststr 11-13. Pas de tél. S-Bahn : Oranienburger Str. Au rdc de la Jüdische Mädchenschule, à gauche. Tlj 9h-17h. Brunch 22 €.* Œuf Benedict, croque-madame, pancakes mais aussi poulet croustillant, *edamame* ou *onigiri*. Cette adresse fait le grand écart entre les États-Unis et le Japon pour offrir l'un des brunchs les plus courus de Berlin, dans une atmosphère à la fois *trendy* et décontractée. Cour verdoyante pour profiter du bâtiment de style Bauhaus de la *Mädchenschule*. Beaucoup de monde le week-end.

☕ ***Factory Girl*** *(zoom 2, F2,* ***149****) : Auguststr 29. ☎ 459-50-405. U-Bahn : Weinmeisterstr. Tlj 9h-16h (17h w-e). Compter 12-20 €.* Un café branché pour bruncher sur un coin de rue comme on en trouve beaucoup dans ce quartier, avec grandes tables, fauteuils de récup et slogans pour afficher sa différence... Mais surtout des petits déj sains, en version salée, sucrée, végane, avec *power-muesli* et jus frais, le tout en présentation soignée et sur fond musical parfois envahissant. Légendaire *coco angela* en dessert. Accueil souriant.

Où boire un verre ?

🍷 ***Café Cinema*** *(zoom 2, F2,* ***230****) : Rosenthaler Str 39. ☎ 280-64-15. S-Bahn : Hackescher Markt. Tlj 12h-2h.* Son acte de naissance porte la date du 2 octobre 1990 à 22h, soit 2h avant la disparition officielle de la RDA. Il appartenait d'ailleurs à la Fédération de l'industrie du film et de la télévision de la RDA et en a gardé le décor : projecteurs suspendus et affiches de films est-allemands ornent les murs en brique. Dans un coin, un piano en bois rappelle l'époque du cinéma muet. Il sert encore l'une des bières les moins chères du quartier. Jeunesse bohème et étudiante, et terrasse côté cour (à l'entrée de la *Haus Schwarzenberg,* l'un des derniers lieux alternatifs de Mitte).

Strandbad Mitte *(zoom 2, F2,* ***233****) : Kleine Hamburger Str 16. ☎ 280-84-03. S-Bahn : Oranienburger Str. Tlj 9h-2h. Plats 10-12 € le midi, 14-30 € le soir ; menus 34-38 €.* Au fond d'une impasse (avec terrasse et chaises longues aux beaux jours), un vrai petit îlot de sérénité. Dès l'arrivée du printemps, on y profite des 1ers rayons du soleil. En salle, le décor factice de la piscine avec carrelage et plongeoir évoque les souvenirs d'enfance. Bon petit déj jusqu'à 16h (et, pour un 4-heures, les gâteaux ne sont pas mal non plus !). Intéressant choix de vins nature.

Kilkenny Irish Pub *(zoom 2, F2,* ***237****) : Am Zwirngraben 17-20. ☎ 283-20-84. Sous la ligne de S-Bahn : Hackescher Markt. Tlj 16h (13h sam)-1h30 ; cuisine jusqu'à 22h. Plats 12,50-19 €. Musique live 2-4 fois/sem vers 20h (entrée gratuite).* Grand pub irlandais, réplique assez réussie de ceux de Dublin. Côté cuisine, classiques *fish & chips* ou *Irish stew.* Le bruit du métro n'y couvre en tout cas jamais les conversations des clients. Concerts fréquents.

Zosch *(zoom 2, E-F2,* ***238****) : Tucholskystr 30. ☎ 280-76-64. S-Bahn : Oranienburger Str. Tlj 16h-3h. Plats 5-20 €. Concerts live ven-sam, jazz mer-jeu.* Ce café patiné, au charme d'antan, est resté en l'état et on l'aime comme ça, avec son vieux bar, ses boiseries, ses miroirs et son sol en damier. Cave voûtée en brique, où viennent se produire de petits groupes locaux. Burgers et salades pour les petites faims. Tables sur le trottoir, pour faire la causette aux voisin(e)s.

Tadschikische Teestube *(zoom 2, F2,* ***242****) : Im Kunsthof, Oranienburger Str 27. ☎ 204-11-12. S-Bahn : Oranienburger Str. Tlj 16h (12h w-e)-22h. Compter 10 €. CB refusées.* Dans la jolie cour intérieure, à gauche, un salon de thé à l'orientale au décor irrésistible, dans le style tadjik. On se déchausse à l'entrée ! Le client se vautre sur de confortables coussins, autour de tables basses comme dans une *chaikhana.* Diverses sortes de thés, mais aussi de petits plats savoureux, des pâtisseries et confiseries orientales. Pour mieux choisir, un livret très détaillé est mis à disposition.

Newton Bar *(zoom 2, E3,* ***220****) : Charlottenstr 57. ☎ 20-29-54-21. U-Bahn : Französische Str. Tlj 12h-2h.* Un bar *lounge* et chic, largement ouvert sur la rue en été, dédié au photographe Helmut Newton. Plus cosy l'hiver, bien calé dans les fauteuils en cuir rouge, le regard perdu sur une série de nus du célèbre chasseur d'images. Dès 21h, un DJ vient réchauffer la salle ; commence alors la grande moisson des cocktails, décrits dans une impressionnante carte. Également plus de 200 étiquettes de whiskies, des *glenns* écossais aux bourbons...

Où danser dans une vieille salle de bal ?

Clärchens Ballhaus *(zoom 2, F2,* ***229****) : Auguststr 24/25. ☎ 555-785-440. ● claerchensball.haus ● S-Bahn : Oranienburger Str. Biergarten ouv tlj 12h-22h. Resto mar-ven 17h-22h, w-e 14h-22h. Le dim à 14h, visite guidée des lieux (en allemand).* Un grand immeuble de 1913 au fond d'une cour arborée, une vaste salle au mobilier ancien et un plancher en bois patiné par les décennies. Un vrai décor de film (Tarantino y a tourné quelques scènes d'*Inglourious Bastards*). Un lieu étonnant, dépaysant, vestige de l'ancienne RDA, pour voir comment les Berlinois de l'Est s'amusaient au bal du samedi soir. On y danse toujours le tango à l'étage, éclairé à la bougie *(sur résa le mer : 18h-19h leçons pour débutants,*

19h-20h pour les confirmés et 20h-22h pour les expérimentés ; prix 15 €/pers). Une adresse qui a failli disparaître mais qui s'adapte, se transforme et joue au Berlin éternel. Idéal aussi aux beaux jours, pour profiter du *Biergarten.*

Où sortir ? Où écouter de la musique ?

Eschschloraque *(zoom 2, F2, **396**) : Rosenthalerstr 39. ● eschschloraque.de ● S-Bahn : Hackescher Markt. Tlj 14h-minuit.* Tout au fond de la *Haus Schwarzenberg* (lire plus loin la rubrique « À voir »), passage aux murs couverts de graffitis, on se retrouve nez à nez avec des insectes ou une grenouille géante, qui roule des yeux quand on glisse une pièce dans la fente ! L'intérieur est tout aussi *freaky* : aquariums avec fossiles creusés dans le comptoir, gargouilles modernes... Plein d'événements dans ce lieu complètement décalé : concerts live, soirées DJ, électro ou seventies-eighties, diffusion de films japonais... Allez-y, il se passera sûrement quelque chose !

Acud *(plan centre, F1-2, **256**) : Veteranenstr 21. ☎ 98-35-26-13. ● acud.de ● U-Bahn : Rosenthaler Platz.* Un lieu multiculturel resté alternatif et qui tient toujours la route, ça devient rare. Abrite le bar-resto ***Max Fish*** *(tlj sauf lun 19h-1h, jusqu'à 2h ven-sam, 22h dim),* qui sert salades, soupes et snacks, un théâtre, une galerie, un cinéma et un club avec DJs. Voir la programmation des spectacles, concerts, soirées musicales et dansantes sur leur site.

Week-End Club *(zoom 2, F2, **247**) : Alexanderstr 7, au 12e étage. ☎ 24-29-31-40. ● weekendclub.berlin ● U-Bahn et S-Bahn : Alexanderplatz. Tlj en été ; sinon, ouv slt en fin de sem. Parfois ouv à partir de 19h en été, sinon 22h. Événements réguliers. Entrée : 15-20 €.* Perché au 12e étage d'une tour de l'Alexanderplatz, ce club vaut le détour pour ses vues panoramiques sans égal : on surplombe la Karl-Marx-Allee, et le Berliner Dom est presque à vos pieds ! Après la sélection de l'entrée, on grimpe par l'ascenseur. Public branchouille, filles sexy et musique tout ce qu'il y a d'acceptable. Y aller l'été de préférence, quand le *rooftop* (avec resto) est ouvert.

Tresor *(plan centre, G3, **259**) : Köpenicker Str 70. ● tresorberlin.com ● U-Bahn : Heinrich-Heine-Str. Tlj sauf lun-mar minuit-8h du mat (midi le w-e). Entrée : 10-20 €.* Un temple de la techno et de l'électro dans une usine désaffectée, il suffit de repérer les grandes cheminées et le discret néon rouge en façade ! *Dress code* décontracté. Il faut parfois prendre son mal en patience pour y pénétrer, mais passé la sélection, c'est une expérience surréaliste qui débute. Déco genre fin du monde (pylônes, tuyauterie apparente, grilles, lumière minimale et fumée...), la jeunesse se met en transe sur les musiques électroniques de DJs à la pointe. Programme sur leur site.

B-Flat *(zoom 2, F2, **254**) : Dircksenstr 40. ☎ 283-31-23. ● b-flat-berlin.de ● U-Bahn : Weinmeisterstr. Mer-dim à partir de 20h (concert 21h). Entrée : jam-session le mer 2 €, sinon env 15 €. CB refusées.* Un bel espace pour recevoir toutes sortes de formations acoustiques ou jazz, du duo au big band. Délicieux cocktails.

Kunstfabrik Schlot *(zoom 2, E2, **255**) : Invalidenstr 117 (entrée par le n° 26 Schlegelstr). ☎ 448-21-60. ● kunstfabrik-schlot.de ● U-Bahn : Naturkundemuseum ; S-Bahn : Nordbahnhof. En principe, ouv tlj 20h-1h mais parfois fermé quand il n'y a pas de concert (regarder le site internet). Entrée souvent gratuite en sem, sinon 10-20 €.* Un passage obligé des amateurs de jazz, avec des concerts quasiment tous les jours. Programme sur le site. Public d'habitués.

Babylon *(zoom 2, F2, **251**) : Rosa-Luxemburg-Str 30. ☎ 24-25-969. ● babylonberlin.eu ● U-Bahn : Rosa-Luxemburg-Platz. Tlj. Programmation complète sur le site.* Ciné mythique au décor presque anachronique qui programme, en plus d'une sélection pointue de films d'auteur classiques ou plus récents, de nombreux événements et spectacles, notamment de fantastiques ciné-concerts. On a pu y voir, par exemple, *Metropolis* ou *Nosferatu* accompagnés par le génial *Babylon Orchester Berlin*, attaché au lieu. Ambiance chaleureuse, vraiment unique : on adore !

Achats et dégustation

Galeries Lafayette *(zoom 2, E3, 403)* **:** *Französische Str 23. ☎ 030-20-94-80. ● lafayette-berlin.de ● U-Bahn : Französische Str. Tlj sauf dim 11h-19h.* L'immeuble de verre conçu par l'architecte Jean Nouvel est devenu, dès son ouverture en février 1996, l'une des adresses phares pour le shopping. Au sous-sol, espace « Gourmet » pour saliver devant la multitude de produits alléchants ou grignoter une crêpe *(8,50-14,50 €)*, un burger *(11,50-15 €)*, une spécialité grecque signée Mavrommatis, un poisson grillé *(12-22 €)* ou une belle entrecôte *(21-27 €)*. Librairie française dans la galerie souterraine.

Absinth Depot *(zoom 2, F2, 243)* **:** *Weinmeisterstr 4. ☎ 281-67-89. U-Bahn : Weinmeisterstr. Tlj sauf dim 14h-20h (minuit ven-sam). Verres d'absinthe à partir de 4 €.* Une boutique entièrement consacrée à la « Fée verte ». Incroyable gamme d'absinthes à découvrir, au verre, dans un décor volontairement hors d'âge. Patron (évidemment) passionné par le sujet.

Berlin Décor *(zoom 2, E-F2, 242)* **:** *Im Kunsthof, Oranienburger Str 27. ☎ 44-04-85-95. ● berlindecor.de ● S-Bahn : Oranienburger Str. Tlj sauf dim 10h (11h sam)-17h.* Petite boutique-atelier au fond de la cour à droite. Adorables objets de décoration et d'art de la table, présentés par Katia Wiedemann, qui a appris la peinture sur porcelaine à la célèbre fabrique de Meissen. On a beaucoup aimé sa série de peintures et posters intitulés *Café Berlin* inspirés de l'ambiance des Années folles.

À voir

De la porte de Brandebourg à l'île aux Musées (Museumsinsel)

Brandenburger Tor *(porte de Brandebourg ; zoom 2, E3)* **:** plantée au bout de l'avenue Unter den Linden, elle est devenue l'icône touristique de Berlin, le lieu de tous les selfies sur fond de colonnades. Au point d'oublier complètement la signification de ce monument qui fut bien malgré lui, il y a plus de 25 ans, un ***symbole de la séparation*** de l'Allemagne et de l'Europe pendant la guerre froide. Construite en 1791 par *Carl Gotthard Langhans*, sur le modèle des propylées d'Athènes, la porte de Brandebourg s'élève entre l'avenue du 17 Juin et la *Pariser Platz*, ancien centre de la vie politique allemande. À son sommet se dresse le fameux quadrige représentant le char de la déesse de la Paix, volé par **Napoléon** (voir encadré). Après les inévitables dommages de 1945, on entreprit à l'Ouest la restauration du quadrige sous sa forme originale, amputé de l'aigle prussien et de la croix de fer...

Le 17 juin 1953, à l'Est, une révolte des ouvriers du bâtiment,

LES TRIBULATIONS DU QUADRIGE

1806, Napoléon campe à Berlin. Il décide de piller la ville de ses richesses. Le 21 décembre, un bateau rempli de 96 caisses d'œuvres d'art volées part vers Paris. À son bord, le fameux quadrige de la porte de Brandebourg, conduit par la déesse de la Paix. Pour les Berlinois, le quadrige enlevé par les soldats français devient le symbole de la honte.

réprimée par les Soviétiques, y fit 50 morts civils et 40 dans les forces de l'ordre, d'où le nom de l'avenue de l'autre côté de la porte, côté ouest. Dernière péripétie : l'ouverture du Mur en 1989, avec l'escalade de la *Brandenburger Tor,* a occasionné de sérieux dégâts au quadrige. Emporté par la déferlante du renouveau, le plus célèbre monument de la ville a profité d'une habile restauration. Juste retour des choses : longtemps considérée comme le symbole de la division de Berlin, la porte cristallise aujourd'hui les aspirations de l'Allemagne nouvelle... figurant même sur les pièces de la monnaie européenne !
Les pavés placés au sol (côté ouest) marquent le tracé de l'ancien Mur.

L'ambassade de France *(zoom 2, E3, 7)* **:** *ne se visite pas.* L'ambassade de France est installée, depuis 2002, sur son site historique de la *Pariser Platz.* Sur cet emplacement, propriété de l'État depuis 1860, se dressait l'ancien bâtiment, totalement détruit en 1945, et resté une friche pendant un demi-siècle. La reconstruction fut confiée à l'architecte français ***Christian de Portzamparc.*** Certains lui reprochent son aspect bunker, avec ses meurtrières qui parcourent sa façade. Cet aspect extérieur est expliqué par l'architecte, qui a souhaité établir un contraste entre le socle fermé et l'étage très ouvert : l'aspect sécuritaire du rez-de-chaussée s'opposant au luxe et au calme de l'étage.

En face de l'ambassade, la façade de la ***DZ Bank*** n'a, a priori, rien de remarquable. À l'intérieur, en revanche, l'architecte ***Frank Gehry*** a dynamité toutes les règles du genre : l'atrium abrite une structure de verre et de métal au-dessus de laquelle flotte une tête de cheval. Côté *Behrenstraße,* la façade montre un tout autre visage que celui de la *Pariser Platz* : la paroi, percée d'innombrables fenêtres carrées, semble onduler. Le toit se compose d'une structure complexe où s'enchevêtrent le verre et l'acier pour évoquer les rayons d'une ruche.
Juste à côté se trouve le vaisseau tout en verre de l'***Akademie der Künste*** (académie des Arts), construit à la place de l'ancienne qui occupait un palais du XVIIIe s. L'atrium lumineux s'ouvre sur la bibliothèque, la librairie et la cafétéria, par un réseau de passerelles et d'escaliers de verre. Des expositions temporaires d'art contemporain y sont présentées *(payantes).*

L'***hôtel Adlon,*** palace mythique construit en 1907, a été reconstruit à l'identique sous l'égide du groupe Kempinski après avoir brûlé en 1947 lors de l'occupation russe. Depuis sa réouverture en 1997, c'est un certain parfum de nostalgie et une partie de l'histoire qui ressurgissent. Allez-y pour prendre un café, ne serait-ce que pour admirer la grande salle où le seul élément d'origine est la fontaine de marbre noir garnie d'éléphants. C'est le rendez-vous, autour d'un verre, des fans de Philip Kerr, le créateur du privé *Bernie Gunther,* que l'on trouve rôdant ici, cabossé mais toujours vivant, dans le roman *Hôtel Adlon,* suite de sa fameuse ***trilogie berlinoise.***

L'*ADLON* : UN HÔTEL DE LÉGENDE

Le Kaiser Guillaume II y donnait rendez-vous à la Belle Otero, Auguste Escoffier en fut le chef du restaurant. Caruso ainsi que Joséphine Baker y ont dormi. Teddy Roosevelt, Henry Ford, Greta Garbo et Albert Einstein en avaient fait leur 2de maison à Berlin, Charlie Chaplin s'y est fait déshabiller par ses fans lors d'une avant-première, et Michael Jackson y a suspendu son bébé par-dessus un balcon en 2002 (oui, c'était là !).

Un peu plus loin, du même côté (n°s 55-65), jetez un œil, de l'extérieur, sur l'imposante ***ambassade de la Fédération de Russie*** de style stalinien, inaugurée en 1952 pour servir de représentation à l'URSS auprès de la RDA. Des statues dans le style du réalisme socialiste, avec des héros de la classe ouvrière, y trônent toujours en compagnie de la faucille et du marteau.

Denkmal für die ermordeten Juden Europas *ou* **Holocaust-Mahnmal** *(mémorial de l'Holocauste ; zoom 2, E3)* **:** *Behrenstr, à l'angle avec Ebertstr, à 200 m au sud de la porte de Brandebourg. ● stiftung-denkmal.de ● S-Bahn : Brandenburger Tor ; bus n*[os] *100 et 200. Champ des stèles accessible 24h/24. Centre d'info tlj sauf lun 10h-18h ; dernière entrée 45 mn avt fermeture. GRATUIT. Textes en français, audioguide en français (4 € ; réduc) ; visite guidée gratuite en anglais sam à 15h.*

Le Mémorial, comme on dit désormais dans presque toutes les langues, est devenu l'un des passages obligés de toute visite berlinoise. Un succès qui surprend, dépassant toutes les prévisions, au point de laisser volontairement les guides sans voix, afin de laisser chacun interpréter à sa façon ce qu'il traverse durant quelques minutes, en prenant des photos, en interpellant ceux des rangées voisines, en se recueillant en silence aussi parfois, heureusement... malgré les mômes inconscients qui utilisent les lieux pour sauter de stèle en stèle comme sur un terrain de jeu.

Il en aura fallu de la persévérance pour qu'à Berlin s'érige enfin un monument d'importance à la mémoire des juifs exterminés par la barbarie nazie. L'ensemble des stèles (2 711 exactement, de taille et d'inclinaison variées) installées là, d'après les plans de l'architecte américain ***Peter Eisenman,*** sur l'emplacement du bunker de Goebbels, ressemble effectivement à un cimetière monumental, ouvert en permanence et accessible par tous ses côtés. La nuit, quelques allées sont éclairées.

Cela a l'allure d'une grande vague, d'aspect froid comme un cimetière parsemé de sarcophages de béton gris. C'est en fait assez abstrait, on peut se perdre dans ses couloirs, ou s'y retrouver, carrément isolé, désorienté. Le terrain irrégulier et labyrinthique évoque le tourment des destinées individuelles, mais aussi la peur, tout aussi bien celle de la solitude que celle d'une mauvaise rencontre. Quant au centre d'information, au sous-sol, il héberge une exposition sur les victimes, projetant sur les murs, dans une certaine obscurité, le plus de noms possible, avec une voix détaillant la biographie de certaines familles. Une banque de données permet également d'élargir le champ des recherches. L'Allemagne confirme ici, après de longues années de débats douloureux, sa volonté d'accomplir un réel travail de mémoire.

Unter den Linden *(zoom 2, E-F3)* **:** le fameux boulevard « Sous les Tilleuls » a longtemps été considéré comme les Champs-Élysées de Berlin-Est. La perspective, moins ambitieuse, recèle pourtant plus d'édifices historiques que l'avenue parisienne. À l'origine, ce chemin campagnard menait les princes-électeurs à la réserve de chasse de Tiergarten ! Grâce aux tilleuls qu'y fit planter le Grand Électeur au XVIIe s, puis aux palais officiels et aux boutiques de luxe qui l'agrémentèrent, cette voie devint le lieu de promenade favori des Berlinois. Aujourd'hui, la *Pariser Platz* et la plus grande partie de l'avenue ont achevé leur restructuration au-delà de la Spree avec l'extension de la ligne U5 du métro, qui relie la porte de Brandebourg à l'Alexanderplatz. Vu le prix du mètre carré, n'espérez pas trop trouver un petit café sympa où vous poser.

Cold War Museum *(musée de la Guerre froide ; zoom 2, E3,* ***404****)* **:** *Unter den Linden 14. ☎ 206-735-86-21. ● coldwarmuseum.de ● Tlj 10h-20h. Entrée : 12-20 € (selon expériences choisies, cher !) ; réduc.* Très high tech, ce musée privé raconte l'époque de la guerre froide (1947-1991) à travers 2 récits croisés bien distincts, écrits de chaque côté du rideau de fer : propagande, course à l'armement, conquête de l'espace, espionnage ou rivalité sportive sont explorés à travers des dispositifs vidéo, des films en VR 360° (dans la peau d'un garde-frontière passant à l'Ouest ou dans celle du photographe capturant ce moment) et des expériences interactives (vol au-dessus des Alpes en *wingsuit*). Une visite un peu gadget, mais qui risque de plaire à vos ados...

Staatsbibliothek *(Bibliothèque nationale ; zoom 2, E3, **357**)* **:** *Unter den Linden 8. ☎ 266-433-888. • staatsbibliothek-berlin.de • Lun-sam 8h-22h, dim 10h-18h ; les horaires peuvent varier selon les sections.* N'hésitez pas à faire une halte apaisante dans la cour de cet édifice néobaroque à la façade rénovée : fontaine rafraîchissante, murs parcourus de lierre. Le grand hall, avec son escalier monumental, mérite aussi le détour (petite cafet' à prix étudiant sur la droite, au rez-de-chaussée). La bibliothèque héberge d'intéressantes expos temporaires.

À côté, au nº 6, l'***université Humboldt*** *(zoom 2, E-F3, **358**)*, où Karl Marx, Heinrich Heine et Friedrich Engels firent leurs études. Elle s'enorgueillit de près d'une trentaine de Prix Nobel. De grands noms y ont enseigné : Johann Gottlieb Fichte et Georg Wilhelm ***Friedrich Hegel,*** Robert Koch (l'homme du bacille), ainsi que Max Planck et ***Albert Einstein*** (une plaque rappelle qu'il y a travaillé de 1914 à 1932). Les ***frères Humboldt,*** eux, étaient des fils de l'aristocratie prussienne, descendants d'une huguenote française (voir en fin de guide la rubrique « Personnages » dans le chapitre « Hommes, culture, environnement »).
Face aux bâtiments, de petits pavés de cuivre incrustés dans le trottoir égrènent les noms des étudiants juifs déportés.

En face, au milieu de l'avenue, la gigantesque (13 m de haut) ***statue équestre de Frédéric II le Grand,*** roi de Prusse. Pendant la période communiste, elle avait été exilée à Potsdam au château de Sanssouci.

De l'autre côté de l'avenue, promenez-vous sur la ***Bebelplatz*** *(zoom 2, F3, **362**)* pour admirer le magnifique ***Staatsoper*** *(opéra d'État ; zoom 2, F3, **360**)*, à la façade palladienne datant du XVIIIe s (le plus ancien du monde) et reconstruit pierre par pierre après la guerre.

Le mémorial de l'Autodafé *(zoom 2, F3, **362**)* **:** face à l'ancienne bibliothèque, au niveau de la Bebelplatz, un monument très sobre rappelle l'endroit où les nazis brûlèrent plus de 20 000 livres le 10 mai 1933. C'est une simple plaque de verre, incrustée dans le pavement, à travers laquelle on voit, en dessous, une bibliothèque blanche aux rayons vides. Un projet que l'on doit à ***Micha Ullman,*** né à Tel-Aviv en 1939 et membre de l'Académie des beaux-arts de Berlin.

Tout au fond de la place, la ***cathédrale Sainte-Edwige*** *(zoom 2, F3, **361**)* : *entrée par la Behrenstr ; lun-sam 10h (11h jeu)-17h, dim 13h-17h ; **fermée momentanément au public pour travaux**)*, de style romain. S'inspirant du Panthéon de Rome, elle est tout naturellement le siège de l'évêché catholique du Brandebourg.

Lindenforum : le 2e tronçon de « Sous les Tilleuls » s'étend de la ***Bebelplatz*** à l'ancienne ***Schlossplatz,*** où s'élevait jadis le château de Berlin, un palais baroque du XVIIe s partiellement reconstitué avec l'érection du ***Humboldt Forum,*** coiffé d'une coupole (voir plus loin).

Plus loin encore, juste avant le pont sur la Spree, l'austère façade classique du ***Kronprinzenpalais*** *(zoom 2, F3, **363**)*, qui servit de résidence aux rejetons impériaux jusqu'à l'abolition de la monarchie, puis aux visiteurs de marque pendant la période communiste (il était truffé de micros). Le traité de réunification de l'Allemagne y a été signé le 31 août 1990. Il sert parfois de lieu d'exposition.

En face, à côté du *Deutsches Historisches Museum,* la ***Neue Wache*** *(Nouvelle Garde ; zoom 2, F3, **364**)*, construite par Schinkel, dont c'était la 1re réalisation importante à Berlin. Ce bâtiment classique à l'allure martiale abrite le mémorial aux « victimes de la guerre et de la tyrannie » et l'émouvante statue de ***Käthe Kollwitz,*** *La Mère avec son fils mort,* faiblement éclairée par l'orifice de la coupole. En 1933 déjà, cet édifice, qui abritait au XIXe s la garde royale, fut consacré à la mémoire des soldats tombés lors du 1er conflit mondial. À l'intérieur, le dépouillement extrême invite à la méditation.

***Deutsches Historisches Museum** (musée de l'Histoire allemande ; zoom 2, F3, **347**)* **:** *Unter den Linden 2. **Le musée est fermé pour travaux, au moins jusqu'à 2026.** Des expos temporaires continuent d'être présentées dans l'aile moderne.*
Ce musée est abrité dans le plus ancien bâtiment de l'avenue Unter den Linden, la superbe ***Zeughaus,*** de style baroque, édifiée sous Frédéric Ier, roi de Prusse. Utilisée par l'armée prussienne comme arsenal, la Zeughaus est devenue un musée de l'Armement après 1871, avant de servir de lieu de propagande guerrière sous le régime nazi. Après la disparition d'une grande partie des collections pendant la guerre et de nouvelles reconversions sous l'administration militaire soviétique, la Zeughaus, souvent victime des ruptures de l'histoire allemande, était prédestinée à accueillir ce musée.
Derrière la Zeughaus et sa grande cour recouverte d'un toit translucide, la nouvelle aile, flanquée d'un escalier en colimaçon en forme d'escargot de verre, est l'œuvre de l'architecte sino-américain ***I. M. Pei*** (l'auteur de la pyramide du Louvre à Paris). C'est ici que des expositions temporaires sont présentées (4 par an) en attendant la réouverture complète du musée.

La station de métro Museumsinsel : longtemps station fantôme, elle a ouvert en 2021. Elle fait partie d'un projet de grande ampleur de la ville de Berlin : l'extension de la ligne U5. À lui seul, ce projet aura nécessité 10 ans de travaux et un budget total de 540 millions d'euros. Véritable carrefour culturel, la station dessert les principaux musées de la ville et offre un spectacle étonnant : pas moins de 6 600 ampoules ont été installées sur le plafond bleu foncé, créant l'impression d'une voûte céleste étoilée.

***Humboldt Forum** (zoom 2, F3)* **:** *Schlossplatz. ☎ 992-11-89-89. • humboldtforum.org • Entrées côté Schlossplatz et station de métro U5 ou du côté sud. Tlj sauf mar 10h-20h (22h ven-sam). Expo **Berlin Global** : 7 € ; réduc ; résa obligatoire avec créneau horaire. **Musée ethnologique et musée d'Art asiatique :** GRATUIT.*
Le nouveau grand centre culturel berlinois, inauguré à l'été 2021. Visible de loin, le Humboldt Forum s'étend sur 30 000 m². Les ***façades du palais baroque,*** reconstruites sur les versants nord, sud et ouest du forum, prennent une couleur jaune éclatante. Sur les rives de la Spree, le versant Est est surprenant : une ***façade extérieure moderne et lisse*** devant laquelle se trouve le *Spreebalkon* et, plus bas sur la rive, juste au-dessus de la surface de l'eau, une grande terrasse.
L'architecture du bâtiment se distingue par une combinaison d'éléments ultramodernes en béton qui contrastent avec les façades sculptées reconstruites de l'ancien palais baroque de Berlin.

Un peu d'histoire (à rebondissements)
Plutôt que de réhabiliter à grands frais le *Berliner Schloss,* ravagé par les bombardements, le régime de la RDA avait choisi de détruire ce symbole de l'arrogance prussienne pour y construire son *Palast der Republik* qui abritait le Parlement de la RDA. Rasé à son tour en 2009 pour les mêmes raisons idéologiques (de plus, truffé d'amiante communiste), le bâtiment a été entièrement reconstruit sur le modèle de l'ancien palais (excepté l'intérieur, conçu dans un style beaucoup plus moderne et fonctionnel), afin d'y abriter le ***Humboldt Forum.*** Il a été achevé après 7 ans de travaux pharaoniques.

LE PALAIS DE L'EX-RDA DEVIENT UN CENTRE CULTUREL

La reconstruction « à l'identique » du château des Hohenzollern, symbole de la monarchie prussienne, à la place de l'édifice phare de l'ex-RDA, a suscité de vives controverses. Certains y ont vu un geste idéologique, motivé par la nostalgie impériale, et surtout, le souci de liquider les vestiges de l'ère communiste, pourtant partie intégrante de l'histoire du pays. En attendant, il a fallu déblayer les 76 000 t de béton, de fer et de verre. Un peu cher pour convertir un symbole stalinien en une icône néoprussienne.

La visite

– Le ***foyer*** situé au rez-de-chaussée fait le lien entre les murs d'exposition modernes et le portail du palais reconstruit. Le *Cosmographe,* une tour médiatique de 17 m de haut, y diffuse des informations au moyen de panneaux numériques mais peut à tout moment muter en une installation d'œuvres d'art et de jeux de lumière. De l'autre côté du passage, face au foyer, se déploie la vaste cour intérieure dédiée à l'architecte du château, Andreas Schlüter. On peut admirer les statues en grès d'origine sur les façades du château dans la ***salle des sculptures*** du rez-de-chaussée. Sur le versant sud, ***panorama vidéo de 28 m de long*** qui illustre le développement historique du lieu depuis le XIIe s. Passionnant ! La ***cave du château*** permet de plonger dans l'histoire des lieux : les vestiges du monastère dominicain datant du Moyen Âge ainsi que les fondations du château.

– Au 1er étage, l'exposition ***Berlin Global*** innove par son regard particulier sur la ville : l'accent y est mis sur les événements mondiaux qui ont façonné Berlin, et réciproquement sur l'influence que la ville a eue sur le monde. C'est vivant, dynamique et plutôt destiné à un public jeune. Grands thèmes abordés de manière transversale : Révolution, Espaces libres, Frontières, Divertissements, Guerre, Mode et Interconnexion. Une manière originale de rentrer dans l'histoire de Berlin et de découvrir son identité.

– Aux 2e et 3e étages (entrée par le rez-de-chaussée), les ***Musée ethnologique*** et ***musée d'Art asiatique*** présentent une partie des 200 000 objets d'art d'Afrique, d'Amérique, d'Asie et d'Océanie autrefois présentés dans les musées de Dahlem, et dans celui de l'université Humboldt. Des collections sujettes à controverse : fallait-il y exposer les pièces dérobées lors de la période coloniale ? Les bronzes du Bénin font déjà l'objet d'un accord de restitution. Cela dit, les pièces uniques exposées ici sont largement contextualisées et les circonstances de leur « acquisition », licite ou illicite, évoquées sans fausse pudeur. C'est donc aussi le récit de l'***histoire compliquée du colonialisme*** et du rôle qu'a joué l'Europe dans cette appropriation culturelle qui est abordé ici.

Pour finir, on y trouve aussi un ***office du tourisme,*** la bibliothèque centrale, un auditorium, des salles de cinéma, des restaurants comme le café *Lebenswelten* et des boutiques.

Un ***nouveau monument interactif,*** commémorant la réunification, est en cours d'achèvement devant le Humboldt Forum. Il s'agit d'une coupelle cinétique en acier de 50 m de long qui oscille doucement d'un côté puis de l'autre, à la manière d'une balance.

➢ À 2 pas de là, la *Schlossfreiheit,* à savoir de longues marches le long du fleuve sont prévues pour les baigneurs : le projet ***Flussbad Berlin*** va transformer la Spree au niveau de la pointe de l'île aux Musées en une zone de baignade ! En franchissant le ***Schlossbrücke*** *(pont du Château),* orné de statues, on passe dans l'ancienne ville-sœur, Cölln, sans vraiment se rendre compte que l'on est sur une île.

Berliner Dom *(cathédrale ; zoom 2, F2-3)* **:** *Am Lustgarten.* • *berlinerdom.de* • *Heures d'ouverture variables, en fonction des événements, mais en principe : lun-ven 10h-18h (19h ven), sam 10h-17h, dim 12h-17h. Pour la coupole (270 marches), mêmes horaires, mais fermé à 17h en hiver. Dernier accès 1h avt fermeture. Entrée : 9 € (chère !) ; réduc avec la* Welcome Card. *Pas de visites pdt les services religieux. Concerts organisés souvent entre 18h et 21h lun et ven-sam (☎ 20-26-91-36 ; consulter le site pour le programme). Visites guidées (☎ 20-26-91-19) en allemand ven-dim 12h15-15h.* Face au Humboldt Forum, l'imposant et austère édifice à la gloire de l'Église luthérienne et de la Prusse, construit entre 1894 et 1905, à l'initiative du Kaiser ***Guillaume II*** et de son épouse Augusta. Admirer les lumineuses peintures, la chaire et l'orgue. Sur la droite, juste à l'entrée de la chapelle, imposants tombeaux de la reine Sophie-Charlotte et du roi Frédéric Ier. La crypte abrite 94 cercueils en marbre, en étain ou en bois, dans lesquels reposent la plupart des **Hohenzollern.** Toutes les explications sont en allemand. Attention, si vous grimpez au dôme en 1er, plus possible de revenir dans la nef ; respectez donc le sens imposé de la visite.

Museumsinsel *(l'île aux Musées)*

Ce fut l'un des plus grands programmes de rénovation de la ville : recréer sur l'île aux Musées, à la pointe de l'île de la Spree, un ensemble de 5 musées renouant avec la prestigieuse tradition culturelle de la capitale allemande. En effet, ce site hébergeait auparavant la quasi-totalité des musées de Berlin, avant d'être détruit partiellement en 1945 ; certaines façades portent encore des traces des combats.
L'île aux Musées a été inscrite en 1999 au ***Patrimoine mondial de l'Unesco.***
– Petit tour d'horizon du sud au nord face au Humboldt Forum. Pour mieux s'orienter, consulter le *zoom 2.*
– Pour 19 €, un *pass* valable 1 jour vous offre la possibilité de visiter les 5 musées de l'île (au galop ! mais ça vaut le coup). Sinon, pour 29 €, le ***Museumspass Berlin « 3-Tage-Karte »,*** comme son nom l'indique, permet de visiter toutes les expos permanentes des 30 musées de l'État, pendant 3 jours consécutifs. Tous les renseignements sur le site • *smb.museum* • Entrée réservée à l'intérieur pour les détenteurs du *pass.*
– ***Site de réservation et d'achat de billets en ligne :*** • *shop-smb.museum* •
– ***Nouveauté :*** l'île aux Musées poursuit un vaste programme de modernisation confié à l'architecte anglais ***David Chipperfield*** et dont le terme est prévu pour 2025. En bordure du Neues Museum, la ***galerie James-Simon,*** un vaste bâtiment à colonnades, sert d'***entrée commune au Pergamon*** et au ***Neues*** (pour le moment) ***avec une billetterie.*** Elle abrite aussi des expos temporaires payantes. Henri James-Simon (1851-1932) était un riche mécène et philanthrope juif proche de l'empereur Guillaume II, à qui Berlin doit de posséder le buste de Néfertiti.

Altes Museum *(Ancien Musée ; zoom 2, F2-3)* **:** *entrée par le Lustgarten, face à la Schlossplatz. ☎ 266-42-42-42. • smb.museum • Tlj sauf lun 10h-18h. Le niveau supérieur n'ouvre qu'à 11h. Entrée : 10 € ; réduc.*
Face au Humboldt Forum, avec son austère façade classique aux 18 colonnes ioniennes, égayée d'une maxime en néon, c'est le plus vieux musée de Berlin. Le chef-d'œuvre de l'architecte Schinkel était en 1830 l'un des 1ers d'Europe à avoir été spécialement conçus dans le but d'initier le grand public à l'art.
Il abrite une collection d'***antiquités grecques, étrusques et romaines*** couvrant principalement la période comprise entre la civilisation cycladique et la fin de l'époque hellénistique. Elle comprend notamment une magnifique série de céramiques attiques, corinthiennes et crétoises. Observez bien les scènes peintes : elles sont le reflet de la vie quotidienne dans l'Antiquité. On découvre ici un athlète occupé à s'enduire le corps d'huile, là une partie de chasse, ailleurs une porteuse d'eau... Ne pas manquer le beau guerrier étrusque en bronze et le célèbre *Garçon priant,* provenant de Rhodes.

TROP VASTE VASQUE

Devant la colonnade du musée trône une vasque de granit commandée par le roi Frédéric-Guillaume III en 1828. Elle devait prouver les qualités de l'artisanat berlinois capable de tailler un bloc de 70 t d'un seul tenant. Destinée à orner le hall du musée, on s'aperçut qu'elle était trop grande pour passer entre les colonnes. Elle dut donc rester dehors.

À l'étage, au centre, l'impressionnante rotonde inspirée du Panthéon de Rome regroupe les statues des anciens dieux. Superbe collection d'argenterie romaine trouvée à *Hildesheim* en Basse-Saxe. Ne manquez pas la fameuse ***Déesse de***

Berlin, étonnante statue funéraire du VIe s av. J.-C. trouvée en Attique. Salle 6, sous l'appellation « Jardin des délices », une collection de cratères et de terres cuites évoquant l'***amour dans l'Antiquité.*** Salle 7, les bustes de César et Cléopâtre semblent en pleine conversation. Le tout est complété par une importante collection numismatique. Et pendant les travaux d'agrandissement du *Pergamonmuseum,* de nombreuses pièces de sa prestigieuse collection gréco-romaine sont exposées ici.

Neues Museum *(Nouveau Musée ; zoom 2, F2) : entrée par la galerie James-Simon. ☎ 266-42-42-42. • smb.museum • Tlj sauf lun 10h-18h (20h jeu). Entrée : 14 € (expo temporaire incluse) ; réduc. Audioguide en français pour la collection égyptienne slt, les autres collections étant accessibles en anglais ou en allemand.*

Le bâtiment a rouvert ses portes en 2009 après 6 ans de restauration. L'architecte ***David Chipperfield*** a relevé le défi de conserver le style classique de l'édifice tout en lui donnant une touche de modernité et en gardant visibles les traces de l'histoire agitée de ce musée, anéanti par les bombes en 1945 et laissé à l'abandon durant les 40 ans de régime communiste. Résultat : un mélange étonnant où cohabitent d'immenses escaliers et des salles voûtées avec des fragments de fresques ou des plafonds peints.

Aujourd'hui, le Neues Museum abrite non seulement les ***collections égyptiennes*** de Berlin enfin réunies, mais aussi le musée de ***Préhistoire et Protohistoire*** ainsi qu'une collection d'antiquités, offrant aux visiteurs un regard croisé sur ces œuvres venues de différents horizons.

Sous-sol (niveau 0)

On y aborde le ***monde des morts*** si cher aux Égyptiens : sarcophages de toutes tailles mais pour un seul usage... Un intéressant inventaire sur plus de 1 000 km allant de l'île Éléphantine à Alexandrie permet de se faire une idée sur la représentation du dieu unique. La salle des papyrus (près de 5 000 pièces) recèle un admirable spécimen de plusieurs mètres de long, appelé ***Livre des morts de Neferini.*** Il raconte la transformation de l'homme en créature divine et éternelle. Concrètement, ces hiéroglyphes narrent la confession d'un « Homme juste » devant Osiris, dieu des Morts.

Au fond, sous les arcades, ne passez pas à côté d'une famille romaine décédée en 24 av. J.-C. : on voit l'effigie des visages peinte sur les momies des 3 enfants (portraits peints du Fayoum).

LA GUERRE DE TROIE A-T-ELLE EU LIEU ?

Sans être archéologue, mais persuadé que les poèmes d'Homère décrivent une réalité historique, Schliemann entreprend en 1874 des fouilles en Asie Mineure pour retrouver les lieux décrits. Sur la colline d'Hissarlik, il exhume les ruines d'une ville qu'il identifie à Troie. Les 1res fouilles ne prennent pas la peine de conserver ce qui n'est pas contemporain à la date supposée de la guerre de Troie. 7 campagnes de recherches ont lieu : elles révèlent 9 habitats superposés contenant 2 000 objets d'art. Il prétend avoir trouvé le trésor de Priam et les bijoux d'Hélène, le gouvernement ottoman l'accuse de vol de biens nationaux, mensonge et falsification. Schliemann échappe au procès en faisant jouer ses relations mais au prix d'une forte amende. Il fait alors sortir discrètement de Turquie les fragments de bijoux découverts. Le 2d scandale est scientifique : Schliemann est accusé de s'être trompé dans la datation des objets retrouvés.

Rez-de-chaussée (niveau 1)

Objets précieux allant ***de l'âge de la pierre à l'âge du fer,*** en passant par celui du bronze. Peu de pièces mais de grande valeur : des armes, des bijoux. Plus loin, le buste d'Homère invite à contempler quelques poteries anthropomorphes et

objets rituels (idole phallique assez évocatrice). Évoqués dans l'*Iliade,* des objets votifs ou de libation provenant des fouilles dirigées par ***Heinrich Schliemann,*** magouilleur hors pair, infatigable voyageur et « découvreur » de Troie, dont l'intérêt pour les choses de l'art ne cédait en rien à son sens immodéré des affaires. Dans la salle, le prétendu ***trésor de Priam*** (en fait, un assemblage d'objets hétéroclites mis en scène par Schliemann lui-même). Ce ne sont d'ailleurs que des copies, les originaux, raflés par les Soviétiques en 1945, se trouvant désormais au musée Pouchkine de Moscou. Dans la salle suivante, quelques belles antiquités chypriotes, notamment une *Mère à l'enfant* du VIe-V^{e} s av. J.-C. et, juste en dessous, des terres cuites représentant le dieu égyptien Bès.
On poursuit avec la ***collection égyptienne*** proprement dite, l'une des plus importantes au monde après celles du musée du Caire, du Louvre à Paris et du Metropolitan à New York. Elle débute par une pièce ornée de murs, bas-reliefs et parois de salles hypostyles (dont le plafond est soutenu par des colonnes) ou de chambres funéraires, notamment celle de ***Methen*** (environ 2600 av. J.-C.) dont les hiéroglyphes constituent une des plus vieilles biographies d'Égypte. Dans sa tombe, on a retrouvé le 1er calcul exact de la surface d'un triangle.
La visite de cet étage se poursuit par une ***salle entièrement consacrée à la représentation humaine,*** la matière variant du bois peint le plus délicat aux roches les plus dures. À noter, la remarquable figurine de Tadja exécutée en ivoire, découverte dans la tombe d'un enfant de 7 ans et qui renvoie à l'idéal africain de la beauté. Aussi l'une des têtes les plus célèbres du musée, le ***Berliner Grüner Kopf,*** un chef-d'œuvre de l'art égyptien représentant un prêtre chauve d'une étonnante modernité qui sème encore le trouble parmi les experts quant à sa datation exacte (estimée à 400 ans av. J.-C.).
Enfin, la statue en bois d'un homme en marche, représentative de l'art mortuaire (1950-1900 av. J.-C.). Traduisant un « mouvement en devenir », elle est assez évocatrice de l'intention du sculpteur d'insuffler la vie à l'objet pour le rendre immortel. Après la ***salle du pharaon Amenemhat III,*** la visite de l'étage se termine par un melting-pot d'objets divers : amulettes, boîtes à onguent, notes de voyages, croquis... On y trouve même le précieux système hiéroglyphique de Champollion, ainsi que quelques lithographies originales de l'ouvrage de Richard Lepsius, l'égyptologue prussien, qui en comptait près d'un millier et qui témoignent de la compétitivité engagée entre les puissances occidentales, consécutivement aux découvertes de Bonaparte en Égypte.

Niveau 2
Pour y accéder, on emprunte le majestueux escalier où l'étonnant travail architectural sur la combinaison des styles, des époques et des matériaux ressort pleinement.
Dans la 1re salle, les conditions d'éclairage sont remarquables et la muséographie a été pensée de telle sorte que les visiteurs se sentent observés de toutes parts. Ici, la typologie de la figuration humaine invite au respect (Giacometti y a puisé son inspiration). Vous remarquerez que certaines statues ont le nez cassé : éminemment représentatif de la pénétration du souffle de vie à travers le corps, il était systématiquement détruit par ceux à qui la tête du défunt ne revenait pas. Ce n'est toutefois pas le cas de celle de ***Petamenophis,*** figurine à posture cubique et au regard vengeur. Plus gracile, la tête en bois d'if de la ***reine Tiyi,*** mère d'Aménophis III, le pharaon qui a imposé la 1re religion monothéiste connue de l'histoire.
Le regard est ensuite irrésistiblement attiré vers le sanctuaire réservé au ***buste de Néfertiti*** (Nofretete, pour les Allemands) la reine dont le nom signifie « la beauté est arrivée » et qui vivait il y a près de 3 000 ans : une salle octogonale où la lumière se focalise uniquement sur le célèbre buste. Un puits de lumière au-dessus d'elle accentue l'impression de lieu sacré, les murs reprennent les teintes du chef-d'œuvre. Cet extraordinaire modèle de travail, utilisé pour la finition des

nombreuses représentations de la reine, a été retrouvé en 1912 dans les fouilles de l'atelier de ***Thoutmosis,*** sculpteur de la cour. L'Égypte réclame à cor et à cri sa restitution arguant des conditions douteuses dans lesquelles elle a été acquise en 1912. Hélas, lui tirer le portrait, même avec un smartphone, est formellement interdit.

Sans transition, on entre dans l'ère romaine par la voie martiale : ordres militaires, armes, casques. Puis arrivent les Grecs (remarquable statue d'Hélios), les Germains, les Gaulois. Salle 206, très belle collection de bijoux des périodes paléochrétienne et byzantine. Chose rare, on notera un denier à l'effigie de Charlemagne (sacrée pièce !).

NÉFERTITI, T'AS DE BEAUX YEUX TU SAIS

Elle était la femme d'Akhenaton. Sa tombe devait se trouver à côté de celle du pharaon, mais aucune momie n'y repose. Le tombeau ayant été profané, la momie a-t-elle été détruite ? Nul ne le sait. Son célèbre buste en plâtre peint a traversé 3 millénaires pour parvenir jusqu'à nous, intact ! Le plus incroyable, c'est qu'il n'a jamais dû être restauré. Un détail : l'œil droit est incrusté de cire, mais l'œil gauche est vide.

Niveau 3

À l'étage supérieur, on remonte le temps pour découvrir les collections du *musée de la Préhistoire et de la Protohistoire.* Belle collection de bifaces et reconstitution d'un visage de Néanderthalien découvert au Moustier (Dordogne) en 1908, le Moustérien étant une étape importante de l'industrie lithique humaine. La muséographie est épurée : os, peaux de bêtes. Tableau lumineux montrant l'accroissement démographique de la population humaine depuis 9 milliers d'années... angoissant !

La *Salle des étoiles* est consacrée à la religion et à l'astrologie. Au milieu trône le célèbre « ***chapeau d'or*** » *(Golden Hat),* un étrange couvre-chef conique de chaman de près de 1 m de haut qui devait servir aux cérémonies entre les XIIe et IXe s av. J.-C. C'est l'une des 4 pièces de ce type trouvées à ce jour dans le monde.

La visite s'achève par l'âge du bronze ainsi que par une belle collection d'armes, de parures et de bijoux des cultures celtiques et nordiques (remarquable casque en fer et bronze incrusté de corail). Petite section consacrée à l'archéologie de la période contemporaine avec les objets trouvés dans les ruines de Berlin après 1945.

Alte Nationalgalerie *(ancienne Galerie nationale ; zoom 2, F2) : entrée par le jardin situé le long de la Bodestr. ☎ 266-42-42-42. • smb.museum • Tlj sauf lun 10h-18h. Entrée : 10 € ; réduc. Audioguide en français.*

Achevé en 1876 dans le dessein de réunir la fine fleur des artistes allemands (en plus de la phrase « À l'art allemand », la date de 1871 inscrite sur la façade rappelle la concrétisation de l'unité politique du pays), l'édifice devait également symboliser, par son architecture, la puissance du Reich. Au-dessus du monumental escalier et de l'imposante façade à colonnes semblable à celle d'un temple grec trônent les statues des 3 arts : la *Peinture,* la *Sculpture* et l'*Architecture.* Bien sûr, l'Ancienne Galerie nationale a souffert de la Seconde Guerre mondiale, mais les œuvres éparpillées à l'époque de la séparation ont retrouvé leur place initiale.

Pour info, les œuvres de la 1re moitié du XXe s sont exposées à la ***Neue Nationalgalerie*** et les plus contemporaines à la ***Hamburger Bahnhof*** (voir plus haut « Les quartiers de Tiergarten et Schöneberg »).

Les visiteurs découvrent donc avec plaisir les chefs-d'œuvre de la peinture et de la sculpture allemandes du XIXe s, mais la collection comprend également de nombreux impressionnistes français, acquis pour la plupart à la barbe de l'empereur par le directeur du musée Hugo von Tschudi entre 1896 et 1909.

3e étage
Consacré à la peinture classique et romantique allemande du XIXe s. Quelques coups de cœur : ***Ferdinand Georg Waldmüller,*** peintre « rural », quelque peu académique mais qui, dans le *Retour de la Kermesse,* sait fort bien rendre joie et mouvements des enfants. Eduard Gaertner, un bon peintre urbain qui travaille dans la veine du Canaletto. Puis des naturalistes : Johann Martin von Rohden, Carl Blechen, Karl Friedrich Schinkel. Ce dernier était non seulement un génial architecte, mais aussi un grand peintre. Pour preuve, ces paysages étonnants habités de cathédrales imaginaires. ***Caspar David Friedrich*** enchante avec ses paysages grandioses pleins de brume et d'une mystérieuse poésie. On adore le *Moine au bord de mer,* pour le malaise qu'il provoque, une sorte d'angoisse devant des espaces vides, fermés et infinis tout à la fois, dont toute vie, malgré quelques mouettes anecdotiques, semble absente... Sans oublier bien sûr une des 5 versions de la fascinante *Île des Morts* du Suisse ***Arnold Böcklin,*** une des œuvres majeures du symbolisme. Pour finir, admirer les fresques de la Casa Bartholdy.

2e étage
Consacré aux mouvements du réalisme, du symbolisme et de l'impressionnisme.
– *Salle des impressionnistes :* grâce aux ruses de ***Hugo von Tschudi*** (qui combattait au XIXe s le nationalisme étriqué de ses compatriotes), voici quelques chefs-d'œuvre de l'art français. Entre autres, des ***Renoir, Cézanne,*** et une étrange *Conversation* de ***Degas*** ; dans cette toile, les 3 femmes se taisent, elles n'ont plus rien à se dire, et les tonalités ternes de la toile renforcent cette impression. Dans les autres salles, on retrouve le *Paysage de printemps* de Daubigny, la *Vue de Vétheuil* de ***Monet*** et un des *Moulin de la Galette* peints par ***Van Gogh*** durant son séjour parisien. À voir encore, des toiles plus méconnues de ***Bonnard, Dufy, Gauguin*** ou ***Manet.***
De Lovis Corinth, *Portrait de la mère du critique d'art Hans Rosenhagen.* Peinture de la vieillesse sans complaisance. Quelques toiles de ***Max Liebermann*** d'un réalisme remarquable comme *Les Fileuses de lin.* Dans *L'Échoppe du cordonnier,* beau travail sur la lumière également. En revanche, le sombre *Plumeuses d'oies,* 1re œuvre exposée de Liebermann (à 25 ans), n'eut à l'époque aucun succès, à cause, disaient ses critiques, de la « pauvreté » du sujet. Clin d'œil à Renoir dans *Café à Nikolskoe.*

Rez-de-chaussée (1er étage)
Le musée rend un bel hommage à ***Adolph Menzel*** : à ce précurseur de l'impressionnisme, on doit des œuvres innovantes, au moment même où triomphaient, surtout en Europe, l'ultra-classicisme, le style pompier et le romantisme. La *Chambre au balcon,* de 1845, se révèle d'une modernité incroyable pour l'époque. Pièce quasi vide, place désordonnée du mobilier, détails visibles uniquement grâce à la glace de l'armoire. Superbe lumière presque apportée par le coup de vent qui soulève le délicat rideau blanc. Jusqu'à Menzel, le monde industriel n'était pas jugé digne d'être peint. Au milieu du XIXe s, Menzel, en rupture avec l'académisme, visita la plus grande fonderie de Silésie, où il exécuta plus de 150 esquisses, bravant : le risque d'être écrasé par le laminoir. Il en résulta une magistrale métaphore du travail humain collectif : *Le Laminoir* (1872). Combat de cyclopes modernes dans les fumées et les lumières vacillantes du métal en fusion. Également quelques sculptures allemandes classiques. Mais l'une des œuvres les plus fascinantes, c'est la *Vague* de ***Courbet,*** d'une force inégalée, et dont Cézanne disait : « On dirait qu'elle arrive sur vous et l'on recule effrayé, toute la salle est remplie d'embruns. » De Courbet également, les *Rochers d'Étretat.* Puis encore *Nu assis* de ***Delacroix, Corot, Pissarro, Jongdkind,*** et un superbe et lugubre *Don Quichotte* par ***Daumier.*** Voir aussi l'autoportrait de ***Fantin-Latour*** et la lascive *Mademoiselle Rose* (1820) de ***Delacroix.***

Pergamonmuseum *(musée de Pergame ; zoom 2, F2)* **:** *entrée par la galerie James-Simon. ☎ 266-42-42-42. • smb.museum • S-Bahn : Hackescher Markt. Tlj sauf lun 10h-18h (20h jeu). Entrée : 12 € ; réduc ; gratuit moins de 18 ans.*

BERLIN, QUARTIER PAR QUARTIER

Audioguide en français slt pour les collections permanentes ; est proposée une visite de 30 mn qui ne reprend que les œuvres importantes.

Attention : depuis 2012, le musée le plus célèbre de la ville connaît d'importants travaux en vue de la construction d'une 4e aile. En conséquence, d'ici à la fin de ces aménagements (prévue en 2025), certaines parties (notamment l'aile nord avec les collections hellénistiques et l'autel de Pergame) sont fermées au public. Renseignez-vous au moment de programmer vos visites et sachez qu'une partie des œuvres présentées dans les salles fermées pour travaux sont exposées au Altes Museum (voir plus haut).

– ***Vorderasiatisches Museum*** *(musée du Proche-Orient)* **:** *au rdc.* Un très riche panorama de 4 000 ans d'art, dû aux recherches archéologiques allemandes menées au début du XXe s en Mésopotamie et en Assyrie. Dans la 1re salle, les célèbres lions, une orgie de bas-reliefs et d'impressionnantes bases de colonnes. On pénètre ensuite dans la *Voie des processions de Babylone* (VIe s av. J.-C.), démesurée et somptueuse avec ses animaux en émail sur fond de céramique turquoise. Longue ici de 30 m, cette voie des Processions mesurait 250 m de long et 24 m de large sous le règne de Nabuchodonosor II (604-562 av. J.-C.). Elle s'ouvre sur une monumentale reconstitution, qui ne passe pas inaperçue : la ***porte d'Ishtar*** (assez peu de recul pour l'admirer)

De part et d'autre de la *Voie des processions de Babylone*, riches *salles assyriennes* (les nos 10, 11, 12 et 13) où l'on peut admirer les bas-reliefs du ***palais de Ninive*** (704-689 av. J.-C.), des bijoux et vestiges de petits bronzes, outils, poteries, pierres, avec inscriptions cunéiformes. Dans les vitrines, nombreuses jolies statuettes et objets. Au centre, un réservoir d'eau aux parois sculptées (dieux et prêtres portant de petits seaux pour purifier le « dieu Eau »). D'autres bas-reliefs provenant d'un palais assyrien et couverts d'écriture cunéiforme. Statues votives qu'on posait sur de petits autels représentant la demeure du défunt.

Dans les salles en face, vestiges du site de *Habuba Kabira* entre 3000 et 4000 av. J.-C. Maquette du *temple de Marduk* à ***Babylone.*** Là encore, grande richesse des vitrines regorgeant de centaines de statuettes, figurines et de délicats objets, miroirs, petits bronzes de la période sumérienne...

– ***Museum für Islamische Kunst*** *(musée d'Art islamique)* **:** *au 1er étage.* Belles collections de tapis, miniatures et photos relatant l'histoire de l'art islamique depuis l'empire des ***Sassanides.*** Dès le départ, on découvre de merveilleuses enluminures et de beaux tapis des XVIe et XVIIe s, dont ceux du khan mongol Babur, qui avait fondé une dynastie en Inde. Ce genre de bijou était commandé à des artistes triés sur le volet.

– *Salle du califat de Damas* (661-750) *:* porcelaines peintes, terres cuites, bas-reliefs de pierre sculptés, cuivres, boîtes ou peignes en os ou ivoire ciselés. Niche de minbar de *Kashan* (Iran), belles portes sculptées d'Anatolie, niche en céramique de *Konya* (XIIIe s). Splendide coupole mongole ciselée.

Magnifique et imposante façade du ***château omeyyade de Mschatta*** (661-750), découverte près d'Amman (Jordanie). Intéressant décalage entre la monumentalité des murs et la délicatesse du décor. Un dessin reconstitue l'ensemble du site.

Puis de nouveau une riche section d'enluminures, de calligraphies et de miniatures, suivie d'une non moins riche collection de tapis. Notamment, on en découvre un, immense, venant de Lahore (Pakistan) et datant de 1610. Admirer ce remarquable décor floral d'une joyeuse exubérance, agrémenté de panthères dévorant des chèvres. Belles ***faïences d'Iznik*** (1530) en Turquie, plus quelques armures. Une observation s'impose à la visite de cette section : jusqu'au XIIIe s, la figure humaine était fréquemment représentée dans l'art islamique.

Pour terminer, ravissante ***chambre d'Aleppo,*** d'influence persane mais trouvée en Syrie, avec ses arabesques, ses médaillons et ses panneaux de bois ciselé... En fait, c'était la salle à manger d'un riche commerçant chrétien.

– ***Antikensammlung*** *(collection des Antiquités ;* ***fermée pour travaux****, une animation vidéo permet de se rendre compte du futur aménagement après ceux-ci)* **:** l'une des plus importantes du monde. Derrière la porte d'Ishtar, la ***porte romaine***

du marché de Milet (IIe s apr. J.-C.), haute de 17 m reste accessible malgré les travaux. La ville fut détruite vers l'an 1100 apr. J.-C. C'est une mission archéologique allemande qui dégagea la porte en 1903. Au sol, un carrelage de mosaïques antiques ornait certainement jadis la salle à manger d'une élégante villa romaine d'Ostie.
Des trésors d'une rareté inestimable sont exposés dans l'aile centrale, fermée durant les travaux. Parmi eux, l'***autel de Pergame*** *(Pergamonaltar)*, reconstitué grandeur nature, a donné son nom au musée. Ce gigantesque monument élevé à Zeus et découvert en Asie Mineure fut érigé entre 180 et 160 av. J.-C. La frise de 125 m de long, reconstituée par fragments sur les murs de la salle, est considérée comme un chef-d'œuvre de l'art hellénistique et illustre les thèmes récurrents de la tradition grecque (combat des géants contre les dieux...). La maquette de l'autel donne une idée précise sur son aspect d'origine. L'aile gauche abrite des sculptures grecques, gréco-romaines et un cabinet de monnaies. Après tant de splendeur, on comprend pourquoi l'Europe de la Renaissance a considéré le retour à l'Antiquité comme un retour à la civilisation !

Bode-Museum *(zoom 2, F2)* **:** *Monbijoubrücke, Museumsinsel. ☎ 20-90-55-77. • smb.museum • U-Bahn : Friedrichstr. S-Bahn : Hackescher Markt. À la pointe nord de l'île ; entrée par le pont de Monbijoustr. Tlj sauf lun 10h-18h. Entrée : 10 € ; réduc.*
À la pointe nord de l'île aux Musées, « le Bismarck des Musées » ; on le reconnaît facilement à sa coupole couronnée. Inauguré en 1904 sous le nom de Kaiser-Friedrich-Museum, fortement endommagé pendant la Seconde Guerre mondiale, il a rouvert ses portes en 2006. Un musée d'une grande richesse. Les œuvres couvrent la période du haut Moyen Âge jusqu'à la fin du XVIIIe s.

Collection d'art paléochrétien et byzantin
Couvrant une période qui va de l'Antiquité tardive à l'époque byzantine, ces collections font découvrir l'art de l'Empire romain d'Occident et de l'Empire byzantin, soit du IIIe au XVe s. Ces collections sont si riches qu'elles rivalisent avec celles du musée d'archéologie d'Istanbul, ce n'est pas peu dire !
Les pièces viennent d'Italie, du Proche-Orient, de Russie, de Grèce et d'Égypte. Malgré leur diversité géographique, on peut leur reconnaître une inspiration commune, tirée des modèles de l'Antiquité. Dans la section byzantine, très belle reconstitution d'une mosaïque de Ravenne *(Apsismosaik)*.
- Remarquables ***ivoires,*** parmi lesquels figure la *Große Berliner Pyxis* (400 apr. J.-C.) ; le ciboire est orné d'une frise représentant le Christ et les Apôtres, ainsi que le sacrifice d'Abraham.
- La section consacrée à l'***art copte*** éclaire bien les rites de l'art funéraire des chrétiens d'Orient, notamment à l'aide de statues, de sculptures en bois, de textiles et de céramiques.
- La ***collection d'icônes*** possède des pièces d'Égypte datant des VIe et VIIe s. La peinture sacrée russe est représentée par une sélection d'icônes de l'*école de Novgorod* (1400) jusqu'aux réalisations du XIXe s.

Collection de sculptures
La sculpture italienne est particulièrement abondante avec, entre autres, la *Madone du presbytère Martinus,* le *Martyre de Giovanni Pisano,* les terres cuites vernissées de ***Luca della Robbia,*** les *Pazzi-Madonna* de ***Donatello*** et les bustes de Desiderio da Settignano ou Mino da Fiesole. De ***Jan Van Eyck,*** une délicate *Vierge à la fontaine* avec profusion de détails végétaux. Prenez aussi le temps d'admirer les œuvres de ***Paolo Uccello*** et ***Fra Angelico.***
L'autre point fort de la visite est la collection de sculptures gothiques tardives allemandes. La Renaissance et le baroque allemands sont représentés par des statuettes en albâtre et ivoire. Remarquer aussi les statues monumentales et martiales de saint Florian et saint Sébastien *(Ritterheilige)* datant de la guerre de Trente Ans.

Les groupes sculptés provenant de monuments sont également à l'honneur avec la *Gröninger Empore,* chef-d'œuvre de l'art roman. Étonnante *Marie de l'Annonciation* d'un artiste siennois, dont la tunique sculptée est peinte d'un orange flashy. Parmi cette multitude, se cache aussi un joli ***Cranach.***
Les styles rococo, classique français et allemand sont illustrés par des œuvres d'Ignaz Günther, de Joseph Anton Feuchtmayer, Bouchardon, Pierre Puget et les bustes de Jean-Antoine Houdon. Magnifiques *Ruines de Nîmes* de ***Hubert Robert.***

Cabinet des Médailles
Elles proviennent des collections privées des princes-électeurs de Brandebourg. Avec plus de 500 000 pièces (très bien présentées), c'est l'un des cabinets les plus riches du monde. On peut ainsi admirer des monnaies grecques du Ve s av. J.-C., des monnaies européennes du Moyen Âge, des deniers français.

De la Schlossplatz au Nikolaiviertel *(quartier Saint-Nicolas)*

Derrière le Humboldt Forum, en longeant la *Ribbeckhaus* et la ***bibliothèque des archives municipales*** *(zoom 2, F3,* ***368****),* on peut accéder à l'***île aux Pêcheurs*** *(Fischerinsel),* cœur historique de l'ancienne sœur jumelle de Berlin : ***Cölln.*** Pas grand-chose à voir malheureusement...

Nikolaiviertel *(quartier Saint-Nicolas ; zoom 2, F3,* ***375****)* **:** un quadrilatère de 4 ha délimité par la mairie *(Rathaus),* le forum Marx-Engels et la Spree. Il faut se pincer pour croire à la réalité de ce quartier du vieux Berlin, entièrement reconstitué, avec ses petites maisons toutes propres, ses tavernes pseudo-typiques, son absence totale de néons, de voitures, de fils électriques...
Intégralement rasé lors de la dernière guerre, la RDA décida de le reconstruire pierre par pierre à l'occasion du 750e anniversaire de la ville, pour en faire une vitrine de l'Allemagne communiste !
Faites un tour dans ce décor pour tournage de film jusqu'à l'***église Saint-Nicolas*** *(Nikolaikirche),* reconnaissable de loin à son clocher en forme de bonnet d'âne ! La splendide nef de la plus vieille église de Berlin (les fondations datent de 1230) abrite un musée sans grand intérêt *(tlj 10h-18h ; 5 €),* on peut se contenter de jeter un œil dans l'entrée... Juste à côté, sur la placette ombragée, belle fontaine gothique surmontée de l'ours, la mascotte de la ville, qui enserre le blason de Berlin. Au 7, *Nikolaikirchplatz,* la ***maison de l'écrivain Lessing,*** de 1765, reconstruite à l'identique.

Tout près de là, ne manquez pas d'entrer dans la ***Knoblauchhaus*** *(tlj sauf lun 10h-18h ; GRATUIT),* construite en 1759. Cette maison patricienne, l'une des rares du *Nikolaiviertel* à avoir survécu aux destructions de la guerre, restitue le cadre de vie de la famille *Knoblauch,* représentante de la haute bourgeoisie juive de Berlin et propriétaire des lieux jusqu'en 1928. Une famille qui a compté d'illustres architectes – on leur doit notamment la nouvelle synagogue d'*Oranienburgstraße* – mais aussi de grands brasseurs, qui s'exila aux

LES FEUX DE L'AMOUR

*Le retour des petits bonshommes verts (et rouges) anime les feux de circulation à Berlin. Imaginé en 1961, l'*Ampelmann *rythmait les passages pour piétons dans Berlin-Est. Ces petites silhouettes lumineuses, reconnaissables de loin avec leur chapeau, avaient été remplacées à la réunification, puis réinstallées, même à l'Ouest. Devenues un symbole culte, elles ont donné le jour à une multitude de produits dérivés. Des boutiques les commercialisent à présent un peu partout.*

États-Unis à l'arrivée des nazis. Au 1er étage, magnifique plancher en bois aux motifs en losanges, secrétaire en forme de temple antique, gravures reproduisant des Raphaël, bibliothèque et jouets d'enfant... Au 2d étage, on découvre encore un bureau, une chambre, une cuisine ainsi qu'une petite exposition faisant revivre la vie intellectuelle de l'époque de Wilhelm von Humboldt (le pédagogue pas l'explorateur !) et Karl Friedrich Schinkel, 2 proches de la famille *Knoblauch*. Voir aussi les affiches de publicité de la *Böhmische Brauhaus* familiale, qui produisait la *Berliner Pils* d'après les procédés réputés de la tradition tchèque.

Le palais Ephraim *(zoom 2, F3,* ***376****) : ☎ 24-00-21-62. • stadtmuseum.de/ephraim-palais • Tlj sauf lun 10h-18h. Entrée : 6 € ; réduc.* Un joyau rococo, réputé jadis comme le plus bel endroit de Berlin. Rasé en 1936, il a été reconstruit dans la 2de moitié des années 1980. Récemment réaménagé, le lieu accueillera à partir de l'été 2023 l'exposition *Berlin Zeit* – en provenance du Märkisches Museum, lui-même en cours de restauration –, qui passe en revue les grands moments de l'histoire de Berlin. Expositions temporaires également (programme sur le site).

Hanf Museum *(zoom 2, F3,* ***349****) : Mühlendamm 5. ☎ 242-48-27. • hanfmuseum.de • U-Bahn : Klosterstr ; bus n° 248. Tlj sauf lun 10h (12h w-e)-20h. Entrée : 6 € ; réduc.* C'est un musée original, que l'on menace de fermeture... depuis son ouverture, en 1994. Il traite d'une plante très ancienne : la *Cannabis sativa* ! Modeste, mais très instructif. Tous les sujets sont abordés, comme la culture du chanvre dans l'Allemagne d'autrefois, son utilisation pour la fabrication de vêtements et de toiles de bateau dans la Russie et l'Italie du début du XXe s. Collections de shiloms, feuilles à rouler et autres pipes à eau, inévitable section rastafari et affiches anti-marijuana. Petite boutique.

House of One *(zoom 2, F3,* ***328****) : Scharrenstr 10. • house-of-one.org •* Au sud de l'île aux Pêcheurs a débuté, en 2020, la construction d'un bâtiment qui fait déjà parler de lui, la *Maison de l'unité*, ***un lieu de culte rassemblant en un seul endroit les 3 religions monothéistes*** : christianisme, islam et judaïsme. Le lieu n'a pas été choisi au hasard, les 1res briques sont posées sur les fondations des églises qui se sont succédé sur la Petriplatz depuis le XIIIe s.

Märkisches Museum *(musée de la Marche de Brandebourg ; zoom 2, F3,* ***350****) : Am Köllnischen Park 5. ☎ 24-00-21-62. • stadtmuseum.de • U-Bahn : Märkisches Museum.* ***Fermé pour travaux jusqu'à 2027.*** Cet édifice néogothique inspiré par l'architecture des monastères accueille en temps normal une exposition sur l'histoire de Berlin et de ses environs proches, depuis la préhistoire jusqu'à nos jours. La chapelle gothique cache de belles pièces d'art religieux (magnifique autel de la Passion de 1520).

De la Potsdamer Platz à Unter den Linden (zoom 2, E-F3)

Spy Museum *(musée de l'Espionnage ; zoom 2, E3) : Leipziger Platz 9. ☎ 398-200-451. • deutsches-spionagemuseum.de • S-Bahn et U-Bahn : Potsdamer Platz. Tlj 10h-20h. Entrée : 8-16 € ; réduc (- 25 % avec la Welcome Card).* Une plongée dans le monde obscur de l'espionnage et des services secrets, depuis l'Antiquité jusqu'à nos jours avec la plus grande partie consacrée à la période de la guerre froide, dont Berlin fut le principal terrain d'affrontement. L'espionnage est vieux comme le monde et a toujours été une activité essentielle au cœur des conflits armés et durant les périodes de paix. Le rôle de l'espion ayant très tôt été celui des « yeux et des oreilles » du chef politique ou militaire. On entre par un sas à rayons X, avec la recommandation de brûler son ticket après usage : le décor est planté ! Quelques figures légendaires dans l'histoire

de cette activité : le ***père Joseph*** (l'espion de Richelieu), le ***chevalier d'Éon,*** le capitaine ***Dreyfus*** (malgré lui), ***Mata-Hari,*** Edith Cavell, ***Joséphine Baker,*** l'***amiral Canaris,*** Cicéron, Sorge et les fameux décrypteurs de *Betchley Park* qui cassèrent le code de la machine *Enigma* des Allemands, sous la direction d'Alan Turing.
Berlin oblige, la période de la guerre froide (1947-1990) constitue le gros morceau de l'exposition avec l'affrontement secret mais féroce entre l'Est et l'Ouest (CIA *vs* KGB et STASI). Les gadgets les plus invraisemblables sont exposés : appareils photo miniaturisés de la taille d'un bouton, Trabant d'observation, redoutable « parapluie bulgare », pipe-revolver, soutien-gorge avec caméra intégrée... On revient également sur le terrorisme d'état, avec une évocation des récents cas d'empoisonnements d'opposants russes, avant une petite présentation sur le complotisme et les *fake news*. Pour finir, l'émergence des technologies nouvelles et la sophistication des moyens d'écoute et d'observation (Internet, satellites, grandes oreilles de la NSA, *big data...*) pour combattre le terrorisme et se livrer à l'espionnage industriel ont considérablement modifié les usages du renseignement. Côté ludique, on peut s'amuser à détecter des micros dissimulés dans un bureau ou (plus sportif !) à parcourir un couloir zébré de rayons laser à éviter. Un musée divertissant qui plaira aussi aux enfants, qui auront l'occasion de se déguiser en espions.

Die Mauer-The Wall *(zoom 2, E3,* ***334****) : Leipziger Platz 11. ☎ 62-96-85-99. ● berlinwallexpo.de ● S-Bahn et U-Bahn : Potsdamer Platz. Tlj 10h-18h (16h dim). Entrée : 10 € (avec audioguide en français) ; réduc.* Un petit musée sur l'***histoire du Mur de Berlin*** essentiellement composé de photos inédites, souvent plus parlantes que de longues explications. La chronologie démarre à la conférence de Potsdam en 1945 et se termine avec la chute du Mur, en 1989. Du partage de la ville en 4 zones d'occupation, suivie dans les années 1950 de l'hémorragie de 2,7 millions d'habitants de la RDA préférant les sirènes capitalistes de l'Ouest, la déclaration de Walter Ulbricht en 1961 jurant que jamais un mur ne serait construit et le début de sa réalisation 2 mois plus tard sur près de 160 km, puis le renforcement de cette muraille jusqu'à la rendre infranchissable. Photos du délabrement de Berlin-Est, arrivée au pouvoir de Gorbatchev et date historique du 9 novembre 1989 avec un incroyable dénouement, sans qu'un seul coup de feu ait été tiré ! Un peu cher mais plutôt instructif.

➢ À l'arrière de la Leipziger Platz (prendre le passage à côté de l'expo Dalí), tourner à gauche dans la Erna-Berger Straße pour y découvrir un ***mirador*** de la RDA rescapé, faisant partie du système d'observation du Mur. Plus accessible au public, il est question de le déplacer : à suivre...

Museum für Kommunikation *(zoom 2, E3) : Leipziger Str 16. ☎ 20-29-40. ● mfk-berlin.de ● U-Bahn : Stadtmitte ; S-Bahn : Potsdamer Platz. Mar-ven 9h-17h (20h mar), w-e et j. fériés 10h-18h ; fermé lun. Entrée : 6 € ; réduc (- 50 % avec la Welcome Card) ; gratuit moins de 18 ans. Café.*
Créé en 1872 et installé dans ce superbe édifice depuis 1898, voici un musée très intéressant, dédié à l'histoire de la communication à travers les siècles, le tout dans un cadre particulièrement séduisant. Visite recommandée avec des enfants. Impossible de tout décrire, en voici les points forts.
– D'abord, sympathiser et s'amuser avec les robots évoluant dans l'*atrium principal.* Ensuite, se précipiter au *sous-sol* pour découvrir la « salle aux trésors », un choix d'objets exceptionnels liés à la communication à travers le temps et présentés de façon remarquable, presque mystérieuse. Dans une douce pénombre, découvrez le célèbre ***Blue Mauritius*** (le timbre le plus rare du monde, 1847), disparu en 1945 et retrouvé à Philadelphie en 1996, ainsi qu'un autre timbre rare, de 9 kreuzers, mal imprimé et qui vaut actuellement 1,5 million d'euros ! Également l'un des 1ers guides de voyage (1796), consacré à la Bavière, le 1er téléphone inventé par Philipp Reis en 1859, des lettres et

émouvantes missives (comme une lettre de Samuel Morse, ou celle d'une rescapée de l'incendie du zeppelin en 1937), etc.
– *1er étage :* expo de bornes postales, « télégraphe en valise », antiques boîtes aux lettres, enseignes, vénérables sacoches de facteur, et les timbres, bien sûr. Salle avec accessoires de la poste (tampons, pèse-lettres, sceaux, écritoires...), maquettes, vieux standards téléphoniques, antiques téléphones, phonographes, matériels électriques divers, tuyaux de pneumatiques, etc. Mais aussi une carte lumineuse de la terre qui recense l'activité de Twitter en temps réel. Section intéressante sur la transmission et l'acheminement avec les routes romaines, un codex mixtèque, les *quipus* incas, ces cordelettes à nœuds qui servaient d'informations chiffrées. Puis la mise en place de la poste impériale au XVIe s par la famille ***Thurn und Taxis*** jusqu'à l'entreprise DHL contemporaine.
– *2e étage :* les techniques de communication lors des conflits (guerre des ondes durant la guerre froide, « l'affrontement » des haut-parleurs entre l'Ouest et l'Est). Puis les 1ers postes télé, les 1res caméras, les 1res radios... galerie des ordinateurs, réseaux de radio et télévision de 1920 à 2000, jeux vidéo, réalité virtuelle. Également d'intéressantes expos temporaires. Et, devant l'entrée, vous remarquerez qu'une curieuse coutume semble s'être instaurée : coller son billet d'entrée sur le mobilier urbain. Un autre moyen de communiquer ?

➢ Vers le sud, la *Mauerstraße* rejoint la *Friedrichstraße,* juste avant son intersection avec la *Zimmerstraße*. Au carrefour de la *Friedrichstraße* et de la *Kochstraße* se trouve l'ancien point de contrôle *Checkpoint Charlie* (voir plus loin « Les quartiers de Kreuzberg et Neukölln »).

***Gendarmenmarkt** (marché des Gendarmes ; zoom 2, E3) :* à l'origine la place du marché de la ville de Friedrichstadt, c'est l'un des ensembles monumentaux les plus harmonieux de Berlin. Elle doit son nom au régiment de cuirassiers huguenots (gens d'armes) qui y avait ses quartiers et ses écuries en 1736.
De part et d'autre des 2 dômes, côté ouest de la place, le ***Konzerthaus*** est une réalisation superbe néoclassique due également à Schinkel. Volée monumentale d'escaliers pour accéder à l'entrée sous fronton à colonnades. Sa salle y accueille les prestations du *Konzerthausorcherster Berlin.* Programmation sur ● *konzerthaus.de* ●

***Französischer Dom – Hugenottenmuseum** (Église française et musée des Huguenots ; zoom 2, E3, **369**) : Gendarmenmarkt 7. ☎ 229-17-60. ● hugenottenmuseum-berlin.de ● Entrée : 6 € ; réduc ; billet combiné avec le clocher 10 € ; réduc.*
Construite en 1701-1705 à l'intention des protestants français, cette église a perdu son dôme baroque pendant la guerre 1939-1945. Reconstruite en 1983, elle a retrouvé sa splendeur d'antan. Si son emplacement face au Deutscher Dom fut décidé pour des raisons esthétiques, il constitue rétrospectivement un beau symbole d'entente franco-allemande ! L'église abrite un intéressant ***musée*** consacré à l'histoire des huguenots en France, à Berlin et dans le Brandebourg. Textes explicatifs (partiellement sous-titrés en français) évoquant les persécutions subies en France par les protestants, et leur fuite vers Berlin après la ***révocation de l'édit de Nantes*** par Louis XIV en 1685. Accueillis comme réfugiés par les Hohenzollern, les réformés français formèrent une colonie active dans le Brandebourg, qui, avec les années, devint très influente dans tous les domaines (politique, économique, culturel). Ne pas manquer l'exemplaire original de l'*édit de Postdam* (1685), signé par Frédéric-Guillaume Ier, qui encadre l'accueil des huguenots français.
– ***Le clocher :** entrée 5,50 €.* On y accède par un escalier de 254 marches. De la balustrade, très belle vue panoramique sur la ville. À ne pas manquer, sous la coupole, le magnifique carillon : une grappe de 60 cloches coulées dans 30 t de bronze. Les marteaux mobiles situés à l'intérieur des cloches sont reliés aux touches d'un clavier contrôlable par ordinateur ! Déclenchement automatique à 10h, 12h, 15h et 18h. Concerts d'orgue organisés régulièrement ; voir programme sur le site.

Deutscher Dom *(Cathédrale allemande ; zoom 2, E3)* **:** *Gendarmenmarkt ; on entre par la Markgrafenstr. ☎ 22-73-04-31. Tlj sauf lun 10h-19h (18h oct-avr). Visites guidées (parfois en français, le plus souvent en anglais) tlj 11h-17h. GRATUIT.*
À côté du Französischer Dom, l'église allemande a été construite pour les protestants en 1708. L'architecte s'est inspiré des églises *Santa Maria in Montesanto* et *Santa Maria dei Miracoli* à Rome. Endommagé pendant la guerre, le *Deutscher Dom* a rouvert ses portes en 1996 après une longue restauration. Mais seules les façades extérieures ont retrouvé leur aspect d'antan. L'intérieur de cette église (qui n'en est plus une !) ressemble plus à un musée contemporain avec son impressionnante structure en béton. L'édifice abrite d'ailleurs une exposition permanente sur l'histoire du système parlementaire allemand depuis 1848 jusqu'à nos jours.
Au 1er étage, reconstitution (à échelle réduite) de la salle actuelle du Bundestag. Au 3e étage, le IIIe Reich et la fin de l'État de droit. Photos éloquentes, comme ces juristes effectuant le salut nazi. Archives vidéo et audio, dont le célèbre discours de ***Goebbels,*** la « guerre totale », qui, en 1943, annonce le sacrifice à venir de la population berlinoise. Série de maquettes de parlements, et notamment le projet délirant d'***Albert Speer,*** l'architecte de Hitler, qui rêvait d'un Reichstag de style néoclassique, *Germania,* plus grand que tous les parlements existant au monde. Pour finir, intéressante section sur le régime est-allemand.

Friedrichstraße *(zoom 2, E2-3)* **:** tracée au XVIIe s, cette artère constituait le principal axe nord-sud de la ville, traversant les faubourgs de *Dorotheenstadt* et de *Friedrichstadt.* Elle reliait sur une longueur de 3,3 km les portes d'*Oranienburger* et de *Hallesches,* aujourd'hui disparues.
Vers la fin du XIXe s, la Friedrichstraße voit s'installer de nombreux cafés, restaurants, magasins et autres cabarets, pour devenir lors de la Belle Époque l'un des centres de plaisirs de la capitale. Dans l'entre-deux-guerres, le *Kurfürstendamm* détrône la Friedrichstraße comme pôle de la vie nocturne berlinoise. Les derniers combats de rue d'avril 1945 l'ont anéantie.
Après la division de Berlin, la Friedrichstraße reste une artère vivante de Berlin-Est, avec ses théâtres et ses cabarets, même si elle bute au sud sur ce qui fut le tristement célèbre ***Checkpoint Charlie.*** Après 1990, le sénat de Berlin décida d'en poursuivre la réhabilitation déjà amorcée par les autorités de RDA. La Friedrichstraße a été le 2d grand chantier après celui de la Potsdamer Platz, voyant éclore des édifices avant-gardistes, mais c'est surtout devenu une façade du Berlin chic, avec ses magasins, ses hôtels et ses restaurants de luxe.

***The Berlin Wall Panorama* :** *Friedrichstr 205. Tlj sauf dim 9h (10h sam)-18h. Entrée : 11 € ; réduc.* Une expo composée de photos et vidéos projetées en format panoramique et accompagnées de témoignages (en allemand et anglais) qui plongent le visiteur dans le Berlin des années 1980. Cher pour ce que c'est !

Friedrichstadtpassagen *(passages de Friedrichstadt ; zoom 2, E3)* **:** *entre Gendarmenmarkt et Friedrichstr.*
Un ensemble d'immeubles conçus au début des années 1980 abrite la galerie marchande des *Friedrichstadtpassagen.* C'était le dernier programme immobilier d'envergure de la RDA. Interrompu à la chute du Mur, le projet fut remanié par la suite, et l'on fit appel à des architectes de renom pour le réaliser. En lieu et place de l'immeuble monolithique et inachevé de l'ex-RDA, 3 blocs d'immeubles distincts furent dessinés, reliés entre eux par une galerie commerçante longue de 300 m. Chaque bloc, appelé « quartier », a été conçu dans un style architectural différent afin d'offrir une diversité urbanistique.
– Le ***quartier 205*** *(Friedrichstr 66-70),* conçu par ***Oswald Mathias Ungers,*** est le plus grand des *Friedrichstadtpassagen.* L'architecte a décliné en la combinant une forme géométrique de base – le carré – sur l'ensemble du volume de l'édifice. Avec 8 étages, il se décompose en 6 blocs de 6 étages qui s'élèvent sur les arcades abritant restaurants et magasins. L'alternance chromatique – blanc, noir,

ocre – égaie les façades, tandis que le décrochage des volumes permet d'alléger l'aspect massif de l'ensemble. Au centre de l'atrium : une sorte de compression en tranches napolitaines à la manière de César, faite de pièces métalliques de voitures de 11 m de haut. Son nom est *tour de Klythie* et l'artiste est John Chamberlain.
– Le ***quartier 206*** *(Friedrichstr 71-74),* imaginé par ***I. M. Pei,*** s'inspire du courant expressionniste des années 1920 et de l'Art déco. La façade de l'immeuble est rythmée par des séries de saillies, créant un effet d'ondulation. La nuit, les lamelles de couleur claire recouvrant les parois de l'édifice s'illuminent pour donner un effet similaire à celui produit par un projecteur de cinéma. L'atrium, les escaliers et le carrelage polychrome au sol sont d'inspiration Art déco.
– Le bâtiment emblématique, au ***quartier 207,*** est incontestablement le magasin des ***Galeries Lafayette*** *(zoom 2, E3,* ***403****),* créé par ***Jean Nouvel*** autour d'un atrium doté d'une sorte de double cône lumineux de verre, à la manière d'un sablier. Il se réfère au style berlinois des années 1920, tout en intégrant des nuances résolument contemporaines. L'angle arrondi de l'immeuble met particulièrement en valeur l'édifice dans un quartier où les rues sont toutes perpendiculaires et tirées au cordeau. Des rumeurs d'un déménagement circulent, mais le sénat de Berlin tient à sa présence sur la Friedrichstraße.

Tränenpalast *(zoom 2, E2)* **:** *Reichstagufer 17. Infos : • hdg.de/traenenpalast • Mar-ven 9h-19h, w-e 10h-18h. Fermé lun. GRATUIT.*
À l'extrémité nord de la Friedrichstraße, jetez un œil sur le *Tränenpalast,* le « palais des Larmes », l'un des plus célèbres points de passage entre RDA et RFA, tout à côté de la gare de Friedrichstraße, autrefois au cœur de l'ancien Berlin-Est.
Au pied des immeubles de bureaux, sous le regard des visiteurs pressés descendus de la gare, ce petit bâtiment à l'architecture de verre et d'acier semble un peu perdu.
Difficile pourtant de ne pas avoir une pensée émue pour tous ceux qui, venant de Berlin-Est, se sont retrouvés bloqués ici, manquant d'air, subissant des contrôles interminables avant de pouvoir revenir à l'Ouest. Comme la grand-mère qu'Angela Merkel raccompagnait jusqu'ici avec ses parents, pour lui dire adieu lorsqu'elle rentrait chez elle, de l'autre côté du Mur.
Sans la volonté de l'ex-chancelière, qui a grandi dans l'ex-RDA et a tenu à le sauver, ce lieu aurait pu disparaître, comme tant d'autres. Dans les années 1990, c'était devenu une boîte de nuit, avant qu'un nouvel investisseur ait la bonne idée de le louer à l'État fédéral pour en faire ce musée. Ce lieu emblématique a retrouvé sinon son atmosphère, du moins les habits et couleurs d'époque : cabine de contrôle des visas en plaqué formica, uniformes, photos, publicités...

Autour d'Alexanderplatz et de la Fernsehturm *(tour de Télévision ; zoom 2, F2-3)*

Alexanderplatz *(zoom 2, F2)* **:** surnommée « Alex » par les autochtones et immortalisée par le chef-d'œuvre du même nom du romancier ***Alfred Döblin.***
C'est ici qu'a eu lieu la plus grande manifestation antigouvernementale de l'histoire de la RDA. Le 4 novembre 1989, soit 5 jours seulement avant la chute du Mur, alors que des centaines d'Allemands de l'Est fuyaient par la Hongrie vers l'Autriche, pas moins de 1 million de manifestants s'étaient massés pour exiger des réformes.
Place historique de Berlin, elle a pour origine un marché aux bestiaux, puis aux laines, l'*Ochsenmarkt.* En 1805, on lui donne le nom du tsar ***Alexandre Ier,*** à l'occasion de la visite de celui-ci au monarque prussien. S'ensuit une série de transformations durant plus d'un siècle : les immeubles, ateliers et commerces s'établissent autour d'un nœud de communication où convergent plusieurs lignes de métro, tramway et bus, ainsi que 9 rues. Avant-guerre, elle est réputée pour être un lieu de distraction où les ouvriers des quartiers nord et est de Berlin viennent grossir la clientèle des innombrables commerces et bistrots qui l'entourent.

Un projet d'urbanisme adopté en 1929 se concrétise par la construction de 2 immeubles de bureaux. Ensuite la crise économique met rapidement un terme à tout réaménagement.
Les pilonnages d'avril 1945 réduisent l'esplanade à un tas de gravats.
Au cours des années 1960, un malheur n'arrivant jamais seul, sa reconstruction est confiée à des urbanistes alignés sur l'***esthétique stalinienne*** : l'esplanade aux dimensions inhumaines (sa surface multipliée par 3) censée constituer le cœur de la ville socialiste est encerclée de buildings à l'architecture fonctionnaliste tous plus ternes les uns que les autres.
À la réunification, on choisit de remédier dans la mesure du possible aux erreurs urbanistiques de la RDA : mais si la place a été (comme la station de métro) entièrement rénovée, l'impressionnante tour de l'hôtel *Park Inn* dont la démolition était programmée est toujours debout, et sur la quinzaine de gratte-ciel hauts de 150 m qui devaient sortir de terre, seule une poignée figure sur le dernier projet en date.
Pour égayer les lieux, rien de tel que le shopping. C'est ainsi qu'a été inauguré en 2007, dans une architecture sans fenêtre de béton rose et rouge destinée à restituer l'ambiance des années 1920, le centre commercial ***Alexia*** *(tlj 10h-21h sauf dim),* moins luxueux que le *KaDeWe,* son pendant de l'Ouest. C'est de l'Alexanderplatz que file vers l'est la large perspective stalinienne de la ***Karl-Marx-Allee.*** Rendez-vous plus loin dans « Le quartier de Friedrichshain » pour tout savoir sur ces Champs-Élysées version RDA.
La frise de mosaïques de la ***Maison de l'enseignant*** *(Haus des Lehrers ; plan centre, G2,* ***374****)* de 125 m de long n'arrive même pas à insuffler la moindre étincelle de vie à cet ensemble terne !
Au centre de la place se dressent le grand magasin *Kaufhof* et l'hôtel *Forum,* haut de 123 m.
L'***horloge universelle Urania*** *(Weltzeituhr)* permet de lire les fuseaux horaires des principales villes du monde. Et toujours dans le style socialiste : la *Fontaine de l'amitié entre les peuples.*
« Alex » reste malgré tout un lieu de rendez-vous très fréquenté des Berlinois.

Fernsehturm *(tour de Télévision ; zoom 2, F2)* **:** *Alexanderplatz, Panoramastr 1a. • tv-turm.de • S-Bahn et U-Bahn : Alexanderplatz. Nov-fév, tlj 10h-22h ; mars-oct, tlj 9h-23h ; dernière entrée 30 mn avt fermeture. Fermé 27 mars et 6 nov. Entrée plateforme panoramique : 22,50 €, résa en ligne obligatoire ; réduc.* Berlin's Odyssey *(expérience de réalité virtuelle) : 8,50 € (28,50 € avec la plateforme panoramique). Ne pas se présenter en retard : après 10 mn, la résa est annulée. Reste à passer les contrôles de sécurité avt que l'ascenseur ne vous propulse en 40 s chrono à 200 m de haut, un peu plus près des nuages. En revanche, pas d'accès possible en fauteuil roulant.*
Ses 368 m de haut sont visibles de n'importe quel point de la ville. Inaugurée en 1969, cette immense flèche (ou pointe d'asperge, ***Telespargel,*** pour faire dans l'humour berlinois) est vite devenue le monument le plus visité de la capitale (près de 50 millions de visiteurs depuis sa création !).
Commencée en 1991, la rénovation complète du bâtiment a coûté la bagatelle de 50 millions d'euros. Avec la nouvelle antenne, la demoiselle a même gagné 3 m. Quant au resto, également situé dans la boule d'acier de 32 m de diamètre (près de 5 000 t !), il est monté sur une partie mobile effectuant un tour complet le temps d'un repas (à réserver bien à l'avance par Internet). La vue porte jusqu'à 40 km. Tout autour de la verrière du panorama, panneaux avec commentaires et anecdotes intéressants sur les quartiers de Berlin, dont plusieurs en français. Dans le hall d'entrée, panorama avec les tours de TV du monde entier.
– Une nouvelle attraction est également proposée aux visiteurs : la ***Berlin's Odyssey.*** On revit l'histoire de Berlin à travers une expérience de réalité virtuelle de 15 mn, à vivre grâce à des casques 3D dernière génération. Un peu gadget tout de même, d'autant plus que ce n'est pas donné...

Köperwelten im Menschen Museum *(musée des Corps ; zoom 2, F2,* ***371****) : au pied de la Fernsehturm. ☎ 847-125-526. ● bodyworlds.com ● S-Bahn et U-Bahn : Alexanderplatz. Tlj 10h-19h. Entrée : 17 €, audioguide en allemand ou anglais inclus ; réduc (- 25 % avec la* Welcome Card*).* Depuis son lancement en 1997, plus de 45 millions de visiteurs se sont laissé captiver (et instruire) par la fameuse expo itinérante composée de (vrais) corps conservés selon la technique de la ***plastination*** et mis en scène dans diverses postures. Désormais, cette collection dispose d'une base permanente grâce à ce musée d'anatomie qui expose des corps humains, mais aussi des animaux, permettant de mieux comprendre la structure du squelette et des muscles, les systèmes nerveux, sanguin... et d'en saisir les interactions. Au final, une visite didactique sans être macabre. Cela dit, elle reste plutôt déconseillée aux jeunes enfants (moins de 10 ans) et aux âmes sensibles. Dommage aussi que le billet coûte la peau des fesses !

Marienkirche *(église Sainte-Marie ou Notre-Dame ; zoom 2, F2) : au pied de la tour de Télévision. ● marienkirche-berlin.de ● Tlj 10h (12h dim)-18h. Concerts d'orgue fréquents. Petits fascicules en français.* Encore un contraste saisissant entre cette petite église gothique en brique rouge, de la 2de moitié du XIIIe s, et le monstre de béton voisin qui semble transpercer les nuages. C'était la 2e église de Berlin après l'église Saint-Nicolas. L'intérieur sobre et clair se pare de nombreuses ogives aux voûtes. À noter : le tombeau en marbre du maréchal ***von Sparr,*** l'orgue baroque, la chaire sculptée dans l'albâtre et les fonts baptismaux en bronze portés par 4 dragons. Mais l'église est surtout connue pour sa *Danse macabre* (1484), une fresque gothique de 22 m de long dont on distingue difficilement les détails des fragments (récemment rafraîchis) derrière les vitres du vestibule.

Rotes Rathaus *(zoom 2, F3,* ***372****) : U5 Rotes Rathausen. Accès libre, lun-ven 9h-18h.* Le bel « hôtel de ville rouge » tire son nom autant de la couleur de ses briques que des opinions politiques de ses anciens conseillers municipaux. Construit à la fin du XIXe s dans un style Renaissance qui n'est pas sans rappeler les palais italiens ou anglo-normands, il est orné d'une frise évoquant l'histoire de la cité depuis sa fondation. Devant l'entrée, les statues de la *Déblayeuse de décombres* et du *Volontaire à la reconstruction* (sic) furent érigées à la mémoire des Berlinois qui relevèrent la ville de ses ruines. Les récentes fouilles ont permis de mettre au jour les vestiges de l'ancien ***Rathaus*** médiéval, datant du XIIIe s et qui sera à terme visible derrière des vitres. On peut encore, pour quelque temps, admirer la ***fontaine de Neptune*** *(Neptunbrunnen)* de 1891 où le dieu de la Mer est entouré de plantureuses naïades symbolisant les fleuves allemands : Elbe, Rhin, Oder et Vistule (qui n'est plus allemande, bien sûr, mais polonaise depuis 1945). Cette fontaine sera bientôt réinstallée à son emplacement d'origine : la place du château.

DDR Museum – musée de la RDA *(zoom 2, F2) : Spree-promenade an der Liebknechtbrücke, Karl-Liebknecht-Str 1. ☎ 847-123-730. ● ddr-museum.de ● S-Bahn : Hackescher Markt ; U-Bahn : Museuminsel. Tlj 9h-21h. Entrée : 12,50 € ; réduc (- 25 % avec la* Welcome Card*). Possibilité d'achat en ligne pour éviter la file d'attente et de résa de visite guidée en français.* Sur le quai bordant la Spree, en face du Berliner Dom, c'est un musée privé très apprécié des touristes étrangers, consacré à la vie quotidienne en Allemagne de l'Est au temps du communisme. Tous les aspects de l'existence sont abordés : le travail, les loisirs, les vacances, les médias, la politique, la sécurité... Par un

PLOMBERIE À CIEL OUVERT

On est intrigué par la multitude de tuyauteries souvent peintes en bleu ou rose qui émergent et replongent de-ci de-là dans le décor urbain berlinois. La raison en est la présence de la nappe phréatique proche de la surface, ce qui nécessite la présence de puissantes pompes pour évacuer l'eau.

système de tiroirs ouvrant dans des blocs qui rappellent l'architecture des cités-dortoirs, comme à Rostock, on revit le quotidien des *Ossis,* on tâte des tissus en synthétique.
Il y a même un appartement-modèle avec son salon (on teste le moelleux des fauteuils), ses toilettes (qu'on peut également essayer...), sa salle de bains, sa cuisine et ses chambres aux placards remplis de vilaines fringues en synthétique, le tout baignant dans des tapisseries aux teintes orange marronnasse. Des uniformes bleus des Jeunesses socialistes à la ***Trabant*** (10 ans d'attente pour être livré !), du guide de voyage dans les « pays frères » aux boîtes de petits pois *Globus,* remises à la mode par le film *Good Bye Lenin !,* en passant par les médailles olympiques trustées par des athlètes survitaminés, les films naturistes sur les plages de la Baltique, la minuscule cellule d'opposant (avec le bruit des serrures qui claquent) et le cagibi-bureau d'écoute de la ***Stasi*** : rien ne manque pour faire revivre le cadre de vie de la société socialiste disparue à la chute du Mur. Ensuite, à chacun d'interpréter ce qu'il a vu, entendu et éprouvé...

Aquadom & Sea Life *(zoom 2, F2,* ***348****)* **:** *Spandauerstr 3. • visitsealife.com • S-Bahn : Hackescher Markt. Tlj 10h-19h (dernière entrée à 18h). Entrée : 19 € ; réduc moins de 15 ans. Résa en ligne conseillée.* Ce serait le plus grand aquarium du monde intégré à un hôtel *(Radisson Blu)* et incluant un récif de corail. Constitué d'un cylindre de plexi transparent de 25 m de haut, il domine tout l'intérieur de l'immeuble et abrite 1 500 poissons tropicaux (requins, murènes, méduses, hippocampes et poulpes) qui évoluent dans 1 million de litres d'eau salée. Accès à la partie supérieure par un ascenseur installé au centre du cylindre. Pas donné, certes, mais assez spectaculaire.

Autour du Scheunenviertel *(zoom 2, E-F2)*

Son vrai nom est le *Spandauer Vorstadt* (faubourg de Spandau), mais on l'appelle communément le *Scheunenviertel,* en fait un triangle compris entre les *Oranienburger Straße, Auguststraße* et *Rosenthaler Straße.*
C'est ici, au cœur de Mitte, qu'après la chute du Mur des artistes s'étaient approprié des bâtiments en ruine pour les transformer en temple de l'inventivité alternative. Jusqu'en 2012, le ***Tacheles*** fut l'un des « monuments » les plus visités par les touristes (400 000 par an !). Prononcez « tâ-reu-less » (en yiddish, le mot signifie « parler sans détour »). Ce grand immeuble, un ancien grand magasin en piteux état (euphémisme), tranchait dans le paysage. L'ensemble gardait un look bien destroy, mais ça donnait plutôt à la fin dans le folklore que dans la mouvance rebelle. La loi des promoteurs a fini par l'emporter et la cinquantaine d'artistes qui y vivaient ont été expulsés pour laisser place à un immense chantier : bientôt, des appartements et des magasins enterreront ce symbole de la culture alternative berlinoise.

Neue Synagoge et Centrum Judaïcum *(Nouvelle Synagogue et Centre judaïque ; zoom 2, F2,* ***378****)* **:** *Oranienburger Str 28-30. ☎ 88-02-83-16. • centrumjudaicum.de • S-Bahn : Oranienburger Str ; U-Bahn : Oranienburger Tor. Tlj sauf sam et fêtes juives 10h-18h (19h dim) ; en hiver, dim-ven 10h-18h (fermé à 15h ven) ; dernière entrée 30 mn avt fermeture. Entrée : 7 € ; réduc. Audioguide en français : 3 € ; caution demandée. Vestiaire obligatoire.*
Synagogue typique de l'Europe centrale du XIXe s, ses dimensions monumentales et ses tours octogonales évoquent celles de Pilsen (Bohême) ou de Budapest. La façade rappelle qu'avant 1938 une importante communauté juive vivait là. Les motifs néomauresques sur les arcades donnent une vague idée de la splendeur d'origine de l'édifice. S'il a été rénové, l'intérieur n'est que partiellement conservé. Des policiers montent la garde devant ce lieu qui fut dévasté par les nazis au cours de la Nuit de cristal et servit d'entrepôt de textile pendant la guerre.

Une exposition raconte l'histoire du bâtiment. Au rez-de-chaussée, dans la 1re salle, photos de la vie des juifs berlinois avant-guerre : journaux, clubs de foot (avec une étoile jaune sur le maillot dès 1934 !). Dans la 2de, elles sont plus intimistes et émouvantes.

Vous êtes ici au cœur du quartier juif, le ***Scheunenviertel,*** dont le surnom signifie « quartier des Granges ». On l'appela ainsi à la fin du XIXe s, quand de nombreux juifs d'Europe orientale s'installèrent dans ses logements pauvres. Avant-guerre, 160 000 juifs vivaient à Berlin, et participaient à son rayonnement économique et intellectuel. Si la majeure partie parvint à s'exiler, près de 60 000 furent exterminés par les nazis.

– Dans la *Große Hamburger Straße,* face au no 20, se trouve le ***vieux cimetière juif*** *(Alter Jüdischer Friedhof),* dont il ne reste pratiquement rien. Avant sa destruction par les nazis, ses plus anciennes tombes remontaient jusqu'à 1672. Le philosophe Moses Mendelssohn, père de la *Haskalah* (les Lumières juives), y fut enterré et sa stèle a été reconstruite. *Tlj 7h30 (8h dim)-17h (16h en hiver).*

– De l'autre côté de la rue (entre les nos 15 et 16), on peut voir l'installation de Christian Boltanski, ***The Missing House.*** Un immeuble bombardé en 1945 laisse un espace vide : sur les parois des immeubles mitoyens (encore criblées d'éclats), des plaques commémoratives indiquent l'identité des personnes (pour la plupart des juifs) qui ont habité ici.

Admirer un peu plus loin le style baroque délirant de la ***Sophienkirche.*** Elle s'élève en retrait de la *Große Hamburger Straße,* derrière un pittoresque portail en fer forgé qui marque le début d'un étroit passage entre de vieux immeubles. Cette église est la seule à n'avoir subi aucun dommage pendant la Seconde Guerre mondiale.

Haus Schwarzenberg *(zoom 2, F2,* ***396****)* **:** *Rosenthaler Str 39. • haus-schwarzenberg.org • S-Bahn : Hackescher Markt.* La maison mérite un arrêt prolongé, ne serait-ce que pour les musées qu'elle héberge et pour sa cour impressionnante hébergeant des réalisations de *street art* qu'elle présente en toute liberté, car ici les murs sont « libres ». C'est une association qui gère cet endroit, et c'est, entre un *Starbucks* et des boutiques de luxe, l'un des derniers endroits à Mitte où la culture alternative a encore droit de cité.

Au milieu du passage, n'hésitez pas à jeter plus qu'un œil sur le ***Museum Blindenwerkstatt*** *(tlj 10h-18h ; GRATUIT).* Il retrace l'histoire d'Otto Weidt : pendant la Seconde Guerre mondiale, son atelier employait principalement des juifs aveugles ou sourds qu'il cherchait à sauver de la déportation. La visite de la cache, comme du reste de l'appartement, ne laisse personne indifférent.

PAVÉS DE MÉMOIRE

Les Stolpersteine sont des pavés en laiton de 10 cm de côté, incrustés dans le sol et gravés d'une inscription commençant par « Ici habita... » suivi du nom d'un individu ou d'une famille, morts en déportation. Il en existe 6 000 à Berlin, mais aucun à Munich, entre autres.

Au fond du passage se trouve un petit ***Anne Frank Zentrum*** : *au 2e étage. ☎ 288-86-56-00. • annefrank.de • Tlj sauf lun 10h-18h. Entrée : 7 € ; réduc. Commentaires en anglais.* Anne Frank est née à Francfort, avant que sa famille n'émigre à Amsterdam en 1933. Elle fuit ainsi le péril nazi, qui la rattrapera cruellement. L'expo est très bien faite, mais n'est en rien comparable à celle d'Amsterdam. Sont mises ici en perspective et en vis-à-vis, année par année, la vie d'Anne Frank et l'évolution du IIIe Reich. Activités pour les enfants.

Hackesche Höfe *(zoom 2, F2)* **:** c'est l'une des grandes attractions de ce quartier en pleine mutation. Une enfilade de 8 cours construites au début du

XXe s avec des façades ***Jugendstil*** décorées de brique vernissée polychrome. Bel exemple de *Mietskasernen* (immeubles collectifs où était logé le prolétariat au XIXe s), leur rénovation très réussie a attiré magasins design, galeries d'art et cinémas, mais aussi bars, restos et une intense vie nocturne. L'entrée principale est située au début de la *Rosenthaler Straße*.

Jüdische Mädchenschule *(zoom 2, F2,* ***390****)* **:** *Auguststr 11-13. S-Bahn : Oranienburger Str.* Une ancienne école pour les jeunes filles juives, longtemps à l'abandon, devenue aujourd'hui un lieu dédié à l'art, et à l'art de vivre à Berlin. Étrange destin pour ce bâtiment d'architecture très Bauhaus, sauvé de la dérive par un galeriste berlinois, Michael Fuchs. Dans les étages, les anciennes salles de classe abritent des galeries d'art contemporain.

Dans le ***Scheunenviertel,*** autres nombreuses cours intérieures où fleurissent les toutes dernières boutiques de design, des ateliers d'artistes, des galeries ou des clubs. N'hésitez pas à franchir l'ensemble des porches pour découvrir tous les aspects de la créativité berlinoise. Quelques adresses : cour des ***Kunstwerke*** (œuvres d'art ; *Auguststr 69*) ; ***Sophie-Gips-Höfe*** *(Sophienstr 21)* ; ***Heckmann-Höfe*** *(Oranienburger Str 32).* Le coin est devenu le terrain de jeu des galeristes berlinois.

Samuraï Museum *(zoom 2, F2,* ***390****)* **:** *Augustr 68. ☎ 62-97-56-35. • samuraimuseum.de • S-Bahn : Oranienburger Str. Tlj 11h-19h. Entrée : 12 € ; réduc.* Un musée flambant neuf, doté de moyens techniques dernier cri, consacré à l'univers des samouraïs japonais. On est accueilli par un guerrier en armes planté sur son cheval, avant de découvrir une incroyable collection d'armures et *katanas* présentés dans un décor très soigné (temple shinto, théâtre nô, mannequins animés, etc.). Paravents, coffres, bijoux et statuettes votives viennent enrichir les collections, parfaitement mises en scène. À l'étage, cérémonie du thé virtuelle. Amusant !

Le mémorial du Mur *(plan centre, E1)* **:** *Bernauer Str 119. ☎ 213-085-166. S-Bahn : Nordbahnhof ; U-Bahn : Bernauer Str. Juste à la limite entre Mitte et Prenzlauer Berg. Centre d'accueil à l'angle de Gartenstr, tlj sauf lun 10h-18h, mais mémorial visible 8h-22h (bornes audio en allemand et anglais). Visite guidée en français recommandée avec l'association* Vive Berlin *(voir en début de guide le chapitre « Infos pratiques sur place »).*
Un mémorial incontournable pour comprendre le Berlin d'hier et d'aujourd'hui. À l'entrée de ce vaste site qui s'étend sur plus de 1 km, un petit centre d'accueil et de documentation propose en introduction un 1er film sur le Mur et une sélection d'ouvrages intéressants. Prenez le temps de visionner les extraits des actualités de l'époque, afin que les victimes du mur de Berlin ne soient plus simplement des noms.
L'histoire de la ***Bernauer Straße*** illustre parfaitement l'impact de la construction du Mur : la destruction de l'espace urbain et des lieux de vie et la séparation tragique des familles et amis. Ici, la ligne de démarcation longeait les façades des immeubles situés à Berlin-Est. Les habitants prirent la fuite dès le début du bouclage. Ils descendirent en rappel le long de la façade depuis leurs appartements ou sautèrent dans le vide. Comme, par exemple, cette femme vivant dans les étages, dans la maison juste devant vous, et qui, après avoir raté la toile tendue par les pompiers de Berlin-Ouest, mourut durant le transfert à l'hôpital. Les 1res victimes se comptèrent ici. Quelques semaines après, les immeubles furent vidés, les habitants déplacés, les fenêtres et les portes murées.
On découvre les témoignages des tentatives de fuite pour échapper à la dictature et l'aide apportée aux réfugiés, comme cette photo de légende : 2 jours à peine après le début de la construction, le garde-frontière ***Conrad Schumann*** s'enfuit en sautant par-dessus les barbelés. Jusque dans les années 1990, on ne comptabilisait comme victimes que les fugitifs qui avaient été abattus par des gardes-frontières. Comment considérer le cas du bébé étouffé involontairement

par sa mère qui voulait l'empêcher de pleurer en traversant, ou de l'ultime décès, en mars 1989, de cette femme tombée d'une montgolfière alors que l'ordre de tirer avait été aboli par les autorités de la RDA ?

Plus loin, un « morceau » du Mur, de 300 m de long, a été sauvé par le ***pasteur Fischer,*** qui s'est battu pour faire classer Monument historique un pan qui longeait son presbytère sur la *Bernauer Straße,* à l'intersection de *Gartenstraße (S-Bahn : Nordbahnhof).*

La construction d'origine avait été tellement endommagée par les « pics-verts » (entendez les collectionneurs de souvenirs qui s'acharnaient à récupérer des morceaux de béton) qu'il a fallu le recouvrir de béton frais, lui donnant un curieux air de neuf.

Une *tour métallique-observatoire* (avec différents films et une salle d'exposition où photos, diaporamas et bandes sonores retracent la genèse du Mur) a été édifiée en face *(tlj sauf lun 10h-18h ; GRATUIT).* Du sommet, on se retrouve un peu dans la position des Berlinois de l'Ouest qui ne pouvaient qu'assister, impuissants, à ce qui se passait sous leurs yeux.

Un panorama qui peut décevoir les amateurs de sensations fortes. Si passionnante soit-elle si l'on en possède les clés, la vision du paysage peut frustrer ceux qui ne comprennent pas pourquoi, par exemple, sur les 50 000 personnes qui ont tenté la fuite, seulement un dixième a réussi. On se rend difficilement compte à présent de l'importance du dispositif performant qui avait été installé sur le terrain. Aujourd'hui, tout est calme, chiens et barbelés ont disparu, seule subsiste, solitaire, une tour de guet juste en face.

De ce même côté de la rue se trouve l'émouvante *chapelle de la Réconciliation* qui commémore l'histoire de la *Versöhnungskirche.* Cette église qui réunissait des croyants des 2 parties de la ville s'est trouvée sur le tracé du Mur en 1961, condamnée et finalement dynamitée par les autorités de la RDA en 1985. Ses cloches ont toutefois été sauvées et sont désormais posées à même le sol à côté de la chapelle. Ensuite, vers *Eberswalder Straße,* même si le Mur a disparu, il reste le no man's land herbeux entre les 2 quartiers, et on devine le tracé du chemin de ronde. Différents panneaux historiques jalonnent le parcours.

– Impressionnant aussi, et surtout très émouvant, le ***cimetière Invalidenfriedhof*** *(Scharnhorststr ; plan centre, D-E2),* traversé par des vestiges du Mur.

– Mais tout cela sera encore plus instructif, bien sûr, si vous avez la possibilité de suivre une visite guidée. En dehors de celles qui concernent le mémorial lui-même, en français ou en allemand, il y a aussi celles que l'association ***Berliner Unterwelten*** organise non loin de la *Bernauer Straße,* à l'entrée d'une ancienne brasserie, et qui permet de voir, en pénétrant dans les caves, comment les Berlinois s'y prenaient pour creuser sous le Mur qui coupait la rue. Pour l'heure, cette visite se déroule sur rendez-vous, le vendredi, au départ d'un des rares bunkers restés dans leur jus, siège de l'association, à la sortie de la station de métro *Gesundbrunnen.* Voir plus haut « Infos pratiques sur place. Adresses et infos utiles », et plus loin « Les quartiers périphériques. Le quartier de Wedding ».

Sur les pas de Brecht

Brechthaus *(maison de Brecht ; zoom 2, E2) : Chausseestr 125.* ☎ *282-20-03. • lfbrecht.de • U-Bahn : Oranienburger Tor ou Naturkundemuseum ; bus n° 157. Vers le nord, dans le prolongement de la Friedrichstr. Tlj sauf lun et j. fériés 12h-18h30. Visite guidée ttes les 30 mn (ttes les heures dim). Entrée : 5 € ; réduc.* Pas prétentieuse pour 4 sous (!), la maison où vécut Brecht jusqu'à sa mort en 1956 abrite désormais un centre culturel où ont lieu des rencontres, lectures et débats littéraires. Les inconditionnels iront visiter (avec guide seulement) les pièces de travail et d'habitation qu'il occupait avec sa femme (voir sa biographie en fin de guide dans la rubrique « Personnages » du chapitre « Hommes, culture, environnement ») et verront les archives du dramaturge.

Berliner Ensemble *(zoom 2, E2,* ***381****) : Bertolt-Brecht-Platz 1. Résa : ☎ 28-40-81-55. • neu.berliner-ensemble.de • S-Bahn et U-Bahn : Friedrichstr. Derrière la gare de Friedrichstraße, le long du fleuve.* Reconnaissable à son enseigne tournante, le théâtre le plus célèbre d'Allemagne, créé en 1949 par Brecht, est encore en activité. On y joue les pièces de l'auteur, évidemment. Sous-titres en anglais pour les non-germanophones.

Dorotheenstädtischer Friedhof *(cimetière de Dorotheenstadt)* ***et Kirchhof der französisch-reformierten Gemeinde zu Berlin*** *(cimetière de la communauté française réformée de Berlin ; zoom 2, E2,* ***382****) : Chausseestr 126-127. U-Bahn : Oranienburger Tor. Mai-août, 8h-20h ; 1h de moins chaque mois jusqu'en déc-janv, puis 1h de plus fév-avr.*

– ***Cimetière de Dorotheenstadt :*** pour accéder aux tombes des philosophes Hegel (1770-1831) et Fichte (1762-1814 ; promoteur de l'unité allemande), enterrés côte à côte, il faut prendre la 2e petite allée sur la gauche, après le plan détaillé du cimetière (quand on vient de la *Chausseestraße*). Dans la 1re allée transversale, à gauche de l'entrée, un mur de brique rouge abrite la tombe de *Bertolt Brecht* et d'*Hélène Weigel.* Tombe d'une grande sobriété, couverte de végétation. Elle fut profanée en 1990. « Le ventre est encore fécond d'où est sortie la bête immonde ! » écrivait déjà Brecht.

– ***Cimetière de la communauté française réformée de Berlin :*** petit et émouvant cimetière où a été enterrée une partie des protestants français de Berlin dont l'histoire est exposée en détail au musée des Huguenots du *Gendarmenmarkt.*

Museum für Naturkunde *(zoom 2, E2) : Invalidenstr 43 ; non loin de la Hauptbahnhof, dans une annexe de l'université Humboldt. ☎ 88-9-40-85-91. • naturkundemuseum-berlin.de • U-Bahn : Naturkundemuseum. Tlj sauf lun 9h30 (10h w-e)-18h ; dernière entrée 30 mn avt fermeture. Entrée : 8 € ; réduc (- 37,5 % avec la Welcome Card). Audioguide en anglais gratuit (accès avec QR code).* Le musée des Sciences naturelles de Berlin, créé en 1810 et installé dans un spectaculaire bâtiment de 1889, mérite vraiment le détour. Il expose par exemple l'un des plus grands dinosaures retrouvés à ce jour. Le squelette du brachiosaure se déploie dès l'entrée, sur 13 m de hauteur et 15 m de longueur. La bestiole pesait 50 t mais elle était dotée d'un grand cœur : environ 400 kg ! À côté de lui, un diplodocus déploie son long cou. Moins grand, mais doté d'une terrifiante mâchoire, c'est *Tristan* le *Tyrannosaurus rex* qui remporte le plus franc succès lorsqu'il est présent. Des jumelles interactives reconstituent, par images de synthèse, organes et muscles des dinos et les font revivre en direct. On sent même les tremblements du sol ! Enfants conquis d'avance... Plus loin, on admire aussi le fossile de l'un des plus anciens oiseaux connus : l'*archéoptéryx.* Place ensuite aux galeries encombrées d'animaux taxidermisés, permettant de les étudier sous toutes les coutures. Fauves, grands mammifères de la savane, oiseaux, poissons, ils sont tous là ! Un certain nombre d'entre eux provient du zoo de Berlin, à l'image de *Knut* l'ours polaire, décédé brutalement dans sa piscine à la suite d'une crise d'épilepsie. Une vaste salle réfrigérée renferme une immense collection d'animaux plongés dans le formol. Impressionnant et légèrement dérangeant. Expos temporaires à l'étage.

Futurium *(musée du Futur ; zoom 2, E2) : Alexanderufer 2, sur les rives de la Spree face à la chancellerie. ☎ 40-818-97-77. • futurium.de • U-Bahn et S-Bahn : Bundestag ou Hauptbahnhof. Tlj sauf mar 10h-18h (20h jeu). GRATUIT.* Cet immense cube de verre construit dans le quartier gouvernemental n'est pas un musée comme les autres, puisqu'il s'envisage comme un espace de réflexion sur cette question apparemment simple : ***comment vivre dans le futur ?*** Spectaculaire exposition à l'étage supérieur sur 5 000 m², avec différentes salles de réflexion sur les thèmes de l'homme, de la nature et de la technologie qui présentent des modèles et des solutions pour envisager les divers mondes futurs. Pour tenter d'y répondre, ateliers, vidéos et autres installations interactives qui explorent les évolutions de notre monde selon 3 grands thèmes : la technologie, la nature et les relations humaines. Comment vivrons-nous et travaillerons-nous dans 10 ou 20 ans ? Comment nous nourrirons-nous et quels types d'énergie utiliserons-nous ? Les visiteurs sont invités à découvrir les différentes options pour l'avenir et à décider eux-mêmes quel avenir serait souhaitable pour eux, et comment ils peuvent façonner celui-ci.

LE QUARTIER DE PRENZLAUER BERG *(plan centre, F-G1-2)*

C'est le quartier le plus en vue de l'ancien Berlin-Est. Longtemps repaire de punks, de babas, d'artistes marginaux, c'est désormais le fief des *Wessis* de la classe moyenne, devenus de jeunes parents soucieux de bien-être et adeptes d'une consommation responsable.

Autrefois quartier périphérique campagnard où les brasseries fabriquaient une bière très appréciée dans les *Biergarten,* Prenzlauer Berg fut aussi l'un des symboles de la faillite communiste : plus de 40 000 appartements de *Mietskasernen* vétustes, de superbes façades dans un état de total délabrement, des HLM insalubres, des terrains vagues, des squats, des rénovations interrompues, etc. Après 1989, devant un tel abandon, la jeunesse berlinoise en avait fait son terrain de jeu de prédilection : on y ouvrait tous les jours un nouveau café, une boîte délirante, un lieu de concerts, un club alternatif...

Eh bien, tout ça a drôlement changé ! Le virus de la rénovation a contaminé le quartier, au grand regret des habitants du *Kiez* (entendez par là le quartier auquel on appartient) pour qui la pilule passe mal. Et pour cause, ils ont vu leurs loyers doubler.

Dans cet eldorado bobo, les ravalements aux couleurs flashy ont recouvert les façades balafrées par les blessures du temps. Les petits épiciers du coin ont disparu les uns après les autres pour laisser place à des boutiques, cafés et restos où se retrouvent les « *Latte macchiato* » (le surnom donné aux jeunes parents qui surveillent leur enfant dans sa poussette tout en gardant un œil sur leur smartphone et en faisant la dégustation d'un café au lait).

C'est à présent un quartier avec un taux de natalité parmi les plus élevés d'Allemagne : 80 % de sa population s'y est installée après la chute du Mur. Une ambiance plus conventionnelle a supplanté le côté (jadis) bohème et populo du quartier ; phénomène connu de gentrification galopante, que l'on observe dans d'autres grandes villes du monde. Certains lieux ont encore gardé un petit mètre carré significatif de leur ancienne façade ou quelque souvenir à l'intérieur (souvent un morceau d'enseigne de l'activité précédente), comme autant de clins d'œil nostalgiques à un passé à présent bien révolu...

Une virée dans Prenzlauer Berg se révèle plaisante à toute heure. La journée, c'est le lieu idéal pour s'accorder un plantureux brunch ou traîner en terrasse avant de rejoindre les allées de l'*Ökomarkt,* le marché bio du samedi de la *Kollwitzplatz,* ou encore le marché aux puces du *Mauer Park* le dimanche. Le soir, l'ambiance détendue et gentiment festive séduira particulièrement les trentenaires et plus. On trouvera un large choix de bars, cafés et restaurants sur la *Schönhauser Allee* et dans les rues perpendiculaires, telles que *Stargarder Straße, Raumerstraße* ou *Pappelallee.* Autour de *Helmholtzplatz* se situe le petit quartier dénommé *L.S.D.* ; rien de psychédélique par ici, le nom est simplement formé par les initiales des rues *Lychener Straße, Schliemannstraße* et *Dunckerstraße.* Prenez également le temps de flâner dans la *Kastanienallee,* que l'on appelle ici la « *Casting Allee* » car fréquentée par les fashionistas de tout poil. Et le soir, allez jeter un œil à la programmation musicale de la *Kulturbrauerei.* Un lieu qui rappelle qu'on trouvait autrefois ici plus de brasseries artisanales que de boutiques tendance.

Où dormir ?

Bon marché

East Seven Berlin Hostel *(plan centre, F1-2,* ***57****) : Schwedterstr 7, 10119. ☎ 93-62-22-40. • eastseven.de • U-Bahn : Senefelderplatz. Dans une rue calme de Prenzlauer Berg, à 5 mn à pied de Kollwitzplatz. Nuitée en dortoir 25-40 €/pers, sans petit déj ; doubles env 70-105 €. Serviettes fournies.* Une AJ privée de 120 lits, presque familiale, avec un *lounge* cosy et un petit jardin agréable à l'arrière, où s'organisent parfois des barbecues. Dortoirs de 4-8 lits, propres et lumineux. Chambres simples et doubles classiques de bonne tenue, avec sanitaires à partager. Cuisine à dispo, casiers, laverie et garage à vélos. Possibilité de séjour long. Une des meilleures adresses dans sa catégorie. D'autant qu'on peut y loger gratos : il suffit de préparer le dîner pour les hôtes (12 personnes minimum) ! Et en plus, une excellente ambiance, assurée par le patron chaleureux, et ce, dans un quartier des plus plaisant.

Pfefferbett *(plan centre, F2,* ***79****) : Christinenstr 18-19, 10119. ☎ 93-93-58-58. • pfefferbett.de • U-Bahn : Senefelderplatz. Env 18-35 €/pers en dortoir sans ou avec sanitaires ; doubles 70-100 € ; petit déj-buffet payant.* En retrait de la rue, dans une ancienne brasserie joliment rénovée, cet *hostel* a gardé tout le charme de la brique apparente en se parant d'un design épuré mais pas exempt de confort. La déco du grand hall ne laisse pas indifférent ! Dortoirs de 4-8 lits, dont un de 6 lits réservé aux femmes, et 45 chambres de 7 catégories différentes, tous bien entretenus. Bar, billard et un petit jardin bucolique où se produisent parfois des musiciens. Toujours beaucoup de monde : l'endroit ne manque pas d'animation ! Laverie et location de vélos *(12 €/j.)* et petit *Markthalle* bio en contrebas sur la Schönhauser Allee.

Meininger Hotel Alexanderplatz *(plan centre, F1-2,* ***68****) : Schönhauser Allee 19, 10435. ☎ 98-32-10-74. • meininger-hotels.com • U-Bahn : Senefelderplatz. Nuitée en dortoir (4-6 lits) env 20-35 €/pers ; doubles env 60-120 € ; petit déj en plus. Réduc de 30 % pour moins de 12 ans. Résa vivement conseillée.* Bien situé pour les liaisons en métro, ce représentant d'une chaîne en pleine expansion en Europe propose, sur 7 étages, à la fois des dortoirs mais aussi des chambres doubles de taille standard d'un excellent rapport qualité-prix (sauf en période de foires, où les prix s'envolent !). Préférez celles qui donnent vers l'intérieur, plus calmes. Chambres familiales colorées modulables. Bar, cuisine commune, laverie... Entretien nickel, aménagement moderne et un niveau de confort largement satisfaisant pour un séjour au cœur de la vie berlinoise. Petit déj passe-partout. Location de vélos. 5 autres **Meininger** à Berlin : *près de la Hauptbahnhof (Ella-Trebe-Str 9), dans Mitte (Orianenburger Str 67), à Friedrichshain (Am Post Bahnhof 4), à Tiergarten (Turmstr 25) et au BBR Airport (Alexander-Meißner-Str 1).*

Chic

Hotel Oderberger *(plan centre, F1,* ***85****) : Oderberger Str 57, 10439. ☎ 78-00-89-760. • hotel-oderberger.de • U-Bahn : Senefelderplatz. Doubles env 125-160 €, avec petit déj. Promos fréquentes sur Internet.* Situation idéale pour cet hôtel original installé au cœur de la partie animée de Prenzlauer Berg. Le bâtiment néo-Renaissance est un ancien bain public datant de 1903. La piscine centrale y est toujours présente (accessible, de même que le sauna, sur résa), entourée de vestiaires, et peut se vider pour faire place à un socle utilisé pour des défilés ou banquets. Les chambres, certaines avec terrasse, modernes et bien équipées, sont de bon confort et décorées par les anciennes portes des cabines. Bar élégant au rez-de-chaussée avec âtre et profonds fauteuils. Le tout fait partie d'un ensemble comprenant une école de langues réputée avec hébergement et restauration pour les étudiants (voir plus haut le chapitre « Infos pratiques sur place », « Apprendre l'allemand »).

🏠 **Acksel Haus** (plan centre, G2, **88**) : *Belforter Str 21, 10437. ☎ 44-33-76-33. • ackselhaus.de • U-Bahn : Senefelderplatz. Slt 4 chambres 150 €.* Une adresse de charme qui propose des chambres meublées avec beaucoup de goût. L'*Acksel Haus* est un vrai îlot de sérénité, avec son ambiance chic voguant entre Toscane et côte Est américaine. Chacune a sa propre thématique (Chine, mer, Bali, *beach house*) pensée dans le moindre détail ! Un jardinet adorable, où l'on trouve différents coins salon pour se relaxer.

🏠 **Linnen** (plan centre, F1, **81**) : *Eberswalder Str 35. ☎ 47-37-24-40. • linnenberlin.com • U-Bahn : Eberswalder Str. Doubles 100-200 €, petit déj compris.* Une maison d'hôtes située au cœur de « P. Berg », où l'on se plaît à vivre comme un local, entre la grande salle à manger, la cuisine et les 6 vastes chambres au design aussi soigné qu'éclectique. Style romantique, industriel, moderniste, seventies ou chalet, à vous de choisir ! Beau parquet dans chacune d'entre elles, grands lits avec matelas de qualité, objets et meubles chinés, belles salles de bains et triple vitrage côté rue. Une belle adresse, où on se sent bien.

Où manger ?

Sur le pouce

🍽 **Konnopke's Imbiss** (plan centre, F1, **173**) : *Schönhauser Allee 44b. ☎ 442-77-65. U-Bahn : Eberswalder Str. Sur le terre-plein, sous le métro aérien. Tlj 10h (12h sam)-17h (18h ven, 19h sam). Moins de 5 €.* Depuis 1930, c'est l'*Imbiss* culte de Berlin, là où ouvriers, étudiants et employés font la queue en nombre pour dévorer une *Currywurst*. Tellement culte que l'affaire s'est « embourgeoisée », s'offrant un lifting bienvenu et une vraie salle dans un kiosque moderne pour déguster ce plat iconique.

🍽 **Ziervogel's Kult-Curry** (plan centre, F1-2, **68**) : *Schönhauser Allee 20. ☎ 47-37-71-00. U-Bahn : Senefelderplatz. Lun-ven 11h-19h30 ; fermé le w-e. Congés : 2 sem en août. Moins de 5 €.* Mario Ziervogel, le petit-fils de Max Konnopke, a ouvert, face à la station de métro suivante, un autre lieu culte mais à son nom, cette fois. Les amateurs de boulettes et saucisses, découragés par la file d'attente de chez *Konnopke,* n'ont qu'à reprendre le métro ; suivez-les !

Bon marché

🍽 ⛱ **Kanaan** (plan centre, G1, **188**) : *Schliemann Str 15, 10437. ☎ 45-95-68-01. U-Bahn : Eberswalder Str. Mar-jeu 18h-22h, ven-dim 12h-22h ; fermé lun. Mezze env 6 € ; plat env 12 €.* Un resto levantin coloré et savoureux, qui s'enorgueillit d'avoir réussi à faire la paix entre Israéliens et Palestiniens, du moins dans ses cuisines ! Décor gentiment oriental avec céramiques et miroirs. À la carte, 4 sortes de houmous, de bonnes *shakshuka* (poêlée de poivrons recouverte d'œuf) bien relevées, des aubergines confites ou encore des salades colorées. En dessert, difficile de résister aux glaces maison à la pistache. Service sympa et chaleureux. Terrasse sur rue très tranquille.

🍽 ⛱ **Babel** (plan centre, F1, **175**) : *Kastanienallee 33. ☎ 44-03-13-18. U-Bahn : Eberswalder Str. Tlj 11h-minuit. Sandwich env 6 € ; plats 10-15 €.* Une des cantines favorites des étudiants, toujours pleine depuis 20 ans. Cuisine libanaise maison généreusement servie mais pas d'une grande finesse : taboulé, houmous, *köfte,* falafels, *shawarma,* etc. Les grosses faims jetteront leur dévolu sur la *Babelplatter (27-30 € pour 2),* arrosée pourquoi pas d'un *labnan* (lait caillé salé). Hybride entre self et resto, on va chercher son plat au comptoir avant de s'installer dehors. Ça tourne assez vite, mais on a quand même le temps de faire connaissance avec ses voisins.

🍽 ⛱ **Metzer Eck** (plan centre, G2, **183**) : *Metzer Str 33. ☎ 442-76-56. U-Bahn : Senefelderplatz. Tlj sauf dim 16h (18h sam)-minuit. Résa conseillée.*

Plats 9-14 €. Cette auberge rustique est l'une des plus anciennes de Prenzlauer Berg (1913). Rue tranquille, environnement arboré, intérieur en bois, murs et plafonds jaunis par des décennies de tabac. On se régale avec les *Bratkartoffeln* (pommes de terre sautées), les différentes variétés de *Wurst,* ou les côtes de porc façon *Kasseler* (salées et fumées). Nombre de locaux y ont ici leur *Stammtisch* (table d'habitués). Accueil relax.

I Due Forni *(plan centre, F2,* ***191****) : Schönhauser Allee 12. ☎ 44-01-73-33. U-Bahn : Senefelderplatz. Tlj 12h-22h. Pizzas 8-12 €. CB refusées.* Petit frère de *Il Casolare* de Kreuzberg, c'est la même équipe, qui confectionne les pizzas avec le même talent : pâte bien croustillante, cuite au feu de bois, comme il se doit. La déco, en revanche, est estampillée Prenzlauer Berg ! Graffitis et brouhaha communautaire dans la vaste salle, ou un peu plus de calme sur l'immense terrasse en surplomb de l'avenue. Accueil au lance-pierre, ça fait partie du style de la maison, il faut s'y faire. *Vino de la casa* uniquement.

Zum Schusterjungen *(plan centre, F1,* ***177****) : Danziger Str 9. ☎ 442-76-54. U-Bahn : Eberswalder Str. Ⓣ Husemannstr (M10). Tlj 12h-minuit. Plats 10-19 €. CB refusées.* Une des dernières survivantes de ces anciennes petites brasseries familiales de Berlin-Est aux murs en crépi jaune, flanquée d'un bout de terrasse sur le trottoir. Généreuse cuisine populaire et bon marché, à défaut d'être subtile : soupes consistantes, boulettes de viande, filets de hareng à la crème, goulaschs ou asperges en saison... Large choix de bières. Service gentil.

De prix moyens à chic

Umami *(plan centre, G1,* ***134****) : Knaackstr 16-18. ☎ 288-60-626. U-Bahn : Senefelderplatz. Tlj 12h-minuit. Résa pour 4 pers max. Plats 10-22 €.* Face à la Wasserturm, une grande terrasse en coin éclairée le soir aux lanternes, cernant un resto asiatique qui ne désemplit pas. Intérieur un peu sombre. Cuisine à la base vietnamienne, mais qui fait des incursions variées chez ses voisins thaïs, chinois ou cambodgiens avec moult options végétariennes. Pas mal de saveurs subtiles et délicatement épicées, à accompagner d'une bière fraîche ou d'un cocktail, avec ou sans alcool. En cas d'affluence, ne pas s'étonner d'avoir à partager une table. Service diligent. Une valeur sûre ! *Autre adresse à Kreuzberg 36 (voir le chapitre Friedrichshain).*

Massai *(plan centre, G1,* ***187****) : Lychener Str 12. ☎ 48-62-55-95. U-Bahn : Eberswalder Str. Tlj 17h (16h ven-dim)-minuit. Plats 9-22 €.* Girafes à l'entrée, déco ethno-chic très réussie, lumières tamisées, serveuses en costume... Ce resto vous convie à un vrai voyage culinaire, du Sahara à la corne de l'Afrique. Plats variés à partager (ou pas !), avec des viandes de qualité, entre autres du steak d'antilope, d'autruche ou de crocodile : ça vous changera de la *Wurst* habituelle ! Vins d'Afrique du Sud. Accueil très aimable mais attente parfois longue.

Chic

Otto *(plan centre, F1,* ***85****) : Oderberger Str 56. ☎ 25-97-71-59. U-Bahn : Eberswalder Str. Jeu-lun 18h-23h ; fermé mar-mer. Résa en ligne indispensable. Plats 16-28 €.* Assiettes gourmandes à partager (ou non), produits locaux parfaitement sourcés, cuissons tip-top, vins naturels ou sans soufre... Ce mouchoir de poche de moins de 20 couverts, terrasse sous auvent comprise, passe pour être l'un des meilleurs bistrots de Berlin. Les puristes se régaleront avec le plat-signature, la truite marinée aux herbes sauvages, cuite au charbon de bois.

November *(plan centre, G1,* ***180****) : Husemannstr 15. ☎ 442-84-25. U-Bahn : Eberswalder Str. Tlj sauf dim soir-lun 18h (10h w-e)-minuit. Plats 13-25 €.* Style bistrot et vaste terrasse d'angle au rez-de-chaussée d'un bel immeuble pour cette adresse chic, appréciée des habitants du quartier comme des touristes. Une des cuisines les plus sérieuses du circuit branché, qui puise son inspiration du côté de l'Asie et du Japon : sashimis, poulpe grillé, tataki de bœuf mais aussi l'incontournable *Schnitzel*... Le week-end, jusqu'à 16h, brunch salé-sucré très couru.

Osmans Töchter *(plan centre, F1,* ***222****) : Pappelallee 15. ☎ 172-274-46-62. U-Bahn : Senefelderplatz. Tlj sauf dim 17h30-minuit. Résa impérative. Mezze froids ou chauds 7,50-17,50 €.* Une des adresses les plus courues du quartier. Sorte de hangar de brique et de planches avec cour-terrasse : longues tables, banquettes couvertes de coussins, chaises colorées et guirlandes de lampions. L'occasion de (re)découvrir une cuisine turque modernisée, mitonnée avec des produits hyper frais : houmous, feuilles de vigne farcies, ceviche de poisson, boulettes au boulgour, *köfte,* salade de poulpe, kebabs d'agneau au yaourt... Une table digne des meilleures tavernes stambouliotes, avec accueil adorable en prime. *Autre adresse à Charlottenbourg (Wielandstr 38).*

Plus chic

Pasternak *(plan centre, G1,* ***186****) : Knaackstr 22-24. ☎ 441-33-99. U-Bahn : Senefelderplatz. Tlj 9h-1h. Menus 30-45 € ; plats 14-25 € ;* Frühstück *(9h-16h) 7-16 €.* Du charme rétro : boiseries et plafond stuqué, plancher vénérable, vieux comptoir et piano, mon tout donnant sur l'une des places les plus charmantes du quartier. Choix de classiques russes (*pelmenis,* bœuf Stroganoff) et de la Mitteleuropa juive, comme le *bortsch,* le *gefilte fish* ou le *kreplach* (chausson à la viande). Grande terrasse. Un peu chérot tout de même.

Où prendre le *Frühstück* ? Où faire un brunch ? Où goûter ?

Café Krone *(plan centre, F1,* ***101****) : Oderberger Str 38. ☎ 341-25-772. U-Bahn : Eberswalder Str. Tlj 9h-17h (18h w-e) ; cuisine jusqu'à 16h. Plats 10-18 € ; brunch env 15 €.* Très apprécié des flâneurs qui arpentent le marché aux puces du Mauer Park, c'est l'un des meilleurs brunchs de Berlin. À voir la queue qui attend pour une place sur les tables en bois, au creux des canapés ou en terrasse le dimanche matin, on aura compris qu'il faut s'armer de patience. Carte qui met l'eau à la bouche : soupes, sandwichs et crêpes, omelettes, céréales, plats végans, pâtisseries, le tout joliment présenté et servi avec le sourire. Large choix de cafés, chocolats, jus et thés.

Café Butter *(plan centre, F-G1,* ***159****) : Pappelallee 73. ☎ 52-68-59-33. U-Bahn : Eberswalderstr. Tlj 9h-23h30 (15h30 w-e).* Frühstück *tlj 9h-15h ; brunch-buffet le w-e jusqu'à 15h.* Malgré sa sympathique terrasse, on préférera le calme de l'intérieur. Bel établissement sur 2 niveaux, haut de plafond, avec ses grandes portes vitrées, ses tables en bois et son bar carrelé de vert. *Frühstück* à la carte, servi dans une vaisselle décorée de fruits et légumes : pancakes, omelettes, salades de fruits, fromages, saucisses et accompagnements chauds, vous ne saurez plus où donner de la tête. C'est frais, copieux et bon. Limonades maison à l'argousier ou au gingembre, un régal. Accueil dynamique.

Plazebo *(plan centre, F1,* ***174****) : Kastanienallee 26. ☎ 810-188-10. Tlj 7h-19h. Petits déj 9-12 €.* Boulangerie-pâtisserie (ce qui explique son ouverture aux aurores) doublée d'un café avec terrasse débordant sur le trottoir. Carte variée sucrée-salée entre salades, *bowls* et omelettes, pains garnis et pâtes. Le tout de 1re fraîcheur. Thés et tisanes pour contempler l'animation de la rue. Une adresse aussi simple que pratique !

Morgenrot *(plan centre, F1,* ***280****) : Kastanienallee 85. ☎ 44-31-78-44. U-Bahn : Eberswalder Str. Tlj sauf lun 13h-1h (2h jeu-dim). Brunch végétarien env 13 € ven-dim (13h-15h) ; également des quiches, plats végans et soupes bio.* À côté d'une librairie

BERLIN, QUARTIER PAR QUARTIER

anar, ce bistrot militant survivant d'une autre époque annonce la couleur avec sa façade délabrée. Un peu la dernière caution marginale d'une rue en cours de gentrification avancée. On donne ce qu'on veut entre 9 et 13 € pour le grand buffet végétarien du week-end. Rapport prix-qualité imbattable. En guise de dessert, sans supplément, tous les bons plans culturels et manifs affichés aux murs.

Où déguster une bonne glace ?

Il Glaciale (plan centre, F-G1, **210**) : *Kollwitzstr 59. U-Bahn : Senefelderplatz. Mars-oct slt, tlj 11h-22h.* Petite boutique et grand choix de parfums (24 chaque jour !), dont des mélanges fruits et légumes très réussis. Si vous voulez un cornet, dites *Waffel* ; pour un pot, ce sera *Becher.* Options véganes aussi.

Kauf Dich Glücklich (plan centre, F1, **294**) : *Oderberger Str 44. U-Bahn : Eberswalder Str. Tlj 12h-17h.* Rendez-vous convivial et populaire pour déguster des glaces étonnantes comme celle au chocolat et au piment. Servent aussi des gaufres en hiver. Terrasse aux couleurs acidulées. Autre adresse proche : *Kastanienallee 54 (11h-20h).*

Où boire un verre ?

Prater Garten (plan centre, F1, **286**) : *Kastanienallee 7-9. ☎ 448-56-88. U-Bahn : Eberswalder Str. Biergarten ouv avr-sept, en cas de météo favorable dès 16h (12h dim). Resto ouv tte l'année, repas servi à partir de 18h (12h dim), cuisine jusqu'à 22h. Plats 20-25 €. CB refusées.* Une bonne entrée en matière pour revenir aux racines de la tradition allemande. C'est le *Biergarten* le plus ancien de Berlin (1837) et c'est en ce lieu qu'August Bebel et Rosa Luxemburg ont fait leurs discours. Passé le garage à vélos, vous arrivez sur un grand espace aéré divisé en 2 parties : une vaste terrasse où l'on trouve aussi des jeux pour les enfants, et, à côté, un resto typiquement germanique, qui sert des plats consistants mais pas donnés : boulettes, *Wiener Schnitzel* avec salade de pommes de terre et concombres, goulasch, le tout arrosé de *Schwartbier...* Spécialité d'oie rôtie. Portions généreuses, on peut se contenter d'une demi-assiette. Concerts fréquents.

Café Nemo *(ou* ***Omen*** *; plan centre, F1,* ***281****) : Oderberger Str 46. ☎ 448-19-59. U-Bahn : Eberswalder Str. Tlj 18h-dernier client (jusqu'à 5h parfois !). Accès min 18 ans.* Un rendez-vous de la bohème parmi les plus authentiques de Prenzlauer Berg. Murs couverts de fresques, vénérable plancher patiné, mobilier de bric et de broc, baby-foot, billard. Atmosphère torride en fin de semaine, rock le plus souvent à tue-tête...

Schwarzsauer (plan centre, F1, **285**) : *Kastanienallee 13. ☎ 448-56-33. U-Bahn : Eberswalder Str. Tlj 10h-4h. CB refusées.* Attire les Berlinois de tout poil en quête d'une ambiance aussi animée que décontractée. Cadre et décor de bistrot vintage assez séduisant. C'est un passage obligé du quartier, notamment au creux de la nuit.

Das Wohnzimmer (plan centre, G1, **287**) : *Lettestr 6. ☎ 445-54-58. U-Bahn : Raumerstr. À l'angle avec Helmholtzplatz. Tlj 16h-2h. CB refusées.* Un des 1ers *Wohnzimmer-Bar* (bars-salons), typique du genre à Berlin. Canapés et fauteuils dépareillés, lampes des années 1970, vieux rideaux, bref, un joyeux bric-à-brac digne de l'ancienne RDA. La jeunesse du quartier y vient pour se vautrer sur ses banquettes élimées. Musique tonitruante le soir, tendance hip-hop ou funk. L'après-midi, on vient plutôt s'offrir un café-croissant, ou un snack pas cher.

Tres Tapas (plan centre, G1, **266**) : *Lychener Str 30. ☎ 41-71-57-18. U-Bahn : Senefelderplatz. Tlj 17h-1h. Tapas 3,50-17,50 € ; assortiment pour 2 pers 16,50 €.* Au pied d'un bel immeuble, face à la place verdoyante, un bar à tapas animé, avec une belle terrasse qui fait le coin, idéale pour boire une *copa* au grand air. Bar carrelé d'azulejos et salle de resto avec photos où les plats sont plutôt chérots.

Café August Fengler *(plan centre, F-G1,* ***289****)* ***:*** *Lychener Str 11. • augustfengler.de • U-Bahn : Eberswalder Str. Mer-sam 17h-minuit. Accès min 18 ans. CB refusées.* Un des plus vieux troquets de quartier de Berlin-Est (1936), fréquenté par la communauté gay. Ambiance intime et relax, lumières tamisées. Bar en bois sculpté, quelques fresques marrantes. Changement de registre en 2de partie de soirée (22h-22h30), lorsque les DJs s'activent dans la salle du fond et font monter la température... C'est alors toujours aussi sympa (d'autant que l'entrée est gratos), mais nettement moins intimiste !

Saphire Bar *(plan centre, G2,* ***296****)* ***:*** *Bötzowstr 31. ☎ 25-56-21-58. Ⓣ Arnswalder Platz (M10). Tlj 19h-1h.* Murs en bois, banquettes blanches, déco contemporaine et bar tout en longueur où l'on sert plus de 300 cocktails, dont pas mal de whiskies et de rhums. Un peu excentrée, cette adresse vaut le détour !

Où écouter de la musique ? Où faire la fête ?

Kulturbrauerei *(plan centre, F1,* ***299****)* ***:*** *on y accède soit par la Schönhauser Allee 36, soit par la Knaackstr 97. • kulturbrauerei.de • U-Bahn : Eberswalder Str. Infos : ☎ 44-35-21-70 ou tlj sur place 11h-19h.* Ce site industriel gigantesque de 25 000 m² est une ancienne brasserie du XIXe s, désormais classée Monument historique. Sa vingtaine de bâtiments néogothiques et ses 6 cours ont été reconvertis pour accueillir plusieurs lieux culturels et festifs. Tout au long de la semaine, un public tous âges confondus envahit le complexe de cinémas, restaurants, cours de danse, bars et clubs. Gentiment chaotique et très vivant. Les lieux principaux : ***Frannz,*** un *Biergarten* musical prolongé d'un club, *• frannz.de •* ; la ***Kesselhaus*** concerts rock, pop et blues, *• kesselhaus.net •* ; la ***Maschinenhaus*** : *parties* à l'ambiance « boum » années 1990 tous les jeudis, *• alte-kantine.eu •* ; le ***Soda Club*** qui fait aussi resto : musiques actuelles et latino pour une clientèle de 18-25 ans, *• soda-berlin.de • ;* et un *food market (dim 12h-18h).* Le petit ***musée,*** côté Knaackstraße, permet de découvrir le quotidien des Berlinois de l'Est avant 1989 *(mar-ven 9h-18h, w-e 10h-18h ; GRATUIT ; audioguide en français via votre smartphone).*

Achats

– ***Marchés aux puces :*** *dim 10h-16h.* Pour les amateurs de design des années 1950 et 1970, on conseille le marché aux puces *Am Arkonaplatz,* en plein quartier de Prenzlauer Berg *(plan centre, F1 ; U-Bahn : Bernauer Str).*

– ***Marché bio :*** *janv-mars, jeu 12h-19h et avr-déc, sam 12h-19h.* Le plus vieux *Bio-Markt* de la ville se tient sur la Kollwitzplatz. On y trouve aussi bien des produits alimentaires de la région que de l'artisanat.

– ***Street Food Market :*** *de mi-janv à mi-nov, dim 12h-18h.*

– ***Marché de Noël scandinave dans la Kulturbrauerei :*** *en déc.*

À voir

Infos complètes sur le quartier sur le site traduit en français *• tic-berlin.de •*

Une des particularités de ce quartier de Prenzlauer Berg est d'avoir été relativement épargné pendant la guerre. Certains immeubles (de moins en moins

chaque année) portent en revanche encore les stigmates de l'époque de la guerre froide, ce qui donne au quartier cette atmosphère si particulière.
Promenez-vous au cours de balades rêveuses et intimistes dans les ***Oderbergerstraße, Kastanienallee, Schönhauser Allee, Husemannstraße*** et sur la ***Kollwitzplatz*** si verte en été, au milieu des terrasses des cafés envahies par les étudiants. Au milieu de la Kollwitzplatz, la ***Wasserturm*** *(plan centre, G1-2,* ***393****)* domine un petit parc bien agréable ou l'on aperçoit une vigne ! Les nazis l'ont utilisée comme prison et salle de torture. Le château d'eau construit au milieu du XIXe s fut l'une des 1res installations d'approvisionnement en eau de Berlin et est familièrement appelé *Dicker Hermann* (gros Hermann) par les Berlinois. Après 1914, la tour fut transformée en logements. Peu avant 1989, le loyer était de 1 DM de la RDA par mètre carré. Cela a bien changé...

Museum Pankow *(plan centre, G1-2,* ***391****)* **:** *Prenzlauer Allee 227. ☎ 902-953-917. U-Bahn : Senefelderplatz. Mar-dim 10h-18h. GRATUIT. Textes en allemand slt.* Ancien collège communal, ce petit musée municipal propose des expos temporaires sur la vie de ce quartier. Pour les curieux insatiables qui voudraient meubler le temps par un jour de pluie.

La synagogue de la Rykestraße : *au n° 53, sur la gauche, en venant de Knaackstr. U-Bahn : Senefelderplatz. Ne se visite pas.* La plus grande synagogue d'Allemagne, pouvant accueillir 2 000 fidèles, a été construite en 1904. Elle fut endommagée en 1938, pendant la terrible Nuit de cristal et restaurée au temps de la RDA. Elle a été rendue intégralement au culte en 2007.

UNE MIRACULÉE DU NAZISME

Le 9 novembre 1938, le rabbin et les membres de la communauté juive furent déportés. L'intérieur de la synagogue fut totalement dévasté, les rouleaux de la Torah détruits. Si la façade sobre en brique fut épargnée, c'est à cause du voisinage d'autres immeubles d'habitation. Les nazis redoutaient, s'ils y mettaient le feu, de provoquer la mort de « bons Allemands ». Le bâtiment fut saccagé, transformé en écurie, puis en entrepôt. Après la guerre, des survivants s'y retrouvèrent pour la prière du shabbat, en dépit de l'hostilité du régime communiste.

Jüdischer Friedhof *(cimetière juif ; plan centre, F1,* ***392****)* **:** *Schönhauser Allee 23-25. U-Bahn : Senefelderplatz. Dim-jeu 8h-16h, ven 8h-13h. Fermé sam, pour shabbat et aux fêtes juives. Dernière entrée 30 mn avt fermeture. Kippa obligatoire pour les hommes (distribuée à l'entrée).* Fondé en 1827, c'est l'un des rares qui aient échappé aux destructions de la guerre. À l'entrée, plan avec emplacements des tombes des personnalités et un *lapidarium* ; nombreuses stèles, explications de l'***évolution de l'art funéraire*** et des symboles. Sous les arbres, parmi les tombes, on trouve celles du peintre expressionniste *Max Liebermann* et du compositeur *Giacomo Meyerbeer.* Balade émouvante parmi les carrés encore abandonnés aux herbes et fougères folles et leurs nombreuses stèles abattues (intempéries, érosion et vandalisme). Dans le secteur nord-ouest, un petit puits est couvert d'une plaque commémorative rappelant le sort tragique d'un groupe de jeunes déserteurs terrés dans la citerne souterraine d'une ancienne brasserie lors des dernières semaines de la guerre. Débusqués par les SS, ils furent pendus aux arbres.

Mauer Park *(plan centre, F1)* **:** coupé autrefois par une section du Mur entre les secteurs russe et français. On vous recommande d'y aller de préférence le matin du dimanche pour son ***marché aux puces*** (*Flohmarkt*, 9h-18h), où l'on trouve tout et son contraire, d'y prolonger la journée avec des parties de pétanque, en s'approvisionnant aux nombreux food-trucks, et surtout d'assister à son ***karaoké*** géant de 14h qui draine les foules autour de l'amphithéâtre l'après-midi. Un mix de puces, de vide-greniers, d'antiquités, tout cela avec un mélange de bobos et de babas cool de tout poil... et une offre de restauration sur le pouce qui couvre de nombreux pays !

LES QUARTIERS DE KREUZBERG ET NEUKÖLLN *(plan centre, E-F-G 3-4)*

Ce large faubourg s'est développé à la fin du XIXe s et constitue un quartier pour le moins cosmopolite familièrement nommé *X-Berg.* Il se situe au centre de Berlin et au sud de la *Spree.* Son nom, *mont de la Croix,* vient d'un endroit situé sur la petite colline au milieu du *Viktoriapark,* où se trouve depuis 1821 un monument couronné d'une croix de fer dessinée par *Karl Friedrich Schinkel* pour commémorer les victoires de la Prusse sur les armées napoléoniennes entre 1813 et 1815.
Kreuzberg est donc divisé en 2 secteurs très contrastés, mais que les habitants distinguent aisément en faisant référence à leurs anciens codes postaux : le *Kreuzberg 61* à l'ouest, bordant le quartier de Schöneberg, et le *Kreuzberg 36* à l'est. Situé dans Berlin-Ouest, dans le secteur américain, Kreuzberg était enclavé par le Mur sur 3 côtés. La Spree constituant sa « frontière nord » avec Mitte et Friedrichshain. Un peu isolé à cette époque, il était considéré comme très pauvre, et accueillait beaucoup d'immigrés et de marginaux.
Après la réunification, Kreuzberg s'est retrouvé au centre de la ville. Sa partie ouest est redevenue petit à petit ce quartier assez chic qu'il était au début du XXe s, peuplé de familles bourgeoises respectueuses de l'ordre, à commencer par les officiers du terrain d'exercices qui allait devenir Tempelhof plus tard.
À l'inverse, l'Est et le Sud-Est (notamment le quartier de Neukölln) sont restés très populaires et se démarquent par leur mixité, la population d'origine turque y étant la plus nombreuse. En 2020, 23 % de la population n'avait pas la nationalité allemande. Les loyers accessibles ont attiré à la fois les artistes, les étudiants, les militants et toute l'effervescence de la contre-culture. Mais Berlin bouge, et très vite.

UN PRIVILÈGE BIEN COMPRIS

Si, à la fin des années 1970, Berlin (Kreuzberg en particulier) a accueilli tant de jeunes marginaux, ce n'est pas seulement pour la modicité des loyers, mais aussi parce qu'un décret dispensait les citoyens de Berlin-Ouest de service militaire ! Dès lors, pacifistes et objecteurs de conscience de tout poil affluèrent par milliers et créèrent de nombreuses organisations militantes.

Les quartiers alternatifs historiques se sont aussi assagis, grignotés par la hausse des loyers et l'embourgeoisement inéluctable, incitant les bohèmes à chercher un nouvel eldorado du côté de Neukölln.
Ce dernier est même en plein bouleversement. Au point que l'on n'hésite pas à comparer Neukölln à Brooklyn ! Le secteur compris entre la *Hermannplatz* et le *Landwehrkanal* est désormais un vivier de galeries d'art, de restos et de bars branchés, dont les terrasses s'étirent langoureusement sur les berges de la Spree. De nouveaux lieux nocturnes y ouvrent chaque mois, à côté des restaurants syriens, tenus par une population réfugiée qui fait désormais vivre Neukölln au même titre que leurs homologues turcs. Pour beaucoup, à présent, c'est ici que cela se passe, même si, au sein du Kreuzberg 61, le secteur de la *Bergmannstraße* à la *Marheinekeplatz* constitue encore un autre îlot où l'animation est garantie de jour comme de nuit.
Kreuzberg est donc toujours en mutation permanente. Le Kreuzberg 36 reste la terre d'accueil de la bohème contestataire et de l'immigration pauvre du Kurdistan. La vie des différentes communautés s'organise

autour du *Kotti* et du *Görli* : rencontres exotiques de toutes natures dans les rues adjacentes à *Kottbusser Tor,* une sorte de Belleville turc, alternatif et touristique, ou sur les pelouses élimées du *Görlitzer Park.* Dans tous les cas, Kreuzberg est à découvrir, ne serait-ce que pour jeter un œil à l'improbable parc de Tempelhof, où l'on peut planter ses poireaux mais où l'on n'atterrit plus !

Où dormir ?

De bon marché à prix moyens

Three Little Pigs *(plan centre, E4,* ***55****) : Stresemannstr 66, 10963. ☎ 26-39-58-80. • three-little-pigs.de • À 5 mn à pied de la Potsdamer Platz. Selon période, 13-17 €/pers en dortoir de 4-8 lits ; doubles 44-68 €/pers selon confort ; petit déj-buffet en plus* Bien caché au fond d'une cour (au calme donc), un ancien couvent du XIXe s en brique, aménagé en AJ et animé par une équipe sympa et efficace. Ouverte à tous les routards, sans limite d'âge. Elle accueille d'ailleurs pas mal de groupes scolaires et d'étudiants. Bonne ambiance, notamment dans la cour intérieure couverte de gazon, ou dans le vaste espace commun avec bar, billards, baby-foot et coin salon. Dortoirs basiques, propres, et chambres spacieuses convenables (certaines équipées de sanitaires). Grande cuisine à disposition, laverie, parking intérieur vélos, tours de ville gratuits, location de vélos.

De prix moyens à plus chic

Hüttenpalast *(plan centre, G5,* ***31****) : Hobrechtstr 65-66, 12047. ☎ 37-30-58-06. • huettenpalast.de • U-Bahn : Hermann Platz. Caravanes, huttes et chambres privées pour 2 pers 70-100 € selon période ; petit déj-buffet en plus.* Place à l'insolite ! Ne vous fiez pas à la réception et à son allure de bistrot, au fond de sa coquette cour, cette ancienne usine propose une douzaine de caravanes aménagées par des artistes et de huttes originales réparties dans 2 jardins reconstitués. Il y a même une cabane dans les arbres. Sanitaires non mixtes, neufs et propres. Cadre bohème et convivialité assurée. Pour plus d'intimité, vous trouverez aussi une poignée de chambres privées lumineuses et confortables. Café-resto végétarien. Ambiance décontractée et accueil d'une grande disponibilité. Location de vélos.

Ludwig Van Beethoven Hotel *(plan centre, G5,* ***23****) : Hasenheide 14, 10967. ☎ 69-570-00. • hotel-ludwig-van-beethoven.de • U-Bahn : Hermannplatz. Au 1er étage. Doubles 90-130 € selon confort et saison, avec petit déj en terrasse aux beaux jours. Parking gratuit.* Un hôtel très bien placé pour rayonner sur Kreuzberg et Neukölln avec un minimum de confort. Ne vous fiez pas à la façade un peu vieillie et à l'environnement, une équipe charmante s'affaire à l'intérieur pour peaufiner les 68 chambres. Préférez celles à l'arrière. Le portrait du compositeur allemand décliné sous toutes ses couleurs vient quelque peu égayer la décoration, et la petite fontaine sur le grand balcon fleuri apaisera vos fins de journée.

Très chic

Hotel Angleterre *(plan centre, E3-4,* ***39****) : Friedrichstr 31, 10969. ☎ 43-47-33-00. • hotel-angleterre.de • U-Bahn : Kochstr. À 2 pas du musée du Mur. Doubles 80-225 € (plus cher le w-e et lors des grands événements).* Cet hôtel de standing, largement fréquenté par une clientèle d'affaires, touristes et familles, a comme principal avantage une situation remarquable, très centrale. Les chambres au style contemporain ne déçoivent pas, tout confort et de bon goût. Au final, un bon rapport qualité-prix dans un quartier chic et cher. Bar, location de vélos, salle de sport et spa.

Où manger ?

Bon marché

|●| ***Hamy Café*** *(plan centre, G5, **170**) : Hasenheide 10. ☎ 61-62-59-59. U-Bahn : Hermannplatz. Tlj 11h-23h. Plats 4-7 €.* C'est le vietnamien qui fait fureur dans le quartier. Mouchoir de poche à l'intérieur, quelques tables dehors. Cadre quelconque, mais qualité des plats du jour parfumés et préparés avec soin. Carte courte, soupes de nouilles savoureuses et salades copieuses, pas chères, servies rapidement. Accompagnez votre plat d'un *hamy lassi*, par exemple.

|●| ***Mustapha's Gemüse Kebap*** *(plan centre, E4, **152**) : Mehringdamm 32. U-Bahn : Mehringdamm. Tlj 10h-2h. Plats 3,50-5,10 €.* Devenue une institution à Berlin, cette petite cahute stratégiquement positionnée à la sortie du métro attire la curiosité et donc les foules ! Un kebab savoureux : viande tendre de poulet, rôtie à la demande, avec un mélange de légumes frais et rissolés, ou des crudités relevées de menthe, du pain à la fois croustillant et moelleux, de la feta, des sauces maison, accompagné d'un zeste de citron, un régal ! Il vous faudra cependant un peu de patience car il y a souvent une queue interminable. Pour les faims pressées, une *Currywurst* au *Curry 36*, à quelques pas de là.

|●| ☕ ⛱ ***Café des Schicksals*** *(plan centre, F4, **148**) : Lindenstr 16. ☎ 768-890-34. U-Bahn : Kochstr. Tlj sauf w-e 8h30-15h. Plats 3-6,50 €.* Une pause avant (ou après) la visite du Musée juif ? Sur la gauche, avec quelques tables dehors, une entrée décorée de panneaux fleuris qui donne sur une salle pimpante avec un comptoir où commander un *wrap* frais et fondant, un *bowl* savoureux, une soupe du jour ou un quart de gâteau, le tout de 1re fraîcheur, à emporter ou à déguster en terrasse. Suggestions du jour au tableau noir. Service souriant.

|●| 🍕 ⛱ ***Ammazza che Pizza*** *(plan centre, G4, **161**) : Maybachuferstr 21. ☎ 896-165-56. U-Bahn : Schönleinstr. Tlj sauf lun 17h-22h (14h w-e). Pizzas 8-14 € ; plats 10-15 €.* On ne compte plus les pizzerias à Berlin, mais à Kreuzberg celle-ci est incontournable ! Avec sa terrasse bien placée au bord du Landwehrkanal, aux beaux jours, venez tôt pour vous assurer d'avoir une place. À l'intérieur, dans une décoration colorée et enfantine, flotte le délicieux fumet du four à bois où se démène une équipe italienne dynamique. Les grandes pizzas à petits prix, généreusement garnies, et les plats italiens soignés et savoureux méritent le détour. Vins maison au verre.

|●| ***Café Rix*** *(hors plan centre par G5, **165**) : Karl-Marx-Str 141. ☎ 686-90-20. U-Bahn : Karl-Marx-Str. Tlj 10h-22h (minuit w-e) ; cuisine jusqu'à 23h30. Plats 10-20 €. Brunch-buffet dim jusqu'à 14h30, à un prix imbattable (résa conseillée).* On est encore à Neukölln, non loin de l'emplacement où se trouvait le Mur. Dans une ancienne salle de bal construite en 1876, avec moulures rehaussées par la peinture dorée et l'éclairage doux. Atmosphère chaleureuse. Ce café-galerie propose des plats du jour corrects et bien fignolés, d'inspiration allemande ou italienne. *Frühstück (lun-sam 10h-17h !)* en version italienne, anglaise, végétarienne ou 5-fromages. Terrasse dans une cour-jardin pavée et arborée paisible.

Prix moyens

|●| ☕ 🧺 ***Markthalle Neun*** *(plan centre, G4, **190**) : Eisenbahnstr 42-43. • markthalleneun.de • U-Bahn : Görtitzer Bahnhof. Tlj sauf dim 12h (10h sam)-18h.* Cette splendide halle en fer datant de la fin du XIXe s, longtemps délaissée par la concurrence des supermarchés, a été réhabilitée depuis une quinzaine d'années par les habitants du quartier pour proposer la production locale issue des jardins coopératifs de la région. Marché aux fruits, donc, et légumes le week-end. Mais le jeudi soir, la foule s'y presse pour le *Street Food Thursday (17h-22h),* sorte de concours culinaire où l'on peut déguster des spécialités de toutes provenances, concoctées par des chefs amateurs inspirés : tourtes à

la viande, hamburgers chinois, raviolis thaïs, sandwichs argentins, *fufu* nigérian... On s'installe là où on trouve une place, aux tables communes, et on accompagne le repas d'un verre de vin ou de bière issue de la brasserie artisanale locale. Venir tôt, le rendez-vous est plutôt victime de son succès. Nombreux événements gastronomiques tout au long de l'année.

|●| ***Fischtheke*** *(plan centre, G5,* ***129****) : Flughafenstr 35. ☎ 55-21-87-82. U-Bahn : Boddinstr ou Rathaus Neukölln. Tlj 11h-22h. Plats 5-30 €.* Modeste poissonnerie au concept original. Accueil détendu digne d'un stand de marché dont on retrouve d'ailleurs l'étal devant lequel on passe commande. Une dizaine de tables dans un sobre décor de faïence blanc et bleu, aux motifs orientaux. *Fish & chips,* soupe de poisson, pâtes au saumon, sandwichs, poissons *a la plancha* et fruits de mer. Un des rares lieux à Berlin où l'on trouve du poisson de qualité à un prix raisonnable. Quelques tables dehors.

|●| ***Molinari and Ko*** *(plan centre, E4-5,* ***128****) : Riemannstr 13, au coin de Solmstr. ☎ 691-39-03. U-Bahn : Gneisenaustr. Tlj sauf mar 10h-18h. Frühstück 9h-16h. Plats 8-19 €. CB refusées.* Fréquenté par une clientèle décontractée, ce bistrot d'inspiration italienne est l'une des adresses typiques de ce quartier en pleine expansion et haut en couleur. Ce qui fait la différence ici, c'est la large terrasse sur une rue piétonne. D'autant que les pâtes et risottos se révèlent plutôt bien préparés. Également des pizzas, simples mais à prix doux.

|●| ***Villa Rixdorf*** *(hors plan centre par G5,* ***107****) : Richardplatz 6. ☎ 68-08-60-00. S-Bahn et U-Bahn : Neukölln. Tlj 11h-1h. Plats 10-16 €.* Le quartier de Neuköll est certes excentré, mais on est dans un autre monde : quel bonheur que de retrouver la vieille place du village de Rixdorf, comme il s'appelait autrefois, le *Biergarten* et la belle cour installée dans les écuries... un vrai trip rétro sur le Berlin impérial ! Dans cet ancien corps de ferme de 1870, on aime bien ce bric-à-brac composé de vieilles affiches et la généreuse carte de cuisine berlinoise traditionnelle avec des escalopes panées et des *rösti.* Quelques plats italiens également, mais ce n'est pas le fort de la maison. Terrasse pleine de charme.

|●| ***Osteria Caruso*** *(plan centre, E3,* ***119****) : Koethener Str 38. ☎ 23-00-45-74. S-Bahn : Potsdamer Platz. Tlj sauf dim 12h-minuit (15h sam). Plats 10-23 €.* Peu de restos dans ce quartier de bureaux un peu froid à proximité de la Postdammer Platz. Dès lors, cette *osteria* d'allure assez banale se révèle être une aubaine pour caler une faim pressante à bon compte. Carte classique du genre comme la *bruschetta,* les *antipasti,* les pizzas, pâtes et salades, jusqu'aux *vitello tonnato, saltimbocca a la romana* ou les scampis grillés. Vins au verre dont un gouleyant *Montepulciano d'Abbruzzo*. Plats pour enfants. Service enjoué. Quelques tables sur le trottoir.

|●| ***Max und Moritz*** *(plan centre, F4,* ***162****) : Oranienstr 162. ☎ 69-51-59-11. U-Bahn : Moritzplatz. Tlj sauf mar 18h-23h. Résa obligatoire le w-e. Plat env 15 €. CB refusées.* Installée depuis 1902, c'est l'une des plus anciennes tavernes (autrefois cantine d'ouvriers) au sud de la Spree, avec son enseigne en lettres gothiques. Décor de charme avec céramiques aux murs, grosses tables en bois et chaises sculptées. Bon accueil et, surtout, l'une des rares occasions de déguster les bonnes vieilles recettes berlinoises. Pour les amateurs, le fameux *Berliner Eisbein* et le *Rippenspeer nach Art des Fleischers Cassel* (porc fumé au jus de viande), sans oublier les *Flammkuchen.* Choucroute finement amère et parfumée. *Spätzle* sinon pour les bouches *veggies.* Bon rapport qualité-prix-ambiance, avec un accueil en français.

Plus chic

|●| ***Jolesch Café*** *(plan centre, G4,* ***169****) : Muskauer Str 1. ☎ 612-35-81. U-Bahn : Görlitzer Bahnhof. Tlj 17h-22h (minuit dim). Plats 15-26 €.* Quartier résidentiel agréable. Cuisine d'inspiration autrichienne, plats bien mitonnés. C'est l'adresse du bon goulasch, du délicieux *Schnitzel,* du *Tafelspitz* de tradition et de l'oie à la manière du

Brandebourg. Les menus du midi, entre 10 et 30 €, sont particulièrement prisés. Avec sa vigne vierge, ses murs vert bouteille et ses lustres, ce resto typiquement viennois attire une clientèle variée à la recherche d'une atmosphère calme et élégante. Petit schnaps pour terminer. Service souriant.

Le Saint-Amour (plan centre, G4, **176**) : *Maybachufer 2. 175-91-22-609. U-Bahn : Schönleinstr. Tlj sauf w-e et ven soir 11h-14h30 et 18h45-23h30. Plats 8,50-17,50 € ; carte env 30 €. CB refusées.* Posé au bord du canal dans Neukölln la branchée, ce bouchon, tenu par un couple charmant, offre un cadre cosy. On y déguste les spécialités lyonnaises, comme les quenelles de brochet, le mont-d'or au four et les bons vins du Rhône. Desserts traditionnels. La carte change à chaque saison. Une adresse attachante et authentique qui dispense un service souriant.

Sale e Tabacchi (plan centre, E3, **163**) : *Rudi-Dutschke-Str 23. ☎ 252-11-55. U-Bahn : Kochstr. Proche de la Friedrichstr. Tlj 12h-1h (cuisine jusqu'à 23h). Le midi en sem, menus 16-21,50 € ; pâtes 11,50-22,50 € ; carte 30-35 €.* L'ex-cantine du *Taz (Tageszeitung)*, journal alternatif des années 1970, s'est reconvertie en café-restaurant élégant sans être guindé, proposant une authentique cuisine italienne de qualité, élaborée avec de bons produits. Le midi, employés et cadres du quartier forment le gros de la clientèle. Très prisé pour ses menus du déjeuner. Patio couvert derrière, bien agréable en été. Service pas toujours à la hauteur.

Où prendre le *Frühstück* ? Où faire un brunch ?

Hallesches Haus (plan centre, E4, **168**) : *Tempelhofer Ufer 1. • hallescheshaus.com • U-Bahn : Hallesches Tor. Tlj sauf lun-mar 10h-17h. Plats 10-13 € ; brunch env 10 € (sam 10h-16h).* Entrez par la jolie cour de cet imposant bâtiment en brique rouge faisant face à la Spree et laissez-vous charmer. Cet ancien hangar se divise en une boutique de design et un lieu de restauration. Côté shopping, vous trouverez de beaux objets du quotidien et des éléments de déco de créateurs (mais pas donnés) et un peu d'alimentaire. Côté salon, c'est la décontraction. Un mélange d'étudiants, de familles et de jeunes travailleurs venus se restaurer sur le pouce devant un bagel, un sandwich ou une part de tarte accompagnée d'un café. C'est bio, c'est frais, c'est bon et c'est fait maison. Une très belle adresse.

Südblock (plan centre, G4, **158**) : *Admiralstr 1-2. ☎ 60-94-18-53. U-Bahn : Kottbusser Tor. Tlj de 17h (15h dim) jusqu'à... la fermeture ! Plats 8-10 €. CB refusées.* Un collectif queer en plein quartier turc, ça donnait forcément envie d'aller y faire un tour. Terrasse qui joue les guinguettes sous parasols, dans une ambiance à tel point relax qu'on peut y entraîner belle-maman sans souci. Une adresse qui a su préserver son esprit berlinois intact, sans se laisser influencer par les changements du quartier. Un programme mensuel étendu, généralement alternatif, proposant concerts, lectures, fêtes, soirées quiz, karaoké, et qui assure une diversité, unique à Kreuzberg.

Morgenland (plan centre, G4, **166**) : *Skalitzer Str 35. ☎ 611-32-91. U-Bahn : Görlitzer Bahnhof. Tlj 9h-1h (10h-3h le w-e). Petits déj 6-10 € (lun-ven 9h-15h) ; brunch-buffet 9 € (w-e et j. fériés 10h-16h).* Le *Morgenland*, ou « pays de l'Aurore » (tout un programme !), est un café qui traverse les années, joyeux et coloré d'orange, et que le succès de ses brunchs copieux ne se dément pas. Une référence dans le domaine du *Frühstück* à coloration orientale. Le soir, l'adresse s'anime autour du bar à cocktails jusqu'à l'heure décidée par les habitués.

Café Strauss (plan centre, F5, **218**) : *Bergmannstr 42. ☎ 69-56-44-53. U-Bahn : Südstern. Tlj sauf lun-mar 10h-17h. Env 5 € pour 1 boisson chaude et 1 pâtisserie.* Un café dans un cimetière ? Ne craignez rien, l'expérience n'a rien de glauque, bien au contraire. Il en existe plusieurs éparpillés dans la ville, et les Berlinois en raffolent. Celui-ci est probablement l'un des plus coquets, niché à l'entrée de ce joli cimetière fleuri qui prend des airs de jardin botanique l'été. De petites arches en brique rouge, quelques tables en marbre, et une grande salle lumineuse à l'intérieur où l'on peut déguster de généreuses pâtisseries. Cafés torréfiés sur place. L'adresse parfaite pour une pause goûter !

Tee.Salon.Iki *(plan centre, G4,* ***262****) : Böckhstr 50. ☎ 54-86-99-69. U-Bahn : Schönleinstr. Tlj sauf lun 12h-19h.* Un salon de thé de poche, où l'on se croirait à la fois chez un brocanteur et un apothicaire. Sur les murs, des dizaines de pots de miel, d'herbes, d'épices et de thés surtout grecs. Ici, tout est bio, local, et servi avec le sourire. Allez au fond de la pièce, enlevez vos chaussures et posez-vous sur les épais coussins, le temps qu'on vous concocte un thé sur mesure, selon vos envies et humeurs. Quelques yaourts et toasts pour compléter. Vente de miel, d'herbes aromatiques et d'huile d'olive.

Où boire un verre ? Où grignoter à toute heure ?

Ankerklause *(plan centre, G4,* ***260****) : Kottbusser Damm 104. ☎ 693-56-49. U-Bahn : Schönleinstr. Sur le bord du Landwehrkanal, au niveau du pont. Tlj 10h (16h lun)-3h.* Disco-club party *le jeu.* Café en forme de bateau, avec une terrasse au-dessus de l'eau. À l'intérieur, décor de marine (comptoir à hublots, poissons en plastique, etc.). Salle kitsch avec ses banquettes de moleskine bleue et les tables en formica avec nappes à petits pois. Quelques tables en contrebas le long du canal où nagent les cygnes. Atmosphère de guinguette ou de bar de marché en journée, mais le soir (surtout le samedi) ça déménage lorsque les DJs prennent en main la sono. Petits déj prolongés (jusqu'à 16h). Possibilité de grignoter à toute heure sandwichs et snacks divers.

Golgatha *(plan centre, E5,* ***265****) : Dudenstr 48. ☎ 785-24-53. U-Bahn : Platz der Luftbrücke. En bordure du parc Viktoria. Entrée par la Katzbachstr. Tlj 9h-minuit. Horaires variables fin sept-mars.* Vaste *Biergarten* ouvert depuis 1928, où les familles investissent les grandes tables de la terrasse avec les transats, tandis que les couples se réservent les balancelles et que les bandes de copains se réfugient sur le toit. Au programme, bières allemandes, quelques grillades de saucisses et salades de pommes de terre devant des matchs de foot. Le soir, en été, changement de registre lorsque les DJs font chauffer les platines et le *dance floor* !

Madame Claude *(plan centre, G4,* ***270****) : Lübbener Str 19. ☎ 984-42-730. • madameclaude.de • U-Bahn : Schlesisches Tor. Tlj sauf mar de 19h jusque très tard. Entrée laissée à votre (immense) générosité (env 6 €). CB refusées.* Un bar underground « pour les gens ordinaires (sic) », tenu par des *Frenchies,* qui contribue au brassage culturel de Kreuzberg. Descendez pour accéder à ce « bar à l'envers » (on vous laisse découvrir par vous-même) installé dans un ancien lupanar (d'où ce nom... en allemand, on appelle ça *pouff*). La communauté francophone de Berlin en a fait son QG nocturne. Ambiance jeune et décalée. À part la programmation des DJs, il y a de la musique live dans une salle à part et un *music quiz* tous les soirs. Scène ouverte le dimanche. Table de ping-pong et baby-foot.

Brauhaus Südstern *(plan centre, F5,* ***216****) : Hasenheide 69. ☎ 69-00-16-24. U-Bahn : Südstern. Lun-ven 17h-minuit (1h ven) ; 14h-1h sam ; 14h-21h dim.* Brasserie idéalement située en lisière du parc, avec une belle terrasse noyée dans la végétation, on se dit qu'on tient la perle rare. Belle salle tout en brique et bois avec ses cuves sagement alignées, mais s'il fait beau, plutôt qu'à front de rue, c'est sous les arbres qu'on ira siroter l'une des bières de la maison.

Bateau Ivre *(plan centre, G4,* ***261****) : Oranienstr 18. ☎ 61-40-36-59. U-Bahn : Kottbusser Tor. Tlj 9h-3h (cuisine jusqu'à 16h).* Bar typiquement berlinois : amical, bruyant et survolté. Au mur, le poème de Rimbaud a disparu, laissant place aux tags... les temps changent. Les serveurs slaloment entre les grosses tables de bois rugueux toujours prises d'assaut (surtout le trottoir, aux beaux jours). On peut aussi s'y restaurer de salades, gaspacho, pâtes, fromages, etc. Menu à la craie au tableau noir. La nuit, le bateau est souvent ivre... mort !

Franken *(plan centre, G4,* ***261****) : Oranienstr 19a ; à côté du Bateau Ivre. Tlj 18h-4h ou moins selon l'humeur. CB refusées.* Dans ce quartier où les bars pullulent, un petit troquet à bière punk-rock marginal, plein comme un œuf à 3h du mat', et la terrasse est encore plus fréquentée. Le binôme idéal avec la ***Pizzeria Oregano,*** à côté. Bonnes pizzas à la croûte légère et craquante (nous vous recommandons la *Vegetaria,* aux légumes saisis dans un wok).

Klunkerkranich *(plan centre, G5,* ***295****) : Neukölln Arcaden, Parkdeck 6, Karl-Marx-Str 66. • klunkerkranich.org • U-Bahn : Rathaus Neukölln. Au 6ᵉ étage du parking déserté d'un grand magasin ; prendre l'ascenseur sous l'entrée « Bibliothek » jusqu'à l'étage P5. Tlj 12h-2h (16h en basse saison, sauf w-e) ; slt le sam à 18h en mars-avr et oct-déc. Congés : janv-fév. Horaires à vérifier sur le site, ça vaut mieux. Entrée : 3-5 € après 16h selon programme. CB refusées.* Pas de téléphone. Faites comme les habitués, qui se retrouvent au pied de l'ascenseur, montent 5 étages puis traversent un ancien parking pour aller faire une longue queue à l'entrée... du parking supérieur. Voilà un *rooftop* invisible de la rue, et doublé d'un jardin potager qui offre une vue imprenable sur les toits, idéal au coucher du soleil. Nombre limité : il faut attendre que d'autres sortent, après avoir bu, dansé, rêvé allongé sur le béton ou dans un coin près du *Limo-bar.* Ambiance très cool, malgré la musique techno qui s'en échappe. Également cinéma de plein air.

Bei Schlawinchen *(plan centre, G4,* ***217****) : Schönleinstr 34. ☎ 693-20-15. U-Bahn : Schönleinstr. Tlj 24h/24 et happy hours 14h-21h.* Ouvert depuis maintenant une bonne trentaine d'années, un bistrot (*Kneipe* pour faire couleur locale) à la clientèle aussi hétéroclite que la déco : vieux vélos, animaux de manège, instruments de musique, maquettes de bateaux et de motos, etc., accrochés au plafond (et partout où il y a de la place...). Tout petits prix.

Où écouter de la musique ? Où danser ?

Yorckschlösschen *(plan centre, E4,* ***263****) : Yorckstr 15. ☎ 215-80-70. • yorckschloesschen.de • U-Bahn : Mehringdamm. Tlj 18h-minuit (1h ven-sam). Concerts live 4-8 €.* Une de nos adresses préférées, pour sa riche programmation du mercredi au samedi. Institution locale, ce bar musical (« maison du jazz et du blues ») des années 1900 est patiné par les ans. Il a marqué l'histoire en sachant s'adapter à la nouveauté et garder son âme. S'il fait froid, on entre dans la salle pleine de trophées, digne d'un musée du jazz tellement elle est remplie de souvenirs et d'objets chers aux musiciens. S'il fait chaud, on s'installe sous les arbres. Un endroit idéal pour siroter un petit blanc, s'adonner à une partie de billard ou de flipper, ou écouter un concert live. Plats bon marché. Brunch en musique le dimanche *(11h-15h ; 15,50 €).*

Ä *(plan centre, G5,* ***226****) : Weserstr 40. ☎ 40-63-837. • ae-neukoelln.de • U-Bahn : Rathaus Neukölln. Tlj 17h-3h.* Un des bars cultes de ce quartier très animé : vastes salles, au mobilier de récup, canapés capitonnés, bougies sur les tables, où se rassemblent les noctambules du coin autour d'une partie de baby-foot, DJ, concerts... Large choix de bières. C'est dans tous les cas toujours plein à craquer. S'il n'y a pas de place, vous pouvez toujours vous rabattre sur ***Tier,*** le bar d'en face un peu plus chic. Pour se faire une idée du Neukölln branché !

Luzia Bar *(plan centre, G4,* ***276****) : Oranienstr 34. ☎ 82-40-96-41. U-Bahn : Kottbusser Tor. Tlj 16h (12h* *ven-dim)-5h.* Un des bars les plus en vue de l'Oranienstraße, qui attire un joyeux mélange de locaux et de touristes trentenaires triés par les videurs imperturbables. Un grand écusson doré sur fond noir, voilà le seul indice pour repérer la devanture, si ce ne sont les grandes baies vitrées, aux beaux jours, qui laissent déborder les tables et les bancs sur la rue. Intérieur au style industriel, murs dépouillés, déco vintage et lumière tamisée. Fréquenté en son temps par David Bowie, il a perdu son côté alternatif. Large choix de cocktails à 10 € servis avec peps. Idéal pour un début de soirée ; à partir de 22h, le son monte et la température avec.

SO 36 *(plan centre, G4,* ***272****) :* *Oranienstr 190, en face du bar* Franken. *☎ 61-40-13-06. ● so36.com ● U-Bahn : Kottbusser Tor ou Görlitzer Bahnhof. En principe, mar-sam 19h-5h. Concert à 20h. Entrée payante (selon programmation).* Boîte légendaire de Kreuzberg, fréquentée à ses débuts par Bowie et Iggy Pop et la scène punk, aujourd'hui par un public LGBT mais pas seulement. Menacé de fermeture, ce mythe de la nuit berlinoise a résisté et attire les nombreux *clubbers* pour ses concerts et ses soirées à thème (électro, gay, reggae, roller disco, café fatal...).

Ritter Butzke *(plan centre, F4,* ***264****) : Ritterstr 26. ● club.ritterbutzke.de ● U-Bahn : Moritzplatz. Ven-sam 22h-9h. Entrée payante.* De la rue, entrer dans les vastes bâtiments industriels, c'est au fond de la cour à droite. Sans doute le club underground le plus célèbre de Kreuzberg : électro mixée par les meilleurs DJs dans une ambiance de feu. 2 salles, dont une à la déco plus rétro.

Achats

Marché turc en plein air *(plan centre, G4) : sur le quai Maybachufer, le long du côté sud du Landwehrkanal. U-Bahn : Schönleinstr. Mar et ven 11h-18h30.* Excellents fruits et légumes à prix raisonnables, mais aussi tous les étals classiques d'un marché turc (pâtisseries, spécialités salées...). On peut y siroter un thé turc en regardant les bateaux sur le canal. Beaucoup d'ambiance dans ce coin que l'on surnomme « la petite Istanbul ».

À voir

Martin-Gropius-Bau *(plan centre, E3) : Niederkirchnerstr 7. ☎ 25-48-60. ● museum.de ● U-Bahn et S-Bahn : Potsdamer Platz. Tlj sauf mar 10h-19h. Entrée : 15 €, variable selon expos ; réduc.* Élégant bâtiment de style néo-Renaissance en pierre et brique rouge, avec sculptures et superbes mosaïques en façade. Les frises sculptées présentent les arts et les sciences. Sous la corniche, hauts-reliefs en céramique. Ancien musée des Arts décoratifs, construit en 1877 par *Schmieden* et *Martin Gropius* (l'oncle de *Walter Gropius,* pape du Bauhaus), c'est l'un des seuls rescapés d'un quartier qui, à la fin du XIXᵉ s, vit fleurir de nombreux chefs-d'œuvre architecturaux. Restauré selon le modèle d'origine après les destructions de la dernière guerre, il accueille aujourd'hui des ***expositions temporaires de grande qualité.***

|●| ***Cafétéria*** dans le bâtiment.

Topographie des Terrors *(topographie de la Terreur ; plan centre, E3) : Niederkirchnerstr 8. ☎ 25-45-09-50. ● topographie.de ● U-Bahn et S-Bahn : Potsdamer Platz ; S-Bahn : Anhalter Bahnhof. À côté du Martin-Gropius-Bau. Tlj sauf dim-lun 14h-19h (jusqu'à la tombée de la nuit pour les parties extérieures). GRATUIT. Visite guidée gratuite en français sur résa (au moins 15 j. à l'avance, min 7 pers, au ☎ 25-45-09-70), sinon dim à 15h30 en anglais. Panneaux en allemand et en anglais, mais les photos parlent d'elles-mêmes. Sinon, audioguide en français à dispo dans le bâtiment.*

Cet espace muséal bouleversant, qui voit défiler plus de 1 mi… chaque année, est situé à l'emplacement de l'***épicentre nazi d…*** ***la Gestapo,*** l'état-major de la SS, puis le service de la sécurité du … y avaient installé leurs quartiers généraux. La chancellerie du Reich … loin. C'est ici que furent prises les funestes décisions qui mirent l'Europe à … à sang. Tous les bâtiments furent rasés après la chute de Berlin. Seules subsist… quelques fondations.
On suit le fil chronologique des événements depuis 1930 et la prise du pouvoir en 1933. Une 1re section très documentée sur l'histoire tragique de la ville (avec des expos temporaires) a été aménagée en plein air, le long d'une importante section du Mur. De nombreux documents d'archives retracent la genèse du national-socialisme à Berlin (la montée en puissance de Hitler, les 1res intimidations...), son expansion générée par les succès de la propagande ou aux effets de la terreur (les dénonciations, les persécutions...), et ses conséquences pour les Berlinois (la ville rasée, les procès après-guerre, puis la réconciliation à travers les mémoriaux, les musées...).
La 2de section, centrée sur l'appareil répressif nazi, occupe un bâtiment austère, qui trône au beau milieu d'un environnement de ballast ferroviaire. Est-ce pour évoquer les trains de la mort ?
Les photos d'archives s'imposent comme autant de témoignages sur la banalisation de la terreur. Là, une femme rasée pour avoir « sympathisé » avec l'ennemi, ici un groupe de SS en goguette pendant le week-end de l'Ascension 1936. Persécutions, humiliations, comme une descente accablante vers l'abjection. À grand renfort d'images et de textes valant preuve, on assiste à la manière dont s'est élaborée la « solution finale ». Les images sont toujours des ellipses, ici pas de voyeurisme donc pas de compassion, la vérité tranche, assène. Sur la fin, une photo prise par un journaliste de l'armée anglaise le jour de la libération d'un camp ; elle résume à elle seule le musée : l'indifférence, la haine, la folie. Cette exposition choc s'achève avec l'ouverture des grands procès de Nuremberg, puis celui d'Eichmann, qui se tint en avril 1961 à Jérusalem. Certainement le plus payant des musées gratuits de Berlin.

De l'autre côté de la rue, en face de la portion rescapée du Mur, remarquez l'architecture nazie typique du ***ministère de l'Air du Reich,*** bizarrement toujours debout. C'est l'un des seuls vestiges architecturaux du IIIe Reich quasiment intact après les bombardements de 1945 (voir plus haut le quartier de Mitte).
Vers Checkpoint Charlie, une ligne de pavés au sol marque l'emplacement de l'ancien Mur.

Checkpoint Charlie *(plan centre, E3)* **:** *à l'angle de Kochstr et de Friedrichstr. U-Bahn : Kochstr.*
Ce fut l'un des seuls lieux de passage entre Berlin-Ouest et Berlin-Est pour les armées d'occupation et les touristes. Tant de romans et de films d'espionnage ont parlé de Checkpoint Charlie ! Et pourquoi *Charlie* ? Tout simplement parce que c'était le 3e sur la liste des checkpoints, selon l'alphabet en vigueur à l'OTAN : Alpha, Bravo, Charlie... Des engins l'ont démantelé, après la chute du Mur, le 22 juin 1990, mais, à la demande générale, on l'a replacé au milieu de la rue. Un poste de contrôle avec sacs de sable a donc été réaménagé devant (à l'angle de la Friedrichstraße et de la Zimmerstraße). On le mentionne encore parce que cela reste, malgré tout, un lieu incontournable à Berlin.

LA RÉALITÉ SURPASSE LA FICTION !

Ironie du sort : Checkpoint Charlie, l'ex-poste allié qui symbolisa tant la guerre froide, fut construit à l'emplacement d'un cinéma qui, le 13 août 1961, pendant l'érection du Mur, projetait À l'ouest rien de nouveau...

…et emplacement se trouvent aujourd'hui 2 énormes portraits du photographe …erlinois ***Frank Thiel*** : celui d'un soldat russe, tourné vers l'Ouest, et celui d'un de …ses homologues américains, qui regarde vers l'Est. De faux soldats avec uniformes et drapeaux représentant les 2 camps s'y font photographier, moyennant 3 € pour prendre la pose avec eux. Un vrai attrape-touristes qui crée un malaise certain alors que le reste du quartier essaie de garder les traces d'un passé que nombre de Berlinois auraient aimé effacer.

Mauermuseum am Checkpoint Charlie *(musée du Mur ; plan centre, E3) : Haus Am Checkpoint Charlie, Friedrichstr 43-45. ☎ 253-72-50. • mauermuseum.de • U-Bahn : Kochstr et Stadtmitte ; bus nº M29. Tlj 10h-20h. Entrée : 17,50 € ; réduc de 25 % avec la Welcome Card. Brochure en français ; en outre, ts les panneaux explicatifs sont traduits en français (assez rare pour être signalé). Audioguide en français : 5 €. Vestiaire gratuit, mais prévoir une pièce de 2 € pour la consigne. En revanche, w-c payants !*

Quelques considérations sur ce musée datant de 1962, qui n'a plus, de nos jours, l'exclusivité des informations sur le Mur (les visites guidées de Berlin, notamment, vous faisant revivre l'histoire autrement) : il est situé dans un immeuble d'habitation et agencé de manière telle que le contenu (affiches, photos, anecdotes), un peu fourre-tout et indigeste, reste intéressant, mais il n'y a pas de continuité chronologique ni d'ordre logique pour la visite. Une rénovation serait salutaire. Relisez avant, ne serait-ce que le paragraphe sur le mur de Berlin pour vous y retrouver (en fin de guide dans « Hommes, culture, environnement »). Par ailleurs, mieux vaut le visiter aux heures creuses. Le musée fait en plus un parallèle avec d'autres lignes de démarcation et « murs de la honte » de par le monde, ce qui ajoute à la confusion.

Rez-de-chaussée

– *Blocus de Berlin-Ouest :* il dura du 24 juin 1948 au 12 mai 1949. Chaque minute, 2 avions atterrissaient pour apporter le ravitaillement à la ville. 70 personnes périrent dans les opérations. Puis explications sur la grande révolte des ouvriers du bâtiment de 1953, écrasée dans le sang à la porte de Brandebourg. Témoignages exceptionnels sur la guerre froide. Photos et documents ainsi qu'une VW trafiquée qui permettait le transport des clandestins.

PARANOÏA SOUS LA RDA

Le régime de l'Allemagne « démocratique » était tombé dans un tel état d'obsession sécuritaire que, sur les miradors jalonnant le tracé du Mur, les gardes-frontières (les Vopos) se trouvaient toujours en service par 3. On partait du principe qu'à 2 on pouvait se mettre d'accord pour favoriser une évasion, mais qu'à 3, la chose était quasiment impossible.

1er étage

Tout sur le *Mauer,* depuis la sinistre nuit du 13 août 1961 jusqu'au 9 novembre 1989. L'aspect le plus fou de ce musée est la présentation de tous les moyens imaginés pour s'évader vers l'Ouest : ULM, montgolfière, kayak, égouts, etc. Que de trésors d'imagination pour fuir ! Ici, c'est une voiture blindée avec portières bétonnées contre les balles ; plus loin a été conservé l'appareil à souder qui servit à des passages clandestins. 800 personnes prirent la fuite avec un passeport des Nations unies, passeport qui, en réalité, n'existait pas. Photos vraiment étonnantes. De même, spectaculaires témoignages sur le système de verrouillage du Mur (machines de tirs automatiques), etc.

Triste histoire que celle de *Peter Fechter* qui, abattu devant le Mur, perdit tout son sang et agonisa des heures durant sans que les *Vopos* n'interviennent. Dans une autre salle, l'histoire non moins spectaculaire du tunnel « 57 ». Belle histoire de *Reinhard Fürrer,* « passeur » devenu astronaute, qui permit à 57 personnes de fuir par ce tunnel en 1964. Salle suivante, les œuvres d'art liées au Mur, puis d'autres exemples de moyens ingénieux de fuite. Vidéo sur la chute du Mur (le 9 novembre 1989), dessins d'enfants. Fin de la visite par différentes sections historiques sur la guerre froide, avant de terminer au rez-de-chaussée par une boutique bien pourvue en souvenirs et gadgets divers.

Axel Springer Neubau *(plan zoom 2, F3,* ***401****)* **:** en empruntant la *Zimmerstraße* vers l'est, on aperçoit un ensemble de gratte-ciel modernes. Il s'agit de ceux de l'empire du magnat de la presse ***Axel Springer,*** dont le dernier-né, achevé en 2020, face à la tour dorée de l'éditeur, innove par son architecture spectaculaire, d'une modernité impressionnante. Il a été financé par le fonds d'État norvégien. Réalisé par l'architecte néerlandais ***Rem Koolhaas,*** cet espace de travail de forme cubique créé pour plus de 3 000 employés ressemble à une paire de tenailles de l'extérieur entourant une échancrure de 45 m de haut aux surfaces biseautées, spacieuse et lumineuse à l'intérieur. Les étages du bâtiment donnent sur un atrium intérieur en forme de terrasse et le toit est entièrement végétalisé. Ce magnifique bâtiment serait un décor rêvé pour un film de science-fiction.

Berlinische Galerie (Museum für Moderne Kunst *; plan centre, F4,* ***398****)* **:** *Alte Jakobstr 124-128. ☎ 78-90-26-00. • berlinischegalerie.de • U-Bahn : Hallesches Tor et Kochstr. Tlj sauf mar 10h-18h ; dernière entrée 30 mn avt fermeture. Entrée : 10 € ; réduc avec la* Welcome Card. Les collections permanentes du musée national d'Art moderne et contemporain rassemblent les œuvres de peintres tels *Lovis Corinth, Otto Dix, George Grosz* ou *Georg Baselitz,* des photographes tel *Erich Salomon,* mais aussi quelques figures de proue de l'architecture. L'ambition de ce musée est à la fois internationale et locale : ses expositions temporaires mettent l'accent sur les artistes et les courants qui ont marqué l'histoire de la création berlinoise de 1870 à nos jours (voir la programmation sur le site).

Jüdisches Museum *(Musée juif ; plan centre, F4)* **:** *Lindenstr 9-14. ☎ 25-99-33-00. • jmberlin.de • U-Bahn : Hallesches Tor et Kochstr ; bus nos M29 et M41. Tlj 10h-19h ; dernière entrée 1h avt fermeture. Fermé lors des fêtes religieuses juives. GRATUIT. Expos temporaires payantes. Audioguide en français recommandé (2 €). Vestiaire obligatoire. Prévoir une large plage horaire pour la visite, créneau horaire à réserver sur Internet ! Café* Schmus *sur place (mêmes horaires).*

Extension du vieux *Berlin Museum,* ce bâtiment, en rupture totale avec le corps primitif de l'édifice néoclassique, adopte, vu du ciel, la forme d'un éclair. Le bâtiment, à la fois froid et lumineux, est transpercé par 280 fenêtres-meurtrières incrustées dans les murs blancs. Son contenu prête toujours à discussion. Encensée par certains critiques, taxée de « non-musée » par ses détracteurs, cette réalisation atypique fascine le public. L'interprétation de ce zigzag, souvent présenté comme une étoile de David désarticulée, n'a jamais été explicitée par l'architecte américain ***Daniel Libeskind*** (concepteur de la *Freedom Tower* à New York). Nommé *Between the Lines* par l'artiste, il se compose de 2 lignes et joue sur 3 axes : la « route de l'exclusion », qui mène tout au long d'un corridor en pente à l'*Holocaust Tower,* une tour vide de 24 m, sombre et glaciale (avec, tout en haut, une petite lumière, signe d'espérance) ; la « route de l'exil », qui conduit au *jardin de l'exil*

LES JUIFS BERLINOIS DEPUIS LA GUERRE

Sur les 160 000 juifs de Berlin avant 1939, près de 100 000 se sont exilés, 55 000 ont été déportés et 6 500 ont survécu ; aujourd'hui, ils sont plus de 50 000 à vivre dans la capitale allemande. Pendant la guerre froide, les juifs de Berlin-Est habitaient le Spandauer Vorstadt, mais en 1958, les autorités ont dynamité la principale synagogue. En 1989, le nombre de juifs à l'Est était tombé à 200 !

E. T. A. Hoffmann, 49 sinistres colonnes en béton dissymétriques plantées dans un jardin clos destinées à désorienter et à illustrer la difficulté de faire souche.
Ensuite, l'axe principal du musée, à aborder après l'escalade d'un immense escalier, celui de la continuité qui retrace la longue et difficile relation germano-juive. Ces routes ne cessent de se croiser pour que l'on n'oublie jamais.
Tout au long de ces chemins sont égrenés des objets et souvenirs de la vie quotidienne de ces familles détruites par la Shoah. Des pièces vides entourées de murs de béton vierge, appelées *Voids* et placées au croisement des 2 lignes principales, évoquent quant à elles le vide laissé par la destruction de la culture juive. Le plus impressionnant étant l'installation *Feuilles tombées,* de l'artiste israélien Menashe Kadishman, avec ses milliers de pièces de métal figurant un visage et amassées dans un espace en forme de cul-de-sac.

L'expo permanente
Prendre le grand escalier et grimper jusqu'au dernier étage.
Rénovée en 2020, l'exposition permanente interactive, souvent ludique et toujours pédagogique, est considérée à juste titre comme la plus grande d'Europe dans son genre. Elle ambitionne de décrypter les rapports entre les communautés juive et allemande depuis 2 000 ans en dévoilant leur histoire depuis la destruction du ***temple de Jérusalem*** et le début de la diaspora.
L'exposition est divisée en 5 chapitres historiques, allant des débuts de la vie des ashkénazes au nord des Alpes. Documents bouleversants sur les 1res persécutions et les diasporas... Différences avec les séfarades implantés en Espagne puis en Afrique du Nord.
En raccourci, quelques thèmes abordés :
– Histoire du peuple juif à travers les livres sacrés ou les enluminures, mais aussi l'architecture, l'écriture, la médecine, le commerce... Avènement de l'imprimerie et de la Réforme.
– La vie sociale, la vie religieuse, les synagogues, les success-stories (Lévi-Strauss), évolution de la société, les personnalités juives de l'époque (Mendelssohn), les traditions (qu'est-ce qu'un produit casher, les différentes vaisselles selon les aliments), etc.
– Histoire des familles juives de la moyenne bourgeoisie berlinoise de 1850 à 1933 et des professions traditionnelles (avocats, banquiers, médecins).
– Maquettes de synagogues, de l'école, l'éducation, galerie de portraits de gens célèbres (acteurs, journalistes, musiciens, scientifiques comme Hannah Arendt, Heinrich Heine ou Arnold Schönberg).
– Ensuite, les juifs dans la Révolution (Rosa Luxemburg), influence des Lumières, naissance du mouvement sioniste avec Theodor Herlz ; émancipation et détresse des juifs patriotes (comme Walter Rathenau), exprimant leur déception d'être toujours considérés comme des citoyens de 2e classe. Les citoyens juifs sont nombreux à mourir sous le drapeau impérial pendant la Première Guerre mondiale. Il s'agissait, de leur part, d'une volonté de s'intégrer et de prouver leur attachement à l'Allemagne.
– Histoire de l'après-guerre 1914-1918, la république de Weimar, l'antisémitisme.
– Et puis, les années terribles de la montée du nazisme par tranches d'histoire (la Nuit de cristal, les 1res déportations, les camps d'extermination, la Résistance, etc.). L'accent est mis sur des sujets tels que la restitution et les réparations, la relation avec Israël et l'immigration russophone depuis 1990.
– L'installation vidéo *Mesubin* (Le Rassemblement) rend visible la polyphonie de la vie juive contemporaine. 8 salles thématiques traitent des aspects religieux du judaïsme et de sa pratique vécue, des collections familiales du musée, ainsi que de l'art et de la musique, en évoquant des questions comme « Qu'est-ce qui est sacré dans le judaïsme ? », « Comment le shabbat est-il célébré ? » ou encore « Quel est le son du judaïsme ? » En plus des objets originaux, l'exposition présente des médias audiovisuels, de réalité virtuelle, d'art, ainsi que des jeux interactifs.

***Anoha** (plan centre, F4) : Fromet-und-Moses Mendelssohn Platz 1.* ● *anoha.de* ● *Mar-ven 9h-13h, w-e 10h30-16h ; fermé lun. Résa d'un créneau horaire en ligne. GRATUIT.* Juste en face du Musée juif, un nouvel espace ludique, à la fois lieu de découverte, d'exploration et de jeu, a pris forme en juin 2021. Anoha est destiné aux jeunes visiteurs d'âge préscolaire et primaire (3-10 ans). Il est centré sur l'histoire de l'arche de Noé. Selon la Torah, l'arche était un énorme bateau que Noé a construit pour sauver sa famille et toutes les espèces animales en raison de la montée des eaux pendant le Déluge. Plus de 150 animaux sont réunis au cœur d'une gigantesque arche ronde en bois où les bambins peuvent jouer.

***Anhalter Bahnhof** (plan centre, E4) :* il ne reste qu'un pan de mur de la façade de l'Anhalter Bahnhof qui était la gare qui drainait, avant la guerre, le flux des employés des environs, mais on peut imaginer qu'elle devait être superbe. En témoignent les gravures d'époque dans les couloirs de la gare S-Bahn toute proche. Les ruines du spectaculaire portail rappellent le lieu d'où d'innombrables personnes persécutées par les nazis sont parties entre 1933 et 1945 pour se réfugier en exil.
Le site sert actuellement de décor à l'ébauche d'un ***musée de l'Exil*** monumental à venir et constitué pour le moment d'une galerie de panneaux en plein air qui racontent les réfugiés d'alors. Ils jettent un pont vers le présent dans la mesure où l'Allemagne est aujourd'hui un pays où beaucoup cherchent refuge. ● *stiftung-exilmuseum.berlin/en* ●

***Deutsches Technikmuseum Berlin** (musée allemand de la Technique ; plan centre, E4) : Trebbiner Str 9. ☎ 90-25-40.* ● *sdtb.de* ● *U-Bahn : Möckernbrücke, Gleisdreieck ou Anhalter Bahnhof ; bus n° M29. Mar-ven 9h-17h30, w-e 10h-18h. Entrée : 8 € ; réduc avec la* Welcome Card.
Reconnaissable à l'avion C47 qui semble s'élancer depuis la façade (l'un des gros transporteurs héroïques qui forcèrent le blocus de 1948), il occupe des bâtiments répartis sur le site de l'ancienne gare de marchandises d'Anhalt, en bordure du Landwehrkanal, et regroupe sur 14 sections et 25 000 m² l'histoire des transports, de l'imprimerie, de la photo, des machines-outils, de l'informatique, etc.
La visite commence par le hall principal du bâtiment ancien. Au rez-de-chaussée, un métier à tisser ***Jacquard.*** Des moteurs, donc, mais aussi la voile, avec un gigantesque vraquier vieux de 150 ans repêché en 1987 dans la Spree. À l'étage, après l'entrée, évocation de la radio sous le nazisme. Étonnant *Blockade Transmitter* de 1949, mis en service pour « casser » le monopole de la radio soviétique. Allez jeter un coup d'œil au K3, le 1er ordinateur du monde, mis au point par ***Konrad Zuse*** en 1941, détruit par les Alliés en 1944 (ben oui, c'est une copie !).
Au 1er étage du nouveau bâtiment, l'aile la plus vaste, section navigation et aviation, belle concentration de maquettes : caravelles, clippers, goélettes et galions. Les tout-petits apprendront à faire des nœuds. On monte encore, la marine se fait militaire. Ne manquez pas la montre de ***Humboldt.*** Au 3e étage, la technique s'attaque à l'air avec les restes d'un Henschel Hs 126, avion de reconnaissance de 1940.

DES BONBONS TOMBÉS DU CIEL

Lors du blocus en 1948, Gail Halvorsen pilotait l'un des avions américains qui ravitaillaient la ville. Interpellé par des gosses derrière le grillage de la piste, il leur donna des friandises. Au retour, il eut l'idée de bricoler de petits parachutes auxquels il accrocha des paquets de bonbons à larguer depuis son avion. Aux États-Unis, des milliers d'enfants confectionnaient des parachutes que le syndicat des confiseurs garnissait de douceurs. Dès lors, chaque avion (rebaptisé Rosinenbomber, *« bombardier de raisins secs ») arrosait la ville de ces cadeaux appréciés des petits Berlinois.*

Conquête du ciel par les ballons, puis des hélices, des réacteurs en veux-tu en voilà, des grosses cylindrées qui ne manquent pas d'esthétique, tel ce moteur 7 cylindres en étoile du constructeur suédois *Thulin K.* Quelques essais en soufflerie plus loin, les nostalgiques des vieux coucous de 1914-1918 se recueilleront devant l'uniforme et les photos d'***Oswald Boelcke,*** un pionnier, stratège de la Première Guerre mondiale, dont les techniques de chasse sont encore d'actualité. Début de l'aviation commerciale avec un ***Focke-Wulf*** de 1920 qui ne prenait que 3 passagers en plus du pilote. Création de la Lufthansa. Junker 52 de transport sous les couleurs du IIIe Reich, légendaire hydravion ***Dornier*** sur le lac de Constance, maquette de Tempelhof... Mig-15 russe aux couleurs polonaises.
Cerise sur le gâteau, l'immense et très impressionnante collection de ***matériel roulant*** des chemins de fer aménagée dans les rotondes de l'ancienne gare d'***Anhalter Bahnhof.*** Maquettes de tunnels et ponts métalliques, locomotives à vapeur, diesel ou électriques, prototypes de trains à grande vitesse, wagon de luxe du Kaiser Guillaume II. Photos des gares après les bombardements et évocation du rôle de la *Reichsbahn* dans la déportation des juifs.
Aux étages, l'expo sur l'industrie pharmaceutique et la chimie ne passionnera que les fondus de molécules. Passez directement à la section photographie : hologrammes, avatars en 3D, incrustations. Juste au-dessus, la section cinéma n'est pas mal non plus. Vous saurez tout sur la lanterne magique.

À quelques encablures de là, le ***Spectrum,*** annexe du musée, présente 250 expériences, dont le pendule de Foucault. Plaira aux gamins : des démonstrations et des manipulations à faire soi-même ! Pour s'y rendre, aller jusqu'au canal, suivre la rive Tempelhofer et tourner à droite dans la Möckernstraße.

Berlin Story Bunker *(plan centre, E4,* ***385****)* **:** *Schönebergerstr 23a. ☎ 26-55-55-46. ● berlinstory.de ● S-Bahn : Anhalter Banhhof. Tlj 10h-19h ; dernière entrée à 17h30. Entrée : 13,50 €, audioguide en français ;* Bunkertour *10 € (visites guidées du bunker par des experts, en anglais à 11h, 13h et 15h) ; réduc avec la* Welcome Card.
Une cour vide, un bâtiment gris, froid, désaffecté. C'est dans ce bunker civil de 1942, destiné à abriter 5 000 personnes, que vous allez passer 2-3 bonnes heures pour en apprécier ou en détester le côté parfois racoleur du contenu. Le *Berlin Story Bunker* a pris place sur plus de 6 500 m² et accueille notamment l'exposition permanente « *How could it happen ?* » (Comment cela a-t-il pu arriver ?), basée sur des années de recherches concernant ***Adolf Hitler et le national-socialisme.*** En guise de prélude, une section est consacrée à la réfutation des ***théories complotistes*** comme celle, entre autres, qui imagine Hitler en fuite dans un sous-marin vers l'Amérique du Sud.
Elle retrace sans ambiguïté, de manière chronologique et très bien documentée le contexte politique de l'époque, la montée en puissance du Führer et la façon dont il a progressivement réussi à imposer une dictature basculant dans une barbarie inimaginable. Quelques tableaux (assez nuls) peints par Adolf Hitler lorsqu'il tentait d'intégrer l'Académie des beaux-arts de Vienne en 1907 et 1908 sont également reproduits (il rêvait de devenir peintre et a échoué au concours d'entrée aux Beaux-Arts) à côté de quelques photos de famille. L'exposition cherche ainsi à montrer comment un être humain a priori normal a pu devenir le plus grand génocidaire du XXe s. Rien ne serait sans doute arrivé s'il avait eu un talent artistique ! Une quarantaine de pièces austères réparties sur 3 niveaux présentent photos, témoignages, films, panneaux explicatifs et documents historiques retraçant l'horreur du nazisme jusqu'à l'apocalypse finale de la chute du régime. On parcourt le temps, curieux, captivé et troublé, tant l'atmosphère est oppressante et les photos très dures, certaines vraiment choquantes. Au 3e niveau, un espace moins lisible abrite une reconstitution du bunker du Führer (le véritable bâtiment a été démantelé en 1947) et notamment son bureau personnel.

Enfin, tout en bas, dans une muséographie plus « légère », le ***Berlin Story Museum*** retrace quant à lui 800 ans d'histoire de la ville, dont le nazisme ne représente qu'une partie.
Boutique à la sortie où vous trouverez des dizaines d'ouvrages sur le sujet.

🚶 ***Viktoriapark*** *(plan centre, E5)* **:** *S-Bahn : Yorckstr ; U-Bahn : Platz der Luftbrücke.* Petit parc dominé par le Kreuzberg, éminence naturelle la plus élevée de la partie ouest de la ville (66 m). Le monument et la croix de fer dessinés par l'architecte Schinkel qui surmontent cette colline sont à l'origine du nom du quartier (« mont de la Croix »). De là-haut, jolie vue sur Berlin et, tout près, sur l'ancienne brasserie *Schultheiss,* à l'architecture bizarroïde. Les soirs d'été, au soleil couchant, de nombreux couples viennent danser quelques pas de tango et de valse.

🚶 ***Bergmannstraße*** *(plan centre, E-F5)* **:** élégants immeubles, entre autres au nº 17. Et au long de cette rue commerçante et branchée, entre cafés alternatifs et restos de toutes les cuisines du monde, se nichent plein de petites boutiques : vêtements de 2de main ou de créateurs, librairies spécialisées, antiquaires et brocanteurs. Marché couvert riche en produits fermiers (souvent bio) sur la *Marheinekeplatz.*

🚶 Pour découvrir un autre aspect du quartier, belle balade à faire entre la ***Manteuffelstraße,*** la ***Skalitzer Straße*** et la ***Prinzessinnenstraße*** *(plan centre, F-G4 et plan Friedrichshain ; U-Bahn : Kottbusser Tor ou Görlitzer Bahnhof).* Ne pas oublier de visiter les arrière-cours de l'*Oranienstraße.* Nombreux commerces et agences de voyages turcs. Vie nocturne active autour de la *Heinrichplatz.* Juste à côté de la *Moritzplatz (plan centre, F4),* un endroit idéal pour se mettre au vert, s'il n'a pas été exproprié d'ici votre passage : le ***Prinzessinnengarten,*** un jardin communautaire cultivé sur une friche de 6 000 m², là où se trouvait avant-guerre le grand magasin *Wertheim* « aryanisé » par les nazis. Des centaines de plantes qui poussent dans des sacs en toile, des caisses en plastique, de l'inventivité à revendre, des légumes et des fruits aussi, c'est le but de ce potager urbain extraordinaire. Si le terrain est racheté, les centaines de jardiniers qui se relaient ici n'auront plus qu'à transporter leurs caisses remplies de compost et de terre végétale ailleurs. Quoique, même à Berlin, un pareil terrain devient rare...

🚶 Après une transformation destinée à faciliter sa compréhension par tous les publics, une petite visite s'impose au ***FHXB – Friedrichshain-Kreuzberg Museum*** *(plan centre, G4,* ***387*** *; Adalbertstr 95a ; • fhxb-museum.de • ; U-Bahn : Kottbusser Tor ; mar-jeu 12h-18h, ven-dim 10h-20h, fermé lun ; GRATUIT).* Histoire et sociologie du quartier bien expliquées et illustrées par des maquettes, des plans en relief et de belles photos.

🚶🚶 Et bien sûr, vous allez adorer le coin du ***Landwehrkanal,*** à l'intersection avec *Kottbusser Damm,* départ d'une autre belle balade. On y trouve des bistrots flanqués de terrasses irrésistibles et d'intéressantes architectures locales. Juste à côté, départ des bateaux-mouches. Continuer la balade le long du canal vers l'ouest, par *Fraenkelufer.* L'été, on se prélasse au bord du canal, sous les saules, sur des carrés d'herbe. Au passage, au *Fraenkelufer 38-44,* de pittoresques façades aux teintes pimpantes, avec leurs balcons élaborés et lucarnes pointues (édifice de 1987), attirent l'œil.
Tout le quartier s'est nettement embourgeoisé. On s'en aperçoit en redescendant *Grimmstraße,* puis *Dieffenbachstraße.* Nombre d'immeubles de standing et de boutiques tendance. Vers l'ouest, de l'autre côté du canal, on remonte la *Segitzdamm,* oasis verdoyante, jusqu'à la *Wassertorplatz...*
En allant vers le sud, en revanche, le paysage urbain se révèle tout différent. On entre dans le quartier « turco-bohème ». Pour finir cette balade sur une note différente, n'hésitez pas à prendre le métro jusqu'à la mairie de **Neukölln.**

🚶🚶 Peut-on parler de village bohémo-turc pour ***Neukölln*** ? C'est un village de Bohême au sens strict, puisque c'est autour de la ***Richardplatz, à Rixdorf,*** que se

BERLIN, QUARTIER PAR QUARTIER

sont réfugiés les laissés-pour-compte de l'immigration. D'où l'atmosphère encore particulière qui règne dans ce coin de Berlin où certaines rues le soir peuvent être encore peu sûres mais où il fait bon se poser pour boire un verre au milieu du « potager du forgeron » ou dans un *Biergarten* sympathique. Ici se déroule un marché de Noël organisé par les associations de quartier. C'est encore à Neukölln que de nombreux étudiants et artistes prennent désormais leurs marques, délaissant *Kreuzberg* parfois jugé trop embourgeoisé et moins authentique.
Les *Nuits du ramadan* attirent énormément de monde, on peut visiter la plus grande mosquée de Berlin et se retrouver ensuite sur une place pour partager une table avec des gens venant réellement de tous horizons. Quelques restaurants syriens, comme le kebab ***Shaam,*** ont ouvert le long de la *Karl-Marx-Straße,* où la communauté réfugiée a pu s'établir depuis 2011. Petite balade architecturale à faire avec un des habitants du quartier, de préférence, et qui sera ravi de vous montrer aussi bien le ***Museum im Böhmischen Dorf*** *(musée très bohème, ouv jeu ap-m et 1er et 3e dim du mois)* que l'***Opéra de Neukölln,*** le ***musée des Marionnettes,*** le ***Körnerpark,*** lieu de détente assez baroque, sans parler de la ***Sudhaus de la Kindl-Brauerei,*** une ancienne brasserie classée Monument historique devenue galerie d'art contemporain. Neukölln est un véritable melting-pot de cultures.

Tempelhof Flughafen *(plan centre, E5)* **:** *☎ 02-00-03-74-41. • thf-berlin.de • U-Bahn : Platz der Luftbrücke. Entrée : 16,50 € ; réduc. Visite guidée en anglais (2h) de l'**aéroport de Tempelhof** sam à 13h30.*
Un lieu de légende dans l'histoire de l'aviation. L'emplacement sur lequel il fut construit était un ancien terrain d'exercices. En 1909, ***Orville Wright*** y accomplit plusieurs vols de démonstration et battit plusieurs records.
Cet aéroport, qui fut le 1er aéroport commercial puis le plus grand des années 1920, servit de modèle d'organisation à de nombreux aéroports de par le monde. L'architecte ***Ernst Sagebiel*** (un protégé de Hermann Göring, pour qui il construisit le ministère de l'Air) l'aménagea en 1934 en un aéroport révolutionnaire pour l'époque. Si son architecture extérieure néoclassique, avec son arc de cercle de 1 200 m de long, était caractéristique du style monumental du IIIe Reich, son agencement répondait aux besoins fonctionnels d'un aéroport moderne, avec la distinction des flux de passagers selon les vols à l'arrivée et au départ et l'acheminement du fret et du courrier. Les services ne furent pas oubliés : zone hôtelière, restaurants, centre de congrès et services administratifs de la Lufthansa.
L'architecte anglais ***Norman Foster*** considérait en 2004 Tempelhof comme le père de tous les aéroports modernes. D'abord vitrine de propagande du nazisme, puis camp de travailleurs forcés parqués dans les immenses souterrains, pendant la guerre, il fut récupéré (et pillé) par les Soviétiques en 1945 avant d'être cédé aux Américains, dont c'était la zone d'occupation. Avec les aéroports de *Gatow* et de *Tegel,* il fut, du 26 juin 1948 au 12 mai 1949, le théâtre du ***pont aérien*** pour l'approvisionnement en vivres de Berlin-Ouest lors du blocus soviétique. Entre 1961 et 1989, ce fut le seul lien entre le monde libre et Berlin-Ouest. Avec l'avènement des jets, ses pistes trop courtes ne permirent plus l'atterrissage des avions de ligne modernes. Son activité cessa définitivement en 2008.
Un monument commémoratif du blocus dans le petit parc se dresse entre la station de métro et l'entrée principale de l'aéroport.
La ***visite guidée*** permet de visiter l'intérieur de certaines parties : la plateforme panoramique, la salle d'enregistrement utilisée autrefois par la Panam et les aménagements intérieurs réservés aux Américains, dont la piste de bowling et le terrain de basket. Dans les sous-sols, on découvre des traces d'incendie dans des locaux où étaient entreposés des milliers de films d'archives (en celluloïd) qui s'enflammèrent accidentellement du fait de la maladresse d'un soldat russe en 1945.

Tempelhofer Park *(plan centre, E-F-G5-6)* **:** *accès par Columbiadamm, Tempelhofer Damm et Oderstr. U-Bahn : Tempelhof ou Paradestr. Tlj du lever au coucher du soleil.* En 2008, suite à la fermeture définitive du site, la ville fit le choix inattendu à l'heure des grands investissements immobiliers d'offrir cet espace gigantesque aux Berlinois. Résultat : plus de 380 ha de gazon, sillonnés de 6 km de tarmac, qui sont autant de pistes dévolues aux joggeurs, aux vélos, aux rollers et autres skate-boards. On y entretient des jardins potagers communautaires, on y pique-nique, on y fait voler les cerfs-volants, le tout face aux anciennes infrastructures intactes de la tour de contrôle jusqu'à un ancien Douglas C-47 datant du blocus. C'est aussi le paradis des oiseaux et des abeilles. Un lieu unique au monde, qui reflète bien la singularité de Berlin.

LE QUARTIER DE FRIEDRICHSHAIN *(plan Friedrichshain)*

• Plan *p. 161*

Ancien faubourg ouvrier de Berlin-Est, réinvesti plus tardivement que Prenzlauer Berg par la marginalité berlinoise, Friedrichshain attire encore les artistes, intellos et plasticiens séduits par la modicité des loyers, mais aussi les fêtards du monde entier qui viennent s'imprégner de décibels dans les usines désaffectées le temps d'un week-end. C'est un quartier encore en friche, où les *Plattenbauten* phagocytés par les herbes folles font écho à la vacuité des espaces. Espaces qui, petit à petit, se comblent devant l'avancée du chantier du mégaprojet immobilier de *Mediaspree,* 1 million de mètres carrés de bureaux sur 180 ha, sur les 2 rives de la rivière. Les immeubles poussent comme des champignons après la pluie autour de la salle de concert et omnisports de la *Mercedes-Benz Arena* et le ballet des grues donne le tournis.

Dans ce paysage d'anciennes friches, émergent depuis 10 ans de nouveaux immeubles de bureaux, des logements luxueux, des hôtels chics, autant de constructions modernes destinées aux bourses bien garnies, ce qui a provoqué la grogne des Berlinois. Des entreprises médias, mais aussi mode ont ainsi pris leurs quartiers dans d'anciens bâtiments industriels (*MTV* dans l'*Osthafenspeicher, Universal* dans l'*Eierkühlhaus*). Avec le siège rougeoyant de *Coca-Cola,* la tour *Allianz* de 130 m, l'*Outlet Zalando* dans un ancien bâtiment industriel en brique vermillon, la *Mercedes-Benz Arena* ou les *Treptow Towers,* les rives de la Spree ressemblent, sur les 4 km de ce projet de rénovation, à un joyeux foutoir architectural. La partie sud de ce quartier est encore et toujours un paradis pour les fans de *street art,* qui découvrent le long de la Spree l'*East Side Gallery* et la friche d'anciens entrepôts du *RAW.*

Il faut oser franchir les portes (façon de parler !) de cet espace incroyable, de la taille de 14 terrains de foot, situé en plein cœur du secteur, qui voit désormais défiler les admirateurs de *Jimmy C,* de *Vhils* ou d'*El Bocho*. Un univers qui se met à vivre la nuit quand la musique s'empare de *Cassiopeia,* un de ces bars-clubs « ouverts », musicalement et sociologiquement parlant, qui ont investi les hangars désaffectés. Inéluctablement, l'appétit des investisseurs va mettre un terme à cet univers festif complètement fou. Les baux des locataires de ces lieux sont arrivés à expiration et les pelleteuses puis les grues entrent progressivement en action. Dépêchez-vous d'en profiter pendant qu'il est encore temps.

De jour, dans la partie nord, ne pas manquer la célèbre *Karl-Marx-Allee,* modèle de l'architecture stalinienne, aujourd'hui classée Monument historique et postulante au Patrimoine mondial de l'Unesco.

À la nuit tombée, la *Simon-Dach-Straße* (U-Bahn : Warschauer Straße) est toujours à la mode, du moins pour la jeunesse un peu déjantée. Mais

attention, les déjantés d'hier sont devenus les pères et mères de famille rangés d'aujourd'hui, qui aimeraient bien profiter un peu plus, la nuit, de la tranquillité retrouvée du quartier.
À la terrasse des bars et des innombrables restos, de vrais Berlinois, simples et décontractés, des « prolétoïdes » au look destroy mais dotés d'une imagination créatrice fertile. On les croise le dimanche au marché aux puces de la *Boxhagener Platz.*
IMPORTANT : petite précision pour les inconditionnels de Berlin, qui vont trouver que certaines adresses indiquées ci-après appartiennent en fait à un autre quartier. Pour un habitant de Friedrichshain, tout ce qui est au sud de la Spree, autour de la *Schlesische Straße,* est à KREUZBERG ! On a préféré simplifier, carto aidant, en pensant à celles et ceux qui découvrent Berlin et vont pousser au-delà de la Spree, en face de l'East Side Gallery.

Où dormir à Friedrichshain ?

Pour en savoir plus sur Kreuzberg 36, voir plus haut « Les quartiers de Kreuzberg et Neukölln ».

De bon marché à prix moyens

☗ *Meininger Hotel East Side Gallery* *(plan Friedrichshain, G3,* ***50****)* **:** *Am Postbahnhof 4, 10243. ☎ 31-87-97-67. • meininger-hotels.com • S-Bahn : Ostbahnhof. Nuitée en dortoir 3-4 lits 15-40 €/pers, draps fournis ; doubles 54-80 € (plus cher en cas d'événements à l'Arena) ; petit déj (à volonté) payant.* Le dernier-né d'une chaîne qui compte 6 établissements à Berlin. Avec un accès rapide depuis la Hauptbahnhof, même si un peu excentrée, sa situation est idéale pour ceux qui veulent faire la fête ou assister à un concert dans la Mercedes-Benz Arena. Les chambres colorées et modernes (parfois un peu petites et à la déco simple) donnent pour certaines sur les fresques de l'East Side Gallery et la Spree en contrebas. Équipements un peu sommaires mais suffisants pour un court séjour. Cuisine à dispo et bar convivial. Convient autant aux voyageurs individuels qu'aux familles.

☗ *The Sunflower Hostel* *(plan Friedrichshain, G3,* ***92****)* **:** *Helsingforser Str 17, 10243. ☎ 44-04-42-50. • sunflower-hostel.de • U-Bahn : Warschauer Str, coin Pillauer Str. Résa conseillée. Nuitée 13-40 €/pers en dortoir 3-10 lits, draps fournis ; doubles sans ou avec sdb 41-125 € (cher en été !) ; appart 4 pers 85-200 €. Petit déj (jusqu'à 12h !) en plus.* Dans un coin très tranquille du quartier, mais proche des lieux nocturnes (le *RAW* est à 5 mn et le *Berghain* à 250 m). Dortoirs et chambres bien tenus, avec sanitaires privés ou collectifs. Casiers individuels. Bar ouvert jusqu'à 22h et salle commune animés, ornés d'affiches de rock stars emblématiques de Berlin. Dépôt de livres, machines à laver, location de vélos l'été. Comme beaucoup d'adresses dans le coin, plutôt pour les oiseaux de nuit. Accueil en dents de scie, dommage !

☗ *Eastern & Western Comfort* *(plan Friedrichshain, G3,* ***94****)* **:** *Mühlenstr 73, 10243. ☎ 66-76-38-06. • eastern-comfort.com • U-Bahn : Warschauer Str. Env 19-30 €/pers en cabine 4-5 lits selon le bateau ; doubles 54-83 € ; nuit sur le pont 20 € (tente offerte !). 2 nuits min demandées en très hte saison. Draps et serviettes 5 €, mais vous pouvez apporter votre sac de couchage (dans les parties communes slt). Pas de petit déj.* Il y a en fait 2 bateaux-hôtels amarrés l'un derrière l'autre le long de la berge nord de la Spree, au niveau du début de l'East Side Gallery, côté Oberbaumbrücke. Dans le moins cher, le *Western,* les (petites) cabines se partagent toutes la même salle de bains. Sur l'*Eastern,* chacune possède la sienne. À bord de l'*Eastern* toujours, salle commune avec TV, possibilité de laver et de sécher son linge et, bien sûr, pont pour bronzer... et même dormir sous tente !

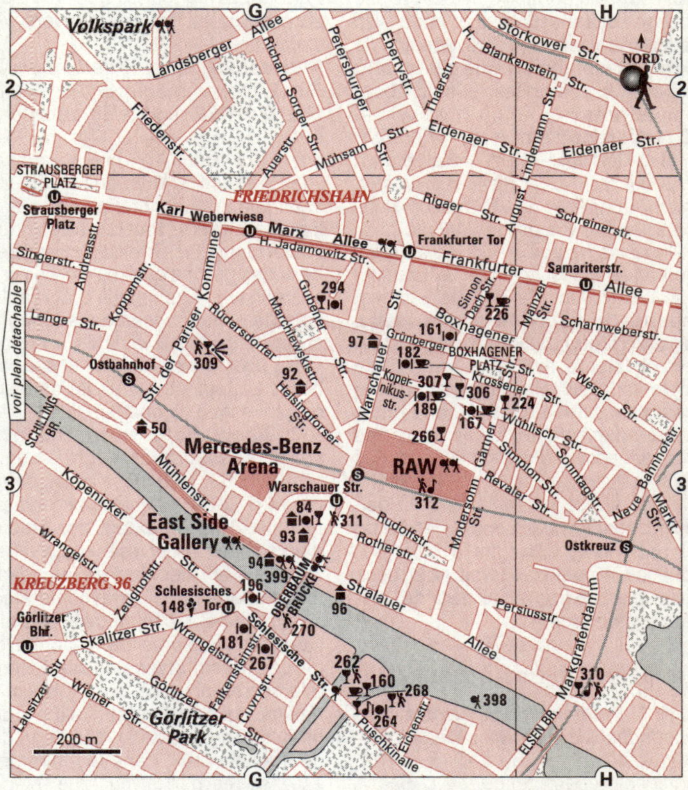

FRIEDRICHSHAIN ET KREUZBERG 36

Où dormir à Friedrichshain ?

- **50** Meininger Hotel East Side Gallery (G3)
- **84** Michelberger Hotel (G3)
- **92** The Sunflower Hostel (G3)
- **93** Industriepalast (G3)
- **94** Eastern & Western Comfort (G3)
- **96** Nhow Hotel (G3)
- **97** Hotel 26 (G3)

Où manger à Friedrichshain et côté Kreuzberg 36 ?

- **161** Lemongrass (G3)
- **167** Datscha (G3)
- **181** Umami (G3)
- **182** Neumanns Café (G3)
- **189** Aprilkind Berlin (G3)
- **196** Burgermeister (G3)
- **267** Faro (G3)

Où prendre un verre en journée ? Où manger une glace à Kreuzberg 36 ?

- **148** Duo, Sicilian Ice Cream (G3)
- **160** Freischwimmer (G3)

Où boire un verre le soir ? Où sortir ?

- **224** Hops & Barley (G-H3)
- **226** Intimes (G3)
- **262** Birgit & Bier (G3)
- **264** Festsaal Kreuzberg Biergarten (G3)
- **266** Place Clichy (G3)
- **268** Bar de la plage de Badeschiff et Club der Visionaere (G3)
- **294** Jäger & Lustig (G3)
- **306** Dachkammer (G3)
- **307** Paule's Metal Eck (G3)

Où danser ? Où faire la fête ?

- **270** Watergate (G3)
- **309** Berghain et Panorama Bar (G3)
- **310** Wilde Renate (H3)
- **311** Matrix Club Berlin (G3)
- **312** Cassiopeia (G3)

À voir

- **398** Molecule Man (G3)
- **399** Wall Museum (G3)

Soirées avec DJ et *live music* dans le lounge et stand-up *(mar et dim)*. Un mouillage sûr pour qui rêve moins de calme et de confort que de partir à l'abordage des boîtes de nuit. Location de vélos.

Industriepalast *(plan Friedrichshain, G3, **93**) : Warschauer Str 43, 10243. ☎ 74-07-82-90. • ip-hostel.com • U-Bahn et S-Bahn : Warschauer Str. En dortoir 4-8 lits sans ou avec sdb env 16-35 € ; doubles 80-105 € ; draps, serviettes et petit déj payants. Parking 10 €.* Vaste bâtiment industriel en brique, en face du métro, reconverti en *hostel* accueillant groupes de fêtards, familles et routards de toutes origines. Chambres et dortoirs basiques, décorés a minima mais assez spacieux. Certaines chambres auraient besoin d'une rénovation. Pas de clim et bruyant selon emplacement. Cuisine à dispo et salle de petit déj-buffet, assez frugal. Lobby avec billard et baby-foot, consigne à bagages, location de vélos. Parfait pour ceux qui veulent se trouver au cœur de l'animation nocturne.

De prix moyens à plus chic

Michelberger Hotel *(plan Friedrichshain, G3, **84**) : Warschauer Str 39-40, 10243. ☎ 977-85-90. • michelbergerhotel.com • U-Bahn : Warschauer Str. 7 catégories de chambres ; doubles 90-400 €, petit déj inclus. Brunch bio 28 € ; dîner 48 €.* Rien à voir avec le chanteur... Un hôtel de 130 chambres, hyper tendance, très design et un peu décalé. Tom Michelberger (l'architecte !) s'est gentiment amusé en créant les chambres (pas immenses, mais bien agencées...) tout en récupérant l'espace d'une ancienne usine. Cour agréable pour petit-déjeuner, se désaltérer d'une limonade maison ou d'un délicieux cocktail, ou encore dîner d'un menu à tendance végétarienne, préparé avec les produits de la ferme du proprio. Parfois des concerts. Une très belle adresse, dont les prix peuvent vite s'envoler.

Hotel 26 *(plan Friedrichshain, G3, **97**) : Grünberger Str 26, 10245. ☎ 297-77-80. • hotel26-berlin.de • U-Bahn : Frankfurter Tor. Double env 119 €, petit déj inclus ; apparts 219-319 € selon capacité (2-6 pers). Parking 12 €.* Un hôtel au souci écologique certain, tout au fond d'une cour tranquille. Grandes chambres, d'un design chaleureux, un peu à la scandinave. Également d'agréables appartements conçus dans le même style, donnant sur le jardin, avec terrasse pour le petit déj et transat pour buller. Le tout situé à un jet de pierre de l'animation du quartier.

Nhow Hotel *(plan Friedrichshain, G3, **96**) : Stralauer Allee 3, 10243. ☎ 290-29-90. • nhow-berlin.com • U-Bahn : Warschauer Str. Doubles 80-200 €.* Jouxtant des studios d'enregistrement et les bureaux d'*Universal Music,* des immeubles géants façon brique de Lego, avec un étage comme une vertigineuse excroissance en surplomb de la Spree. Un de ces hôtels atypiques dont Berlin a le secret, à s'offrir sur un coup de tête (ou de cœur), surtout s'il y a des promos. Toute la déco, des dégradés de fuchsia aux canapés ovoïdes, est inspirée par la musique, et pas la plus classique, quartier oblige. Et l'ensemble est sans fausse note (on n'a pas pu s'empêcher...). Plus de 300 chambres de bonne taille, d'un irréprochable confort, qui baignent, jusqu'au gel douche, dans le rose (si vous êtes allergique au rose, il y a les mêmes en bleu). Les plus chères ont vue sur la Spree. Des guitares électriques sont accrochées au mur du bar et à votre disposition (avec un casque !) dans les chambres. Saunas entièrement fluo, resto et vaste terrasse sur la Spree avec *food truck* et mobilier... rose.

Où manger à Friedrichshain et côté Kreuzberg 36 ?

Dans ce secteur parsemé de bars et de clubs, on trouve une foule de snacks en tout genre et de petits restos du monde entier. Mais il ne faut pas s'attendre à des miracles gastronomiques ! En tout cas, vous n'allez mourir ni de faim ni, surtout, de soif.

À Friedrichshain, au nord de la Spree

De bon marché à prix moyens

Aprilkind Berlin *(plan Friedrichshain, G3,* ***189****) : Simon-Dach-Straße 15. ☎ 176-47-70-04-57. U-Bahn : Frankfurter Tor ou Warschauer Str. Tlj 10h-17h. Plats 6-10 €.* L'adresse idéale pour déjeuner léger ou bruncher après une grasse mat' bien méritée. Terrasse agréable, où on profite de l'animation tranquille du quartier (en journée du moins !). Carte sans esbroufe qui va à l'essentiel, avec une sélection de petits déj *healthy,* quelques tartines gourmandes et de belles salades. Accueil sympa et sans façon. Service au bar.

Lemongrass *(plan Friedrichshain, G3,* ***161****) : Simon-Dach-Str 2. ☎ 20-05-69-75. U-Bahn : Frankfurter Tor ou Warschauer Str. Tlj 12h-22h. Plats 9-11,50 €.* Une petite adresse thaïe très recommandable, à prix imbattables. Quelques tables sur le trottoir et une petite salle ouverte sur la cuisine d'où sortent des plats alléchants et généreux. Bières asiatiques pour accompagner. Service qui garde le sourire même en cas d'affluence. Musique parfois envahissante.

Neumanns Café *(plan Friedrichshain, G3,* ***182****) : Gabriel-Max-Straße 18, 10245. ☎ 81-72-49-83. U-Bahn : Frankfurter Tor ou Warschauer Str. Tlj 9h-18h. Petits déj 7-12 € ; lunchs 10-12 €.* Ce café se démarque par la qualité de son pain et de ses gâteaux qui attirent une clientèle exigeante, venue parfois de loin. Salle design très plaisante ou terrasse sous les arbres, pour déguster un petit déj ou un lunch léger constitué au choix de tartines, croque-monsieur, *avocado toast,* omelettes ou salades. Pâtisseries pas en reste, idéal pour une pause dans l'après-midi. Bons cafés. Si leur pain vous plaît, l'espace boulangerie se trouve au coin de la rue.

Chic

Datscha *(plan Friedrichshain, G3,* ***167****) : Gabriel-Max Str 1. ☎ 700-86-735. S-Bahn : Warschauer Str. Tlj 10h-1h (cuisine jusqu'à 23h ; petit déj servi 10h-16h). Soupes et zakouskis 7-10 € ; plats 13-18 €. Brunch le dim.* Déco originale, colorée et salles lumineuses. Portraits de Russes au mur, dont une icône, Lénine, trône sur la cheminée. Cuisine typiquement russe et ukrainienne, cela va de soi : blinis, *bortsch, pelmenis, solianka,* boulettes, brochettes, bœuf Stroganoff, crêpes en dessert... Présentation soignée et atmosphère chaleureuse.

Côté Kreuzberg 36, au sud de la Spree

De bon marché à prix moyens

Burgermeister *(plan Friedrichshain, G3,* ***196****) : Oberbaumstr 8. ☎ 40-36-45-320. U-Bahn : Schlesisches Tor. Lun-ven 11h-3h, w-e 12h-4h. Env 5-10 €.* L'adresse fast-food culte du secteur. D'abord pour la qualité de ses burgers et aussi pour le caractère insolite de son emplacement. Car la guitoune métallique occupe... d'anciennes toilettes publiques situées sous le métro aérien ! Si cela ne vous fait pas peur, préparez-vous à faire la queue avec les *clubbers* qui se refont une santé entre 2 tours de piste ! Plats à emporter, à moins de dénicher une « table » en terrasse (on peut toujours rêver !). Plusieurs autres enseignes *Burgermeister* à Berlin, mais jamais aussi originales !

Faro *(plan Friedrichshain, G3,* ***267****) : Schlesische Str 14. ☎ 36-99-23-40. U-Bahn : Schlesische Tor. Tlj 11h (17h w-e)-minuit. Tapas 4-15 €/pièce ; assiette pour 2 pers 29 €.* Un bar à tapas et resto espagnol à la déco très *movida,* dont les tables et tonneaux débordent sur la rue. Carte de tapas et *raciones* à prix abordables : si les calamars pannés fondent en bouche, la tortilla, les pommes de terre sautées ou le chorizo ne sont pas à dédaigner. *Vino tinto* qui descend bien. Service souriant et empressé. Flamenco certains soirs.

Umami *(plan Friedrichshain, G3,* ***181****) : Schlesische Str. ☎ 279-82-424. U-Bahn : Schlesiches Tor. Tlj 12h-minuit. Résa conseillée. Plats 10-17 €.* Restaurant indochinois à la déco raffinée, avec boiseries sombres, plantes vertes et lanternes de papier. Cuisine plébiscitée par les amateurs de saveurs subtiles de citronnelle, gingembre, menthe et coriandre... depuis les délicats *dim sum*, jusqu'au curry de canard doré en passant par les soupes *phô*, les rouleaux de printemps, le *fish pot* ou les crevettes grillées. Un régal ! Accueil pro et gentil. Grande terrasse. Autre adresse à Prenzlauer Berg.

Où prendre un verre en journée ?
Où manger une glace à Kreuzberg 36 ?

Freischwimmer *(plan Friedrichshain, G3,* ***160****) : Vor dem Schlesischen Tor 2. ☎ 61-07-43-09. U-Bahn : Schlesisches Tor. À l'est de Kreuzberg et au sud de Friedrichshain. Entrée au niveau de la station-service. Tlj 12h-minuit (1h ven-sam). Plats 15-22 €.* On y va pour le cadre : une enfilade de cabanes en bois et de pontons en bordure de canal, avec des tables en terrasse ou sous véranda. Un petit côté guinguette sur l'eau, sauf que dans les boîtes d'en face, c'est plutôt l'électro qui domine. Bons gâteaux mais la cuisine, assez chère, ne vaut vraiment pas le coup. Pourrait faire sûrement mieux côté service.

Duo, Sicilian Ice Cream *(plan Friedrichshain, G3,* ***148****) : Skalitzer Str. ☎ 157-95-27-020. U-Bahn : Schlesisches Tor. Tlj 12h-22h.* Plébiscité meilleur glacier de la ville par les Berlinois eux-mêmes, et ce, depuis 1972. Arômes naturels et ingrédients, comme les noisettes et les pistaches, venus de Sicile et du Piémont pour se retrouver dans un lait bio du Brandebourg. Sorbets végétaliens sans sucre. Également de bons cafés.

Où boire un verre le soir ? Où sortir ?

À Friedrichshain, au nord de la Spree

Intimes *(plan Friedrichshain, G3,* ***226****) : Boxhagener Str 107. ☎ 29-66-64-57. U-Bahn : Frankfurter Tor. Tlj 10h-2h. Copieux brunch le w-e.* Une terrasse sur un carrefour devant une façade où surnage, au milieu des graffs, collages et pochoirs, l'enseigne du café au look fifties. Il partage l'immeuble avec un joli cinéma de la DDR, toujours en activité (sauf en été). À l'intérieur, jolie déco vintage et ambiance relaxante. Nourriture quelconque en revanche.

Hops & Barley *(plan Friedrichshain, G-H3,* ***224****) : Wühlisch Str 22-23. ☎ 29-36-75-34. Tlj 17h (16h ven, 14h w-e)-1h.* Un incontournable pour les biérophiles. Petite salle avec carrelage aux murs (une ancienne boucherie !) et cuves de fermentation dans un coin. Brassent leurs propres mousses (blondes, brunes, blanches et saisonnières) et fabriquent aussi un excellent cidre maison, brut et non filtré. Des nouveautés viennent régulièrement s'ajouter à la liste déjà bien fournie de nectars houblonnés. Public de tous âges.

Place Clichy *(plan Friedrichshain, G3,* ***266****) : Simon-Dach-Str 22. ☎ 23-13-87-03. U-Bahn : Frankfurter Tor ou Warschauer Str. Tlj sauf lun 19h-3h (minuit dim).* Un tout petit bar à l'éclairage intimiste, ambiance France de carte postale. Pages du *Canard enchaîné* aux murs. On partage un verre de rouge ou de cognac en faisant la conversation au comptoir. Musique entre Gainsbourg et Miles Davis. Quelques tables dehors pour humer l'ambiance de la rue.

Paule's Metal Eck *(plan Friedrichshain, G3,* ***307****) : Krossener Str 15 (angle avec Simon-Dach-Str). ☎ 291-16-24. U-Bahn : Frankfurter Tor. Tlj*

17h-4h (7h w-e). Un bar tout en longueur, à l'atmosphère dans l'esprit du fond sonore (rock à fond les décibels, tendance metal). Les habitués tatoués et rigolards aiment ce décor de fausses pierres, épées médiévales, statues religieuses et têtes de monstres. Billard, fléchettes, baby-foot et retransmission de matchs.

Dachkammer *(plan Friedrichshain, G3, **306**) : Simon-Dach-Str 39. ☎ 29-61-673. U-Bahn : Frankfurter Tor. Tlj 16h-2h (5h w-e).* Une tranquille terrasse ombragée et un bar presque classique au rez-de-chaussée. Il faut grimper les escaliers pour découvrir un chaleureux décor de bric et de broc(ante) : papiers peints d'un appartement est-allemand des seventies, fauteuils et autres canapés achetés aux puces, un tantinet défoncés, pour siroter de délicieux cocktails. Accueil vraiment cool.

Jäger & Lustig *(plan Friedrichshain, G3, **294**) : Grünbergerstr 1. ☎ 29-00-99-12. U-Bahn : Frankfurter Tor ou Weberwiese. Tlj 12h-minuit.* Même s'il n'a été inauguré qu'en 1989, ce *Biergarten* pas encore trop touristique respecte tous les codes de la tradition. Grands espaces sous les arbres avec leurs longues tablées pour siroter sa mousse à l'ombre tout en socialisant, et intérieur confortable, aux boiseries avec motifs de chasse. Pour manger, généreuses spécialités berlinoises à prix raisonnables. Personnel affable, disposé si besoin à traduire la carte rédigée en allemand.

À Kreuzberg 36, au sud de la Spree

Birgit & Bier *(plan Friedrichshain, G3, **262**) : Schleusenufer 3. ☎ 179-611-24-36. • birgit.berlin • U-Bahn : Schlesisches Tor. En été, tlj 16h-4h (10h w-e) ; hors saison, w-e slt. Entrée payante pour le club.* Niché au fond d'un dédale de canaux et écluses, ce lieu est un compromis idéal entre club et *Biergarten* pour profiter des beaux jours avant d'aller danser jusqu'au bout de la nuit. Ambiance de kermesse, vieux carrousel, confortables fauteuils, table de ping-pong et baby-foot agrémentent ainsi ce bric-à-brac à ciel ouvert dans lequel on sirote la bière locale ou on grignote de la *street food.* Il accueille autant les *clubbers* que les touristes en goguette, ou les Berlinois à la retraite. Sélection musicale éclectique avec 2 *dance floors* dont la programmation va du *schlager* à la pop, en passant par le hip-hop et la techno (après 22h).

Club der Visionaere *(plan Friedrichshain, G3, **268**) : Am Flutgraben 1. ☎ 69-51-89-42. • clubdervisionaere.com • U-Bahn : Schlesisches Tor. Ouv à partir de 15h (12h w-e) selon météo. Entrée payante. Programmation sur leur site.* Encore un de ces bars-clubs improbables made in Berlin ! Celui-ci s'est emparé d'un vieux ponton jeté sur le canal. Il attire les foules de jour comme de nuit pour son ambiance de guinguette électro sur pilotis. Car, malgré les lampions, ce sont bien les DJs qui sont allumés et assurent le spectacle ! Fiesta non-stop le week-end à l'ombre des saules pleureurs. En hiver, ça se passe sur la péniche *Happetose*, amarrée non loin de là.

Bar de la plage de Badeschiff *(plan Friedrichshain, G3, **268**) : Eichenstr 4. ☎ 90-28-22-00. • arena.berlin • U-Bahn : Schlesisches Tor ; S-Bahn : Treptower Park. Sur les bords de la Spree. Horaires tributaires de la météo. Avr-sept, tlj 10h-19h30 ; hors saison, à partir de 12h. Résa en ligne slt, par tranches horaires, sur • pretix.eu • Entrée : 7 € ; réduc.* L'une des plus grandes « plages » berlinoises, dans un environnement d'usines transformées en ateliers d'artistes, cabinets d'architectes, boîtes de pub, et où l'on produit également des spectacles. Beaucoup de monde en maillot, moins dans la piscine flottante sur la Spree. Massages, bar avec large choix de bières, snacks. Vue superbe sur la Spree et le *Molecule Man* de l'artiste américain Jonathan Borofsky. Très fréquenté et assez touristique, mais vraiment dépaysant !

Festsaal Kreuzberg Biergarten *(plan Friedrichshain, G3, **264**) : Am Flutgraben 2. ☎ 403-655-630. • festsaal-kreuzberg.de • U-Bahn : Schlesisches Tor. Jeu 17h-minuit, ven-sam 16h-3h, dim 14h-22h. Entrée* *payante lors des concerts.* L'immense terrasse-jardin donne le ton avec sa déco bricolo post-apocalyptique (comme dans *Mad Max,* pour situer). Un bar-resto-club, donc, pour un verre, un apéro ou la soirée. Artistes solos, DJs et groupes en live. On peut aussi y manger : barbecue, énormes burgers ou fondue à la suisse.

Où danser ? Où faire la fête ?

Depuis que la GEMA (la société des auteurs locale) a voulu remettre de l'ordre dans la tarification des redevances, les *clubbers* allemands se sont mobilisés contre la réforme, en publiant des pétitions sur le Web ou en organisant des manifestations. Mais derrière les nuages noirs qui menacent certains clubs avec de la techno à fond les manettes, se cachent surtout des promoteurs avides de récupérer des terrains bien placés au bord de la Spree. Dans les années à venir, on annonce surtout des transferts de foule d'une plage sur l'autre, d'un hangar vers un autre. Chacun aura donc sa préférence entre faire la fête dans un temple de la techno ou s'amuser dans des lieux plus confidentiels. Sans court-circuiter, pour l'instant, des lieux mythiques comme le ***RAW*** (consulter un peu plus loin la rubrique « À voir à Friedrichshain et côté Kreuzberg 36 »).

Un conseil : sauf exception, ne vous pointez pas trop tôt ; 2h, c'est la bonne heure pour débuter. De plus, beaucoup d'endroits ferment vers 10-11h le matin, voire plus tard... Et comme souvent à Berlin, la sélection à l'entrée répond à des règles aléatoires et difficilement descriptibles, le refoulement tenant lieu de rite de passage.

Berghain *et* ***Panorama Bar*** *(plan Friedrichshain, G3,* ***309****)* ***:*** *Am Wriezener Bahnhof. ☎ 29-36-02-10. • berghain.de • S-Bahn : Ostbahnhof ; bus nº 240. Horaires aléatoires en fonction de la situation sanitaire ; vérifiez sur le site. En temps normal, mer-sam à partir de 23h jusqu'à lun mat (dim compris). Entrée : 15-20 €.* Sans doute le club le plus célèbre de Berlin, un ancien club gay devenu un vrai temple de l'électro et de la techno. Les queues interminables devant l'entrée sont mythiques, tout comme la sélection impitoyable par les videurs, dont le légendaire tatoué ***Sven Marquardt,*** réputé intransigeant. Pour avoir une chance d'entrer, mieux vaut parler l'allemand, être discret, ne pas frimer, être cool plutôt que trop fringué, ne rien porter d'illicite, ne rien photographier (l'objectif des smartphones est masqué par une gommette) et surtout être patient (1h d'attente minimum, souvent plus). Les groupes de filles (3 maxi) ont intérêt à être en compagnie d'un homme.

Lové dans une cathédrale de béton et d'acier (une ancienne centrale électrique en fait) avec des plafonds de plus de 18 m de haut, le club compte 2 étages et plusieurs bars (dont le célèbre *Panorama Bar* au dernier étage, haut en couleur et convivial, où la tendance est à la house, et le *Lab Oratory,* réservé à la communauté gay). Ambiance électrique... mais aussi très décadente avec ses recoins intimes où tout peut arriver ! Durant la pandémie de Covid-19, le *Berghain* s'était reconverti en... espace d'exposition !

Watergate *(plan Friedrichshain, G3,* ***270****)* ***:*** *Falckensteinstr 49. ☎ 61-28-03-94 • water-gate.de • U-Bahn : Schlesisches Tor. Actuellement mer-sam 19h-3h. Entrée : 15-20 €. Interdit aux moins de 21 ans.* La file d'attente est parfois décourageante et la sélection implacable, jouez-la modeste ; le mieux c'est d'avoir autant de filles que de gars dans votre groupe et surtout de ne pas parler français, ni ricaner. Un club pointu (mais pas underground) aux lignes claires, avec baies vitrées et superbes jeux de lumière, parois translucides et plateforme flottante donnant sur la Spree : tout simplement magique au lever de soleil ! L'un des 3 clubs les plus réputés de Berlin côté électro, avec une programmation largement axée sur la house et la techno. Très grosses soirées avec DJs allemands et internationaux.

Wilde Renate *(plan Friedrichshain, H3,* ***310****) : Alt-Stralau 70. ☎ 20-04-14-26. ● renate.cc ● S-Bahn : Ostkreuz. Mer-dim 14h-minuit (4h ven-sam). Entrée : 10-15 €. CB refusées.* Videurs un poil plus accommodants ici, il suffit de rester cool et poli dans la queue. Photos interdites. Un lieu charmant et atypique, assez différent des grands clubs, logé dans un vieil immeuble de 4 étages. Déco baroque digne d'une maison hantée, dans un dédale de petites pièces avec plusieurs salles pour danser ou se poser. Gentil jardin pour se rafraîchir autour d'un brasero en hiver. En prime, un labyrinthe avec voyante... On vous laisse la surprise !

Cassiopeia *(plan Friedrichshain, G3,* ***312****) : Revaler Str 99, porte 2. ☎ 47-38-59-49. ● cassiopeia-berlin.de ● U-Bahn : Warschauer Str. Tlj de 18h jusqu'au mat ; l'été, le Sommerbar ouvre dès 16h (14h sam, 12h dim). Entrée payante, variable selon programmation.* Au sein de la jungle urbaine du *RAW*, l'un des clubs les plus prisés de Friedrichshain, qui distille aussi bien du hip-hop, du rock, du reggae que de l'électro. Apprécié pour son ambiance décontractée et amicale, où Berlinois et touristes se mélangent. Consultez le site pour y faire votre marché musical, notamment pour les concerts de 19h.

Matrix Club Berlin *(plan Friedrichshain, G3,* ***311****) : Warschauer Platz 18. ☎ 29-36-99-90. ● matrix-berlin.de ● U-Bahn ou S-Bahn : Warschauer Str. Sous le métro. Tlj 22h-7h. Entrée : env 10 €.* Boîte « grand public » (moins de sélection à l'entrée) et plus jeune, avec 7 salles (donc plusieurs ambiances musicales !), installée sous la station de métro de *Warschauer Str.* Musique commerciale, pas vraiment berlinoise, avec des DJs mixant électro, hip-hop, house ou R'n'B.

À voir à Friedrichshain et côté Kreuzberg 36

Compte tenu de la grande dispersion des centres d'intérêt et de la longueur de certaines artères, le mieux pour se balader à Friedrichshain et de l'autre côté du très photogénique **Oberbaumbrücke,** c'est de louer un vélo. Dans tous les cas, c'est parti pour une grande balade dans le monde du *street art,* et un voyage au bout de la nuit berlinoise que chacun suivra ou non jusqu'à son terme. Entre la vision stalinienne d'un monde datant non pas d'avant la chute du Mur, mais de la construction même du Mur, et les immenses boîtes de nuit où règnent des videurs tatoués devenus des mythes vivants, vous allez faire pas mal de kilomètres ! On vous livre quelques pistes.

East Side Gallery *(plan Friedrichshain, G3) : le long de la Mühlenstr. ● eastsidegalleryberlin.de ● S-Bahn : Ostbahnhof ; U-Bahn : Warschauer Str.*
Réalisée en 1990 par 118 artistes de 21 nationalités différentes, cette fresque extraordinaire occupe le plus grand pan du mur de Berlin encore debout, s'étirant sur 1,3 km entre la *Mühlenstraße* et la Spree. À l'époque de la guerre froide, au moins 10 personnes ont trouvé la mort à cet endroit en tentant de passer à l'Ouest, noyées dans la rivière ou abattues par les gardes-frontières de la RDA. Classé depuis 1991, le lieu fait désormais partie du patrimoine de la ville.
En 2009, la « galerie » s'est offert un lifting complet pour commémorer les 20 ans de la chute du Mur : les signatures datées témoignent du retour de certains artistes, 19 ans après. Certaines fresques d'origine, très dégradées, ont été repeintes à l'identique par leur auteur, comme le célèbre bisou goulu de *Brejnev* à *Honecker* (Poutine est moins démonstratif !). On voit aussi la fameuse Trabant défonçant le Mur ou cet « autre côté », dépeint avec poulets rôtis et Mercedes à la parade. La centaine de fresques évoque, dans tous les styles possibles, de grands thèmes comme l'aspiration à la liberté et l'amitié entre les peuples.
C'est la Loterie qui a financé cette rénovation. Il faudrait déjà trouver un nouveau gagnant pour aider à la réfection des pans malmenés par des nouveaux venus, voulant exprimer leurs propres états d'âme. En espérant que le véritable vainqueur

…elui qui en démolira un morceau pour construire ici, sur les bords de …n de ces immeubles d'affaires fonctionnels et austères qui ont déjà mis … à l'ombre et précipitent la fin d'un rêve.

The Wall Museum *(musée du Mur ; plan Friedrichshain, G3,* ***399****)* **:** *Mühlenstr 78 (2e étage). ☎ 94-51-29-00. • wallmuseumberlin.com • U-Bahn : Warschauer Str. Tlj 10h-19h. Entrée : 12,50 € (10 € en ligne) ; réduc (- 25 % avec la* Welcome Card*). Commentaires en allemand, sous-titres en anglais.*
Un musée ouvert dans un entrepôt proche de l'East Side Gallery, face à l'*Oberbaumbrücke* en bordure de la Spree. Un énième musée sur le thème du Mur, vous direz-vous ? Oui, mais celui-ci se démarque par la richesse des documents audiovisuels présentés. Parrainé et annoncé par ***Mikhaïl Gorbatchev,*** Prix Nobel de la paix, lors du 25e anniversaire de la chute du Mur, il est le 1er qui relate son histoire complète et établit clairement les raisons de sa construction et les circonstances qui entraînèrent sa chute lors des journées de novembre 1989 qui changèrent la face du monde. Avec la contribution de vidéos diffusées chronologiquement, on se (re)plonge tout au long des 13 salles dans l'une des périodes les plus excitantes de l'histoire, lorsque la guerre froide a pris fin, et que l'équilibre politique du monde a soudainement basculé.

Dès la conférence de Potsdam, à la fin de la Seconde Guerre mondiale, on assiste à tout le processus de séparation des 2 Allemagnes qui entraîne le départ de 2,5 millions d'habitants de l'Est vers l'Ouest. Hémorragie inacceptable pour le régime communiste qui justifie à ses yeux la nécessité d'ériger le Mur en 1961. La vie des Berlinois en est affectée pour 28 ans ; des familles sont brutalement séparées. 5 000 fugitifs parviendront à s'échapper – témoignages poignants de ceux qui réussirent.

UN HÉROS OUBLIÉ

En 1983, peu après la destruction d'un vol de la Korean Airlines par des chasseurs russes, une alerte fut déclenchée par les satellites de surveillance qui avaient repéré un tir de missile américain. Stanislas Petrov, officier de la force de défense antiaérienne, malgré les ordres de réplique immédiate, prit la décision d'informer sa hiérarchie qu'il pouvait s'agir d'une fausse alerte, et non d'un tir véritable. L'humanité lui doit beaucoup.

On revit intensément toute cette période de la guerre froide où, à plusieurs reprises, le monde risque la destruction et le désert atomique. Jusqu'à cette année 1989, où le nouveau secrétaire du parti communiste d'URSS, ***Michaïl Gorbatchev,*** fait le constat de la quasi-faillite de son économie rendue exsangue par la course aux armements commencée à l'Ouest par ***Ronald Reagan.*** Il annonce aux « pays frères » que son pays n'est plus en mesure de les soutenir financièrement. Dès lors, les choses s'accélèrent : le « rideau de fer » se lézarde, les Hongrois ouvrent la frontière avec l'Autriche, ce qui permet la fuite des vacanciers est-allemands vers l'Ouest, les opposants, de plus en plus nombreux, défilent dans les villes de la RDA jusqu'à ce mois de novembre où tout bascule à la stupéfaction du monde entier… La suite, vous la connaissez… Émouvant film sur la journée où le Mur est tombé, le 9 novembre 1989.

Oberbaumbrücke *(plan Friedrichshain, G3)* **:** *entre les stations de U-Bahn Warschauer Str et Schlesisches Tor.* À notre avis, le plus beau et improbable pont de la ville, édifié en 1894 dans un délicieux style néogothique, avec tours et élégantes arches en brique rouge, contrastant harmonieusement avec le métro jaune canari passant au-dessus. Quand le ciel est d'un bleu démago, que le soleil darde ses rayons et que l'on est sur le sable, sur un transat du bar de la plage d'en face… se croirait-on vraiment à Berlin ? Pourtant, le pont fut détruit sur ordre de Hitler en 1945 pour retarder l'avance de l'Armée rouge, puis reconstruit pour relier les quartiers de Kreuzberg et Friedrichshain. Ancien poste-frontière entre l'Est et l'Ouest, franchissable uniquement à pied, il fut le théâtre, entre 1961 et 1989, de scènes terribles. Nombreux furent ceux qui tentèrent la traversée de la Spree à la nage. Beaucoup se noyèrent : les citoyens de l'Ouest, à Kreuzberg, n'osaient pas intervenir en cas d'urgence, par peur d'essuyer les tirs des *Vopos* !

De ce pont, vers l'est, on aperçoit la monumentale sculpture ***Molecule Man*** *(plan Friedrichshain, G3, **398**)*, de ***Jonathan Borofsky,*** plantée dans les eaux de la Spree, près de la rive gauche. Un colosse d'une trentaine de mètres qui symbolise la réunion des 3 districts jadis séparés par le Mur et qui nous autorise ces petits écarts de conduite d'un quartier à l'autre. Cette partie des rives de la Spree est également dans le collimateur du projet ***Mediaspree*** : là encore, les immeubles résidentiels et les tours de bureaux sortent de terre et le quartier se transforme à vue d'œil !

D'ailleurs, puisqu'on vient de passer le pont, petit détour par le quartier de Kreuzberg 36 pour une balade sur la ***Schlesische Straße*** *(plan Friedrichshain, G3).* C'est l'une des rues ayant connu la plus grande métamorphose socioculturelle depuis la chute du Mur. Très vivante dans la journée, elle recèle une kyrielle de petits bars déjantés. Les fans de *street art* peuvent continuer leur balade dans tout le quartier, ils vont se régaler. Même si, avec le projet *Mediaspree,* les lieux risquent de connaître pas mal de changements dans les années à venir...

À partir de l'Oberbaumbrücke, empruntez plein nord la *Warschauer Straße* sur quelques centaines de mètres. À votre droite, la ***friche du RAW*** *(plan Friedrichshain, G3)* est devenue l'une des grandes attractions du quartier, pour les amateurs de *street art* comme pour les oiseaux de nuit. À l'intérieur de ces hangars désaffectés et recouverts de graffitis se trouvent de nombreux bars-clubs, dont le presque cosy (à la berlinoise !) ***Crack Bellmer*** et l'immense ***Cassiopeia*** : un lieu multiple où se déroulent des soirées, des concerts, des compétitions de skate, de l'escalade sur les murs d'un ancien bunker, des expos qui décoiffent... Plusieurs bars en un.

Un peu au nord du *RAW,* tout au long de la *Wühlischstraße,* on trouve des petites ***boutiques*** sympas qui vendent des vêtements pour tous les goûts à des prix abordables. Les vendeurs sont toujours accueillants et vous offrent un café si jamais le shopping vous a fatigué. À côté, le dimanche, le ***marché aux puces*** de la *Boxhagener Platz* est très tendance. On y trouve non seulement des antiquités, mais aussi les stands de jeunes designers qui ne peuvent pas se payer un magasin et y vendent leurs vêtements. Faites comme les locaux en commençant par un petit déjeuner dans un des nombreux petits ***cafés.***

En continuant plein nord la Warschauer Straße jusqu'à la *Frankfurter Tor,* vous atteignez la monumentale ***Karl-Marx-Allee*** (ex-Stalinallee jusqu'en 1961). Avec plus de 2,5 km de long et 90 m de large pour 8 voies de circulation, c'est l'artère emblématique du Berlin-Est triomphant (voir les bornes d'information en allemand et en anglais tout le long de l'avenue). Staline a imposé là un âpre réalisme, on parle ici de *Plattenbauten* pour qualifier les préfabriqués (un gigantesque jeu de Lego). L'asphalte a été conçu pour résister aux chenilles des chars, à une époque où ses immeubles corsetés dans leur carapace de béton lissé, censé les rendre classe, accueillaient les *Verdienter Werktätiger,* les travailleurs méritants du parti. De l'architecture de la fontaine de la *Strausberger Platz* aux 2 tours jumelles de la *Frankfurter Tor (plan Friedrichshain, G3),* l'ensemble constitue un exemple typique du style en vigueur dans les pays du bloc soviétique. La ville de Berlin a fait plusieurs tentatives pour la faire classer au Patrimoine mondial de l'Unesco, pour le moment sans succès.

Volkspark Friedrichshain *(plan centre et plan Friedrichshain, G2)* **:** *Friedenstr et Landsberger Allee.* Ⓣ *15 ou M10 ; bus n° 200.* Superbe parc créé en 1840 et ouvert à tous, pour faire le pendant du *Tiergarten* (réservé pour sa majeure partie à la Cour). En bordure du quartier *de Prenzlauer Berg* et à l'entrée ouest du parc,

BERLIN, QUARTIER PAR QUARTIER

ne pas manquer la pittoresque *Märchenbrunnen* (fontaine des Contes de Grimm), construite en 1902 dans un style néobaroque, avec de magnifiques personnages sculptés, extraits justement des contes des frères Grimm. Festival de films en plein air aux beaux jours.

Une halte s'impose aussi aux terrasses du café ***Schönbrunn*** *(☎ 453-056-525 ; tlj 12h-22h).* Bières, grillades et tartes flambées y sont farouchement convoitées. En hiver, on peut aussi y déguster de copieux brunchs ou de délicieux gâteaux maison.

LES QUARTIERS PÉRIPHÉRIQUES

LES QUARTIERS DE TREPTOW ET KÖPENICK
(plan d'ensemble, C-D2)

Au sud-est de Berlin, ces 2 quartiers où les espaces verts se révèlent innombrables restent relativement méconnus des touristes. Profitez-en !

À voir

Treptower Park *(plan d'ensemble, C2)* **:** *S-Bahn : Treptower Park. Avr-oct, départ des vedettes de la compagnie* Stern und Kreis *pour le Müggelsee, Köpenick, Potsdam... (voir en début de guide « Infos pratiques sur place. Comment se déplacer. En bateau »). Attention, pour la plupart, les départs ont lieu entre 10h et 15h, organisez-vous !* En plus du mémorial *(Sowjetisches Ehrenmal)* dédié aux 5 000 soldats de l'Armée rouge tombés lors de la bataille de Berlin, en 1945 (voir les stèles gravées de citations de Staline en russe et en allemand), faites un tour à la ***Haus Zenner*** (à 1 km du S-Bahn en longeant la Spree). Le week-end, jeunes et moins jeunes, entre copains ou en famille, s'y donnent rendez-vous pour assister à des concerts tout en mangeant des grillades ou des salades. Au choix, en fonction des conditions climatiques : l'intérieur et son magnifique cadre tout en bois ou l'extérieur, en terrasse au bord de la Spree. Dans les 2 cas, la bière coule à flots !

Britzer Garten *(jardin de Britz ; plan d'ensemble, C2)* **:** *entrée principale sur Mohriner Allee (Neukölln). ☎ 70-09-06-80. • britzer-garten.de • U-Bahn : Alt Mariendorf, puis bus nº 181. Tlj de 9h au coucher du soleil. Entrée : 3 € (réduc) pour la journée, puis tarif variable selon manifestations. Se repérer sur le plan à l'entrée.* Parc de 100 ha construit en 1985, à l'occasion de la *Bundesgartenschau,* une exposition florale. Décor idyllique et bucolique, charme hollandais... Nombreux jeux pour les enfants, jardin de roses, vers le sud à la droite du lac, au bout de la *Mohriner Allee.* De l'autre côté du pont aux pics en bois qui enjambe le lac, toute petite plage. Baignade autorisée. Moulin, *Biergarten,* scène en plein air, concerts et spectacles en été.

Schloss Köpenick *(plan d'ensemble, C2)* **:** *entrée Schlossinsel 1. Rens au ☎ 266-42-42-42. • smb.museum • S-Bahn : Köpenick, puis bus nº 167 ou* Ⓣ *nºs 27, 60, 61, 62 et 67 jusqu'au château. Tlj sauf lun 11h-18h (17h oct-mars).* Un petit bijou de château baroque de la fin du XVIIe s. Stucs et trompe-l'œil à profusion. C'est ici que le père du futur Frédéric II jugea celui-ci pour tentative de désertion avant de décapiter son petit ami qui avait eu la même idée que lui... Les lieux sont consacrés aux arts décoratifs autour du *room art,* balayant les périodes Renaissance, baroque et rococo. Expositions temporaires. En sortant, jolie balade dans les jardins, au bord de la Spree.

Deutsch-Russisches Museum Berlin-Karlshorst *(Musée germano-russe ; plan d'ensemble, C2)* **:** *Zwieseler Str 4, à l'angle de la Rheinsteinstr.* ☎ *50-15-08-10.* • *museum-karlshorst.de* • *Prendre la ligne S3 jusqu'à Karlshorst, puis continuer à pied (15 mn) ou avec le bus n° 396. Tlj sauf lun 10h-18h. GRATUIT. Audioguide en français. Expos temporaires.* La création du musée actuel date de 1991, après la réunification. C'est dans l'ancien bâtiment de l'école des pionniers de la Wehrmacht que fut signée, dans la nuit du 8 au 9 mai 1945, la capitulation sans condition de l'armée allemande. 4 années de guerre mises en scène sobrement, avec des pièces émouvantes. Dans la grande salle, rien n'a changé depuis 60 ans : tables de conférence drapées de vert, carafes d'eau en cristal et drapeaux des 4 puissances victorieuses. L'administration militaire soviétique occupa les lieux (voir le bureau du maréchal ***Joukov***) avant de céder la place en 1967 à un musée, à la gloire de l'Armée rouge (de nombreux chars et canons sont encore exposés dans le parc). Les panneaux explicatifs, uniquement en russe et en allemand, peuvent poser des problèmes de compréhension, mais l'audioguide vous aidera à vous replonger dans les événements historiques ayant eu lieu ici.

LE QUARTIER DE LICHTENBERG *(plan d'ensemble, C2)*

À l'est de la ville, jouxtant Friedrichshain et Treptow, un quartier qui n'a pas vraiment de vocation touristique, mais qui abrita longtemps l'un des secrets les mieux gardés de l'ancien Berlin-Est.

À voir

Gedenkstätte Berlin-Hohenschönhausen *(maison d'arrêt centrale de la Stasi de Hohenschönhausen ; plan d'ensemble, C2)* **:** *Genslerstr 66.* ☎ *98-60-82-30 ou 32.* • *stiftung-hsh.de* • *Pour y aller : S-Bahn Alexanderplatz ou Landsberger Allee, puis Tram (n° 5) : Freienwalder Str ; ou S-Bahn Hackescher Markt, puis Tram (n° 6) : Genslerstr, et env 10 mn à pied. De la gare routière Lichtenberg, bus n° 256 jusqu'à Genslerstr. Tlj 9h-18h. Visites guidées pour les groupes sur résa par e-mail. Pour les individuels, visite guidée (obligatoire) en anglais à 10h40, 12h40 et 14h40. Résa en ligne conseillée. Billet : 6 € ; réduc.*

Même si les indications, en allemand, semblent faites pour décourager les meilleures volontés, c'est bien ici qu'il faut se rendre pour compléter le tour du Berlin-Est d'hier. Installée à l'emplacement d'un camp d'internement soviétique du NKVD (près de 20 000 prisonniers furent transférés à pied ou en camion vers les goulags d'URSS), cette prison, qui ne figurait sur aucune carte, était classée *Sperrgebiet* (« zone interdite »). Tout le quartier était bouclé, il fallait montrer patte blanche pour y accéder et les petites maisons que l'on voit tout autour étaient celles des employés de la Stasi.

Elle a fonctionné de 1945 à 1951 comme camp spécial n° 3 pour le compte de l'occupant soviétique, puis jusqu'en 1990 comme principal centre de détention du ministère de la Sécurité d'État, appelé *MfS,* organisme plus connu sous le nom de ***Stasi.*** Près de 91 000 employés travaillaient directement pour la Stasi et 180 000 « civils » étaient utilisés comme « indics ».

Dans cette prison, parmi les plus effrayantes du régime, la Stasi a enfermé des dizaines de milliers d'opposants, des hommes et des femmes qui tentèrent de fuir à l'Ouest et des dissidents politiques comme ***Rudolf Bahro*** ou l'écrivain ***Jürgen Fuchs.*** La détention « provisoire » pour interrogatoire pouvait durer 3 ans ! Les prisonniers y vivaient dans des conditions psychologiques insoutenables, soumis à d'incessantes séances d'interrogatoires. Après 1990, la prison a été fermée et transformée en mémorial. Un des derniers détenus fut ***Erich Mielke,*** l'ancien chef de la Stasi en personne, qui y passa quelques mois avant d'être transféré à l'Ouest après s'être plaint lui-même de ses conditions de détention !

On visite les cellules de prisonniers, l'hôpital, la cantine, le couloir appelé « U-Boot » (sous-marin). Les guides sont pour la plupart d'anciens détenus, ils savent donc de quoi ils parlent ! Et tout comme pour le musée de la RDA à Mitte, il est préférable de comprendre l'allemand pour en saisir le contenu (à moins de suivre le tour en anglais).

👣👣 ***Stasimuseum*** *(musée de la Stasi – mémorial de la Normannenstraße ; plan d'ensemble, C2)* **:** *Ruschestr 103, Haus 1, à Lichtenberg. ☎ 553-68-54. • stasimuseum.de • Pour y aller, U5 depuis l'Alexanderplatz, Ⓜ Magdalenenstr, sortie Ruschestr. Tlj 10h (11h w-e et j. fériés)-18h. Entrée : 8 € ; réduc (- 25 % avec la Welcome Card). Panneaux explicatifs en allemand et en anglais. Audioguide en français : 2 €. Visites guidées (4 €, 1h30) en anglais lun, jeu et sam à 15h et en français sur résa 2 sem à l'avance.*
Un lieu chargé d'histoire et d'émotion, à déconseiller aux âmes sensibles. C'est dans cet énorme complexe qu'*Erich Mielke,* le ministre de la Sécurité d'État de la RDA, avait son bureau. Tout ou presque a été laissé en l'état : on peut visiter les locaux, miraculeusement conservés. Et il n'y a pas que le jaunâtre de la déco et les meubles en Formica qui donnent froid dans le dos. Les dimensions de cette « citadelle » sont impressionnantes : près de 22 ha hermétiquement cadenassés, un monde clos où étaient organisés la surveillance et l'intimidation des citoyens de la RDA, mais aussi le contre-espionnage pour surveiller les voisins de la RFA. À la grande époque, près de 7 000 employés travaillaient ici ! En 1989, les effectifs nationaux de la Stasi approchaient les... 90 000 personnes, auxquels il fallait ajouter plus de 120 000 indicateurs civils !
L'expo, qui s'étend sur 3 niveaux, fournit des infos sur l'histoire et le développement de la Stasi, sa fonction et ses méthodes. Les objets et documents présentés n'avaient jamais été exposés jusqu'à présent. On découvre ainsi toutes sortes de micros et appareils photo furtifs, des documents détaillant les informations sur les suspects ou les indics, des portraits de personnages, célèbres ou méconnus, ayant joué un rôle dans cette (triste) histoire. Une visite aussi passionnante que foisonnante, à faire avec l'audioguide afin de mieux comprendre le contexte dans lequel tout cela a été possible.
Une curiosité à signaler : un Paternoster, un curieux ascenseur en continu de plusieurs cabines sans porte et mû par un système de chaînes. Il paraît que son utilisation nécessite une formation !

LES SECRETS SOUSTRAITS À LA STASI

Dès l'automne 1989, les fonctionnaires des services secrets est-allemands utilisèrent, jour et nuit, les machines à broyer pour détruire leurs archives. Leur volume était si considérable que les machines tombèrent en panne. Des centaines d'employés continuèrent en déchirant ou en brûlant ces pièces à conviction compromettantes. Bien des ignominies apparurent au grand jour. C'est ainsi qu'on apprit que la bande à Baader était totalement sous contrôle de la Stasi.

LE QUARTIER DE WEDDING *(plan centre, A-E1)*

Au nord-ouest de Berlin, Wedding fut l'un des autres hauts lieux du communisme d'avant-guerre (le *Wedding rouge – der Rote Wedding*). À l'époque, le quartier comptait beaucoup d'ouvriers travaillant dans les usines *AEG* ou *Osram.* Aujourd'hui, après avoir été au nombre des quartiers placés sous l'administration de la zone française, Wedding vit une renaissance et tente de repousser ses problèmes sociaux loin de la une des quotidiens locaux. Il est proposé aux jeunes créatifs et artistes d'occuper légalement des magasins vides afin de redonner vie au quartier et confiance à ses habitants plutôt chômeurs et déprimés. Et cela semble fonctionner ! En revanche, c'est sous terre qu'il faudra descendre pour découvrir l'un des aspects les plus surprenants de Berlin, en compagnie des membres de l'association *Berliner Unterwelten,* qui programment les visites de bunkers et autres abris témoins des heures sombres.

À voir

Anti-Kriegs-Museum *(plan centre, C1,* ***335****)* **:** *Brüsseler Str 21. ☎ 45-49-01-10. • anti-kriegs-museum.com • U-Bahn : Amrumer Str. Tlj 16h-20h. GRATUIT.* Depuis 1925, ce musée est dédié à toutes les formes de pacifisme.

Berliner Unterwelten e.V. *(hors plan centre par E1,* ***342****)* **:** *Brunnenstr 105. Rens : ☎ 49-91-05-17. • berliner-unterwelten.de • (site en français). Avr-oct, tlj 10h (9h w-e)-16h ; horaires différents en basse saison, consultez le calendrier du site. Tickets en vente, en principe, dans le pavillon à côté de la sortie sud de la station de métro Gesundbrunnen (S-Bahn, U8), en face du centre commercial* Kauf land, *slt le jour de la visite. Visite guidée en français passionnante (mais annulée jusqu'à nouvel ordre). Compter 12-15 €/pers ; paiement en liquide slt ; réduc. Parcours pas accessibles aux moins de 7 ans, voire même 14 ou 18 ans pour certains.* Cette association s'est spécialisée dans la visite guidée des espaces souterrains de Berlin, à l'époque tant de la fin du IIIe Reich que de la guerre froide. Pour les amateurs de visites underground, un must ! 3 tours au choix :
– Le plus couru permet de découvrir l'un des rares bunkers restés intacts, sur les 1 200 construits à Berlin bien avant le début de la Seconde Guerre mondiale. Il fut aménagé en 1941 à plus de 18 m sous terre dans la station de métro *Gesundbrunnen,* par laquelle vous arriverez. On peut y voir un exemplaire de la machine à chiffrer *Enigma,* et une maquette de *Germania,* le projet pharaonique de Hitler.
– Le 2e tour mène à 2 abris antiatomiques de la guerre froide. Durée : 2h.
– Le petit dernier part toujours du même endroit mais vous conduit jusqu'au pied du Mur, puisque vous allez pénétrer sous terre, en visitant les caves d'une ancienne brasserie, à la limite de Wedding.
Une façon surprenante de découvrir les stratagèmes imaginés, les risques encourus, les réussites spectaculaires, mais aussi les drames des citoyens de la RDA qui prirent la fuite.

LE QUARTIER DE SPANDAU *(plan d'ensemble, A-B2)*

Le mot « Spandau » évoque immédiatement la prison militaire (aujourd'hui disparue) où Rudolf Hess, le lieutenant de Hitler, est mort en 1987 après 41 ans d'emprisonnement. À l'ouest de Berlin, c'est aussi un ancien faubourg industriel spécialisé dans la sidérurgie.

À voir

La vieille ville de Spandau : *à 5 mn de la citadelle, à gauche, de l'autre côté du pont.* Son marché de Noël *(fin nov-fin déc)* est l'un des plus grands et des plus typiques de Berlin. Nombreuses fortifications dans la vieille ville de Spandau (entre la Havel et l'Altstädter Ring). La prison où fut incarcéré Rudolf Hess de 1946 à 1987 a été rasée et transformée en centre commercial de crainte qu'elle ne serve de lieu de pèlerinage aux néonazis.

Zitadelle : *Am Juliusturm 64, 13599. ☎ 24-74-98-88. • zitadel le-spandau.de • U-Bahn : Zitadelle. Visite tlj 10h-17h (13h-20h jeu). Entrée : 4,50 € ; réduc (- 25 % avec la Welcome Card) ; mais pour la partie muséale slt, les extérieurs sont gratuits. Audioguide en français.* Avec ses 4 bastions, la citadelle fut construite au XVIe s dans le style Renaissance par des ingénieurs italiens à la demande du prince-électeur Joachim II, et ce, à l'emplacement d'une forteresse médiévale dont il ne reste que le donjon construit sous le règne du fameux *Albert l'Ours*. Dans la tour de Julius, exposition sur son histoire qui fut, à partir de 1722, une fabrique de munitions (et qui servit même de laboratoire de gaz de défense durant la Seconde Guerre mondiale). En 1874, cette tour de Julius servit de coffre-fort à l'argent de vos arrière-arrière-grands-parents : les 120 millions de marks or de l'indemnité de guerre (1870-1871) versée par la France à l'Allemagne après la défaite. Impressionnant système de sécurité... La citadelle abrite aujourd'hui une école d'art et des ateliers d'artistes ouverts au public. Elle accueille diverses manifestations culturelles, expositions, concerts, festival de marionnettes... Restaurant sur place.

IGNORER RUDOLF HESS !

Ne pas fixer le célèbre prisonnier nazi, ne pas le regarder dans les yeux surtout : une consigne stricte que les 50 soldats des forces alliées chargés de sa garde avaient reçue. À partir de 1972, l'ancien chef nazi se retrouva seul et dernier pensionnaire (le prisonnier n° 7) de la prison militaire. Les soldats lui tournaient le dos quand il déambulait dans la cour de la prison. Lui-même évitait de regarder ses gardes de face. La raison ? On dit que c'est Hess lui-même qui l'avait demandé. La honte probablement et la déchéance mentale de celui qui fut le dauphin du Führer.

LE QUARTIER DE DAHLEM

(plan d'ensemble, B2 et plan Dahlem)

• Plan *p. 176-177*

Quartier assez excentré, au sud-ouest de Berlin. D'Alexanderplatz, compter environ 15 mn en U-Bahn (par les lignes U2 et U3). Dahlem était un ancien village fort prisé de la bourgeoisie berlinoise au début du siècle dernier. Il a d'ailleurs conservé un côté bucolique et verdoyant très marqué. La campagne à la ville, en somme. À l'ouest, il est bordé par la *forêt de Grunewald* et le *lac de Wannsee*, à l'est, par le jardin botanique de Steglitz. On y trouve même une ferme modèle et des champs cultivés. On peut encore y visiter le passionnant ***musée des Cultures européennes.*** Accueil dans la charmante station de métro de Dahlem-Dorf, construite en 1913 dans un style campagnard qui vous met tout de suite dans l'ambiance. Bon, on y va...

Où manger ?

Chalet suisse, restaurant Diekmann *(plan Dahlem)* **:** *Im Jagen 5, Clayallee 99. ☎ 88-333-21. U-Bahn : Dahlem-Dorf. Dans l'allée qui mène au pavillon de chasse de Grunewald. Mer-dim 17h (12h w-e)-22h ; fermé lun-mar. Carte env 50 €.* Ce chalet suisse en bois est planté au beau milieu de la forêt verte de Grunewald. Pour les visiteurs de passage, c'est un dépaysement assez inattendu, mais le lieu est tellement charmant... De la cuisine suisse avec de délicieux *rösti* (pommes de terre râpées et frites en galettes), en hiver de la fondue, bien sûr, et le dimanche du jazz à 14h.

BERLIN, QUARTIER PAR QUARTIER

🍽 ☂ ***Ristorante Piaggio*** *(plan Dahlem)* **:** *Königin-Luise-Str 44. ☎ 83-20-22-66. U-Bahn : Dahlem-Dorf. Pile en face du métro. Tlj 12h-22h. Pizzas 7-15 €.* Une pizzeria sans prétention gastronomique où des serveurs en tablier noir et chemise blanche vous apportent d'honnêtes pizzas cuites au four. Plats de pâtes également. Grande terrasse ombragée sous les parasols. Un lieu où l'on se sent bien même si l'accueil n'est pas toujours au rendez-vous.

À voir

★★ ***Museum Europäischer Kulturen*** *(musée des Cultures européennes ; plan Dahlem)* **:** *Arnimallee 25. ☎ 266-42-42-42. • smb.berlin • U-Bahn : Dahlem-Dorf ; bus n°s 110 et 183. Mar-ven 10h-17h, w-e 11h-18h ; fermé lun. Entrée : 8 € ; réduc.* Seul rescapé des musées de Dahlem, aujourd'hui transférés vers le *Humboldt Forum,* au centre de Berlin, cette institution est née de la réunion de l'ancien musée des Arts populaires allemands et de la collection Europe du musée d'Ethnographie. Elle présente de grandes expos temporaires thématiques sur ce qui relie et différencie les grandes cultures européennes.

Des jouets de Noël aux souvenirs des morts, du culte de Napoléon aux fêtes d'Halloween, une mise en lumière (la muséographie est sobre) d'un quotidien oublié ou mal vécu qui, avec le recul du temps, prend ici tout son sens. Le musée conserve dans ses murs et ses archives quelque 275 000 objets issus de la tradition populaire européenne, sur une période allant du XVIIIe au XXe s. Ici, une gondole à Venise n'est pas qu'un élément pour rêver d'opéra ou de voyage, il parle des hommes qui l'ont construite, l'ont utilisée et aimée. On est loin du mot « folklore » qui fut, comme dans d'autres pays d'ailleurs, la 1re dénomination de ce type de musée.

★★ ***Brücke-Museum*** *(musée Brücke ; plan Dahlem)* **:** *Bussardsteig 9. ☎ 839-008-60. • bruecke-museum.de • Forêt de Grunewald, après Dahlem. Depuis la gare de Dahlem-Dorf, prendre le bus n° 183 jusqu'à l'arrêt Clayallee, puis le n° 115 jusqu'à la Pücklerstr. Tlj sauf mar 11h-17h. Entrée : 6 € ; réduc ; gratuit moins de 18 ans et avec le* Museum Pass.

ATTENTION : ce petit musée joue l'alternance entre d'intéressantes expositions temporaires (qui risquent de dérouter certains, s'attendant à trouver des œuvres différentes) et la présentation de pièces de sa propre collection. Il rassemble plus de 400 toiles, des milliers de dessins et de nombreux chefs-d'œuvre de bois gravés (mais très peu sont exposés). Une visite qui s'adresse surtout aux inconditionnels de l'art allemand de l'entre-deux-guerres.

Petit retour en arrière. Die Brücke constitue, avec le mouvement munichois ***Der Blaue Reiter,*** le creuset de l'expressionnisme allemand. Encore sous l'influence de l'impressionnisme, les 1res œuvres du Brücke sont avant tout graphiques. On distingue une stylisation abrupte, empruntée aux œuvres africaines. Les gravures produites étaient alors publiées chaque année dans un album. Les tableaux de cette même période reprennent les traits anguleux, les couleurs contrastées et juxtaposées en aplat. Parti de Dresde, le groupe rejoint en 1911 le centre de la vie artistique d'alors, Berlin. Die Brücke adopte alors les formes du cubisme ainsi qu'une palette de couleurs plus adoucie. Quelques noms à retenir : *Emil Nolde, Ernst Ludwig Kirchner, Karl Schmidt-Rottluff, Erich Heckel, Otto Mueller, Max Kaus.*

★ ***Alliiertenmuseum*** *(musée des Alliés ; plan Dahlem)* **:** *Clayallee 135. ☎ 818-19-90. • alliiertenmuseum.de • U-Bahn ligne 3 : Oskar-Helene-Heim ; bus n°s 115 et X83. Tlj sauf lun 10h-18h (15h dim). GRATUIT. Visite guidée sur résa slt.* Inauguré en 1998, à l'occasion du 50e anniversaire du pont aérien de 1948, suite au blocus soviétique, et constitué principalement de dons de vétérans, ce musée est consacré à la présence et au rôle des Alliés à Berlin de 1945 à leur départ en 1994. Il se situe dans l'ancien cinéma *Ostpost,* 1er bâtiment construit en 1951 par les Américains, et dans la *Nicholson Memorial Library,* au cœur de l'ancien quartier

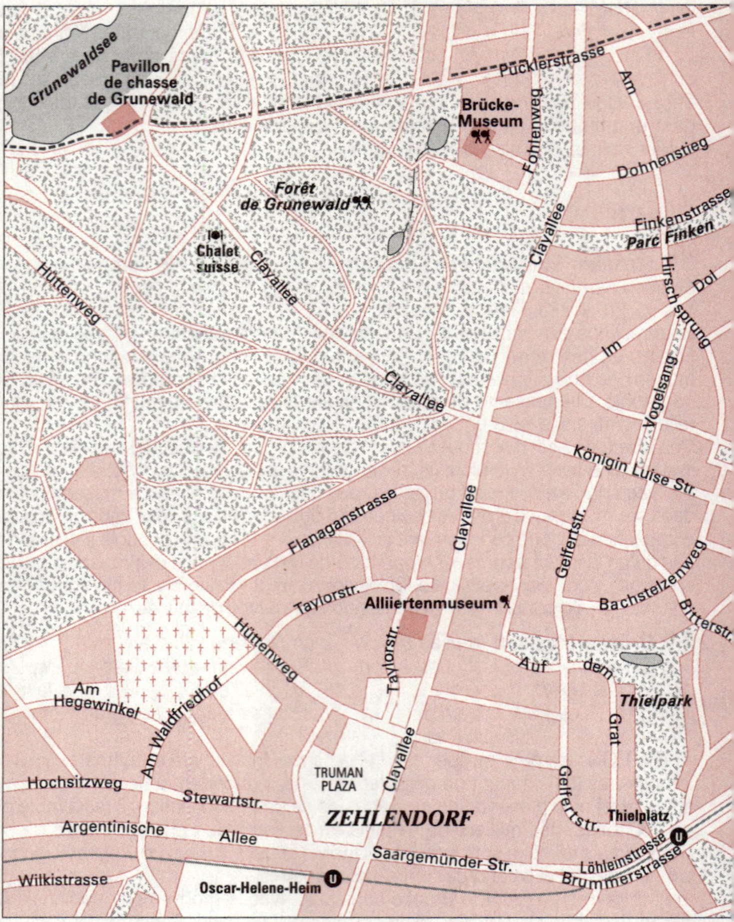

général de l'armée américaine. Dans la cour, quelques imposants souvenirs lourds de symboles : un avion britannique Hastings utilisé pendant le blocus de Berlin, un wagon d'un train militaire français, un morceau du Mur et un mirador, ainsi que la guérite de Checkpoint Charlie, en service de 1986 à juin 1990. Exposition également en français. À moyen terme, il est envisagé que ce musée déménage dans l'ancien aéroport de Tempelhof.

Les balades

Grunewald (plan Dahlem) **:** *S-Bahn : Grunewald ; bus n° 218. Départ de Theodor-Heuss Platz.* Magnifique forêt, qui permit aux Berlinois de trouver de quoi

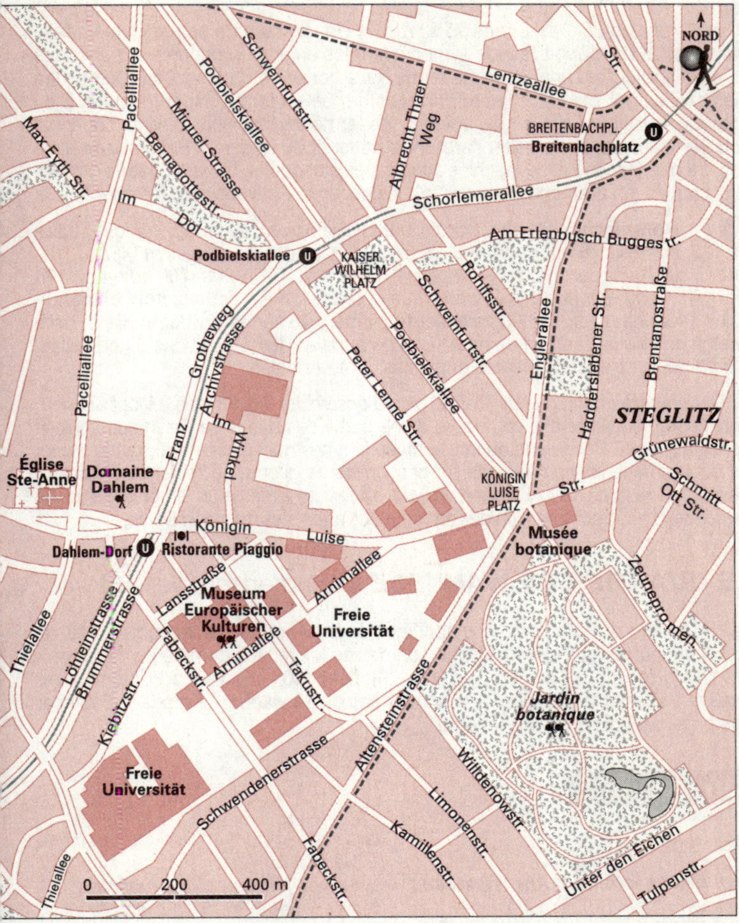

DAHLEM

se chauffer pendant les 1ers hivers rigoureux de l'après-guerre... et qui offre aujourd'hui aux propriétaires de chiens l'occasion de se défouler en tribu. Comme dans un écrin, au bord du 1er lac, admirer le ***Jagdschloss,*** le pavillon de chasse *(Huttenweg 100 ; tlj sauf lun 10h-17h30, nov-déc et mars slt le w-e 10h-16h ; entrée : 6 €, réduc ; visite guidée slt).* À l'intérieur, tableaux de ***Cranach, Rubens*** et Pesne, petits musées de la chasse et de la forêt. Au centre, la *Grunewald Turm* néogothique (sur le Karlsberg) de 56 m de haut érigée à la mémoire de Guillaume Ier. Depuis son sommet, elle permet d'embrasser une vue au-delà du lac de Wannsee, jusqu'à Potsdam.

Domäne Dahlem *(Domaine Dahlem ; plan Dahlem)* **:** *Königin-Luise-Str 49.* ☎ *666-30-00.* ● *domaene-dahlem.de* ● *U-Bahn : Dahlem-Dorf. Tlj 7h-22h ; musée* *mer-dim 10h-17h ; boutique du manoir w-e 10h-17h ; magasin de la ferme lun-ven 10h-18h et sam 8h-14h. Entrée : 5 € ; réduc.* Un vrai bain de nature juste en face de la station du métro ! Balade sympa avec des enfants (brochures et pancartes en allemand). C'est une ancienne ferme qui a conservé d'immenses champs (en pleine ville !), et qui est aujourd'hui transformée en ferme expérimentale. Bien entendu, possibilité de voir les animaux de ferme traditionnels (bovins, cochons, volailles diverses) et de visiter l'atelier du potier et du forgeron. Petit ***musée*** avec son antique épicerie et sa machine à fabriquer le chocolat. Devant chaque champ, explications (en allemand, toujours) sur les cultures. Activités pour les minots.

Botanischer Garten *(Jardin botanique ; plan Dahlem)* **:** *Königin-Luise-Str 6-8, à Steglitz. ● bgbm.org ● S-Bahn : Botanischer Garten ; bus nos X83 et 101. Entrée sur Unter den Eichen et Königin-Luise-Platz. Tlj 9h-20h (16h nov-janv, 17h fév, 18h mars). Entrée (Musée botanique compris) : 6 € ; réduc.* Jardin extraordinaire de 43 ha, avec 22 000 variétés de plantes, 16 serres du début XXe s, dont une gigantesque de 23 m de haut ! Balade à travers les plantations de camélias, d'orchidées, de cactus, plantes tropicales et médicinales.

Teufelsberg *(montagne du Diable ; plan d'ensemble, B2)* **:** un des 9 *Mont Klamott*, petits sommets artificiels, composés d'une partie des ruines de Berlin accumulées après la guerre ! Rappelons que ce sont les femmes qui se sont tapé tout le boulot du déblaiement, les hommes étaient prisonniers de guerre. Le Teufelsberg fait tout de même 114 m de haut ! En hiver, on peut y skier : il y a même un remonte-pente. Le *Teufelssee* tout proche est l'un des rendez-vous naturistes du grand Berlin.

LE QUARTIER DE WANNSEE *(plan d'ensemble, A3)*

Entre Dahlem et Potsdam, un magnifique enchevêtrement d'îles boisées et de lacs. Un peu partout, des villas que l'on devine luxueuses derrière les feuillages. Du *Tiergarten*, S-Bahn direct jusqu'à Wannsee (20 mn). Très bon plan : louer ensuite un vélo à la gare pour aller au château de Sanssouci à Potsdam (8 km par une piste cyclable qui longe la forêt).

Où dormir ?

Bon marché

Jugendgästehaus Am Wannsee : *Badeweg 1, 14129 Berlin-Zehlendorf. ☎ 803-20-34. ● jugendherbergen-berlin-brandenburg.de ● En direction de la ville de Potsdam, au bord du lac. S-Bahn S1 ou S7 jusqu'à Nikolassee ; ensuite, marcher env 15 mn : prendre la passerelle Rosemeyerweg qui enjambe l'autoroute, tourner à gauche dans Kronprinzessinnenweg, puis à droite dans Badeweg (c'est fléché). Plus de liaisons régulières par le bus sauf en nocturne (no N16 jusqu'au S-Bahn Wannsee). Fermé 10h-13h. Check-in jusqu'à minuit (bon accueil). Nuitée 30,50 €, petit déj compris ; 42 € en pens complète.* Grande auberge de jeunesse de plus de 300 lits, fonctionnelle et pratique, très bien située, au calme. À 15 mn à pied de la plage de Wannsee (voir ci-après la rubrique « À voir. À faire »). Dortoirs de 4 lits, douche à partager entre 2 chambres avec w-c à l'étage, et appartements pour familles. Draps fournis. Grand jardin au bord du lac.

À voir. À faire

Museumsdorf Düppel : *Clauertstr 11. ☎ 802-66-71. ● dueppel.de ● S-Bahn : Zehlendorf, puis bus no 115, arrêt Ludwigsfelder Str ; U-Bahn : Krumme Lanke, puis bus nos 211 ou 629, arrêt Lindenthaler Allee ; ensuite 5 mn de marche,* *c'est fléché. Fin mars-début nov, tlj 10h-16h ; dernière entrée 1h avt fermeture. Entrée : 5 € ; réduc ; gratuit moins de 18 ans.* Musée vivant retraçant la vie d'un joli petit village médiéval du XIIIe s. Conseillé avec les enfants.

Au bord du lac Wannsee

Großer Wannsee : *pour s'y rendre, S-Bahn ligne 7 direct jusqu'à Wannsee (depuis le Tiergarten). Compter 20 mn de trajet.* Prolongement de la Havel, un joli lac avec la plus grande plage intérieure d'Europe.

➢ De là, nombreux bateaux pour *Kladow, Potsdam* ou *Pfaueninsel.*

Pfaueninsel (île aux Paons) **:** *Pfaueninselchaussee 100. • spsg.de • S-Bahn : Wannsee, puis bus n° 218. En voiture, accès Nikolskoer Weg. On accède à l'île en bac (tlj sauf lun ; 4 €). Nov-fév 10h-16h, mars et oct 10h-18h, mai-août 9h-20h, avr et sept 9h-19h.* Site enchanteur constitué d'une réserve naturelle (interdit d'y fumer) et d'un étonnant château du XVIIIe s, d'une maison suisse, d'un jardin de roses *(mai-sept),* et d'une laiterie de style médiéval et des paons, bien sûr ! ***En rénovation, le château sera fermé jusqu'en 2024.***

Strandbad Wannsee : *la plage de Großer Wannsee, avec du véritable sable de la Baltique. S-Bahn : Nikolassee ; bus n° 312 début juil-fin août slt (sinon, il faut marcher !). En été tlj 9h-20h (19h de mi-juil à début sept ; 18h de début sept à mi-sept).* Station balnéaire payante *(5,50 € ; réduc)* et, on s'en doute, ultra-bondée en été. La plage artificielle fut créée en 1900. Sur plus de 1 km, installations nautiques et nombreuses animations. Pour ceux qui n'aiment pas trop les bains de foule, d'autres plages sont également accessibles au nord de la *Strandbad,* en longeant la *Havelchaussee (S-Bahn : Nikolassee),* ou au sud *(S-Bahn : Wannsee),* en longeant Am Großen Wannsee.

Schlachtensee : *au sud-ouest de Berlin. S-Bahn ligne 1 : Schlachtensee.* Lac à quelques minutes du S-Bahn, un peu moins fréquenté que le Wannsee.

Haus der Wannsee-Konferenz *(Maison de la conférence de Wannsee)* **:** *Am Großen Wannsee 56-58. ☎ 805-00-10. Du S-Bahn (Wannsee, of course !), prendre le bus n° 114 jusqu'à Haus der Wannsee-Konferenz. Tlj 10h-18h. GRATUIT. Livret en français.* C'est dans cette confortable villa Marlier de 1915, appartenant à la SS, qu'eut lieu la conférence du 20 janvier 1942 traitant de la « solution finale » présidée par **Reinhard Heydrich,** devenu par la suite *Reichsprotektor* de Bohême et abattu à Prague par les partisans tchèques. Saisissante exposition sur les ressorts de l'holocauste, avec de nombreux documents, dont le compte rendu de la conférence qui mentionne des objectifs chiffrés... Le secrétaire de cette conférence s'appelait Adolf Eichmann. Rappelons qu'après la guerre Eichmann, responsable de la planification de la Shoah, fut l'un des seuls hauts dignitaires nazis à s'exiler en Amérique du Sud. Le Mossad le retrouva en Argentine et l'exfiltra en Israël pour le juger. Il fut condamné à mort et exécuté en 1962.

OBJECTIF : 11 MILLIONS DE JUIFS

Au cours de la conférence, Heydrich évalue le nombre de juifs d'Europe à éliminer en totalisant ceux des pays annexés par le Reich, ceux des pays alliés, ceux des pays conquis (en englobant l'empire colonial français), ceux des pays ennemis et même ceux des pays non belligérants comme la Suisse, la Suède, l'Espagne ou le Portugal. Aucun des responsables participants n'a soulevé d'objection.

– Au-delà, de ce côté de Berlin, se trouve Potsdam. Entre les 2, sur la N 1, le fameux ***pont de Glienicke,*** qui figure dans tant de films d'espionnage (voir plus loin « Potsdam. À voir »).

LES ENVIRONS DE BERLIN, LE BRANDEBOURG

AU SUD-OUEST DE BERLIN

POTSDAM, LE VERSAILLES PRUSSIEN

IND. TÉL. : 0331

• Plan *p. 182-183*

Actuelle capitale du Land de Brandebourg avec près de 180 000 habitants, l'ancienne résidence royale incarne la quintessence de l'élégance prussienne. Grâce à sa rivière (la Havel) et à ses vastes terrains de chasse, l'emplacement fut choisi au début du XVIIe s par les princes-électeurs prussiens, dont l'incontournable Frédéric le Grand. Malgré les vicissitudes de l'histoire, la ville (plutôt francophile, on peut le constater aux enseignes des commerces) possède un centre très agréable, et le château de Sanssouci et son parc restent un passage obligé pour tous les amateurs d'art et d'histoire.

UN PEU D'HISTOIRE

En 1648, perdu au milieu des forêts giboyeuses traversées par la Havel, Potsdam n'est qu'un village de pêcheurs. L'Électeur Frédéric-Guillaume décide alors d'en faire sa résidence. Sous son impulsion, la petite cité bénéficie des 1ers aménagements qui en font une ville soignée : pavage des rues, tracé de nouvelles voies et construction d'un château sur l'emplacement d'une ancienne forteresse. En 1685, l'année de la révocation de l'édit de Nantes par Louis XIV, le Grand Électeur organise l'immigration de 20 000 huguenots pour repeupler le Brandebourg, saigné par la guerre de Trente Ans. Le souverain jura même : « L'îlot de Potsdam deviendra un paradis ! »

Une ville modèle sous Frédéric Ier

Potsdam devient ensuite une ville modèle sous ***Frédéric Ier***, alliant un pouvoir fort à la tradition humaniste. Sans modifier la ville autant que son père, il en change l'état d'esprit et y attire une cour brillante. Aimant fêtes et parties de chasse, Frédéric Ier souhaite étaler la puissance de son royaume aux yeux du monde.
Son fils, ***Frédéric-Guillaume Ier***, peu enclin aux excès festifs de son père, est surnommé le Roi-Sergent. Son obsession de l'équilibre budgétaire l'amène à vendre le mobilier baroque du château, à transformer l'orangerie en écurie et le château de *Glienicke* en hôpital. Sous son règne, Potsdam devient une ville de garnison : les deux tiers de la population sont des militaires (jusqu'à 8 000 soldats). Il adore y faire défiler ses « grands gars » (*Lange Kerls*, de 1,88 m minimum, le plus grand faisait 2,17 m !), qui constituent la garde royale. Il fait entourer la ville d'un mur d'enceinte afin de contrôler les entrées et sorties des habitants, et surtout d'empêcher toute tentative de désertion. Il faut néanmoins reconnaître que, sous son règne, Potsdam bénéficie d'aménagements urbanistiques d'envergure : rénovation du vieux centre, construction du quartier hollandais et édification de nombreuses églises.

« Une Athènes resplendissante », selon Voltaire

Outre la construction d'édifices majeurs comme le château de Sanssouci et le *Nouveau Palais*, Frédéric le Grand oblige les propriétaires des demeures bourgeoises à veiller à l'entretien des façades. Ami des arts et des lettres, le roi s'entoure de courtisans cultivés s'exprimant en français. Selon le récit de Voltaire, ami du monarque éclairé, « la triste Sparte se métamorphosa sous son règne en une Athènes resplendissante ». Les commandes du roi et de la noblesse attirent aussi architectes, peintres, sculpteurs et musiciens de toute l'Europe, faisant rayonner la réputation de Potsdam.

VOLTAIRE-FRÉDÉRIC II : UN COUPLE FRANCO-ALLEMAND

Rousseau ayant refusé l'invitation de Frédéric II, Voltaire accepta de s'installer à Potsdam, où il devint, pour 3 ans, « philosophe de cour ». Entre Voltaire, philosophe-roi, et Frédéric II, roi-philosophe, ce fut une vraie histoire d'amour ! Ils s'écrivirent près de 800 lettres en 42 ans.

Adresses utiles

- 1 et 3 Tourist Information Potsdam (C2 et C3)
- 4 Centre de visiteurs de Sanssouci (B2)
- 5 Potsdam per Pedales (location de vélos ; C3)

Où dormir ?

- 10 Campingpark Sanssouci (hors plan par A3)
- 12 Pension am Tiefen See/Schiffspension Luise (D1)
- 13 Hotel am Großen Waisenhaus (B2)
- 14 Hotel NH Voltaire Potsdam (C2)

Où manger ?

- 20 Zum Fliegenden Holländer (C2)
- 21 L'Osteria (C2)
- 22 Garage du Pont (D1)
- 23 Café Heider (C2)
- 24 Drachenhaus (A2)
- 25 Brasserie Zu Gutenberg (C2)

Où prendre un délicieux café ? Où déguster une bonne glace ?

- 26 Das Eis Café am Brandenburger Tor (B2)
- 30 Buena Vida Coffee Club (C2)

Où boire un verre ?

- 14 Hafthorn (C2)

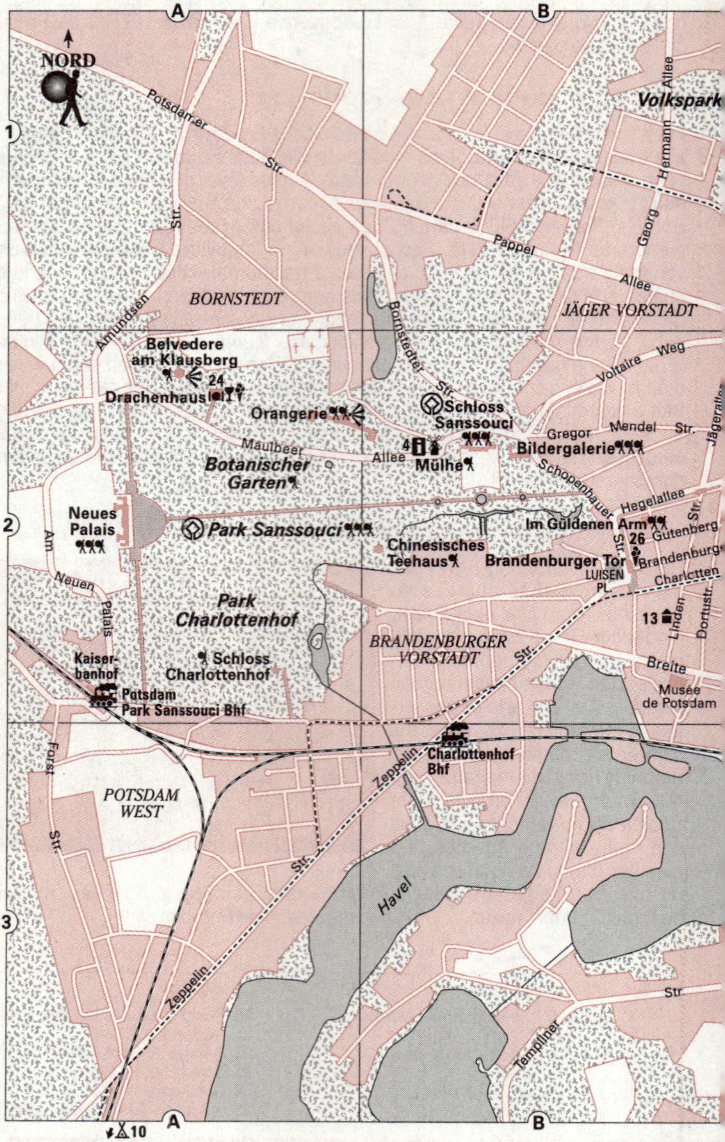

NORD
Potsdamer Str.
Volkspark
Hermann Allee
Georg
Pappel Allee
BORNSTEDT
JÄGER VORSTADT
Amundsen Str.
Bornstedter Str.
Belvedere am Klausberg
24
Drachenhaus
Orangerie
Voltaire Weg
Schloss Sanssouci
Gregor Mendel Str.
Maulbeer Allee
4
Mülhe
Bildergalerie
Botanischer Garten
Schopenhauer Str.
Hegelallee
Neues Palais
Park Sanssouci
Im Güldenen Arm
26
Gutenberg
Chinesisches Teehaus
Brandenburger Tor
Brandenburger
LUISEN PL.
Charlotten
Am Neuen Palais
Park Charlottenhof
13
Linden
Dortustr.
BRANDENBURGER VORSTADT
Breite
Kaiser-banhof
Schloss Charlottenhof
Potsdam Park Sanssouci Bhf
Musée de Potsdam
Charlottenhof Bhf
Zeppelin Str.
Forst Str.
POTSDAM WEST
Havel
Zeppelin
Templiner Str.
A
B
1
2
3
10

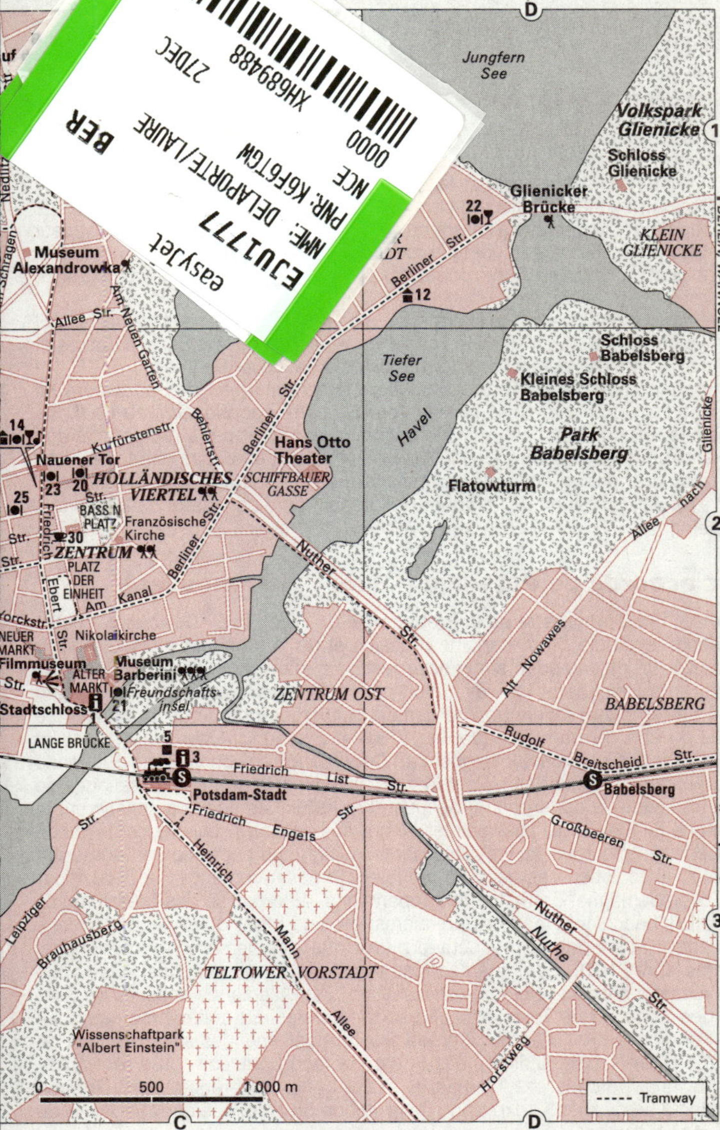
Jungfern See
Volkspark Glienicke
Schloss Glienicke
Glienicker Brücke
KLEIN GLIENICKE
BERLIN, WANNSEE
Schloss Babelsberg
Kleines Schloss Babelsberg
Tiefer See
Havel
Park Babelsberg
Flatowturm
Hans Otto Theater
SCHIFFBAUER GASSE
Museum Alexandrowka
Am Neuen Garten
Allee Str.
Behlertstr.
Berliner Str.
Kurfürstenstr.
Nauener Tor
HOLLÄNDISCHES VIERTEL
BASS.N PLATZ
Französische Kirche
ZENTRUM
PLATZ DER EINHEIT
Am Kanal
Friedrich Ebert Str.
Nikolaikirche
NEUER MARKT
Filmmuseum
ALTER MARKT
Museum Barberini
Freundschafts-insel
Stadtschloss
LANGE BRÜCKE
ZENTRUM OST
Nuther Str.
Alt Nowawes
BABELSBERG
Rudolf Breitscheid Str.
Allee nach Glienicke
Friedrich List Str.
Potsdam-Stadt
Babelsberg
Friedrich Engels Str.
Großbeeren Str.
Filmpark
Heinrich Mann Allee
Nuthe
Leipziger Str.
Brauhausberg
TELTOWER VORSTADT
Wissenschaftpark "Albert Einstein"
Horstweg
0 500 1 000 m
Tramway

POTSDAM

Après le Grand, les petits : par une gestion hasardeuse et l'absence de génie militaire, Frédéric-Guillaume II et Frédéric-Guillaume III conduisent ensuite le royaume à son déclin.

Napoléon, l'invasion et le déclin

C'est à Potsdam, en 1805, qu'est scellée la ***Sainte-Alliance*** entre la Russie, l'Autriche et la Prusse, sous la houlette de Frédéric-Guillaume III et du tsar Alexandre Ier. Victorieux à Auerstedt et Iéna, Napoléon et sa Grande Armée marchent sur Berlin et occupent Potsdam pendant 2 ans. L'occupation française marque un coup d'arrêt temporaire à l'essor prussien. La ville devient alors un dépôt pour la cavalerie de l'Empereur, qui transforme les églises en écuries mais épargne, par respect, la *Garnisonkirche,* où repose Frédéric II, pour lequel il a une grande admiration.
Au lendemain des guerres de libération, Potsdam devient un centre administratif du royaume prussien. En 1838, la 1re voie ferrée allemande relie Berlin à Potsdam. En 1848, la ville demeure à l'écart des troubles qui secouent le trône.
L'empereur ***Guillaume Ier*** transforme le vénérable château de *Babelsberg* en un castel néogothique, style très en vogue à cette époque. ***Guillaume II,*** lui, s'installe aussi à Potsdam, afin de satisfaire son goût de la représentation : la vie luxueuse de la cour dans le *Nouveau Palais* n'empêche cependant pas les habitants d'élire en 1912 un socialiste au Reichstag : *Karl Liebknecht.* En 1918, à l'abdication de l'empereur, Potsdam perd son statut de 2e capitale du Reich.

Les accords de Potsdam (1945) et le renouveau

En mars 1933, le ministre de la Propagande de Hitler, le ***Dr Goebbels,*** choisit Potsdam, symbole du militarisme prussien et de la grandeur passée, pour y organiser un gigantesque show nazi destiné à marquer la continuité entre la tradition prussienne et la « révolution nationale ». Le 14 avril 1945, Potsdam subit un terrible et inutile bombardement britannique qui anéantit la majeure partie de son centre historique. Du 17 juillet au 2 août, Churchill, Truman et Staline, les alliés victorieux, tiennent au ***Cecilienhof*** une conférence qui donne jour aux fameux accords de Potsdam, scellant ainsi le sort des puissances de l'Axe et figeant la carte de l'Europe jusqu'en 1989. Les accords consacrent le triomphe de Staline qui fait valoir les 20 millions de morts soviétiques du fait de la guerre, en omettant qu'il avait auparavant signé un pacte de non-agression en 1939 avec Hitler. Les accords prévoient le désarmement et la dénazification de l'Allemagne. En matière de réparations, on organise des prélèvements en nature (machines, matières premières, etc.) au profit des vainqueurs dans leur zone d'occupation respective, plutôt que des versements monétaires comme après 1919. Les gigantesques transferts de populations (Allemands de Prusse orientale et Polonais chassés de l'Est, Allemands chassés de Silésie, des Sudètes, de Transylvanie...) sont entérinés. La conférence reconnaît à la Pologne le droit d'administrer les provinces allemandes situées à l'est de la ligne Oder-Neisse. Staline pense de cette façon prévenir toute réconciliation entre la Pologne et l'Allemagne... Lors de la conférence, Harry Truman apprend à ses « alliés » l'explosion de la 1re bombe atomique dans le désert du Nouveau-Mexique.
Sous le régime de la RDA, les dirigeants communistes s'acharnent à faire disparaître les vestiges de l'ancienne Prusse : le château de la ville et la *Garnisonkirche* sont dynamités. Ce n'est qu'à partir de 1975 que la municipalité entreprend de grands programmes de restauration de l'héritage culturel prussien. Efforts d'ailleurs poursuivis et accélérés au lendemain de la réunification allemande. Les derniers à en avoir bénéficié sont les abords de l'*Altmarkt* avec le palais Barberini et l'église Saint-Nicolas.

Comment y aller ?

En train ou S-Bahn

➢ Meilleure solution, prendre le S-Bahn (ligne S7) et descendre au terminus, *Potsdam Hauptbahnhof* ; liaisons ttes les 10-20 mn, 24h/24. Compter 40 mn de trajet depuis *Berlin-Hauptbahnhof* (50 mn depuis *Alexanderplatz*). Pensez à acheter un billet pour la zone ABC (ou s'assurer que la *Welcome Card* permet de le faire). Une fois arrivé à la gare de Potsdam, se procurer le plan des transports publics et prendre le tram n° 92, 96 ou 98 pour rejoindre le centre-ville, ou louer un vélo pour aller visiter le parc et le château de Sanssouci. Aux bus touristiques qui vous proposent à prix très élevés le tour des sites de Potsdam, préférez la ligne de bus régulière *Schlösser* (bus nos X15 et 695 ; billet compris dans votre carte de transport ABC) sur le quai n° 4, situé juste à la sortie de la gare.

➢ Depuis Berlin, la *Regionalbahn* (*RB* ou *RE*) achemine directement les visiteurs à Sanssouci. Départ depuis *Hauptbahnhof* ou *Alexanderplatz* ttes les 30 mn. Compter 30-35 mn de trajet jusqu'à *Potsdam Park Sanssouci*. On peut mettre son vélo à bord du train (env 2 € en plus).

En voiture

Potsdam est accessible par l'Avus (autoroute A 115).

Adresses et info utiles

– Au téléphone, pour joindre les numéros à Potsdam depuis Berlin, composer le préfixe régional 0331.

🛈 ***Tourist Information Potsdam*** *(plan Potsdam, C2,* ***1****)* **:** *Am Alter Markt 1, Humboldtstr 1-2. ☎ 27-55-88-89. • potsdamtourismus.de • De la gare de Potsdam Hauptbahnhof, traverser le Lange Brücke puis prendre l'Alter Markt, c'est sur la droite avt le musée Barberini. Tlj 9h (9h30 dim)-18h (17h sam, 15h dim).* Plan de la ville, plan des transports, liste des hébergements. Excellent accueil, très pro.

🛈 ***Autre antenne à la gare ferroviaire*** *(plan Potsdam, C3,* ***3****)* **:** *Potsdam Hauptbahnhof. Tlj 9h (9h30 dim)-18h (17h sam, 15h dim).*

■ ***Location de vélos*** *(plan Potsdam, C3,* ***5****)* **: Potsdam per Pedales,** *derrière la gare de Hauptbahnhof (sortie Babelsberg Str). ☎ 887-199-17. • potsdam-per-pedales.de • Pâques-31 oct, tlj 8h-19h ; en hiver, lun-sam 9h-18h. Compter 14 €/j. ; réduc de 25 % avec la* Welcome Card Potsdam. Loue des vélos en très bon état et propose des circuits avec audioguides en allemand, en anglais et en espagnol. Petits plans bien pratiques proposant divers itinéraires. Loue également des kayaks, *paddle*, etc.

Où dormir ?

Pour celles et ceux qui souhaitent se mettre au vert et ne sont pas des fêtards, loger à Potsdam peut être une alternative intéressante pour un long séjour dans la capitale : après tout, les liaisons en S-Bahn sont rapides et très fréquentes.

Camping

⛺ ***Campingpark Sanssouci*** *(plan d'ensemble, A3 ou hors plan Postdam par A3,* ***10****)* **:** *An der Pirschheide 41, à env 5 km au sud-ouest du centre-ville de Potsdam. ☎ 951-09-88. • camping-potsdam.de • De Potsdam, prendre la B 1, direction Brandenburg/Werder. De Berlin, A 10, sortie Michendorf/Potsdam Süd, puis direction Potsdam B 2. Accès en bus (n° 695), en train ou* Ⓣ *nos 94 et 96, jusqu'à la gare Pirschheide, à 2 km du camping, qui propose un transfert gratuit en minibus 9h-11h, 17h30-20h (sur appel téléphonique* *pour le retour). Liaisons jusqu'à Potsdam ttes les 10 mn jusqu'à 14h ; après, ttes les 15 mn. Ouv de mi-mars au 2 janv. Forfaits pour 2 pers 43-50 €. Compter env 20 € au resto.* Camping de 6 ha au bord du *Templiner See*, sous les arbres. Logement possible dans de grands tonneaux de vin (!) et en appart. Propre, et cadre très agréable. Possibilité de se baigner, de pêcher et de faire du bateau. Location de vélos. Épicerie et resto-snack. Machines à laver. Bon accueil.

De prix moyens à chic

Pension am Tiefen See/Schiffspension Luise *(plan Potsdam, D1,* ***12****) : Berliner Str 58. ☎ 24-02-22. • schiffspension.de • pension-tiefensee.de • S-Bahn : Potsdam Babelsberg, puis Ⓣ Ludwig Richter Str (n° 93). Du centre de Potsdam, prendre Berliner Str ; la péniche est au mouillage sur la droite avt le pont de Glienicke. Résa indispensable, car il n'y a que quelques chambres. Doubles 79-99 € ; appart 95 € pour 2.* Une pension originale qui propose quelques jolies cabines dans un ancien vraquier mis à l'eau pour la 1re fois en 1907, puis réaménagé en 1967. Également une poignée de chambres dans la maison de l'entrée, ainsi que 2 appartements pour 5-9 personnes. Agréable jardin. Petit déj au mess ou sur le *roof* aux beaux jours. Le romantisme d'un séjour sur un bateau.

Hotel am Großen Waisenhaus *(plan Potsdam, B2,* ***13****) : Lindenstr 28-29. ☎ 60-10-780. • hotelwaisenhaus.de • Doubles 90-160 €, avec petit déj-buffet plantureux.* Dans une rue calme, un bâtiment tout en longueur qui fut autrefois une caserne puis un orphelinat, ce qui explique les interminables couloirs. Chambres d'allure un peu austère mais de très bon confort et d'une tenue irréprochable. Celles de l'étage se trouvent sous les toits. Véranda donnant sur une cour, pour profiter du buffet gargantuesque du petit déj. Accueil tout en gentillesse.

Hotel NH Voltaire Potsdam *(plan Potsdam, C2,* ***14****) : Friedrich-Ebert-Str 88. ☎ 23-170. • nh-hotels.fr • Doubles env 120-220 €, avec petit déj.* Un hôtel de petit luxe en plein cœur du centre-ville, au calme en retrait de la rue centrale, offrant des chambres bien léchées avec literie douillette et tout le confort possible. La partie ancienne est un peu plus charmante que la moderne. Accueil fort prévenant et petit déj-buffet somptueux. Resto.

Où manger ?

De prix moyens à chic

Garage du Pont *(plan Potsdam, D1,* ***22****) : Berliner Str 88. ☎ 87-09-32-72. De la gare centrale, Ⓣ Glienicker Brücke (n° 93). Jeu-dim 12h-23h (cuisine jusqu'à 22h). Compter 6-15 € pour une tarte flambée ou une Currywurst, 17-25 € pour un plat plus consistant.* Impossible de rater ce restaurant niché dans une ancienne station-service des années 1930 à 50 m du *Glienicker Brücke*, le fameux « pont aux espions ». Une vieille traction avant et ses copines de l'époque posent près de la pompe à essence. Rillettes et autres produits maison pour une cuisine à tendance franco-allemande décomplexée. Pas vraiment donné, mais emplacement et cadre intéressants, avec terrasse. Service efficace.

L'Osteria *(plan Potsdam, C2,* ***21****) : Otto-Braun-Platz 1. ☎ 601-20-800. Proche de l'office de tourisme. Tlj 12h-22h. Plats 10-15 €.* Grande brasserie qui fait partie d'une chaîne de restos italiens qui a ses fidèles. Décor moderne assez élégant. Toute la gamme du genre mais sans surprise : assiettes d'*antipasti* pour 2, pizza taille XXL à partager, pâtes, salades ou grillades. Le plus, c'est la grande terrasse, l'occasion de déjeuner au bord de l'eau aux beaux jours. Service débordé en cas d'affluence.

Zum Fliegenden Holländer *(plan Potsdam, C2,* ***20****) : Benkertstr 5. ☎ 27-50-30. En plein quartier hollandais. Tlj 11h-22h. Plats 14,50-29,50 €.*

Même s'il s'appelle le « Hollandais Volant », ce bar-restaurant à la belle façade de brique et au décor ancien patiné par les années propose une cuisine typiquement allemande, solide et bien servie. Terrasse bucolique sur la rue aux beaux jours. Accueil et service (rapide) aimables.

Café Heider *(plan Potsdam, C2,* ***23****)* **:** *en plein centre. ☎ 270-55-96. Tlj 9h-21h. Plats 9-24 €.* Face à la *Nauener Tor* néogothique, un établissement devenu assez touristique, qui nourrit pourtant les habitants de Potsdam depuis 1878. Fameux *Schnitzel*, accompagnés des diverses suggestions du jour, mais aussi une grande variété de pâtisseries, qui font la réputation de la maison. On recommande la tarte florentine au fromage. Avec un peu de chance, vous pourrez vous mettre au petit balcon tout en bois, sinon la terrasse est idéale pour prendre l'air du temps. Accueil sympa.

De chic à plus chic

Brasserie Zu Gutenberg *(plan Potsdam, C2,* ***25****)* **:** *Jägerstr 10. ☎ 740-368-78. Dans une rue perpendiculaire à la rue piétonne au coin de la Gutenbergstr. Tlj 12h-minuit. Résa conseillée en hte saison. Carte env 35 €.* Une brasserie sans mauvaises surprises, qui a ses fidèles. Boiseries traditionnelles, photos noir et blanc aux murs. Si les propositions d'inspiration française manquent un peu d'originalité, le résultat ne déçoit pas. Portions généreuses, viandes de qualité, légumes de saison ultrafrais et choix de vins tout à fait respectable. Les petites faims pourront se contenter d'une *Flammkuchen* bien croustillante. Service un poil rude, mais tout sourire si on n'oublie pas le pourboire. Quelques tables dehors.

Drachenhaus *(plan Potsdam, A2,* ***24****)* **:** *Maulbeerallee 4a. ☎ 505-38-08. Au cœur du parc de Sanssouci, à 3 mn à pied de l'orangerie et du Nouveau Palais. Avr-oct, tlj sauf mar 11h-19h (cuisine jusqu'à 18h) ; nov-mars, tlj sauf lun 12h-18h (cuisine jusqu'à 17h). Entrées 10-17 € ; plats 16-29 €.* Avec son architecture pagodisante, construite en 1770, c'est la fidèle reproduction d'un semblable restaurant à Canton. Le lieu existe depuis 1800 et doit son nom, « La Maison des Dragons », aux 16 dragons dorés intégrés à l'architecture. On peut profiter de la terrasse par beau temps, mais manger à l'intérieur sous un plafond étoilé est tout aussi réjouissant ! On vient ici non seulement pour ce décor peu commun, mais aussi pour la qualité de la cuisine (allemande) soignée, à base de produits frais et de saison, pour la plupart bio. Bien aussi l'après-midi après la visite du parc pour savourer une part de gâteau avec un thé ou déguster une glace artisanale... Service vite débordé.

Où prendre un délicieux café ?
Où déguster une bonne glace ?

Buena Vida Coffee Club *(plan Potsdam, C2,* ***30****)* **:** *Am Bassin 7. ☎ 27-37-17-84. Tlj 9h (10h dim)-18h.* Face à l'église Saint-Pierre-Saint-Paul, ce torréfacteur attire les locaux dès potron-minet avec ses cafés de spécialité en provenance des meilleures plantations de la planète. Intérieur cosy et soigné ou terrasse avec gradins d'un côté et tables de l'autre, à vous de choisir. Pâtisseries et douceurs pour les petits creux. Excellent accueil.

Das Eis Café am Brandenburger Tor *(plan Potsdam, B2,* ***26****)* **:** *Brandenburger Str 70. ☎ 297-48-29. Tlj 10h30-21h (19h en hiver).* Sur une place très animée, un salon de thé à la déco colorée, qui propose un incroyable assortiment de glaces maison, depuis les simples sorbets jusqu'aux coupes à l'architecture sophistiquée en passant par les glaces en forme de spaghettis. Irrésistibles pâtisseries et gâteaux. Vente à emporter également.

Où boire un verre ?

Dans le centre-ville, nombreux cafés avec terrasse dans la *Brandenburger Straße* (rue piétonne qui part de Luisenplatz), ainsi que dans le quartier hollandais.

Hafthorn *(plan Potsdam, C2, **14**) : Friedrich-Ebert-Str 90 (accès par passage voûté depuis l'avenue). ☎ 280-08-20. Tlj 17h30 (13h w-e)-2h.* Un des pubs les plus populaires de la ville, toujours animé en soirée. Entre 2 bières, on peut se caler l'estomac avec quelques plats, notamment d'honnêtes burgers *(env 10 €)*. *Biergarten* dans la cour ou salle sombre pour les soirées fraîches. On y est très gentiment accueilli. Concerts de temps à autre.

À voir

Le centre-ville *(Zentrum ; plan Potsdam, C2)* **:** en reconstruction, pour quelque temps encore. Fascinant de se promener aujourd'hui au milieu d'immeubles construits après-guerre et qui devraient, autour de la ***Nikolaikirche,*** être détruits ou réhabilités pour certains autour du ***Alter Markt*** et du ***Neuer Markt,*** afin de permettre à Potsdam de retrouver sinon son âme, du moins son cœur. Car il ne reste plus grand-chose de ce monument d'art qu'était la cité avant la Seconde Guerre mondiale... Lors de la nuit du 14 au 15 avril 1945, quelques jours avant la reddition de Berlin, un terrible et inutile bombardement britannique détruisit une bonne partie de la vieille ville. Pour la plupart, les palais ont disparu, laissant orphelins la *Nikolaikirche (tlj 9h30-18h30 – 11h dim)*, l'*ex-hôtel de ville (mar-dim 10h-17h – 18h ven-dim)*, de facture néoclassique, et les *anciennes écuries du palais* (transformées depuis en musée du Cinéma). Le ***Museum Barberini,*** voisin du petit musée historique de la ville, a ouvert ses portes en 2017.
Un peu plus haut que la *Nikolaikirche,* perpendiculaire à la ***Friedrich-Ebert-Straße,*** un tronçon de l'ancien canal a déjà été reconstitué (devant la Cour des comptes). Au bout du canal, côté ouest, le ***Brockessches Palais*** a lui aussi été rénové. Promenez-vous dans les rues pavées (talons hauts déconseillés) proches du cœur historique, aujourd'hui bien restaurées mais qui ne donnent qu'une faible idée de la splendeur passée de Potsdam. La superbe maison baroque d'***Im Güldenen Arm*** *(Hermann-Elflein-Straße 3, mer-dim 12h-18h)* peut se visiter gratuitement. Elle renferme une belle collection de céramiques et accueille aussi des expositions d'art contemporain.
Enfin, allez jeter un œil, à l'extrémité de la *Friedrich-Ebert-Straße,* sur l'étonnante ***Nauener Tor,*** sorte d'ouvrage « disneylandien » bâti en 1755 avec ses tourelles grises encadrant un portail de style gothique pour le moins incongru dans le paysage.

Museum Barberini *(plan Potsdam, C2)* **:** *Humboldtstr 5-6, Alter Markt. ☎ 799-21-85. • museum-barberini.de • Tlj sauf mar 10h-19h. Entrée : 16 € (expo temporaire incluse) ; réduc (- 25 % avec la Welcome Card Potsdam).* Le musée d'art que Potsdam attendait a vu le jour dans un bâtiment détruit par la guerre. Sa façade italianisante a été fidèlement reconstituée. À l'intérieur, salles lumineuses aux volumes généreux et éclairage zénithal.

L'ARMÉE DES GÉANTS

Au début du XVIIIe s, Frédéric-Guillaume Ier, roi de Prusse amoureux des uniformes clinquants et amateur de fastes militaires, constitua une armée composée de 2 000 colosses d'au moins 1,88 m. Il adorait commander lui-même ses bataillons sur le champ de manœuvre. Un détail : ces belles unités de parade ne combattirent jamais pour de vrai !

Il expose sur 2 étages une infime partie de la collection privée de Hasso Plattner, un grand patron de l'industrie informatique, mécène à ses heures (il a financé la reconstruction), possédant des toiles de presque tous les grands noms de l'impressionnisme. On découvre ainsi des œuvres de Monet (pas moins de 38 toiles de cet artiste dans la collection !), Renoir et Caillebotte, mais aussi Berthe Morisot, Pissarro, Boudin, de Vlaminck, Sisley, Le Sidaner, Cézanne, Dufy et même un étonnant Picasso de 1901, une vue pour le moins classique des Grands Boulevards, à Paris. Une petite salle expose par roulement d'autres œuvres de ce riche fonds, le reste du musée étant consacré à des expos temporaires. Pas donné, certes, mais le musée possède l'une des plus belles collections impressionnistes d'Europe avec pas moins de 103 tableaux. D'envergure internationale, les expositions temporaires méritent aussi franchement le détour.
Cafétéria (quiches, salades) avec une très jolie terrasse donnant sur la Havel.

Filmmuseum *(plan Potsdam, C2)* **:** *Marstall am Lustgarten. ☎ 271-81-17. • filmmuseum-potsdam.de • Tlj sauf lun 10h-18h. Entrée : 5 € ; réduc (- 25 % avec la* Welcome Card Potsdam*).*
Ce passionnant musée retrace l'histoire des studios de *Babelsberg* depuis la création de la *UFA (Universum Film Aktiengesellschaft)* en 1917, de ses productions les plus glorieuses (*Metropolis,* de Fritz Lang) à ses heures les plus sombres, avec, notamment, la liste interminable des « *Filmemigranten* », ces réalisateurs qui ont dû s'exiler à l'avènement du régime nazi mais ont fait la gloire de Hollywood. Après la guerre, la société de production *UFA,* qui avait fait le renom du cinéma allemand, s'exila à Munich et devint la *DEFA* à l'Est. Dans le hall d'entrée, très belle collection de caméras.
À gauche de l'entrée, une salle de ciné équipée d'un système sophistiqué de tuyaux capables de reproduire 300 sons différents. Cette technique était utilisée pour accompagner les films du muet. Au rez-de-chaussée, une chronographie des différents tournages, agrémentée de quelques costumes et accessoires. Également des portraits d'actrices allemandes telles *Irene von Meyendorff* ou *Mady Christians.* Et aussi des expositions temporaires et des projections de films *(payant, 6 €).* Cabine pour essayer des costumes et ministudio pour confectionner un minimétrage à diffuser via Internet.

Le quartier hollandais *(Holländisches Viertel ; plan Potsdam, C2)* **:** il doit son nom à l'initiative en 1752 de Frédéric-Guillaume Ier d'attirer des artisans hollandais pour assécher les marécages. Pour les convaincre, il fit construire 134 maisons de style flamand. L'histoire rapporte que ce fut un demi-échec et que ce furent les soldats du roi et les artisans locaux qui en profitèrent. Ce quartier singulier est désormais l'un des plus fréquentés de Potsdam. Ses rues pavées, ourlées de jolies maisonnettes à pignon, sont bordées d'une foule de cafés, restos, galerie et boutiques d'artisanat.

LE PARC DE SANSSOUCI ET SES MONUMENTS

Pour gagner Sanssouci :
➢ ***À pied :*** accès rapide depuis la *Brandenburger Tor* et la *Luisenplatz* par la *Schopenhauerstraße ;* attention, vu l'étendue du parc, il est judicieux de recourir à un vélo ou aux bus pour se déplacer d'un monument à l'autre au risque de perdre beaucoup de temps.
➢ ***À vélo :*** depuis la vieille ville, emprunter la *Brandenburger Straße* (rue piétonne) jusqu'à la porte du même nom, puis l'*Allee nach Sanssouci,* qui vous mène à l'entrée du parc ou la *Schopenhauerstraße,* qui conduit en lisière du parc et permet de le contourner par l'est jusqu'au château (suivre le fléchage). Attention, la plupart des allées secondaires du parc sont interdites aux vélos : il faut emprunter l'axe principal entre le château et le Neues Palais.

➢ **En bus :** le n° 695 est inclus dans le ticket de zone C et circule ttes les 20 mn entre la *Hauptbahnhof* et le château de Sanssouci via le centre-ville, avec un arrêt au Neues Palais sur le retour. La ligne 605-606, qui part du même endroit et passe par *Luisenplatz,* y mène également, mais son itinéraire longe le sud du parc.

Centres de visiteurs de Sanssouci (*Besucherzentrum ; plan Potsdam, B2 ;* **4**) **:** *An der Orangerie, à côté du moulin, près du parking principal. ☎ 969-42-00. • spsg.de • Tlj sauf lun 8h30-17h30 (16h30 nov-mars). Infos sur le site et vente de billets en ligne. Également au* **Centre d'accueil du Neues Palais** *(plan Potsdam, A2). Tlj sauf mar 10h-17h.*

– Il existe une liste complète de formules valables pour l'ensemble des lieux et édifices du parc de Sanssouci (hors vieux moulin et Jardin botanique) et des sites aux environs de Potsdam. *Liste (en anglais) sur • spsg.de • Les plus utilisés sont le* Ticket Sanssouci+ individuel *à 19 €, et le* Ticket Sanssouci+ familial *pour 2 adultes et 4 enfants de moins de 18 ans à 49 €. Ces 2 formules sont valables une journée, comme leur nom l'indique. Réduc de 3,80 € avec la* Welcome Card Potsdam. Il y a tant de choses à visiter qu'il faut plus d'une journée pour tout voir, à vous donc de sélectionner les lieux que vous voulez voir en priorité !

Outre à la chic ***Drachenhaus*** (voir plus haut la rubrique « Où manger ? »), on peut s'arrêter, sur le chemin du château de *Charlottenhof,* à la terrasse (avec ses transats au bord d'une petite pièce d'eau) de l'***Eden Café,*** petite cabane en bois qui, pour une poignée d'euros, propose saucisses (bio), gâteaux maison et bières locales (bio aussi) en toute décontraction.

Le parc *(plan Potsdam, A-B2)* **:** *accès gratuit, facile à pied ou à vélo ; ou bus n*os *605 et 606 (ttes les 20 mn, env 20 mn de trajet) ou encore le n° 695 depuis la Hauptbahnhof. Plan et guide en français, en vente aux centres de visiteurs situés au pied du moulin et au Neues Palais. Une navette électrique gratuite traverse le parc sur l'Ökonomieweg entre le château de Sanssouci et le Neues Palais (tlj 10h-16h30 – 17h30 en été).*

TRAVAILLER POUR LE ROI DE PRUSSE

Voilà une expression de la langue française bien étrange : elle serait, selon certains, due à l'avarice de Frédéric-Guillaume Ier, roi de 1713 à 1740, grippe-sou notoire, qui retardait le paiement de ses militaires et payait ses fournisseurs au lance-pierre. Au point que travailler pour lui revenait quasiment à trimer, sans guère de rémunération. L'expression est restée, même si la Prusse n'existe plus.

Portail devant l'obélisque aux hiéroglyphes fantaisistes (exécutés en 1748, soit 74 ans avant leur déchiffrement par Champollion !). Passé les parterres en terrasses qui cascadent superbement depuis le château de Sanssouci et le petit jardin à la française qui s'ouvre à leurs pieds, on découvre un vaste jardin de près de 300 ha. Ici, point d'allées tirées au cordeau, de topiaires, le parc est plutôt nu, sauvage. Planté d'essences remarquables, sa sobriété ne cède en rien à quelques délires architecturaux très en vogue à l'époque, comme ce pavillon chinois de style rococo-orientalisant caché parmi les arbres. Plus loin, les bains romains, aménagés dans le style d'une villa toscane, ou le moulin hollandais bâti vers la fin du XVIIIe s et reconstruit de toutes pièces en 1993...

Le parc, c'est aussi près de 400 espèces exotiques, des cours d'eau et des fontaines, mises en service tardivement d'ailleurs, l'hydraulique n'en étant qu'à ses débuts au moment de leur construction... Sans oublier quantité de statues inspirées des dieux du panthéon romain, qui n'avaient d'autre vocation que de prouver que l'art et la nature étaient quelque chose d'indissociable ! Les plus fameuses sont du sculpteur français *Jean-Baptiste Pigalle,* un gars qui avait « sa place » en ces lieux et à qui l'on doit notamment une *Vénus* et un *Mercure.* Louis XV en fit cadeau au « Vieux Fritz » contre quelques chevaux... Un dernier conseil : évitez de sortir des sentiers, les fourrés sont infestés de chenilles très urticantes.

Schloss Sanssouci (plan Potsdam, B2) : dans le nord du parc, 2e bâtiment à droite. • spsg.de • Tlj sauf lun (hors fériés) 9h-17h30 (10h-16h30 nov-mars). Entrée : 14 €, audioguide en français inclus ; réduc. ***Visite guidée et en groupe obligatoire.*** *Résa en ligne conseillée (slt possible pour le pass à 19 €) ; sinon, les billets s'achètent aussi dans le bâtiment d'accueil ou au château ; derrière la vitre, un ordinateur affiche en temps réel la capacité d'accueil du monument ainsi que le nombre d'entrées encore en vente pour chaque visite. Arriver dès l'ouverture pour réserver ses billets ; il arrive certains jours que la vente s'arrête à 12h faute de place.*

Inscrit au Patrimoine mondial de l'Unesco. Avec sa façade à un seul étage, il est considéré comme le joyau du rococo allemand. Croqué par son futur occupant et construit au milieu du XVIIIe s à l'instar des « maisons de plaisance » très en vogue à l'époque, Sanssouci était le lieu de villégiature du roi de Prusse, ***Frédéric II,*** qui y collectionnait les tableaux et y recevait ses amis philosophes. Francophile, Frédéric exigeait que l'on s'y exprime dans la langue de Molière (la bibliothèque du château contient d'ailleurs de nombreux ouvrages en langue française). Son ami ***Voltaire*** y passa 3 ans (de juin 1750 à mars 1753) : sa chambre est superbe... mais il n'y a jamais dormi, ayant quitté le château avant qu'elle ne soit achevée !

GAY PRIDE

Frédéric II de Prusse fut l'un des 1ers rois à afficher son homosexualité. Les historiens ont longtemps caché cette vérité. À 18 ans, il tenta de s'enfuir à Londres avec son amant pour échapper à un père violent. Pour le punir, ce dernier envoya son fils en prison avant de faire exécuter l'amant sous ses yeux. Une fois sur le trône, en 1740, le jeune roi éclairé instaura la liberté du culte et de la presse.

De petite taille et d'un seul niveau, le château est néanmoins représentatif des mouvements artistiques et de l'art de cour en vogue dans l'Europe du XVIIIe s. Côté ville, il est doté d'une magnifique façade dominant le jardin en terrasses et le bassin central. L'abondance du décor, avec sa foule de silènes, d'angelots, de bacchantes et vases, lui confère un style quasi préromantique... Côté intérieur (où se trouve l'entrée), la cour, bordée d'une élégante mais rigide colonnade d'ordre corinthien, tranche avec la légèreté de la façade ouverte sur le jardin.

Quelques temps forts de la visite

– *Le vestibule :* dans la continuité de la cour, il est orné de colonnes corinthiennes et de fresques au plafond, représentant Flora (symbole du printemps), sans doute pour faire écho à la nature luxuriante du parc. Il servait aussi de salle de réception.

– *La Petite Galerie :* début des appartements royaux ornés de stucs dorés et de dieux gréco-romains conférant à l'ensemble un style rococo sans égal (Frédéric confiait lui-même ses préférences aux décorateurs). Épris de peinture française, le monarque collectionnait des œuvres de Nicolas Lancret, Jean-Baptiste Pater, ***Antoine Watteau.***

– *La bibliothèque :* circulaire et ceinte de lambris en bois de cèdre avec stucs dorés. Le plancher est marqueté. Les visiteurs de Frédéric II n'étaient pas autorisés à y pénétrer. On y dénombre plus de 2 000 livres et, bien entendu, les œuvres complètes de Voltaire, l'ami du roi.

– *Chambre et bureau :* on y trouve le fauteuil où mourut le roi en 1786 ainsi que sa table de travail. Également un portrait de Frédéric II à 28 ans, exécuté par le peintre français ***Antoine Pesne,*** très prisé à sa cour.

– *La salle de concert :* là aussi, abondance de rococo. Il y en a partout, sauf sur le plancher ! 5 toiles de *Pesne* illustrant les *Métamorphoses* d'Ovide. La flûte du roi, dont il jouait fort bien (il composait même des sonates).

– *La salle des Audiences :* c'est en fait une vraie galerie de peinture. Aux murs pendent des œuvres signées ***Watteau, de Troy*** *(La Déclaration d'amour),* ***Lancret*** et *Pater.*
– *La salle de Marbre :* immense salle ovale encadrée de colonnes corinthiennes en stuc blanc surmontées de chapiteaux dorés. Murs et sols en incrustation de marbre. Tout autour de la coupole, les symboles des arts et des sciences (musique, peinture, architecture...). C'est ici que Frédéric II organisait ses fameux soupers philosophiques.
– *Les chambres des hôtes :* la 1re est décorée de chinoiseries ; dans la 2e, nombreux tableaux, dont un délicieux *Banquet italien* de *Lancret,* exécuté à la manière de *Watteau,* et 2 grands portraits de *Pesne.* Dans la 3e, des tableaux démontrant la passion de Frédéric II pour la peinture italienne (2 belles vues de Rome par ***Panini***). Parquet en chêne du XVIIIe s d'origine. Dans la 4e, dite « salle des Fleurs blanches », tous les tissus jaunes ont été retissés en 2001 à l'identique à partir d'un échantillon de l'époque retrouvé. Sur les murs, délicat décor de fruits, fleurs et perroquets. Petit buste de Voltaire (d'après *Houdon*).
La tombe du grand Frédéric II est une simple dalle de pierre dans un carré de gazon à l'est du château. Elle est souvent garnie de... pommes de terre en guise de reconnaissance !

Schlossküche *(cuisine du château) : 1er bâtiment à droite en sortant du château. Avr-oct slt, mar-dim 10h-17h30. Entrée : 4 €.* Aménagées en 1840, ces cuisines de 115 m² disposent pour l'époque de tout le confort moderne, avec notamment une immense cuisinière dotée d'un système innovant d'absorption de la chaleur, une pompe à eau... Large collection de vaisselle et moules à gâteaux. À côté de la cuisine se trouvait la boulangerie et la pâtisserie, et au sous-sol la cave et la pièce de stockage. On peut y voir une exposition sur le vin autrefois produit au château et les repas qui y étaient servis. Un lieu qui mérite le détour autant pour les amateurs de gastronomie que de technologie !

Damenflügel *(aile des Dames) : à gauche en sortant du château. Visite sur résa.* Sur 2 étages s'étendent les appartements des dames d'honneur d'***Élisabeth de Bavière.*** Qui n'étaient pas les plus mal logées du château puisque c'est Frédéric-Guillaume IV, en personne, qui s'était chargé de la déco (voir notamment cette pièce tout en vert et argent, dont il avait « rêvé » l'agencement !). Ces dames avaient même récupéré le mobilier de la chambre de Voltaire (dont un superbe miroir bordé de porcelaine).

LA CAMPAGNE DE LA PATATE

Les famines sévissaient au XVIIIe s. Frédéric II se laissa convaincre par ses botanistes que la culture de la pomme de terre pouvait y remédier. La plante est riche de nutriments, peu chère et facile à cultiver. Mais elle avait mauvaise réputation : sa fleur est toxique et la superstition l'assimilait au diable, puisque poussant sous terre. Il fit alors planter des champs de patates qu'il faisait garder militairement. Dès lors, la population vint à penser que ces plantes étaient une richesse convoitée... Un beau coup de marketing !

QUI ÉTAIT LE VOLEUR ?

Quand l'Armée rouge occupe Potsdam, en 1945, plusieurs peintures (dont un Rubens) disparaissent du château de Sanssouci sans jamais être retrouvées, même pas en URSS. En 2010, un petit-neveu de la concierge du château rend les tableaux. Sa grand-tante, profitant du charivari de la fin de la guerre, avait chipé le tout. Les descendants avaient bien essayé d'écouler le trésor, mais les risques étaient trop grands pour les receleurs.

Bildergalerie (galerie de tableaux ; plan Potsdam, B2) : ☎ 969-42-00. • spsg.de • Mai-oct, tlj sauf lun 10h-17h30. Entrée : 6 € ; réduc. Audioguides en anglais et en allemand. En 1747, on a, pour la 1re fois en Allemagne, construit un bâtiment dans le seul dessein d'abriter une collection de tableaux... On peut donc qualifier cette galerie de tableaux de « musée le plus ancien d'Allemagne » ! Le bâtiment a été conçu pour mettre les œuvres en valeur : en façade, série de sculptures, allégories des arts et des techniques et, à l'intérieur, pour exposer les grands formats, une longue salle rectangulaire ponctuée au centre par une rotonde et d'élégantes baies vitrées et arcades donnant sur le parc. Les petits formats seront exposés dans des petits cabinets au bout de la grande salle. Entre 1755 et 1763, 178 tableaux ont été accrochés de façon très serrée, bien dans le style baroque. C'est la 1re fois que l'on va classer les œuvres selon les écoles : flamande et hollandaise sur l'aile ouest, française et italienne sur l'aile est... Quelques peintures majeures de ***Rubens, Van Dyck, Rembrandt, Le Corrège*** acquises par Frédéric II, mais aussi des tableaux venant du château de Berlin et du *Neues Palais* ***(Caravage...).*** On est cependant loin d'y retrouver la collection d'origine. En effet, en 1830, de nombreuses œuvres et sculptures antiques sont données au *Neues Museum* de Berlin. En 1942, certains tableaux sont mis en sécurité, et 3 ans plus tard, 139 d'entre eux sont emportés par les Soviétiques. Seuls 40 seront restitués en 1958. Plus de 2 000 objets et œuvres ont été détruits ou endommagés pendant la guerre. En 2010, 10 tableaux qui semblaient irrémédiablement perdus, dont une œuvre de Rubens, sont revenus à Potsdam... On espère que ce ne seront pas les derniers... Affaire à suivre !

Schloss Neue Kammern (château des Nouvelles Chambres ; plan Potsdam, B2) : parallèle à Sanssouci (les jardins des 2 châteaux communiquent). ☎ 969-42-20. • spsg.de • Avr-oct slt, tlj sauf lun 10h-17h30 (dernière entrée à 17h). Entrée : 6 €, audioguide en français inclus ; réduc. Construit d'abord comme orangerie en 1747, puis transformé en hébergement pour les hôtes (7 chambres, salle de concert et de banquet) en 1771. Ravissant décor rococo, notamment dans la galerie d'Ovide et la salle de jaspe. Moins célèbre que son voisin mais quand même intéressant ; son style baroque est plus sobre. Regarder, lorsqu'on est au bas du jardin, l'étonnant mélange que forment le verger, l'édifice et, derrière, le gros moulin qui semble posé sur le château de façon incongrue.

Historische Mühle (vieux moulin ; plan Potsdam, B2) : derrière le château de Neue Kammern. Avr-oct, tlj 10h-18h ; nov et janv-mars, w-e slt 10h-16h ; fermé en déc. Entrée : 4 € ; réduc (- 25 % avec la Welcome Card Potsdam). Un 1er moulin a été construit sur le site en 1738, un 2d le remplacera en 1787, construit sur le modèle des moulins hollandais. Ce dernier sera utilisé jusqu'en 1858. Détruit en 1945, il sera reconstruit à l'identique de 1983 à 1993 et fonctionne à nouveau, produisant plusieurs sortes de farines bio à acheter sur place. Un cadeau original à ramener (à condition qu'on ne vous soupçonne pas de rapporter autre chose dans vos bagages !).

Orangerieschloss (château de l'Orangerie ; plan Potsdam, A2) : un peu plus loin, après le Neue Kammern Schloss. ☎ 969-42-80. • spsg.de • Avr-oct slt, tlj sauf lun 10h-17h30. Visite guidée en sem, visite libre le w-e. Entrée : 6 € ; réduc (- 25 % avec la Welcome Card Potsdam). Construit en 1851 dans un style italianisant (inspiré de la Villa Médicis à Rome, dit-on). Au départ, il abritait les plantes tropicales durant l'hiver. On visite aujourd'hui les appartements du tsar ***Nicolas Ier*** et une salle abritant les copies de 47 tableaux de ***Raphaël.*** Conçu comme le refuge de Frédéric-Guillaume IV (celui qui avait un petit grain...), ce rêve italien est assez enchanteur (somptueux décor et mobilier). On peut accéder à la galerie supérieure (supplément à payer) afin de jouir du panorama.

Botanischer Garten (plan Potsdam, A2) : en bordure de l'axe principal du parc (au niveau de l'Orangerieschloss). Tlj sauf Noël et Jour de l'an 9h30-17h (16h *oct-mar). Entrée : 2 € ; réduc (caisse située à l'intérieur de la serre) ; une partie du jardin, de l'autre côté de la route, est accessible gratuitement.* Il dépend de l'Université de Potsdam. Outre les belles essences du parc, il ne faut pas se priver des serres. Belle collection d'orchidées, quelques palmiers prestigieux, même si les plus beaux d'entre eux ont migré vers Kiev aux heures chaudes de la guerre froide. Le plus vieux a plus de 140 ans ! Il y a aussi un cactus de plus de 80 ans dans la section des succulentes. Au fond de la serre, quelques tables pour un pique-nique en dehors du monde et du bruit.

Belvedere am Klausberg (*belvédère de Klausberg ; plan Potsdam, A2*) **:** *à droite, au fond du parc. Ouv slt à l'occasion d'événements.* Plusieurs fois modifié, incendié en 1945, ce bâtiment à colonnes et sous coupole a été reconstruit en 2002. Perché (évidemment) sur une petite colline, c'est la dernière construction de l'époque de Frédéric II, qui aimait y profiter de la vue (superbe !) sur le parc.

Neues Palais (*Nouveau Palais ; plan Potsdam, A2*) **:** *au fond du parc. ☎ 969-42-00. • spsg.de • Tlj* ***sauf mar*** *(hors fériés) 10h-17h30 (16h30 nov-mars). Appartement du roi ouv avr-oct slt. Entrée : 10 € ; réduc. Ticket délivré par plages horaires pour éviter une trop grande affluence. Visites guidées (payantes) possibles. Audioguide gratuit en français. ATTENTION, l'accès est provisoirement impossible aux fauteuils roulants. De même, les poussettes ne peuvent pas accéder aux salles du château. Renseignez-vous à l'accueil.*

Il fut construit en 1763 pour prouver que la Prusse ne sortait pas ruinée de la guerre de Sept Ans (1756-1763) qu'elle avait gagnée en s'alliant avec la Grande-Bretagne contre l'Autriche et la France... Une « fanfaronnade anglaise », disait-on à l'époque ! 400 pièces, 428 statues et 322 fenêtres sur 213 m de long ! De style baroque (et ce n'est pas peu dire !), il était destiné à recevoir les princes royaux et dignitaires importants. Au XIXe s, ce fut la résidence du ***Kronprinz,*** l'héritier du trône. Jusqu'en 1918, ce fut la préférée du Kaiser Guillaume II et de sa femme Augusta, qui y firent installer un chauffage à vapeur, des salles de bains et l'électrification des lustres. En 1945, le château fut intégralement pillé par l'Armée rouge.

Parmi les curiosités de cet édifice hors norme : une énorme salle en forme de ***grotte marine*** au décor assez époustouflant. Elle a été restaurée il y a une dizaine d'années. Décor de bandes de marbre alternées, rehaussées d'incrustations de verre, de divers minéraux de la région, de coraux et de coquillages. Le tout fut enrichi à la fin du XIXe s de pierres semi-précieuses, de fossiles et de coquilles d'escargot provenant du monde entier. Dans des niches, de ravissantes fontaines.

On découvre ensuite la ***galerie de marbre,*** dans un style rococo de fin de règne totalement maîtrisé, presque austère comparé à d'autres salles. Au plafond, 3 fresques figurant la Nuit, le Matin et le Midi (métaphore d'Apollon dispersant les ténèbres). Ensuite, visite des appartements de Frédéric II. Impossible de tout décrire, chambres et antichambres rivalisant dans la richesse décorative. On y trouve nombre d'œuvres de ***Rubens, Van Dyck,*** de grands maîtres italiens et un luxueux mobilier. En particulier, la chambre de travail (*salle 7*) est l'une des rares du château à avoir conservé son agencement d'origine. Admirer la commode décorée de marqueterie d'écaille, de nacre et d'ivoire, l'un des plus beaux exemples de meubles prussiens de cette époque. Appartements princiers tout aussi luxueux (salle de concert, chambres des Dames, etc.). Enfin restauré, on peut découvrir dans l'aile droite un étonnant théâtre de 300 places, de style rococo, encore utilisé aujourd'hui.

Charlottenhof Villa (*plan Potsdam, A2*) **:** *au sud-ouest du parc, à côté des bains romains. ☎ 969-42-00. • spsg.de • Mai-oct slt, tlj sauf lun 10h-17h30. Entrée : 6 € (8 € avec les bains romains) ; réduc.* Œuvre du grand architecte ***Schinkel*** en 1826, cette villa rappelle elle aussi l'Italie. Voir surtout l'intérieur, de style classique. Juste à côté, depuis la terrasse du *Hofgärtnerhaus* des **bains romains,** la vue sur le château est délicieuse... Ne pas manquer de flâner dans la superbe roseraie.

Chinesisches Teehaus *(Maison de thé chinoise ; plan Potsdam, B2)* **:** ***temporairement fermé.*** Une chinoiserie comme l'époque (ce pavillon a été construit au milieu du XVIIIe s) les aimait. Avec un exubérant décor extérieur finalement plus baroque que vraiment asiatique. Débauche de stucs colorés et jolie coupole peinte à l'intérieur.

À voir encore

La colonie russe d'Alexandrowka *(plan Potsdam, C1)* **:** *à 1 petit km au nord de la Nauener Tor.* Commande de Frédéric-Guillaume III, ce village, paraissant tiré des meilleures pages de Tourgueniev ou de Tchekhov, devait récompenser la fidélité du chœur russe de l'armée impériale. En 1826, 13 confortables demeures en bois furent construites pour eux. Les 26 chanteurs avaient été recrutés en 1812 parmi les soldats russes prisonniers, le tsar n'ayant pas encore rompu avec Napoléon. 2 des maisons sont encore occupées par des familles descendant des habitants d'origine. Menacées par la construction d'une ligne de tramway, ces maisonnettes en bois sculpté ont été sauvées en 1997 grâce à l'intervention de l'Unesco. Un peu plus au nord, cachée dans la forêt, la *chapelle orthodoxe Alexandre-Nevski,* qui ressemble à une grosse meringue rose, tranche avec le style habituel de Schinkel.

Glienicker Brücke *(plan Potsdam, D1)* **:** *tt au bout de Berliner Str. Bus 93 depuis la gare centrale, arrêt Glienicker Brücke.* Ce pont sur la rivière Havel qui relie Potsdam à Berlin est entré dans la mémoire des hommes pour d'autres raisons que ses qualités esthétiques. Bordée de belles demeures, cette grosse structure métallique est devenue un monument historique malgré elle. Situé entre les secteurs américain et soviétique, c'est là qu'avaient lieu les échanges entre les espions de l'Est et de l'Ouest à l'époque de la guerre froide. Entre autres, en 1962, l'américain ***Francis Gary Powers,*** le pilote du fameux U2 (l'avion-espion) abattu au-dessus de la Russie, contre ***William Fischer*** (alias *Rudolf Abel*), l'un des plus grands espions du KGB, et, en 1986, le mathématicien ***Chtcharanski,*** célèbre dissident soviétique contre 4 agents de l'Est. En 2014, il servit de décor à des scènes du film *Le Pont des espions* de Steven Spielberg avec, entre autres, Tom Hanks. À gauche du pont, encore de belles villas, notamment sur *Menzelstraße.* Nombre de Berlinois rêvent d'y vivre.

Belvedere auf dem Pfingstberg *(belvédère de Pfingstberg ; plan Potsdam, C1)* **:** *☎ 20-05-79-30. • spsg.de • Depuis la Potsdam Hauptbahnhof, Ⓣ Puschkinallee (n° 92 direction Kirschallee ou n° 96 direction Viereckremise), puis tt droit à pied jusqu'au cimetière juif, puis à droite (compter 10 mn). Avr-oct, tlj 10h-18h ; mars, w-e slt 10h-16h ; fermé nov-fév. Entrée : 6 € ; réduc ; mais parc gratuit.* Édifié à 76 m d'altitude, sur le mont de la Pentecôte en style néo-Renaissance italienne. Le roi Frédéric-Guillaume IV en commença la

CITÉ INTERDITE

Après la guerre, un quartier chic de Potsdam, entre Neuer Garten et le Pfingstberg, devient la petite ville du KGB, avec de nombreuses villas confisquées par les Soviétiques. Un mur de 2 m de haut flanqué de 12 tours de guet, défendus par 350 soldats de la Garde, en protège l'accès. 150 officiers y vivent en autarcie avec leurs familles. Depuis 2007, une expo permanente, dans une ancienne prison, informe les visiteurs sur les activités de contre-espionnage et la condition des prisonniers de cette enclave secrète.

construction en 1847. Utilisé à des fins militaires et de surveillance par les Soviétiques de 1945 au début des années 1990, le jardin disparut. Le belvédère tomba aussi en ruine. Ils furent rénovés en 1999 et ont retrouvé aujourd'hui toute leur splendeur. Quant au *temple de Pomona*, ce fut, en 1801, la 1re œuvre de Schinkel.

Marmorpalais *(palais de Marbre ; plan Potsdam, C1) : Im Neuen Garten 10. ☎ 969-42-22. • spsg.de • Depuis la Potsdam Hauptbahnhof, Ⓣ Platz der Einheit/West (nº 92 direction Kirschallee ou nº 96 direction Viereckremise), puis bus nº 603 jusqu'à Glumestr. Mai-oct slt, tlj sauf lun 10h-17h30. Entrée : 6 € ; réduc.* Construit en 1787 sur les bords du *Heiliger See* (le lac Sacré), et remanié en 1843, c'était la résidence préférée du roi Frédéric-Guillaume II. Intérieur richement meublé et magnifiques marqueteries. Depuis sa restauration, le palais est plus coquet que jamais. Pour épargner les parquets, on vous demandera d'enfiler de grosses pantoufles sur vos chaussures. Le marbre se décline sur tous les tons et tous les supports, des commodes (rococo mais superbes !) à la cage d'escalier, le clou de la visite. Placez-vous bien au centre et levez la tête : vous découvrirez alors le belvédère qui surplombe le bâtiment central du palais.

Cecilienhof *(plan Potsdam, C1) : ☎ 969-42-22. • spsg.de • Depuis la Potsdam Hauptbahnhof, Ⓣ Platz der Einheit/West (nº 92 direction Kirschallee ou nº 96 direction Viereckremise), puis bus nº 603 jusqu'à Schloss Cecilienhof. Tlj sauf lun 10h-17h30 (17h nov-déc, 16h30 janv-mars). Entrée : 10 € ; réduc. Visites guidées mar-dim 9h-16h30 ; durée : 45 mn à 1h30. Une partie du château a été transformée en hôtel de luxe.*

C'est dans cet immense cottage que se déroula la grande conférence d'après-guerre des puissances victorieuses. Le choix du lieu s'était porté sur Potsdam parce que les destructions des bombardements y avaient été beaucoup moins importantes qu'à Berlin. Le château, dernier édifice prussien de l'histoire, fut construit en 1917 pour le prince héritier Guillaume. Style Tudor à colombages évoquant les manoirs campagnards anglais.

La conférence s'y tint donc, du 17 juillet au 2 août 1945, en présence de ***Staline, Truman, Churchill*** (remplacé par Clement Attlee) et ***Anthony Eden.*** C'est durant la conférence de Potsdam que Truman apprit la réussite du 1er essai atomique dans le désert du Nouveau-Mexique et en communiqua le résultat à Staline (qui connaissait l'existence du projet *Manhattan* par ses espions). Le président américain obtint la promesse d'une déclaration de guerre de l'URSS contre le Japon. Une phrase de Staline, prononcée lors de la conférence dans un moment d'abandon (ou de distraction), mérite d'être retenue : « Tout gouvernement librement élu sera antisoviétique, et cela, nous ne pouvons le permettre. »

LE VIEUX LION MIS AU RANCART

En juillet 1945, Churchill, incarnation de la résistance face à Hitler, se rend à la conférence de Potsdam pour savourer sa victoire et surtout contrer les appétits de l'ogre russe, Staline, dont il se méfie le plus. Son vieux complice Roosevelt est mort 3 mois plus tôt et il ne connaît pas son successeur, Harry Truman. En plein milieu de la conférence, il doit rentrer à Londres et est battu aux élections. Son adversaire travailliste, Clement Attlee, le remplace au pied levé. Staline en profite pour rouler les 2 débutants dans la farine et asseoir sa mainmise sur la moitié de l'Europe.

La visite commence par l'élégante cour intérieure fleurie. Curieusement, on y trouve encore l'étoile rouge centrale réalisée en fleurs et imposée en juillet 1945 par les Soviétiques (qui souhaitaient montrer ainsi qu'ils étaient bien les organisateurs de la conférence). Explication de la présence de l'étoile : ça fait tout simplement partie de l'histoire. Petite expo sur la conférence : photos, documents, etc. Puis visite de certaines salles (parmi les 176 pièces du château), comme le *salon de la Princesse* en forme de cabine de bateau, la *salle de concert* où débutèrent les chefs d'orchestre *Karajan* et *Kempff,* le bureau de Staline ou *Salon rouge,* ancien salon de la Princesse. Les meubles furent choisis personnellement par Staline... À noter que tout avait été fait pour que les délégations ne se rencontrent jamais en dehors de la salle de conférence. Chacune d'elles avait son entrée indépendante. La conférence s'est tenue dans l'immense salle de séjour, pièce centrale du château (longue de 26 m sur 12 m de haut). Typique toujours du style campagnard anglais. Noter le superbe escalier baroque en bois sculpté (cadeau de la ville de Dantzig). La table fut fabriquée à Moscou, et on avait agrémenté les chaises à accoudoirs des 3 chefs d'État... d'adorables putti dorés. L'ancien fumoir servit de bureau pour la délégation américaine et la délégation anglaise s'installa dans la bibliothèque du Prince. Chambre à coucher du couple princier également ouverte au public.

DANS LES ENVIRONS DE POTSDAM

BABELSBERG

Babelsberg *(plan Potsdam, D2)* est un faubourg à l'est de Potsdam, essentiellement résidentiel. Avec le plan de la ville fourni par l'office de tourisme, il peut être intéressant de s'y balader à vélo et de repérer les belles villas le long du *Griebnitzsee* où logèrent Churchill, Staline et Truman lors de la conférence de 1945. Devant celle du président américain, un mémorial offert par le Japon rappelle les bombardements de Hiroshima et Nagasaki au début août 1945.

Filmpark Babelsberg *(studios de cinéma ; hors plan Postdam par D3) : entrée au Großbeerenstr 200, Potsdam. ☎ 721-27-50. ● filmpark-babelsberg.de ● S-Bahn : ligne 7 jusqu'à Griebnitzsee Bhf/Süd, puis bus n° 696 direction Stern-Center/Gerlachstr, arrêt Studio Babelsberg ; à vélo, sortir à l'arrêt de S-Bahn Babelsberg (ligne S7), puis prendre la piste cyclable entre la route en sens unique et la voie ferrée, puis à droite sous le 2e pont, puis tt droit jusqu'à la Großbeerenstr, enfin à gauche, c'est à 800 m (compter 5-10 mn). De Potsdam Hauptbahnhof, bus n° 601 direction Teltow, arrêt Bhf Medienstadt Babelsberg. Fin mars-fin oct, tlj 10h-18h (17h en oct). Entrée (prix en ligne) : 19 € (23 € sur place !) ; carte familiale (2 adultes, 3 enfants max) 63 € (69 € sur place) ; réduc (- 25 % avec la Welcome Card). Prix réduit (15 €) 3h avt la fermeture. Plus cher à l'entrée. Parking : 4 €.*

Avec une superficie de 46 ha, ce sont les plus vastes studios d'Europe et les plus anciens. Avant de devenir un outil de propagande aux ordres de Goebbels, puis à la gloire du socialisme, les studios ont abrité la *UFA,* centre névralgique du cinéma allemand triomphant de l'entre-deux-guerres. **Murnau** y tourna *Nosferatu le vampire* en 1922, **Fritz Lang** *Metropolis* en 1927, **Sternberg** y dirigea Marlene Dietrich dans *L'Ange bleu* en 1930... Aujourd'hui, sous l'impulsion de ***Volker Schlöndorff*** et d'un groupe français, Babelsberg redevient la capitale européenne de l'image. ***Roman Polanski*** loua les studios pour tourner des scènes de ses films *Ghost Writer* et *Le Pianiste,* dont l'action se déroule à Varsovie pendant l'occupation nazie. Citons encore *Inglourious Basterds* de ***Quentin Tarantino,*** *Walkyrie* et *Le Pont des espions* de ***Stephen Spielberg,*** *Anonymous* de ***Roland Emmerich,*** *Monument Men* de ***George Clooney*** et *Grand Budapest Hotel* de ***Wes Anderson.***

Malheureusement, les cinéphiles ne sont pas vraiment à la fête ! En réalité, il y a 2 *Babelsberg* : celui des artistes, retranché derrière une muraille inexpugnable, et celui des touristes, un parc d'attractions « cheap » qui risque de laisser les plus jeunes sur leur faim. Après une file d'attente interminable, seule une courte balade en petit train à travers quelques décors, notamment ceux du *Pianiste,* évoque le fastueux passé du studio. Pour le reste, il s'agit surtout de références aux séries télévisées allemandes du petit écran. Néanmoins, on trouvera quelques références cinématographiques comme les maquettes d'*Alien,* de Maître Yoda, ainsi que la salle de spectacle de *Beyond the Sea,* le film où Kevin Spacey, réalisateur, se met lui-même en scène. Enfin, un atelier mettant en évidence les incrustations vidéo amusera les tout-petits, mais globalement, ni le cinéma 4D ni les quelques attractions ne parviennent à faire oublier le prix de l'entrée...

BRANDENBURG AN DER HAVEL

(14776) 71 000 hab. IND. TÉL. : 03381

Peuplée à l'origine par des tribus slaves, cernée par les méandres de la Havel, Brandenburg fut, au Moyen Âge, une cité riche et libre : la statue de Roland devant le vénérable Rathaus, en guerrier protecteur, y témoigne toujours de ce passé glorieux. Brandenburg a donné par la suite son nom au Land tout entier, ce qui prête encore et toujours à confusion. À seulement 1h en train de Berlin, c'est à présent un peu une ville dortoir, la majorité de ses habitants faisant la navette quotidienne pour travailler dans la capitale. Elle tente de se reconvertir vers le tourisme en développant les activités aquatiques sur la rivière Havel et les innombrables lacs et voies navigables des environs.

Comment y aller ?

➢ ***En train :*** liaisons régulières avec les gares de Berlin (Alexanderplatz ou Hauptbahnhof) et Potsdam (compter 1h).

➢ ***En voiture :*** entre Berlin (60 km) et Magdeburg (90 km), sur l'autoroute A 2 Hannover-Berlin : sortie Brandenburg.

Adresse utile

ℹ ***Touristinformation :*** *Neustädtischer Markt 3. ☎ 79-63-60. • stadt-brandenburg.de • Mai-sept, lun-ven 9h30-18h, sam 10h-15h ; nov-avr, horaires restreints.* Accueil agréable, n'hésitez pas à demander le plan de la ville *(audioguide slt en allemand et en anglais, gratuit contre caution)* et les cartes des randonnées à vélo, qu'on peut aussi louer à la gare, ou en canoë.

Où manger ?

Ristorante Totò : *Ritterstr 69. ☎ 79-41-39. Quasi sur le Jahrtausend-Brücke, en surplomb de la rivière. Tlj 12h-22h. Plats 13-25 €.* Un petit escalier donne sur une belle salle attenante à une galerie-terrasse avec vue sur la rivière. Cuisine italienne vraie de vraie, avec toute la litanie d'*antipasti, zuppe, insalate, pasta, pizze, carne e pesce* en v.o... C'est goûteux, copieux et le *pinot grigio* descend tout seul. Alors pas d'hésitation : *avanti !*

À voir

Dom Sankt Peter und Paul : *Burghof 7, un peu isolée sur son île. ☎ 211-22-23. • brandenburg-altstadt.de • Tlj 10h-17h (16h en hiver). GRATUIT.* Cette cathédrale fut le siège du 1er diocèse de la région en 948. À retenir : les différents retables, la chapelle colorée et ses voûtes peintes, ou encore les chapiteaux sculptés de la crypte.

Le ***trésor du Dom*** *(dans l'enceinte du cloître ; mêmes horaires que le Dom ; entrée : env 6 €, réduc)* : superbe collection de livres liturgiques, de mobilier et d'objets sacrés provenant du Dom ou des églises de la région.
– Face à la cour du Dom, à l'angle de la *Petristraße,* se dresse la ***Petrikapelle,*** qui accueille essentiellement des expositions temporaires : l'entrée de cette petite chapelle est libre et il faut en profiter pour admirer le plafond en encorbellements, une rareté architecturale.

Sankt Katharinenkirche : *Katharinenplatz, au centre-ville. Lun-sam 11h-15h, dim 13h-16h.* Beaucoup de trésors encore dans cet imposant édifice de brique du XIVe s : l'autel de toute beauté, l'orgue, créé par Wagner (malheureusement, ce n'est plus l'original), les fonts baptismaux de bronze, les peintures sur les voûtes, joliment appelées *Le Pré du ciel...*

Sankt Gotthardtkirche : *Gotthardtkirchplatz. Tlj 11h30-15h30.* Quand il fait froid, le gardien de l'église se réfugie dans la sacristie (juste à côté sur la gauche, quand on est face à l'église). Allez y frapper, on viendra vous ouvrir. L'église fut offerte aux colons chrétiens par le chef slave. À l'intérieur, admirez la chaire et son escalier sculpté, les figures en style gothique flamboyant dans la galerie du chœur, la croix de triomphe, la tapisserie flamande à la Licorne, le retable d'autel dédié à sainte Hedwige et la chapelle du Baptême.

À faire

➢ Si le ciel est dégagé, une balade s'impose jusqu'au plus haut point de la ville, le ***Friedenswarte,*** sur le ***Marienberg*** (à l'est de la ville, au-dessus d'Altstadt). Au bout de la *Ritterstraße,* prendre à gauche dans la *Plauer Straße.* Le Marienberg se trouve sur la droite. De là, vous découvrirez un joli point de vue sur la ville, jusqu'à Berlin, dit-on ! Les passionnés de littérature allemande feront un petit détour par le ***Theaterpark,*** derrière le mur de la ville, entre *Wollenweberstraße* et *Grabenstraße.* Les bustes de Goethe et de Schiller s'y affrontent de chaque côté de la *Havelstraße.*

Pour voir la ville autrement et découvrir les petits lacs environnants, un petit ***tour en bateau*** s'impose : rendez-vous au pied de la Sankt Johanniskirche, vous avez le choix entre les bateaux *Pegasus, Sirius* et *Havelfee* *(**Nordstern Reederei,** Jahrtausendbrücke ; ☎ 22-69-60 ; ● nordstern-reederei.de ● ; tlj à partir de 11h ; compter 16-18 €/pers pour différentes balades au fil de l'eau).*

➢ Après la pause-café au ***Cafébar,*** il est possible de ***louer sur place de petits canoës*** *(3 places ; 15 € pour 2h)* et d'emporter un petit pique-nique *(5 €/pers).* Résa conseillée : *☎ 22-90-48.*

AU NORD DE BERLIN

Le Brandebourg recèle un patrimoine architectural religieux et militaire encore méconnu et pourtant digne d'intérêt. Sans oublier les nombreux parcs (réalisés d'après les admirables « dessins » de l'architecte-jardinier *Peter Joseph Lenné,* dans la tradition du jardin anglais) : il ne reste bien souvent que les arbres après que les constructions ont été laissées à l'abandon pendant les 40 ans de régime communiste, les pierres des châteaux furent même utilisées pour combler les douves ou assécher les étangs des parcs. Pour ceux qui auraient envie de continuer sur les chemins de mémoire de la dernière guerre, détour en revenant sur Berlin pour visiter le camp de *Sachsenhausen,* de triste mémoire.

À voir

Zisterzienserkloster Chorin (abbaye cistercienne de Chorin) **:** *sur la nationale B 2, à 70 km au nord-est de Berlin. ☎ (033366) 703-77. • kloster-chorin.org • Tlj : avr-oct 9h-18h, nov-mars 10h-16h. Résa en ligne. Entrée : 6 € ; réduc.*
Lorsqu'on découvre les vestiges de l'abbaye de Chorin, la 1re impression est forte : l'église, avec sa majestueuse façade ouest, chef-d'œuvre d'art gothique de brique rouge, le bâtiment d'entrée du cloître et quelques autres maisons basses, dont l'ancienne brasserie, sont rassemblés dans un écrin de verdure, en bordure du petit lac d'*Amtsee.* Construite de 1273 à 1334 avec patience par les moines cisterciens de l'abbaye de *Lehnin,* elle décline pourtant au XVIe s et ne sera restaurée que 300 ans plus tard par l'architecte et enfant du pays ***Karl Friedrich Schinkel.*** Cet admirable site perd chaque été de sa sérénité lors du Festival annuel de musique classique (de juin à octobre) et des innombrables activités théâtrales, projections de films et expositions, mais on le découvre en nocturne à cette occasion.

Schiffshebewerk Niederfinow (ascenseur à bateaux) **:** *à 54 km au nord-est de Berlin en bordure de la B 2 ou prendre l'autoroute A 11, sortie Finowfurt. Adresse : Hebewerkstr 52, 16248 Niederfinow. ☎ (33362) 61-91-26. • schiffshebewerk-niederfinow.info • Tlj : avr-oct 9h-18h, nov-mars 10h-16h. Entrée : 3 € (brochure en français payante).*
Depuis 1934 se dresse à cet endroit une gigantesque cathédrale de métal, au point d'intersection des canaux de navigation et des rivières Elbe, Havel et Oder. Cet ascenseur hydraulique est tout simplement une prouesse technique qui permet aux bateaux de poursuivre leur route 36 m plus bas (ou plus haut selon leur sens de navigation).
2 possibilités de visite : on découvre par le bas les entrailles du colosse fait d'acier et de câbles et on rejoint le haut par les escaliers, essoufflement garanti. On peut préférer la promenade en bateau et prendre l'ascenseur à la vitesse de 12 cm/s *(visite guidée 1-3h 7 € ; ☎ (3334) 244-05).* Le spectacle est complet dans tous les cas et le panorama sur toute la région récompense les efforts.

Gedenkstätte und Museum Sachsenhausen (mémorial de Sachsenhausen) **:** *Straße der Nationen 22, à **Orianenburg,** à 35 km au nord-ouest de Berlin. ☎ (33) 01-200-200. • stiftung-bg.de • De Berlin, S-Bahn ligne 1 jusqu'au terminus ; ensuite, à droite en sortant de la gare (env 15 mn de marche). Tlj 8h30-18h. GRATUIT. Centre d'information des visiteurs : 8h30-17h. Brochures en français à l'entrée et audioguide en français (3 €).*
À la différence de beaucoup d'autres camps nazis, *Sachsenhausen* fut un camp où peu de juifs furent déportés. On y internait essentiellement des prisonniers dits « politiques ». Des ressortissants de nombreuses nationalités y séjournèrent, y compris des hommes politiques et résistants français : ***Léon Blum, Paul Raynaud, Georges Mandel,*** et même ***Iakov Djougachvili,*** le fils de Staline, que les nazis voulaient échanger contre le maréchal Paulus, le vaincu de Stalingrad. C'est à *Sachsenhausen* qu'était installé l'état-major de Himmler et que l'inspection centrale de la SS fit expérimenter ses nouvelles méthodes d'extermination avant de les faire appliquer dans les autres camps.
Dans l'ancienne cuisine des détenus (bâtiment 12), exposition sur la vie quotidienne dans le camp. Mémorial depuis 1961, *Sachsenhausen* a d'abord servi de camp de concentration (204 000 détenus en 1944 et près de 100 000 morts entre 1936 et 1945). En août 1941, un massacre de masse y fut perpétré avec l'exécution de plus de 13 000 soldats soviétiques prisonniers de guerre. Puis il fut utilisé comme camp d'internement par les Soviétiques de 1945 à 1950.
On peut encore y voir l'« infirmerie » (bâtiment 20), la « pathologie », où étaient menées les pires expériences (bâtiment 21), les fondations de la « station Z »,

dernière étape avant le four crématoire, ou la piste d'essai des chaussures destinées à la Wehrmacht : les détenus devaient parcourir 40 km par jour en portant une charge de 15 kg, sur différents terrains (cailloux, sable, eau...).
Dans la « baraque 38 », exposition sur les prisonniers juifs du camp de 1936 à 1945. Les baraques 38 et 39 accueillirent jusqu'à 400 juifs ; elles étaient prévues pour 140. En 1992, peu après la visite du 1er ministre israélien Yitzhak Rabin, elles furent incendiées par un groupe d'extrême droite.

HOMMES, CULTURE, ENVIRONNEMENT

BERLIN MODE D'EMPLOI

Berlin aujourd'hui, c'est le grand brassage des genres : celui de l'Est et de l'Ouest, celui de l'architecture baroque et des bâtiments « avant-garde », celui de la grande culture classique et de la *Subkultur* libertaire, mélangeant les *Wessis* (les Allemands friqués de l'Ouest) et les quadras bobos estampillés UE, qui partagent les territoires de cette énorme métropole avec les « créatifs » venus du monde entier, les étudiants, les émigrés et les réfugiés.
La ville étant très étendue et les prix de l'immobilier de moins en moins abordables, les Berlinois (les plus jeunes surtout) ont trouvé une solution à la raréfaction des offres de logement dans le centre : la colocation. Car ils ne peuvent plus s'offrir le luxe de changer de domicile, comme avant, au gré des évolutions des quartiers montants. Pour les visiteurs du même âge, le côté éphémère et mutant de Berlin est une véritable aubaine : à l'est ou à l'ouest, d'un côté ou de l'autre de la Spree, il se trouvera toujours un nouveau lieu à découvrir et un quartier dans le vent.
Entamé il y a 2 décennies, l'embourgeoisement de la ville paraît cette fois inéluctable. Plus de 30 ans après la chute du Mur, la fameuse ***Ostalgie*** – jeu de mots entre nostalgie et *Ost* (« Est » au sens large) –, qui régnait durant les années 2000, semble en voie de disparition. La fascination pour ces années noires n'est plus de mise, même si certains acteurs touristiques berlinois continuent de surfer sur ce thème, oscillant entre le ludique et le glauque.

Un art de vivre unique en son genre

Si les quartiers bourgeois tels que Charlottenburg ou Schöneberg ont peu évolué depuis une dizaine d'années, une partie non négligeable de la ville a changé de visage. Au nord de ***Mitte,*** le Scheunenviertel a vu débarquer les galeries d'art et les enseignes de mode, qui ont peu à peu remplacé les lieux alternatifs, installés depuis les années 1990. Ex-quartier populo de l'Est, ***Prenzlauer Berg*** est plus que jamais le repaire des bobos. Désormais trop sage pour être *trendy,* le quartier est envahi de cafés où bruncher, de boutiques de design et de supermarchés bio. Les alternatifs se sont déplacés vers des coins moins prétentieux comme ***Friedrichshain*** ou ***Neukölln,*** au sud-est de Kreuzberg, quartiers ouvriers de l'ex-zone charnière, à forte implantation turque. Mais là aussi, les loyers ont doublé ces 10 dernières années... À Berlin-Est subsistent bien des témoignages d'avant la chute du Mur, et qu'il faut voir avant qu'ils ne disparaissent totalement : la ***Karl-Marx-Allee*** – l'équivalent des Champs-Élysées communistes –, les quartiers de HLM socialistes, les dernières friches...
On le répète, la vraie richesse de Berlin, c'est le mélange des cultures, constat présent dans ses musées, certes, mais surtout dans la rue. Avant 1989, la ville servait de vitrine idéologique pour les 2 systèmes qui se faisaient face, mieux que nulle part ailleurs. L'Ouest capitaliste bénéficiait alors d'importantes subventions de la RFA destinées notamment à son rayonnement culturel et l'Est communiste n'était pas en reste.
De nos jours, dans un Berlin réunifié, on recense 150 théâtres, 400 galeries et quelque 180 musées ! Il subsiste de ces années un ***dynamisme artistique et***

culturel qui ne se tarit pas, même si de nombreuses salles de spectacle doivent aujourd'hui faire face à une diminution des aides de l'État. Grâce à des investissements considérables, les musées officiels berlinois ont été rénovés de fond en comble pour offrir un visage culturel digne de la modernité du XXIe s. Sans oublier la ***Szene*** diurne et nocturne, où toutes les tendances musicales sont représentées (un plus pour l'électro et le jazz) et où, contrairement à Londres ou à New York, les lieux de la nuit ne connaissent pas d'heure de fermeture !
Des lieux qui attirent par milliers aussi bien des gays israéliens que des étudiantes suisses en rupture de ban, au milieu de jeunes Français toujours plus nombreux au fil des ans ou des Espagnols fraîchement diplômés venus trouver le travail bien rémunéré que le taux de chômage de leur pays leur refusait. Sans compter les innombrables réfugiés des conflits du Proche-Orient.

Sexués, oui... sexy, non !

Affichant sa différence sexuelle, qui ne posait aucun problème à ses concitoyens, l'ancien maire avait lancé dans les années 2000 le slogan de *Pauvre mais sexy* pour qualifier sa ville. Il avait quelque peu transformé la réalité comme le disaient les Berlinois d'adoption : ils sont devenus si nombreux par la suite qu'ils ont compensé largement les départs de tous ceux qui ne croyaient plus au rêve berlinois ! Lisez *Une vie de pintade à Berlin* (Le Livre de Poche) pour découvrir comment les jeunes femmes allemandes voient leur vie, leurs hommes... ou leurs compagnes. Très sexués les jeunes Berlinois, mais pas forcément sexy. Avant de venir à Berlin, inutile de se mettre en frais niveau fringues : le bon look est tout simplement celui que vous aurez choisi... Inutile également d'appeler sa famille parce que personne ne semble tomber sous votre charme, dans les parcs, dans les boîtes, dans les bars. On peut se promener tranquille, seul ou à 2, avec ou sans enfants, à toute heure ou presque. La règle 1re est de laisser chacun vivre et faire ce qui lui plaît.
Enfin, si les Berlinois éprouvent de la fierté pour leur ville, c'est davantage pour sa vitalité et sa topographie (ses parcs, ses lacs, les quartiers aérés) que pour son passé impérial. Loin de faire l'unanimité, le colossal ***Humboldt Forum*** est un geste politique fort autant que touristique : certains se plaignaient de ne pas avoir assez de monuments à photographier !
Malgré les cicatrices encore vives de sa tragique histoire au XXe s, voilà tout ce que l'on ira chercher derrière les derniers vestiges du Mur, ce qui, pour tous ceux qui se bousculent pour la photo-souvenir, au bras de faux militaires attendant le pourboire, semble déjà bien loin.
Le ***Kiez*** ? Kesako ? Pour les Berlinois, ce terme désigne le quartier de cœur, celui où l'on a grandi, qu'on a quitté, où l'on est revenu, celui dont on est fier. Chaque *Kiez* possède sa propre identité, tous ont leur attrait. Dès votre arrivée, mettez-vous en quête des bons *Kiez,* ceux qui correspondent à votre style et à vos envies.

CUISINE ET BOISSONS

Commencer une présentation de Berlin par un chapitre consacré à une cuisine qui joue rarement dans le registre gastronomique peut passer pour de la provocation, tant celle-ci ne semble pas être le souci primordial d'une population qui n'arrête pourtant pas de manger et de servir à manger. L'important à Berlin, c'est de se nourrir, à moindre coût, le plus rapidement possible... mais aussi de cultiver la convivialité, par exemple avec le brunch dominical. En vivant loin du centre et/ou en colocation, le Berlinois mange sur le pouce à midi, en terrasse dès les 1ers rayons de soleil, vite parce qu'il n'a pas plus de 30 mn à consacrer à la pause déjeuner, et souvent tôt le soir parce qu'il a mieux à faire que de passer son temps à cuisiner. Dans les lieux alternatifs, on vous proposera une ***Volksküche*** (ou *VoKü*), la « cuisine du peuple » bien entendu peu chère.

– Quoi de neuf côté cuisine à Berlin, allez-vous nous demander ? Plus que jamais, les cuisines du monde se rencontrent à chaque coin de rue, suivant les dernières tendances de la ***street food.*** *Bibimbap* coréen, *sabich* israélien, pizzas napolitaines et autres *bao burgers* se partagent les faveurs d'une clientèle avide de nouvelles découvertes. En parallèle, la scène gastronomique s'étoffe d'année en année : ici comme ailleurs, le ***locavore*** a le vent en poupe, avec un goût particulier pour les ***propositions végétariennes, voire végétaliennes.*** On ne compte plus les bistrots chics qui, dans le sillage de quelques grands chefs médiatiques, se sont spécialisés dans cette cuisine ultrafraîche, colorée, surprenante – et parfois déroutante –, qui entend prendre soin de notre planète avant même de régaler nos papilles.

– Quand on vient à Berlin, l'important reste toutefois de ne pas sauter le petit déjeuner, le fameux ***Frühstück.*** Toujours copieux, avec pain blanc ou noir aux graines, viennoiseries en tout genre, œufs mollets ou brouillés, yaourts aux fruits et *muesli,* harengs marinés, salade de pommes de terre ou charcuterie, fruits de saison ou non... On en oublie ou l'on en rajoute, car tout cela varie selon l'hôtel ou la pension qu'on a choisi, mais on peut ensuite se contenter aisément d'un déjeuner tardif sur le pouce. Nombreux sont les cafés qui proposent à leur carte le petit déjeuner et le ***brunch*** jusque (très) tard dans l'après-midi.

– Pour se restaurer rapidement ou pour les petits budgets, les nombreux ***Imbiss*** (fast-foods où l'on mange debout, sur le pouce, au sens strict) proposent, parfois 24h/24, des saucisses grillées, des ***Buletten*** (boulettes de viande hachée avec des épices et des oignons, dont le nom a été donné par les huguenots arrivés à la fin du XVIIIe s), mais aussi la non moins célèbre ***Currywurst.*** Et bien sûr des ***Döner Kebabs*** (viande d'agneau grillée présentée dans un pain pita), popularisés par la communauté turque du quartier de *Kreuzberg.* Pour qui n'aimerait pas le mouton, il y a souvent du poulet à l'ardoise *(chicken döner).*

LE KEBAB, UNE INVENTION BERLINOISE

Le kebab est sans conteste une spécialité turque, mais elle a été inventée à Berlin au début des années 1970. Un immigrant turc eut alors l'idée de mettre de la viande d'agneau découpée en lamelles dans un pain pita. Il s'agit simplement d'une version à emporter de l'iskender, un plat inventé par les soldats ottomans, utilisant leur sabre pour cuire la viande au-dessus du feu.

– En plus des restaurants, les ***Kneipen*** (voir plus loin « Les cafés berlinois *(Kneipen)* ») ont la particularité de servir les mêmes petites choses à grignoter sur le pouce – histoire de ne pas succomber trop rapidement aux 1res tournées de bière. Inversement, dans les restos, on peut aussi ne boire qu'un verre, surtout si l'on arrive entre 2 services.

Quelques particularités à noter, pour vous éviter de rester sur votre faim :

– en Allemagne, l'eau en carafe n'est pas une habitude que l'on encourage, à la maison comme au restaurant. On boit de la ***Mineralwasser,*** en bouteille, pétillante *(sprudel)* ou plate *(still),* précision à formuler au moment de la commande ;

– que ceux qui font attention à leur ligne se réjouissent : il n'y a pratiquement jamais de pain à table. En effet, on ne mélange pas ici le pain et les pommes de terre qui accompagnent la plupart des plats. C'est plus sain comme cela, vous affirmera-t-on ; mais, en insistant un peu, on peut avoir quelques tranches de pain pour saucer.

Jamais sans ma saucisse

On en trouve partout dans les rues, dans de petites baraques commerçantes, les ***Imbissstuben,*** à des prix autrefois dérisoires. Tâchons de distinguer les grandes tendances.

– La ***Currywurst*** est une véritable institution pour nos voisins germaniques. Ils en mangent ainsi 800 millions par an, dont 70 millions rien qu'à Berlin. Née en 1949, dans le quartier de *Charlottenburg*, elle plaisait beaucoup aux G.I. en poste à Berlin. En fait, c'est une banale saucisse coupée en petits morceaux. Longtemps, elle fut servie sans peau (après la guerre, il n'y avait pas assez de boyaux !) et aujourd'hui encore, on vous demandera souvent si vous la préférez avec ou sans la peau *(Darm)*. Son originalité ? Sa sauce ! Un savant mélange à base de concentré de tomate, *Worcestershire sauce*, curry, poivre de Cayenne, piment, huile d'olive, moutarde, oignons finement hachés, poivre et sel. Chaque quartier, chaque maison s'enorgueillissait de proposer la meilleure. Idéalement, elle se doit être arrosée d'une bière blanche.
– La ***Weißwurst,*** sorte de boudin blanc originaire de Bavière, est de loin celle que l'on s'offrira le plus volontiers, question de goût et de légèreté. Mais on ne la trouve pas partout.
– La ***Bratwurst,*** originaire de Nuremberg, servie grillée, a fait son entrée dans le club très sélect des AOP (appellations d'origine protégée).
– La ***Bockwurst,*** petite saucisse de porc à la peau un peu dure, que les habitués mangent dans un petit pain.
– La ***Plockwurst*** contient aussi du bœuf. Pour le reste, on ne s'avancera pas.
– La ***Bierwurst,*** sorte de cervelas, accompagne la bière, comme son nom l'indique.
– La ***Schinkenwurst,*** sorte de mortadelle fumée à grains épais, pas d'une grande finesse.
– La ***Leberwurst,*** au foie, peut être tartinée, et la *Knackwurst* est la moins passionnante de toutes !
– La ***Jagdwurst :*** une saucisse panée, préparée avec de la viande de bœuf et de porc maigre, épicée et assaisonnée avec sauce tomate et champignons et dégustée sur un pain beurré frais orné de moutarde. Coupée en cubes, elle est cuite avec des oignons et des champignons et servie couverte de fromage, sur une purée de pommes de terre.
– Nous ne nous étendrons pas sur leurs consœurs : *Wiener, Brägen, Zungen* et autres *Würste* plus rares.
Cela dit, on vous laissera vous faire une opinion par vous-même. Si le temps est à la pluie, vous en trouverez près de 2 000 au ***KaDeWe,*** de quoi vous occuper le temps d'une longue dégustation.

Spécialités berlinoises

– ***Pellkartoffel :*** la pomme de terre prussienne, typique, en remplacement du pain. Pas très glamour comme spécialité, mais incontournable.
– ***Kartoffelpuffer :*** des galettes de pommes de terre à grignoter sur l'un des marchés de Berlin. Les sucrées sont servies avec une sauce à la pomme ou compote de prunes, tandis que les versions salées incluent du saumon fumé ou de la saucisse.
– ***Bollenfleisch :*** un ragoût d'agneau avec des haricots verts et accompagné d'une salade de chou rouge vinaigré.
– ***Eisbein mit Erbspüree und Sauerkraut :*** le classique jarret de porc bouilli accompagné de purée de pois et de choucroute. Il existe aussi en version rôtie (avec sa peau bien croustillante, miam !) sous le nom de *Schweinshaxe*.
– ***Würzfleisch :*** un ragoût au porc ou à la volaille. La viande est rôtie et épicée, puis nappée de sauce et de fromage. On peut l'accompagner de pain.
– ***Schlachtplatte :*** boudin noir et saucisse de foie, pied et viande de porc.
– ***Kasseler Rippenspeer :*** côtes de porc fumées.
– ***Hering in Dillsauce :*** hareng à l'aneth.
– ***Aal grün :*** anguille non fumée assaisonnée d'une sauce au chou.
– ***Boulette :*** croquette de viande de pot-au-feu hachée, mélangée à de la mie de pain. Se mange chaude ou froide avec une salade de pommes de terre.

– ***Rinderbrust auf Berliner Art :*** poitrine de bœuf à la berlinoise.
– ***Hackepeter :*** hachis de porc assaisonné, à tartiner. Un tartare de porc, en fait !
– ***Rollmops :*** un filet de hareng mariné, puis enroulé autour d'un oignon ou d'un cornichon vinaigré, le tout tenu ensemble par un bâtonnet en bois.
– ***Häckerle :*** une salade de harengs salés, hachés très finement, avec des oignons, des cornichons, des œufs durs, des câpres, parfois des pommes et servie avec des pommes de terre sautées.

POUR ÉVITER DE TOMBER SUR UN OS !

Difficile de séjourner à Berlin sans manger l'Eisbein, jarret de porc confit, bouilli et salé servi sur son lit de choucroute. Littéralement « jambe de glace », cette spécialité vieille de 600 ans s'est vu attribuer le nom donné autrefois aux patins à glace des enfants, confectionnés dans une mâchoire de porc ! Que cela ne vous coupe pas l'appétit pour autant…

– ***Senfeier :*** littéralement, œufs à la moutarde. Cet accompagnement traditionnel est souvent servi autour de Pâques et se compose d'***œufs durs dans une sorte de sauce hollandaise moutardée*** et servis avec des pommes de terre.
– ***Teltower Rübchen :*** les navets de *Teltow* introduits par Frédéric le Grand, dont Goethe, Heine et Kant ont fait l'éloge.
– ***Käsekuchen :*** gâteau de fromage blanc (l'équivalent du cheese-cake anglo-saxon). Un de ceux que vous trouverez le plus souvent, généralement très réussi.
– ***Rote Grütze mit Vanillesauce :*** compote de fruits rouges nappée de crème vanillée.
– ***Pfannkuchen ou Berliner :*** gros beignets à la confiture, connus chez nous sous l'appellation de *boules de Berlin*.
– ***Apfelstrudel :*** un dessert particulièrement populaire en provenance de l'Autriche voisine. Le strudel aux pommes est une ***fine pâte garnie de pommes, cannelle, sucre et raisins secs.*** Le tout relevé d'une cuillerée de crème glacée à la vanille.

Cuisines du monde

– Avec la présence de 200 000 Turcs dans la ville, on peut sans hésitation, ranger le ***Döner Kebab*** au rayon des spécialités régionales. Ce sandwich fourré à la viande d'agneau ou de poulet accompagnée d'oignons et de sauce piquante se déguste à chaque coin de rue.
– On peut aussi parler de ***certains plats d'origine italienne ou asiatique*** : les Allemands sont de grands voyageurs et leur sol a accueilli des immigrés de toutes origines. Ne comptez pas trop sur nous pour multiplier les adresses où l'on vous sert des pizzas et des pâtes, car ce serait faire injure à toutes nos adresses préférées en Italie que de les comparer. 1 ou 2 par quartier, ça suffira amplement.
En revanche, les restos asiatiques jouant la carte diététique sont plus que jamais tendance. Et les restos bio (et/ou végétariens, voire végans) avec une pointe d'ethnique sont des plus recherchés, à défaut d'être bon marché. L'offre culinaire s'est énormément diversifiée, et les Allemands ont appris à tenir compte des aspects diététiques de l'alimentation pour se trouver, l'été venu, à leur avantage sur les plages de Majorque ou des îles grecques. Le hic, c'est que la bière, elle, s'ingurgite toujours à coups de chopes d'un demi-litre et qu'elle reste la boisson alcoolisée avec le plus fort taux de sucre !

Bières et boissons fraîches

Les marques *Kindl* et *Schultheiss* se partagent le marché de la bière. Avec la grande chope, on sert parfois une eau-de-vie de grain *(Molle mit Korn)*.

– ***Berliner Weiße :*** bière blanche brassée à partir de froment, légèrement pétillante et acidulée. Elle rafraîchit agréablement les gosiers en été et on la complète traditionnellement de fruits frais mixés. Dans la pratique, les fruits sont souvent remplacés par une dose de sirop ***(mit Schuß)*** : *rote,* avec du sirop de framboise *(Himbeer),* et *grüne,* avec du sirop d'aspérule *(Waldmeister).*
– ***Hefe :*** bière légère à la levure.
Bon à savoir : la plupart des bars et restos proposent un *happy hour* – généralement entre 17h et 20h – qui dépasse largement les 60 mn...
– Quant aux nouvelles boissons énergisantes, c'est à Berlin qu'on les teste souvent en 1er. On craque pour le ***Club-Mate,*** un soda développé à partir de la *yerba mate,* une infusion argentine que l'on boit partout et notamment dans les clubs, avec ou sans vodka selon l'heure. Plus excitant que le café, ça sert à tenir le coup.
– Le ***Schorle*** est un mélange de jus de pomme *(Apfelschorle)* ou de cerise *(Kirschschorle)* avec de l'eau gazeuse. Très rafraîchissant en été et parmi les boissons les moins chères.

Le brunch

C'est l'un des plaisirs berlinois du week-end. En terrasse l'été ou dans un café à l'ambiance chaleureuse quand la température est plus fraîche, on ne se lasse jamais de ces copieux buffets, à prix raisonnables, servis à volonté, généralement de 10h à 16h. La formule étant appliquée dans la quasi-totalité des établissements, il suffit de choisir son style. Nous mentionnons plus haut dans nos adresses les lieux les plus recommandés pour un brunch.

Les cafés berlinois *(Kneipen)*

Les ***Kneipen*** font partie intégrante de l'art de vivre berlinois. Il y a ici une véritable culture du « café », presque un rituel. À croire que les Berlinois passent plus de temps dans les bistrots que dans leur appartement (le syndrome de l'étudiant attardé est très répandu ici), phénomène que la crise a accentué avec la multiplication des colocations... Ici, on peut encore fumer quand personne ne mange à côté, sinon respect !
– Pour la plupart, les bars restent ouverts jusqu'à ce qu'il n'y ait plus personne... donc jusque très tard dans la nuit. Pour trouver des lieux qui bougent, il faut mettre le cap sur *Kreuzberg, Friedrichshain, Neukölln, Mitte,* voire *Prenzlauer Berg*. *Charlottenburg* attire une clientèle d'un standing plus élevé, quoique, là aussi, tout soit en train de changer : 30 ans après la chute du Mur, l'Ouest n'a pas dit son dernier mot !
– Afin d'éviter tout malentendu, lorsqu'on commande un café, il convient toujours de préciser ce qu'on souhaite exactement : expresso, cappuccino, *latte macchiato,* ce qui n'est pas très difficile, c'est de l'italien de cuisine ! Faute de quoi, on servira une grande tasse de café filtre allongé, généralement imbuvable. On peut aussi demander un *Café au lait* ou *Milchkaffee,* et il n'est pas rare qu'il soit servi dans une sorte de bol. Il vaut mieux demander ici une petite tasse ! Et surprise, en revanche, lorsqu'on demande un café-crème : ici, c'est un café noir avec une belle mousse au-dessus, mais sans crème !
– Même chose avec la bière, ici pas de galopin ni de demi-pression, ou plutôt si : ce sont de véritables demi-litres, pression *(vom Faß)* ou bouteille *(Flasche).* À essayer : les bières *Weizen, Kristall* (idéale l'été, avec une rondelle de citron), *Hefe* (blonde mais trouble *because* levure de blé !) ou *Dunkel* (bière sombre, arrière-goût de girofle). Et la ***Berliner Weiße mit Schuß,*** servie dans un drôle de verre avec du sirop (rouge ou vert), bière amère mais rafraîchissante, à boire l'été, donc... mais à l'aide d'une paille !
– Tous les cafés proposent des en-cas ou des gâteaux faits maison qui accompagneront le café ou la bière (!) et permettront de grignoter sur le pouce de façon très économique.

CURIEUX, NON ?

– Parmi les traits principaux des Berlinois (ce n'est pas vraiment surprenant, vu l'héritage prussien), il y a la ***ponctualité.*** Ils ne sont jamais en retard pour un rendez-vous ou pour la visite d'un ami. Puis le sens civique : ils ne traversent la route que dans les lieux autorisés (sauf si personne ne les regarde !). Ensuite la sincérité : ils sont très ouverts dans les relations, mais incapables de dissimuler (à la différence des Latins).
– Les Berlinois sont à la pointe en matière de ***respect de l'environnement,*** que ce soit avec la nourriture bio, végane, mais aussi avec le tri des déchets ! Le local à poubelles d'un immeuble ne compte pas moins de 9 bacs différents ! Si quelqu'un vous voit vous tromper, soyez sûr qu'il va tout de suite venir vous montrer comment sélectionner vos ordures.
– Pour les bouteilles de bière qu'on boit dans la rue : il faut les laisser par terre car elles sont consignées et les gens qui ont peu de moyens les ramassent pour se faire un peu d'argent.
– Le rituel du dimanche consiste à prendre un ***brunch en famille*** ou entre amis et jusque bien tard dans l'après-midi.
– Quand on pratique un peu l'allemand, on remarque que les Berlinois ponctuent leurs phrases de « ***na*** », interjection qui ne veut pas dire grand-chose mais qui sert en toutes occasions. On voit un ami, on lui adresse un « *na* » interrogatif, il comprendra alors qu'on lui demande s'il va bien. Il y a aussi le « *na ja* », le « *na und* », le « *na klar* », et encore un tas de variantes.
– À part certains étrangers... ***personne ne fraude dans le métro.*** Il n'y a ***pas ou peu de vols,*** et si l'on perd quelque chose dans un lieu public il y a de grandes chances pour qu'on le retrouve.
– Les Françaises qui vivent à Berlin savent que ***la drague est une pratique qui n'a jamais franchi le Rhin.*** Les rapports sont amicaux mais les mecs sont incapables de tourner un compliment ou de simplement faire tourner les têtes, certains disent à cause d'un mouvement féministe plus radical... Cela dit, avec la crise économique, les Espagnols, Portugais et autres *Italian lovers* sont de plus en plus nombreux à venir conter fleurette aux Berlinoises.
– Ne vous ruez pas sur la 1re Allemande qu'on vous présente en l'embrassant sur les 2 joues comme si vous la connaissiez depuis toujours. Calmez vos ardeurs et serrez-lui la main (sans la broyer, de préférence). En Allemagne, ***on n'embrasse que les personnes que l'on connaît bien.*** Mais après quelques bières, tout le monde se tape dans le dos, un peu à la manière américaine.
– FKK, la *Freikörperkultur,* ou l'art de ***se balader à poil.*** Les Berlinois, tous genres confondus, n'ont aucune réticence à se promener en toute décontraction au bord d'un lac en tenue d'Ève. Vous croiserez des panneaux du genre *FKK Strand,* ce qui signifie qu'on vous regardera d'un air réprobateur si vous gardez vos vêtements sur ce bout de plage.

ÉCONOMIE

Au cours des 30 dernières années, l'économie berlinoise a connu de profondes mutations structurelles. Les Berlinois attendaient peut-être trop de la réunification des 2 Allemagnes. La chute du Mur, en 1989, a mis un terme aux généreuses subventions fédérales (la RFA prenant en charge la moitié du budget municipal). Les primes de 8 % généreusement accordées aux salariés pour indemnité d'exil ont été supprimées (normal !). Le secteur immobilier n'a pas connu le boom escompté suite au déménagement des institutions fédérales. En dépit de nombreuses suppressions d'emploi, le Land a conservé un noyau industriel fort. Ce n'est que depuis les années 2000 que l'essor berlinois s'intensifie avec de très nombreuses PME. Plus de 50 % des personnes actives (720 000 emplois) travaillent à Berlin dans le secteur privé des services, y compris dans les domaines du commerce, des banques et des assurances, ainsi que celui des transports et médias. La part de l'industrie et du BTP a nettement baissé tandis que la place du secteur tertiaire augmentait. Aujourd'hui, Berlin et sa région sont caractérisés par un parc d'entreprises performantes, créé avec le soutien de moyens financiers considérables accordés par le Fonds structurel européen en vue du renforcement de l'économie et des infrastructures.

L'immobilier, autrefois très accessible, est en train de monter en flèche, les secteurs liés à la construction battant actuellement record sur record. Les loyers ont grimpé de 74 % entre 2010 et 2018. Le Sénat de Berlin a voté en 2019 une loi pour les plafonner.

LE PRIX DES LOYERS, UN SUJET SENSIBLE

81 % des logements berlinois sont des locations. Sur ces locations, 40 % appartiennent à des particuliers (parfois des copropriétés) et 60 % à des sociétés qui ont fait de l'immobilier leur activité principale.

Un décollage qui connaît quelques ratés

Avant la crise de la Covid-19, seul le secteur touristique avait réellement tiré son épingle du jeu, et la création du nouvel aéroport aurait dû compléter l'offre, si tout s'était passé comme prévu. Berlin est devenue la ville la plus attractive du pays avec plus de 13 millions de visiteurs par an (dont 3 pour le seul tourisme lié à la musique électronique), un chiffre qui a plus que doublé en 10 ans. Ce qui la place en 3e position en Europe, derrière Londres et Paris, mais devant Rome ! Sur ***Unter den Linden***, la célèbre avenue des musées, les façades se peaufinent et retrouvent leur prestance d'autrefois. Près de 30 ans après la réunification, Berlin continue de travailler à son embellissement en perdant au passage un peu de ce caractère bien trempé, un rien dérangeant, qui en faisait l'originalité.

Le secteur du tourisme concerne 400 000 emplois, pour un chiffre d'affaires brut de plus de 11 milliards d'euros. Sans encore souffrir d'un sur-tourisme qui frappe d'autres villes européennes, cet afflux avait, avant 2020, commencé à poser problème à la municipalité : engorgement d'autocars à la porte de Brandebourg et à Checkpoint Charlie, hôtels qui poussent comme des champignons et les prix de l'immobilier qui s'envolent dans certains quartiers. On a même vu des slogans apparaître pour se plaindre des touristes ou du bruit de leurs valises à roulettes...

La ville possède aussi le potentiel pour améliorer sa capacité en matière d'innovation économique et pour devenir une « ville de production scientifique » en disposant d'une main-d'œuvre hautement qualifiée. Les chances et les potentialités de la région de Berlin se trouvent en particulier dans les domaines de la biotechnologie, de la communication, des techniques de systèmes de transport, de la production de matériel médical ou optique, des techniques de microsystèmes et de la science des matériaux.

Le nombre croissant de visiteurs nationaux et internationaux et l'importance grandissante de la ville de Berlin au niveau des salons et des congrès sont également des vecteurs de croissance économique.

La construction du nouvel aéroport, planifiée depuis 1996, avait débuté en 2007 pour une mise en service véritable repoussée d'année en année à la suite de difficultés multiples, les dernières tenant aux mises aux normes incendie, ou simplement au fait que sa capacité était déjà jugée insuffisante pour faire face au futur trafic. Il a donc fallu construire une extension (avant même que le bâtiment principal ne soit achevé !) et revoir tout le projet. À la fin de l'été 2014, le fiasco absolu qu'était devenu le chantier a carrément abouti à la démission du maire de Berlin, Klaus Wowereit...

Après tous ces rebondissements, l'aéroport a été finalement inauguré fin 2020, mais ce retard restera néanmoins gravé dans les mémoires comme l'***un des plus beaux ratages économiques*** de ce début de siècle, une tache sur la réputation de l'efficacité allemande... De grands espoirs de développement reposent sur la mise en service de l'aéroport. Les 1res retombées devraient toucher ses alentours avec l'installation de bureaux, de services et de centres de logistique, puis le sud de la ville, dont la production industrielle sera dynamisée. Enfin, tout cela devrait doper le tourisme : avec une capacité estimée à terme à 45 millions de passagers, l'aéroport international entend bien jouer sa carte à fond. La pandémie de Covid-19 a bien évidemment mis à mal ces perspectives de croissance mirobolantes. D'autant plus que l'abonnement mensuel de train à 9 €, expérimenté durant l'été 2022 par la *Deutsche Bahn,* a connu un succès phénoménal !

Économie parallèle

En 2021, le taux de chômage à Berlin se situait à 10,5 % pour une moyenne nationale de 6,3 %. Berlin est une ville alternative, pop, underground... mais encore relativement pauvre, même si ce retard s'estompe de plus en plus. On compte encore 40 % des Berlinois qui vivent grâce aux aides publiques, et plus de 500 000 personnes au-dessous du seuil de pauvreté. Une situation difficile, qui a généré une nouvelle forme de mode de vie, à la fois économe et branchée. Face au constat selon lequel les riches Berlinois sont de plus en plus riches et les pauvres de plus en plus pauvres, ces derniers ont développé des astuces pour consommer à moindre coût, comme, par exemple, faire les fins de marché ou s'habiller dans des friperies.

La création d'un salaire minimum en Allemagne, mesure phare du programme électoral du SPD, mais surtout condition nécessaire à tout accord de coalition, a finalement été obtenue. C'est un pas en avant pour la capitale allemande où les mini-jobs payés à 1 € de l'heure et autres emplois précaires dont la rémunération est inférieure à 400 €/mois étaient monnaie courante.

En marge, donc, de l'économie officielle s'est développée à Berlin une forme d'économie qui est loin d'être marginale, comme on pourrait l'imaginer. On le constate vite, ce sont les créatifs qui donnent le ton. S'offrir une nouvelle vie, dans une nouvelle ville : le rêve peut encore devenir réalité. Les loyers étant encore relativement modérés dans certains quartiers, la ville agit comme un pôle magnétique et attire tous les acteurs d'une nouvelle contre-culture.

S'il fallait cerner une tendance de fond qui s'est développée chez les jeunes et les artistes, ce serait assurément celle de la ***décroissance.*** Cette évolution sociologique a pris ses racines dans la capitale allemande. On peut la définir par un retour à une économie de moyens, en contestation d'une société dominée par le mercantilisme. L'idée consiste à vivre avec un minimum d'objets, en posséder le moins possible et faire de sa vie une création perpétuelle. Les adeptes les plus radicaux de la décroissance, les ***objecteurs de croissance,*** se déplacent à vélo, ne possèdent pas de frigo, achètent leurs produits et les cuisinent au jour le jour. Ils recyclent, fréquentent les friperies, procèdent par troc. Il faut assister à une *Kleidertausch-Party* (une soirée où l'on se contente d'échanger ses vêtements, précisons-le) pour mieux comprendre. Les nouveaux Berlinois ont créé une famille, un cercle d'amis et partagent le maximum de services collectifs. Jeans, parka, *low-boots seventies* ou vieilles baskets de l'armée allemande, les Berlinois s'habillent de façon cool et stylée à la fois. Internet a largement contribué à favoriser ce modèle de vie en facilitant l'accès gratuit (parfois de façon illégale) aux contenus culturels. L'idée dominante est de passer du champ de la consommation à celui de la création.

ENVIRONNEMENT

On peut vraiment parler de ***qualité de vie.*** Les Berlinois y tiennent, d'autant plus qu'ils possèdent un environnement exceptionnel sur une surface 8 fois plus étendue que celle de Paris : près de 40 % de la superficie de la ville est couverte par des espaces verts (plus de 400 000 arbres) et par des plans d'eau. La campagne se révèle tellement présente à Berlin que certains quartiers (comme *Zehlendorf, Grunewald, Spandau, Wilmersdorf...*) doivent faire face à de nouveaux et peu ordinaires locataires : les ***sangliers*** (attirés par le contenu des poubelles et le radoucissement climatique) et les ***renards*** (on en a vu en longeant le Tiergarten, mais aussi dans la *Köpenicker Straße,* en plein centre !).
Bien entendu, sérieuse bataille contre la pollution automobile et pour la qualité de l'air... en donnant l'exemple : des centaines de milliers d'habitants roulent à vélo (on parle de 250 000 !) sur 700 km de pistes cyclables. En outre, possibilité d'embarquer son vélo dans le métro et le S-Bahn. Les Berlinois ont l'habitude de se plaindre des embouteillages du matin et de fin de journée, mais rien à voir avec les nôtres. Le fait que tant de gens aillent au boulot à vélo a bien entendu considérablement contenu la pollution atmosphérique.
Enfin, dès que le soleil recommence à chauffer, on se précipite pour se relaxer et bronzer sur le moindre carré de verdure (et Dieu sait combien il y en a !) et sur les nombreuses plages de sable artificielles qui parsèment la ville, jusqu'aux quartiers les plus centraux.
Le respect de l'environnement et de la qualité de vie : des préoccupations majeures pour les Berlinois. D'ailleurs, le poids politique des ***Grünen,*** les écolos locaux, est là pour le démontrer. Avec 4 poubelles différentes de tri des déchets sur les quais des gares et des métros, on a donc l'embarras du choix : nul ne songerait à jeter son papier par terre dans ces conditions, n'est-ce pas ?
Pour réduire les nuisances de la circulation routière, le Land de Berlin favorise l'utilisation de ***gaz naturel,*** non polluant, comme carburant. *Vattenfall,* une entreprise de production et de distribution d'énergie, exploite en plein centre l'une des centrales thermiques parmi les plus performantes au monde. En cas de constructions neuves pour le gouvernement fédéral à Berlin, *Vattenfall* est partenaire pour couvrir le besoin en énergie en recourant de plus en plus à l'énergie solaire. Outre une qualité de l'air améliorée par la réduction des émissions de CO_2, l'utilisation de technologies innovantes crée aussi de nouveaux emplois.
La plupart des bouteilles en plastique sont consignées. Pour le verre, seules les bouteilles de bière et de lait le sont, pas les bouteilles de vin et de jus de fruits. Allez savoir pourquoi.
Cela dit, en Allemagne et à Berlin en particulier, toutes les mesures prises en termes de consommation d'énergie ont été mises à mal en 2022 depuis le début de la guerre en Ukraine du fait de la dépendance allemande aux importations de gaz russe...
À l'été 2022, la capitale a subi comme beaucoup de régions en Europe une sécheresse inhabituelle, des arbres ont dû être abattus et d'autres sont partis en fumée lors des incendies qui se sont déclenchés dans la forêt de Grunewald et dans le Brandebourg.

FRANÇAIS À BERLIN

Les huguenots et les *Buletten*

Même si vous venez à Berlin pour la 1re fois, vous pensez bien ne pas être les 1ers Français ! Les traces laissées par vos prédécesseurs sont partout présentes et parfaitement lisibles, bien que souvent incompréhensibles. Cela s'explique par l'Histoire : les ***protestants français*** accueillis par Frédéric-Guillaume à la fin du

XVIIe s après la révocation de l'édit de Nantes, et la cour francophile de Frédéric II au XVIIIe s. Ces Français exercèrent une forte influence, économique et culturelle, par l'apport de produits et de techniques nouvelles, la création de bâtiments et de monuments importants (Collège français, *Französischer Dom,* le village de *Friedrichstadt,* aujourd'hui quartier autour de la *Französische Straße*).
Moins spectaculaire est l'assimilation dans le vocabulaire berlinois (et allemand) de nombreux mots français, dans la gastronomie ou la mode par exemple : on peut commander des ***Buletten mit Pommes*** (prononcez « bouletten mit pommeusses » – boulettes de viande hachée avec des pommes frites) ou prendre un ***Bulljong*** ou ***Ragoufeng*** (bouillon ou ragoût fin), un *Muckefuck* (« moka-faux », un café trop clair), aller chez le *Frisör* (dites « friseur ») pour essayer une nouvelle *Perücke* et, peut-être, *in die Bredulje kommen* (rentrer bredouille) en longeant les *trottoirs,* en prenant soin d'éviter les *pissoirs...* Et aussi *Karotte, Delikatessen...*

Les Français fous de Berlin

Les autorités estiment que la communauté française à Berlin représenterait 1 % de la population totale de la ville, dont des résidents installés de longue date ou effectuant de plus courts séjours. La majorité concerne la tranche d'âge des 20-40 ans en provenance essentiellement de la région parisienne. Explication : les prix des logements sont encore attractifs par rapport à Paris. Mais cela ne suffit pas pour expliquer la motivation des Français à s'installer à Berlin. Paradoxalement, la possibilité de carrières est mince et les salaires peu motivants.
Ce que recherchent les jeunes Français qui s'y installent, c'est avant tout un ***cadre de vie*** plus attractif, même en hiver. Alors que Paris souffre d'un coût de la vie exorbitant, Berlin recèle les avantages à la fois d'une capitale et d'une ville de province : la vie est moins stressante et plus conviviale. Les espaces verts sont nombreux et la ville est propre. Les jeunes artistes, on l'a dit, peuvent se loger à l'économie et trouver l'espace nécessaire à la création. Les ***jeunes pousses de l'Internet*** disposent facilement de bureaux pour lancer leur business et, en plus, on s'y amuse : la vie nocturne est trépidante et sans limites. Bref, Berlin a gardé un visage bohème et alternatif que Paris a définitivement perdu...

HISTOIRE... DE RÉVISER SES CLASSIQUES

L'histoire de Berlin est complexe, et l'on ne peut que conseiller de se pencher quelques minutes sur le sujet avant d'explorer la ville actuelle. On garde les chiffres et les dates pour la rubrique suivante : voilà juste de quoi raviver quelques souvenirs, dans un 1er temps.
2 villages de pêcheurs sont à l'origine de la ville : ***Berlin et Cölln,*** habités depuis le XIIe s par la tribu slave des *Wendes.* Au XIVe s, Berlin est la ville principale de la Marche de Brandebourg. La croissance de Berlin s'accompagne d'une envie d'indépendance et, pour résister aux princes allemands, la ville s'allie à la ***Hanse*** en 1430. Les thèses de ***Martin Luther*** au XVIe s y connaissent une forte résonance, et Berlin devient alors essentiellement protestant. La guerre de Trente Ans (1618-1648) laisse Berlin exsangue ; la population, décimée, est inférieure à 6 000 habitants !
Les souverains de ***Brandebourg*** en font une cité importante, en particulier le Grand Électeur qui offre, en 1685 (après la révocation de l'édit de Nantes), l'asile à plus de 6 000 protestants français. Leur influence sera prépondérante.
Le 1er roi de Prusse, ***Frédéric Ier*** (qui règne de 1701 à 1713), réunit les 5 communes de la ville et fait de Berlin sa résidence et la capitale de la Prusse (construction de Charlottenburg, de l'arsenal ou du Palais royal).
Frédéric II (monarque de 1740 à 1786) entreprend, quant à lui, la construction de fastueux monuments (opéra, bibliothèque royale, université, cathédrale, etc.), et la porte de Brandebourg est érigée peu de temps après sa mort. Berlin attire les

étrangers et les intellectuels : Frédéric II règne en despote éclairé et invite Voltaire à sa cour. C'est à Berlin qu'est ouverte la 1re école française à l'étranger. De 1650 à 1789, la population passe de 10 000 à 150 000 habitants.

La capitale du Reich

Avec le XIXe s, Berlin s'industrialise et accueille des usines textiles et sidérurgiques. En 1871, Berlin devient capitale du Reich allemand avec ***Bismarck*** (déjà 2 millions d'habitants en 1905). Après la réforme territoriale de 1920, le « Grand Berlin » voit le jour avec la fusion de ses arrondissements, des 7 villes environnantes et des 59 villages. Les 860 km² et les 4 millions d'habitants de la métropole en font ainsi la plus grande ville industrielle du continent !

Les Années folles d'après la Grande Guerre voient Berlin se transformer en capitale des plaisirs et du sexe en Europe, où homos des 2 bords s'affichent sans contrainte. Les cabarets ne désemplissent pas. Sa célèbre ***université Humboldt,*** les architectes du Bauhaus et le dramaturge Bertolt Brecht (voir plus loin la rubrique « Personnages ») participent alors à son rayonnement culturel, interrompu par la crise économique de 1929 (plus de 600 000 chômeurs à Berlin), ce qui favorise l'accession d'Adolf Hitler au pouvoir en 1933, nommé chancelier par le vieux président Hindenburg... même si son parti n'est pas majoritaire. Après l'***incendie du Reichstag*** qui lui fournit un prétexte pour éliminer les communistes et les sociaux-démocrates, la répression nazie s'abat sur les intellectuels, les opposants, les artistes « dégénérés », les Roms et les minorités sexuelles.

UN PYROMANE BIEN ALLUMÉ

Le 27 février 1933, le Reichstag prend feu. Sur place, la police arrête Marinus Van der Lubbe, un communiste hollandais à moitié fou. Il est accusé de l'incendie et exécuté. Un sérieux doute demeure. On sait que, ce soir-là, un groupe de SA a emprunté un passage souterrain depuis la demeure de Göring jusqu'au Reichstag et y a répandu des produits inflammables. La présence du Hollandais ne serait que fortuite. Hitler tire parti de la situation. Le lendemain, il attribue le crime aux communistes et en fait arrêter 4 000. Le même jour, il fait signer par von Hindenburg un décret qui suspend toutes les libertés. Le 23 mars, on inaugure le camp de Dachau.

Tout s'enchaîne rapidement : mai 1933, sur l'ancienne *Opernplatz* (actuelle *Bebelplatz*), ***autodafé*** de 20 000 livres d'auteurs allemands, juifs, marxistes ou pacifistes considérés comme opposés à l'« esprit allemand » ; juin 1933, « semaine sanglante de Köpenick » ; fin 1933, l'Allemagne est complètement nazifiée. En 1935, c'est la promulgation des ***lois raciales de Nuremberg*** ; en 1938, la « ***Nuit de cristal*** » et l'incendie des synagogues. De 1941 à 1945, 60 000 juifs berlinois sont assassinés ou déportés.

MEIN KAMPF

Hitler écrit le texte fondateur du nazisme en prison après son putsch raté. Dès 1933, le Reich offre systématiquement le livre aux jeunes mariés. Au total, il s'en vend plus de 10 millions d'exemplaires ! Les substantiels droits d'auteur lui permettent d'acheter son chalet à Berchtesgaden. Plus de 70 ans après la mort de son auteur, l'ouvrage dont les droits sont gérés par l'État de Bavière peut être réédité. C'est ce qu'ont fait les éditions Fayard en publiant une monumentale édition critique.

Au-delà des projets de conquête, la mégalomanie de Hitler s'exprime aussi dans ses plans architecturaux délirants. C'est au jeune et ambitieux architecte ***Albert Speer*** que revient la charge d'élaborer les plans de la future capitale du Reich millénaire, ***Germania,*** qui devra être achevée en 1950 et livrée à l'admiration du monde entier à l'occasion d'une grandiose Exposition universelle. Le programme prévoit de raser une grande partie du cœur historique de la ville pour libérer l'espace nécessaire aux réalisations pharaoniques qui plaisent au Führer. Pour reloger les habitants expulsés des quartiers ainsi remodelés, on confisque les logements des juifs, et pour mener à bien les projets, on puise dans les réserves de travailleurs forcés et de prisonniers des camps. Entravés par les attaques de l'aviation alliée, ces travaux seront totalement interrompus en mars 1945.

Des ruines s'éleva... un mur

Durant la ***Seconde Guerre mondiale,*** Berlin est l'un des objectifs prioritaires des bombardiers alliés. Cependant, la ville n'est pas, contrairement à une idée reçue, la plus détruite d'Allemagne : en 1945, 43 % des logements sont déclarés inhabitables, ce qui est un taux relativement faible par rapport à d'autres cibles de l'aviation alliée. Les bombardements se sont concentrés sur les quartiers centraux, mais ils ont épargné volontairement des zones proches des aéroports, que les vainqueurs souhaitaient utiliser après la fin des hostilités. De plus, la faible densité de Berlin, la largeur des avenues, les nombreux espaces verts les ont empêchés d'être vraiment efficaces.

La prise de Berlin, au printemps 1945, par les forces soviétiques a été, elle, destructrice en vies humaines : de 1939 à 1945, la population chute de 4,3 à 2,8 millions d'habitants. Berlin-centre n'est plus que ruines : on évacue ***75 millions de m³ de décombres...*** Ce sont en majorité des femmes qui s'en chargent, les fameuses ***Trümmerfrauen*** (« femmes des ruines »), les hommes étant morts ou captifs !

En juin 1945, l'ancienne capitale devient le siège du Conseil de contrôle allié. On partage la ville en ***4 secteurs d'occupation*** : soviétique pour la zone orientale (près de la moitié de la superficie totale), américain, français et britannique pour le reste. Berlin est enclavé dans la zone d'occupation soviétique. Mais des dissensions apparaissent entre les Alliés : en 1948, les Soviétiques coupent les voies d'accès à Berlin-Ouest. C'est le fameux ***blocus.*** Les Américains organisent alors un ***pont aérien*** qui permet de ravitailler la population pendant près de 1 an, transportant près de 1 900 000 t de ravitaillement (dont 80 % de charbon) et une centrale électrique en pièces détachées.

Les liaisons téléphoniques entre les 2 Berlin sont interrompues en 1952 par décision de l'Est. Un mouvement de mécontentement se propage dans toute la RDA (fondée en 1949) ; il culmine en juin 1953 avec la ***grève des ouvriers du bâtiment,*** réprimée par les ***troupes soviétiques*** pour rétablir le calme. 2 millions et demi d'Allemands de l'Est passent alors à l'Ouest, fuyant le « paradis socialiste ». Pour mettre fin à cette hémorragie, le Mur est érigé en 1961. Il ne tombera que le 9 novembre 1989. Et comment ? Grâce à ***Mikhaïl Gorbatchev*** qui est rentré dans l'histoire en ne faisant rien pour l'éviter. Ses prédécesseurs avaient maté Budapest en 1956 et Prague en 1968 avec leurs chars. Lui, il laissa faire et les 2 Allemagnes se réunirent enfin. On lui donna même le prix Nobel de la paix, mais il perdit son boulot.

UN TUNNEL SI PEU SECRET

En 1954, la CIA entreprend de creuser une galerie longue de 450 m pour atteindre le central téléphonique des troupes russes et intercepter leurs messages. Très tôt, les Soviétiques ont vent de l'opération et déménagent leur central stratégique. Au total, les Américains dépenseront 6 millions de dollars pour creuser puis pour traduire des conversations de bidasses sans aucun intérêt.

De nouveau ville capitale

Avant la réunification en 1990, Bonn est la capitale provisoire de la République fédérale d'Allemagne (RFA) et Berlin-Est (officiellement « Berlin » tout court) celle de la République démocratique allemande (RDA). Le transfert des institutions fédérales de Bonn à Berlin suscite bien des polémiques... Pour certains opposants, Berlin capitale de l'Allemagne, c'est un trop grand décentrage vers l'Est et un éloignement du cœur économique de la nouvelle Allemagne... C'est aussi le rappel de Berlin capitale de la dictature nazie ou du Reich de 1871, et, plus loin encore dans l'histoire, de la Prusse et son autoritarisme...

Le traité de 1990 rend à Berlin son statut de capitale, mais la question du siège du gouvernement reste en suspens jusqu'à ce que, à l'issue d'un débat passionné, le Bundestag décide, le 20 juin 1991 (par 338 voix contre 320), que Berlin, capitale historique, sera le ***siège des institutions de l'Allemagne*** réunifiée. Alors que la résidence officielle du président de la République (fonction largement honorifique) a toujours été le château de Bellevue, à Berlin, le transfert du gouvernement et de la ***chancellerie*** à Berlin n'est effectif que depuis 2000.

Pour accueillir le nouveau ***Bundestag,*** l'ancien Reichstag voit son toit doté d'une coupole en verre devenue depuis l'attraction nº 1 des visiteurs, et un symbole très visible du renouveau politique de Berlin.

Pour des raisons de coût, la plupart des ministères se sont installés dans des bâtiments datant du IIIᵉ Reich ou de la RDA, même si certains ministres auraient préféré intégrer des bâtiments moins plombés par l'histoire. Exemple : le ministère des Finances, qui occupe les anciens bureaux de... Göring !

Et vient la nostalgie des ex-camarades

À l'Est, les attraits de la société occidentale perdent vite de leur éclat et le culte du bon vieux temps – où tout était pris en charge par l'État – fait son apparition sous le joli nom d'***Ostalgie.*** On recherche les bistrots au look d'autrefois, les sodas de l'enfance, le café *Gold,* les savons *Florena,* les pâtes à tartiner *Nudossi,* le chocolat *Schlager* qui colle toujours au palais et ce subtil mélange de cornichons et tomates des temps difficiles, définitivement remplacé par un zeste d'orange...

Les célèbres *Ostalgie-Parties* sont un exemple typique de l'*Ostalgie,* pendant lesquelles s'affichent des sosies d'Erich Honecker, se jouent des airs de musique de la RDA *(DDR-Musiktitel)* et se consomment des produits alimentaires typiques *(DDR-typisch),* comme le « Club Cola ». Le fin du fin est de se rendre à ces fêtes à bord d'une Trabi dans des vêtements exhibant les anciens insignes de la RDA. Retour à l'enfance, pour beaucoup, tout simplement... mais aussi souvenir du temps révolu où les crèches et les soins de santé étaient gratuits, où l'emploi à vie (même à ne presque rien faire) était quasi garanti et où la solidarité informelle dans les HLM sordides n'était pas un vain mot... même sous l'œil vigilant des indics de la Stasi et cela d'autant plus que le passage brutal au capitalisme et à la responsabilité individuelle a fait beaucoup de dégâts.

Malgré l'absence de libertés et les crimes commis par le régime, les sondages ont révélé qu'une majorité d'Allemands de l'Est estimait que l'ex-RDA avait davantage d'aspects positifs que négatifs...

La sortie du film ***Good Bye Lenin !*** (6 millions de spectateurs en France) puis celle de ***La Vie des autres*** (pourtant critique pour le régime) ajoutées au succès de la société *Ossiversand,* qui vend par correspondance des produits de l'Est (recréés) comme les cornichons sucrés de la *Spreewald* et l'infâme mousseux made in RDA, ont contribué à conforter cette tendance. Aujourd'hui, le temps a fait son œuvre et la nostalgie s'est largement estompée, devenant plus folklorique.

Berlin après la réunification

Berlin a vu grand, trop grand peut-être : la ville a frôlé la ***faillite.*** De son côté, le gouvernement fédéral ne l'a pas aidé à sortir de ce gouffre financier. Résultat : des immeubles et bureaux vides se sont vendus pour 1 € symbolique, des postes de fonctionnaires ont été supprimés, et les budgets alloués à la culture ont subi des coupes claires.

Les autres faits marquants des années 1990 ont été, sans conteste, le départ des forces militaires alliées le 8 septembre 1994, l'« emballage » très symbolique du Reichstag par ***Christo*** en 1995, puis sa rénovation achevée en beauté par la construction d'une coupole de verre. Ces 3 événements ont en effet profondément modifié la perception que les Berlinois avaient de leur ville. Berlin capitale, ce n'est pas seulement un nouveau rendez-vous des Allemands avec eux-mêmes, c'est aussi, depuis le déplacement du centre de gravité de l'UE vers l'est après l'élargissement à 28 pays (avant le Brexit), un rendez-vous de l'Europe avec son avenir.

Berlin aujourd'hui

La fin de la 1re décennie du nouveau siècle a vu la crise déferler sur l'Europe en touchant le secteur financier puis celui de l'industrie automobile, l'un des piliers de l'économie allemande.

En 2019, les Berlinois ont célébré les 30 ans de la chute du Mur, montrant au monde que la malédiction d'une ville peut se conjurer par la volonté de ses habitants. Ce qui n'empêche pas certains nuages sombres de voiler la vision trop optimiste que l'on aimerait déceler une fois le charme de la ville résorbé. Au cours d'une balade dans ***Friedrichshain,*** où le mélange des populations semble une valeur acquise, vous verrez peut-être la reprise d'une petite phrase rendue célèbre par Kennedy, avec cette fois un ajout plus inquiétant : « *Ich bin ein Berliner... du nicht.* » En v.f. : « Je suis un Berlinois... toi pas. » Une phrase qui s'adresse non seulement aux touristes, trop nombreux pour certains, mais surtout aux Souabes, ces Allemands du Sud plus traditionalistes, plus riches aussi, dont la présence ne fait pas que des heureux...

HISTOIRE EXPRESS DE BERLIN

S'il est bien une ville au monde qui exige que l'on prenne ses repères avant de la découvrir sous son jour actuel, c'est Berlin. Ici, l'histoire est partout, invisible ou juste perceptible à l'œil exercé. À chacun sa façon de conter Berlin. Voici quelques dates essentielles, pour compléter la leçon d'histoire (en grande partie contemporaine) précédente.

Il était une fois... le Brandebourg

– ***VIe et VIIIe s :*** les territoires du Brandebourg sont colonisés par les Slaves.
– ***Xe s :*** les princes germaniques convoitent ces terres. La région entre l'Elbe et l'Oder est christianisée puis intégrée au Saint Empire romain germanique sous la dénomination de *Marche du Nord (Nordmark).*
– ***De 1220 à 1244 :*** vague de colonisation germanique avec l'arrivée des Templiers à Tempelhof.
– ***1307 :*** Berlin et Cölln s'unissent et décident d'organiser leur propre défense contre les chevaliers brigands en créant leur propre armée territoriale, la *Landwehr.*
– ***1402 :*** la Nouvelle Marche *(Neumark)* est attribuée à l'Ordre Teutonique qui pacifie les territoires sous son autorité.
– ***1411 :*** Frédéric IV de Hohenzollern, burgrave de Nuremberg, qui a aidé Sigismond à conquérir la couronne impériale, devient Frédéric Ier de Brandebourg.
– ***1448 :*** Berlin se soulève contre Frédéric II de Brandebourg, dit « aux Dents de Fer ». Lors du siège, privé du secours des villes de la Hanse, Berlin capitule et abandonne ses espoirs d'autonomie. Frédéric II unit le Brandebourg en rachetant ses terres à l'Ordre Teutonique. L'installation de la cour à Berlin permet de créer de nouveaux emplois et métiers.

– ***1539*** **:** Joachim II se convertit au protestantisme, qui a aussi l'adhésion du peuple. Les finances de l'Électorat profitent de la sécularisation des biens du clergé catholique qui sont confiés à l'État. Ceux appartenant aux juifs expulsés sont confisqués.
– ***Fin du XVIe s*** **:** Joachim II fait venir à sa cour des artistes et des savants, il fait agrandir le château de Cölln et reconstruire les châteaux de Köpenick et de Grunewald.
– ***XVIIe s*** **:** lors de la guerre de Trente Ans, les princes protestants s'allient à la France catholique et à la Suède de Gustave-Adolphe contre l'Autriche qui veut rétablir l'autorité de l'Église catholique dans le Saint Empire romain germanique.
– ***1648*** **:** la paix de Westphalie, signée à Münster, scelle l'émiettement de l'Allemagne.
– ***1650*** **:** Frédéric-Guillaume de Brandebourg s'attache à reconstruire et transformer son électorat en un puissant État centralisé. Il fait appel à de nombreux étrangers – artisans et commerçants hollandais, juifs et calvinistes français – et lance un vaste plan de redressement économique.
– ***1685*** **:** l'édit de Nantes est révoqué par Louis XIV. Les huguenots arrivent en nombre en Brandebourg.
– ***1701*** **:** le duché de Prusse est érigé en royaume. Frédéric Ier, roi de Prusse, est couronné le 18 janvier.

Berlin au XVIIIe et au XIXe s

– ***1713-1740*** **:** Frédéric-Guillaume Ier, le Roi-Sergent, s'emploie à redresser les finances de son royaume ; les protestants de Bohême fournissent une main-d'œuvre qualifiée aux manufactures textiles.
– ***1740-1748*** **:** Frédéric II utilise le potentiel militaire mis en place par son père pour mettre à mal la suprématie autrichienne en Allemagne.
– ***1748-1756*** **:** Frédéric II règne en despote éclairé. Il place la relation de l'individu à l'État sous le signe de la raison. Et attire à sa cour de beaux esprits français, dont Voltaire, qui se font les chantres du régime, néanmoins absolutiste.
– ***1756-1763*** **:** la France, la Saxe et l'Autriche décident de contrer le rayonnement de la Prusse, qui trouve avec l'Angleterre un allié inattendu. La guerre de Sept Ans éclate lorsque Frédéric et ses troupes envahissent la Saxe.
– ***1760*** **:** Berlin est occupé par les troupes de la tsarine Élisabeth Petrovna, fille de Pierre le Grand. La mort subite de l'impératrice russe sauve Frédéric II.
– ***1792*** **:** la Prusse affronte la France révolutionnaire et essuie une sévère défaite à Valmy.
– ***1806*** **:** après avoir rejoint la coalition antinapoléonienne, la Prusse est sévèrement battue à Iéna et Auerstedt. Napoléon fait son entrée triomphale à Berlin le 27 octobre 1806. L'occupation française dure près de 3 ans : le quadrige de la porte de Brandebourg est saisi, de lourdes contributions accablent les Berlinois, mais le servage est définitivement aboli.
– ***1813*** **:** les troupes du tsar arrivent à Berlin et mettent en déroute l'arrière-garde de la Grande Armée.
– ***1815*** **:** les troupes de Blücher participent à l'écrasement de Napoléon à Waterloo. La Prusse fait partie des grandes puissances européennes.
– ***1848*** **:** la révolution berlinoise engendre le processus d'unification des États allemands.
– ***1848-1870*** **:** la Prusse rattrape son retard économique sur la France. Près des deux tiers des Berlinois travaillent dans l'industrie.
– ***1862*** **:** Otto von Bismarck est nommé chancelier. L'unité allemande passionne l'opinion publique.
– ***1866*** **:** Bismarck décide d'en découdre avec l'Autriche et l'écrase à Sadowa.
– ***1870-1871*** **:** influencé par son état-major, Napoléon III se lance avec légèreté dans un conflit avec la Prusse et en paie le prix fort à Sedan, où son armée est

anéantie. C'est la chute de l'Empire français, tandis que l'Empire allemand est proclamé le 18 janvier 1871 dans la galerie des Glaces du château de Versailles. La France perd l'Alsace et la Lorraine, qui deviennent terres d'Empire.
– ***1890 :*** Bismarck se retire en raison de ses profonds désaccords avec l'empereur Guillaume II. L'Allemagne se lance dans les conquêtes coloniales et se heurte aux zones d'influence française (Maroc) et aux intérêts britanniques.

Entre-deux-guerres

– ***1914-1918 :*** la mobilisation générale déclenche l'enthousiasme, mais retombe très vite lorsque le conflit commence à s'enliser.
– ***1918 :*** après l'échec de l'offensive générale de Ludendorff au printemps, l'espoir d'une victoire sur les Alliés s'estompe. L'entrée en guerre des États-Unis en 1917 a renversé le cours de la guerre. En novembre 1918, les marins de la Baltique se mutinent à Kiel et sonnent le glas de l'Empire. L'armistice est signé le 11 novembre, 2 jours après l'abdication de Guillaume II, qui s'exile aux Pays-Bas.
– ***1919 :*** l'Assemblée nationale, nouvellement élue, siège à Weimar, à l'écart des troubles sévissant à Berlin. Signature du traité de Versailles.
– ***1920 :*** putsch des « corps francs ». Grève générale des ouvriers berlinois, qui paralyse toutes les fonctions vitales de la capitale. Échec du coup d'État.
– ***1923 :*** la Ruhr est occupée par les troupes françaises et belges. L'inflation sévit dès juillet. Le plan Dawes et les capitaux américains permettent à l'économie allemande de se stabiliser. Le prix à payer est la restructuration et les licenciements massifs, qui provoquent un chômage endémique.
– ***1929 :*** entrée du parti nazi à l'assemblée municipale avec 5,8 % des suffrages. Le krach de Wall Street touche l'Allemagne. L'effondrement de l'économie est imputé aux sociaux-démocrates.
– ***1930-1932 :*** la crise s'accentue et les partis extrémistes en profitent pour recruter les chômeurs au sein de leurs organisations paramilitaires. Aux élections législatives de 1930, le parti nazi (NSDAP) progresse encore, avec 107 députés.
– ***30 janvier 1933 :*** Hitler est désigné chancelier par Hindenburg.
– ***27 février 1933 :*** les nazis incendient le Reichstag et accusent les communistes. Les partis de gauche sont interdits, Hitler obtient les pleins pouvoirs de l'Assemblée. Aussitôt l'appareil dictatorial se met en place : création de la Gestapo. Le camp de concentration de *Sachsenhausen* est aménagé à 30 km au nord de Berlin.
– ***1934 :*** nuit des Longs Couteaux. Hitler fait liquider son ancien compagnon de route, Ernst Röhm, chef des SA.
– ***1935 :*** lois antisémites de Nuremberg.
– ***1936 :*** Berlin accueille les J.O. Le régime nazi est en quête de respectabilité.
– ***9 novembre 1938 :*** Nuit de cristal. Pogrom généralisé dans le pays.
– ***1940 :*** défaite de la France. La RAF lance son 1er raid en représailles aux bombardements de villes anglaises.
– ***1941-1942 :*** les bombardements alliés se multiplient. La population civile se terre dans les abris antiaériens ou dans les caves des immeubles. 1res difficultés d'approvisionnement.
– ***20 janvier 1942 :*** conférence de Wannsee. Décision de la « solution finale » pour exterminer les juifs.
– ***1944 :*** échec de l'attentat visant Hitler. Claus von Stauffenberg et les autres conjurés sont immédiatement arrêtés et exécutés. Près de 10 000 officiers convaincus de tiédeur envers le régime sont passés par les armes ou emprisonnés dans des camps.
– ***20 avril 1945 :*** assaut final des armées soviétiques de Joukov et Koniev. La ville est pilonnée, puis investie quartier par quartier.
– ***30 avril 1945 :*** le drapeau rouge est hissé sur le Reichstag. Hitler se suicide. La Wehrmacht capitule sans condition le 7 mai 1945. L'Armée rouge a perdu près de 100 000 hommes et Berlin, capitale fantôme, déplore 50 000 victimes.

Berlin occupé

– ***1945 :*** la conférence de Potsdam entérine le plan d'occupation de l'Allemagne et de Berlin en 4 secteurs. Un Conseil de contrôle interallié a la charge de gouverner l'Allemagne occupée ainsi que l'ancienne capitale du Reich.
– ***1946 :*** procès des crimes de guerre nazis à Nuremberg.
– ***1948 :*** la réforme monétaire adoptée dans les secteurs occidentaux de l'Allemagne introduit le Deutsche Mark et lie l'économie ouest-allemande au système économique occidental.
– ***4 juin 1948-12 mai 1949 :*** blocus de Berlin par les Soviétiques. Pont aérien occidental. Création de la RFA puis de la RDA.
– ***13 août 1961 :*** Walter Ulbricht ordonne la fermeture des points de passage vers l'Ouest et décide de construire un mur pour stopper l'hémorragie des Allemands de l'Est.
– ***1989 :*** 65 000 d'entre eux profitent de l'ouverture de la frontière entre la Hongrie et l'Autriche pour trouver refuge au sein des ambassades de la RFA. 1res grandes manifestations organisées par les mouvements d'opposition à Leipzig et dans les villes de RDA. Pour le 40e anniversaire de la RDA, Erich Honecker invite Gorbatchev à assister aux festivités.
– ***4 novembre 1989 :*** 1 million de personnes défilent à Berlin-Est. Le 7 novembre, le gouvernement de la RDA démissionne. 2 jours plus tard, un porte-parole du gouvernement de Berlin-Est annonce par erreur l'ouverture immédiate des postes-frontières. La foule se presse aux abords du Mur ; les officiers de la *Vopo,* désemparés, finissent par laisser passer les Berlinois de l'Est. Dans l'allégresse générale, les Berlinois des 2 côtés se retrouvent et célèbrent la chute du Mur au pied de la porte de Brandebourg.

Berlin réunifié

– ***1990 :*** destruction complète du Mur. Le 3 octobre, l'Allemagne est officiellement réunifiée.
– ***1991 :*** Berlin est désigné comme nouvelle capitale de l'Allemagne unie.
– ***1992-1993 :*** la difficile reconversion de l'économie est-allemande provoque un profond malaise qui se traduit par la percée des partis de l'extrême droite.
– ***1994 :*** les troupes d'occupation quittent Berlin.
– ***1998 :*** défaite de la CDU aux élections législatives. Gerhard Schröder succède à Helmut Kohl, le chancelier de la réunification.
– ***1999-2001 :*** déménagement du gouvernement à Berlin.
– ***2003 :*** la municipalité est virtuellement en faillite.
– ***2005 :*** après les élections de septembre, Angela Merkel, issue de la CDU, devient la 1re chancelière allemande.
– ***Juillet 2006 :*** finale historique de la Coupe du monde au stade olympique. Des centaines de milliers de touristes découvrent une capitale allemande accueillante pour tous.
– ***Septembre 2013 :*** réélection d'Angela Merkel pour son 3e mandat.
– ***Août 2014 :*** le maire de Berlin, Klaus Wowereit, présente sa démission suite au fiasco du chantier du nouvel aéroport.
– ***Novembre 2014 :*** célébration des 25 ans de la chute du Mur.
– ***2015 :*** afflux de réfugiés du Moyen-Orient. La chancelière subit de vives critiques pour avoir déclaré courageusement que l'Allemagne était prête à en accueillir 1 million.
– ***Décembre 2016 :*** un camion fonce dans la foule du marché de Noël au pied de l'église du Souvenir à Charlottenburg. Bilan : 12 morts et 50 blessés. L'attentat est revendiqué par Daesh.
– ***Septembre 2017 :*** Angela Merkel décroche son 4e mandat et reconstitue en février 2018 une nouvelle grande coalition entre la CDU-CSU et le SPD.
– ***2020 :*** la crise de la Covid-19, bien que bien gérée comme dans le reste du pays par les autorités sur le plan sanitaire, voit la fréquentation touristique s'effondrer comme dans la plupart des grandes capitales européennes.

– ***Octobre 2020 :*** inauguration (enfin) du grand aéroport Willy-Brandt (BER) de Berlin-Brandebourg.
– ***Juillet 2021 :*** inauguration du *Humboldt Forum* à l'emplacement même de l'ancien château des Hohenzollern, remplacé durant la guerre froide par le *Palast der Republik.*
– ***Septembre 2021 :*** Franziska Giffey (SPD) est la 1re femme élue à la mairie de la capitale.
– ***Été 2022 :*** records de chaleur à Berlin et incendies dévastateurs dans les forêts de sa périphérie.

MÉDIAS

Votre TV en français : TV5MONDE, la 1re chaîne culturelle francophone mondiale

Avec ses 10 chaînes et ses 14 langues de sous-titrage et sa nouvelle plateforme numérique TV5MONDEplus, TV5MONDE s'adresse à 353 millions de foyers dans 198 pays du monde par câble, satellite et sur IPTV et est présent dans plus de 3 millions de chambres d'hôtel. Vous y retrouverez de l'information, du cinéma, du divertissement, du sport, du documentaire... Préparez votre séjour grâce à son site voyage • *voyage.tv5monde.com* • et, en voyage, restez connecté avec les applications et le site • *tv5monde.com* •

TV et radio

Berlin héberge de nombreuses stations de télévision et de radio internationales et régionales. La chaîne publique internationale en langue allemande ***Deutsche Welle*** (DW) a son unité de production de télévision à Berlin, et les principaux diffuseurs nationaux y ont un studio, y compris ***ZDF*** et ***RTL.*** La chaîne publique ***RBB*** y a son siège ainsi que les chaînes commerciales ***MTV Europe, VIVA*** et ***N24.***
– ***Radios FM :*** les plus écoutées sont certainement *Radio Eins* (95,8) et *Fritz* (102,6), du rock eighties aux électro-pop et techno actuelles, concerts en direct, interviews, reportages et surtout peu de publicité bruyante ! Musiques du monde et programmes en différentes langues sur *Radio Multikulti* (88,4), sans oublier *Klassik-Radio* (101,3) et *Jazzradio* (96,7). *Radio France International* est également présente, sur 106,0 : en bonus berlinois, plusieurs décrochages quotidiens en allemand... pour les infos françaises !

Presse écrite

Berlin possède le plus grand nombre de quotidiens en Allemagne, avec de nombreux journaux grand format : *Berliner Morgenpost, Berliner Zeitung, Die Tagesspiegel,* 3 grands tabloïds, ainsi que des quotidiens nationaux de différentes appartenances politiques comme *Die Welt, Neues Deutschland* et *Die Tageszeitung (Taz).*
Le *Exberliner,* un magazine mensuel de langue anglaise, se concentre sur les arts et spectacles. Berlin est également le siège des 2 grandes maisons d'édition *Walter de Gruyter* et *Axel Springer,* chacune publiant des livres, des périodiques et des produits multimédias.

Production cinématographique

Avec des sociétés produisant chaque année plus de 1 000 films et séries pour la télévision, et autour de 300 coproductions nationales et internationales filmées et 270 salles de cinéma, Berlin est un centre important de l'industrie européenne du film. Les studios historiques de ***Babelsberg*** et la société de production ***UFA*** sont situés en dehors de Berlin, à Potsdam. La ville héberge aussi la *Maison de l'Académie européenne du cinéma* et l'*Académie du cinéma allemand*. Tous les ans, en février, se déroule la ***Berlinale,*** le *Festival international du film de Berlin*. Avec près de 500 000 entrées, c'est, avec Cannes et Venise, l'un des plus grands festivals internationaux de cinéma. Un important marché de films, des rétrospectives et des sections parallèles complètent la manifestation, portée par la compétition internationale de longs métrages qui récompense les meilleurs films par les fameux ***Ours d'or*** et ***d'argent.***

MUR DE BERLIN

Au matin du 13 août 1961, les Berlinois se réveillent en se frottant les yeux d'incrédulité : un réseau de barbelés et chevaux de frise sépare dorénavant les secteurs occidentaux du secteur soviétique. L'opération ***Muraille de Chine,*** décidée par Walter Ulbricht et Erich Honecker, a pour but principal d'endiguer l'exode des habitants de la RDA vers la RFA. Dès l'aube, 25 000 miliciens se postent sur la ligne de démarcation, les chars de l'Armée rouge contrôlent les axes stratégiques, les transports en commun sont interrompus : la nasse vient de se refermer sur les Berlinois, l'Ouest se retrouve isolé.

La tension monte entre l'OTAN et le pacte de Varsovie. Les Alliés mobilisent leurs forces le long du no man's land. Chacun s'observe en chien de faïence, mais les Occidentaux assistent impuissants à l'érection du dernier maillon de ce rideau de fer annoncé par Churchill.

La tragédie !

En 1961, la situation est devenue dramatique pour l'Allemagne de l'Est et la crédibilité du régime bat de l'aile. Des centaines d'Allemands de l'Est se réfugient à Berlin-Ouest chaque jour (30 000 pour le seul mois de juin 1961). On estime que plus de 2 500 000 personnes sont passées à l'Ouest de 1949 à 1961.

Le 13 août 1961 au matin, Berlin-Ouest se retrouve totalement encerclée par la police et les miliciens. Les 1ers éléments du Mur en dur sont érigés dans les jours qui suivent. Il fera 43 km de long sur la ligne de démarcation qui coupe la ville et 112 km entre Berlin-Ouest et l'Allemagne de l'Est. Mur de 3,60 m de haut, ponctué de 302 miradors, avec plus 15 000 *Vopos* (policiers) affectés à sa surveillance. Certains immeubles donnant sur la « frontière » sont totalement murés, les demeures individuelles progressivement démolies pour laisser place à un véritable ***no man's land*** qui va permettre une meilleure surveillance et servir de champ de tir. Quand John Kennedy se rend à Berlin le 27 juin 1963, il ne peut que constater la fracture.

En 28 ans, 5 075 personnes réussissent cependant à fuir à l'ouest et 136 périssent lors de tentatives. L'imagination des candidats à la liberté est infinie, et les moyens les plus incroyables sont utilisés. Certaines tentatives de fuite se transforment cependant en drames épouvantables, comme celle du jeune Peter Fechter, le 17 août 1962, blessé à mort par balles et que les *Vopos* laissent se vider de son sang au pied du Mur.

AU PIED DU MUR À 21 ANS !

Jeune officier cartographe incorporé dans la Stasi, Hagen Koch fut convoqué le 13 août 1961 par son supérieur, qui lui donna un pot de peinture blanche et un pinceau. Mission : délimiter au sol le tracé du futur Mur à travers la ville. Penché sur son plan, un pied à l'est, l'autre à l'ouest, il s'acquitta consciencieusement de sa tâche sur près de 43 km. De nos jours, il garde dans son appartement des archives inédites sur la construction du Mur.

À partir de 1972, le Mur devient infranchissable : l'ouvrage principal est rehaussé et recouvert d'un socle arrondi, un 2d mur est édifié à l'arrière, renforcé par des pièges et surveillé par des rondes incessantes de *Vopos* et de chiens.
Les seuls points de passage entre l'Est et l'Ouest se résument à ceux du ***Checkpoint Charlie*** et celui situé à proximité de la gare de *Friedrichstraße*. À cette époque, à l'Ouest, le Mur est recouvert de tags, de graffitis et autres messages de révolte, tandis qu'à l'Est il reste uniformément gris pour faciliter le boulot des *Vopos*, en cas de tentative d'évasion.

La chute !

La 1re faille dans le Mur se produit en 1987 : des milliers de jeunes Allemands de l'Est venus écouter un concert de rock se déroulant de l'autre côté du Mur hurlent : « Le Mur doit tomber ! » En 1989, la population de la RDA réclame davantage de libertés et de réformes, mais se heurte à la rigidité d'un régime poststalinien sur la défensive. Le 9 novembre 1989, le conseil des ministres de la RDA rend public, un peu maladroitement, un projet de loi sur la ***liberté de voyager.*** La confusion est totale et les Allemands de l'Est y voient une autorisation de franchir la frontière et se pressent en masse vers les points de passage. Sans instructions claires, les gardes-frontières n'osent s'y opposer. Dans l'euphorie générale, des milliers de Berlinois de l'Est et de l'Ouest se retrouvent sur le Mur pour fêter la fin de 28 années de séparation.

UNE BOULETTE CAUSE LA FIN DU MUR

Le 9 novembre 1989, Günter Schabowski, porte-parole du gouvernement de la RDA, est interrogé par la presse. On lui demande quand le décret autorisant les Berlinois de l'Est à se rendre à l'étranger prendra effet. Ne connaissant pas la réponse, l'apparatchik bredouille : « Pour autant que je sache, immédiatement. » Cette annonce provoque la ruée vers le Mur et les gardes-frontières, débordés, ouvrent alors les barrières mais pas le feu...

Les télévisions du monde entier retransmettent ce moment historique qui marque la fin de l'après-guerre. Les scènes de joie et de fraternisation et l'image de ***Mstislav Rostropovitch*** jouant du violoncelle au pied du Mur restent dans toutes les mémoires.
Dans les 6 mois qui suivent, le Mur disparaît presque totalement sous les marteaux-piqueurs des démolisseurs et des marchands de souvenirs. Une section de 300 m est pourtant sauvée par le pasteur ***Manfred Fischer,*** qui se bat pour faire classer Monument historique le pan longeant son presbytère, sur la ***Bernauer Straße*** (S-Bahn : Nordbahnhof), où débute un circuit balisé.
À l'emplacement « historique » de la porte de Brandebourg, plus rien ! Quelques rares vestiges significatifs subsistent encore : le plus long vestige, de 1,3 km (sur la berge nord de la Spree, côté *Friedrichshain* ; S-Bahn : Ostbahnhof), a été peint par des artistes venus de 21 pays. Cette ***East Side Gallery*** (voir plus haut à Friedrichshain) fait partie des visites incontournables. Mais pour combien de temps ? Un énorme projet immobilier lorgne cette surface stratégique située près du centre de Berlin.
Un autre morceau du mur est à voir sur ***Niederkirchnerstraße,*** longeant la *Topographie des Terrors* (U-Bahn : Kochstraße).
Le tracé du mur de Berlin est de nos jours matérialisé au sol par une double rangée de pavés et des plaques en fonte portant l'inscription *Berliner Mauer 1961-1989.* Un *parcours historique du Mur* de 29 étapes est publié avec des illustrations et des explications en 4 langues sur les événements qui s'y sont déroulés. Il est bon de préciser que le tracé gravé sur les chaussées ignore en revanche la zone interdite, la ligne de barbelés et le 2d mur parallèle, un dispositif dressé contre les citoyens de la RDA pour les emprisonner.

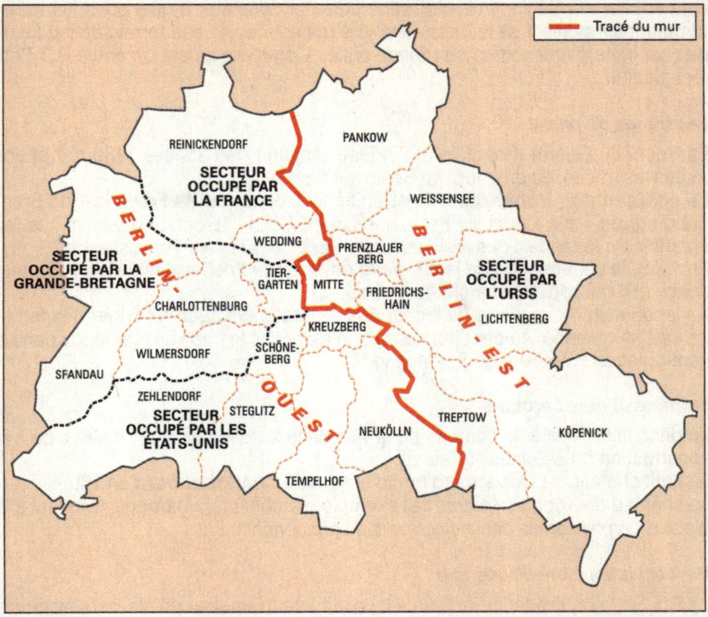

LE MUR DE BERLIN PENDANT LA GUERRE FROIDE

Malgré sa disparition, en dehors des tracés au sol, il reste d'autres traces indirectes du Mur, que les amateurs de poésie urbaine s'amuseront à repérer : des espaces herbeux séparant encore certains quartiers Ouest et Est (anciens *no-man's lands* et chemins de ronde), des traces de peinture rouge et blanc sur les puissants lampadaires qui éclairaient le Mur.

De-ci, de-là, des bouts de barrière également rouge et blanc émergent de terrains vagues (elle marquait la limite que ne devaient pas dépasser les habitants de l'Est, juste avant le Mur).

LE MUR DE BERLIN EN CHIFFRES

Longueur totale de la ceinture autour de Berlin-Ouest : 155 km.
Hauteur : 3,60 m.
Nombre de tours d'observation : 302.
Nombre de bunkers : 20.
Évasions réussies : 5 075.
Victimes du rideau de fer (1948-1989) entre la RDA et la RFA : 1 008 morts.

PATRIMOINE CULTUREL

Architecture

S'il est un domaine où la visite de Berlin s'avère riche d'enseignements et de découvertes, c'est bien celui de l'architecture. Du fait de son histoire récente, la ville est un chantier permanent ; le ballet des grues anime en permanence son panorama et les projets les plus audacieux se succèdent au fil des années.

On peut venir à Berlin, y revenir 3 ans après et constater à quel point les transformations modifient sans cesse une ville qui est devenue le terrain de jeu favori des cabinets d'architectes du monde entier. Comment en est-on arrivé là ? Petit récapitulatif...

Les traces du passé

La Seconde Guerre mondiale et l'industrialisation des années 1930 ont effacé toutes les traces, ou presque, du Berlin médiéval.
Le ***château des Hohenzollern*** est édifié lors du règne de Frédéric II de Brandebourg, dit « aux Dents de Fer », sur l'île de Cölln. L'Électeur Joachim II le fait agrandir sur le modèle des résidences de Saxe dans le style Renaissance.
En 1559, la construction de la ***citadelle de Spandau*** est ordonnée par l'Électeur Joachim II qui appelle un architecte vénitien.
Au lendemain de la guerre de Trente Ans, le Grand Électeur fait ériger des fortifications à l'italienne. Aujourd'hui encore, on reconnaît le tracé des remparts dans la configuration irrégulière du *Spittelmarkt.*

Frédéric III et le baroque

Frédéric III fait édifier le château de la ville dans le style baroque ; il participe à la construction du *Zeughaus* (Arsenal).
Le petit château de Lietzenburg prend le nom de ***Charlottenburg*** en 1695.
Le château de *Köpenick* est un bel exemple d'architecture baroque construit à la place d'un pavillon de chasse commandé par Joachim II.

L'urbanisation sous Frédéric II

Le Roi-Sergent, Frédéric-Guillaume Ier, avait interrompu les projets urbanistiques pour préserver les finances du royaume.
Son fils, Frédéric II, va insuffler un nouvel élan à l'architecture prussienne en favorisant à la fois des constructions d'apparat et des bâtiments d'utilité publique, comme l'***Opéra*** *(Staatsoper Unter den Linden).*
La fin de son règne marque le retour à l'antique. Le ***Gendarmenmarkt*** est le plus bel ensemble néoclassique de Berlin. Pour édifier une nouvelle cathédrale, l'architecte a procédé à un remaniement des 2 églises (*Französischer Dom* et *Deutscher Dom*) en les dotant d'une coupole inspirée de celles de la *piazza del Popolo* à Rome.
Le néoclassicisme s'exprime aussi dans la sculpture. Un quadrige vient coiffer la porte de Brandebourg.

L'empreinte de Karl Friedrich Schinkel

La Prusse, victorieuse de Napoléon, réaffirme son identité dans le style néoclassique. Frédéric-Guillaume III fait appel à l'architecte ***Schinkel*** pour concrétiser ses ambitieux projets. Doté d'une prodigieuse force de travail, Schinkel bâtit en un quart de siècle d'innombrables édifices qui façonneront durablement l'image de Berlin : palais, châteaux, églises, théâtres, musées, ponts et écoles autour d'***Unter den Linden,*** dans les faubourgs et à Potsdam. Schinkel n'hésite pas à explorer de nouveaux styles. Il exerce une influence durable sur les arts décoratifs et l'architecture intérieure. Les matériaux utilisés sont rarement nobles et se prêtent à une fabrication industrielle.
À partir de 1871, le néogrec et le néogothique se succèdent pour laisser la place à un style Beaux-Arts privilégiant la pompe au fonctionnel.

L'éclectisme architectural à la fin du XIXe s

Au cours de l'industrialisation, l'exil rural draine de nouvelles populations dans les faubourgs en cours d'aménagement. Cet afflux massif entraîne une spéculation immobilière et la construction de logements insalubres et surpeuplés.

Après l'ouverture de la ligne de chemin de fer Berlin-Potsdam en 1838, les gares de Potsdam et de Hambourg sont construites à la limite du mur d'octroi.
En 1862, le plan d'aménagement prévoit une restructuration, à l'exemple du baron Haussmann à Paris. On organise l'aménagement des quartiers selon un principe commun : places dessinées autour d'un square ou d'une église, ceinture de boulevards, quadrillage des rues. Les 1ers parcs populaires ont pour but d'aérer ces nouveaux quartiers.
Les années 1880 sont propices à l'apparition de façades cossues aux ornements de stuc. Derrière cette pompe se cachent bien souvent les logements pauvres de ces casernes locatives, habitat du prolétariat. Les ***Mietskasernen*** hébergent parfois jusqu'à 1 000 personnes.
Guillaume II est un souverain orgueilleux, les édifices construits sous son règne brillent par leur style pompeux. Parmi les plus marquants de cette période : la nouvelle cathédrale ***(Berliner Dom),*** l'église du Souvenir de Guillaume Ier *(Kaiser-Wilhelm-Gedächtniskirche)* et le **Reichstag.**
Le dernier grand projet de l'empire, le musée de Pergame *(Pergamonmuseum),* n'est achevé qu'au lendemain de la Première Guerre mondiale.

La période moderne : un XXe s qui débute bien

La 1re césure de Berlin s'affirme au début du XXe s, avec la constitution de 2 centres-villes distincts : d'une part, le centre ancien autour des *Linden* et de la *Friedrichstraße* ; de l'autre, le pôle du ***Ku'damm*** *(Kurfürstendamm),* qui s'affiche avec ses cafés à la mode fréquentés par les artistes.
Le ***Jugendstil*** ouvre une nouvelle ère et prône une étroite collaboration entre créateurs et ingénieurs, où le fonctionnalisme l'emporte sur l'apparat. Par la suite, les programmes sociaux des années 1920 coïncident avec la mouvance expressionniste.
Se développe alors une architecture fonctionnelle et moderne qui annonce le ***Bauhaus.*** Les salles de machines de la société *AEG* en témoignent. Les efforts se concentrent alors sur des réalisations à dimension sociale.
Au lendemain de la crise économique et de la grande inflation, Berlin adopte une architecture inspirée des États-Unis. On voit apparaître les 1res tours d'Europe, à l'image de celles de la société *Borsig* dans le quartier de Tegel-Reinickendorf.
Le 1er tronçon d'autoroute est tracé dans la forêt de Grunewald en 1921 ; il s'agit de l'***AVUS,*** qui sert aux courses automobiles et de piste d'essai pour les records de vitesse. Les courses cyclistes et le marathon des J.O. de 1936 s'y déroulent.
Dans le courant des années 1920, une autre tendance architecturale voit le jour : la ***Nouvelle Objectivité*** *(Neue Sachlichkeit).* Les architectes préfèrent l'abstraction des formes planes et nettes, créant une architecture « à reflet » employant notamment le verre.
L'essor de l'automobile oblige les urbanistes à épouser les mouvements circulaires du trafic dans la configuration des édifices.

Le Bauhaus

Fondé en 1919 à Weimar par ***Walter Gropius,*** le Bauhaus vise à intégrer l'ensemble des disciplines conduisant à la construction du bâtiment. De cette collaboration entre les ingénieurs, les architectes et les artisans naît le design moderne. Il s'agit de créer des objets destinés à être manufacturés à grande échelle tout en alliant une double fonction : esthétique et fonctionnalisme.
Les peintres ***Wassily Kandinsky et Paul Klee*** y enseignent, ainsi que les architectes ***Mies van der Rohe*** et ***Walter Gropius,*** qui en prendront la direction.
Ne pouvant supporter cette innovation, les conservateurs font pression sur les dirigeants de l'école, qui s'installe en 1932 avec ses élèves à *Steglitz,* dans une usine désaffectée. L'expérience berlinoise tourne court avec l'arrivée des nazis au pouvoir en 1933. L'établissement est définitivement fermé, et les membres de l'équipe dispersés. Certains partent aux États-Unis, où ils peuvent mettre en

œuvre leur savoir-faire, comme *Mies van der Rohe,* qui participe à l'essor de Chicago. Il faut attendre la chute du IIIe Reich pour voir enfin une application des préceptes du Bauhaus. Belle revanche, les archives du Bauhaus sont réunies à Berlin depuis 1979. En 2019, de multiples commémorations ont célébré les 100 ans du Bauhaus.

Les délires du Führer

Hitler n'aime pas Berlin, mais il projette de lui donner une physionomie à la mesure de ses ambitions politiques : elle s'appellera ***Germania.*** La vitrine du régime passe d'abord par une démolition systématique des bâtiments qui peuvent entraver les projets conçus par ***Albert Speer,*** son architecte favori.

Au centre du dispositif, une *Salle du peuple* surmontée d'une coupole de 270 m de haut, susceptible d'accueillir 180 000 personnes et qui devait se trouver au croisement des 2 grands axes traversant la ville. Seule la guerre retarde la construction de cette nouvelle capitale destinée à briller 1 000 ans, et dont l'inauguration est prévue pour 1950.

Les seules réalisations de cette époque encore visibles sont les installations olympiques pour les ***Jeux d'été de 1936,*** l'aéroport de Tempelhof, l'ancien ministère de l'Air (aujourd'hui attribué au ministère des Finances) et les casernes de l'ancien quartier Napoléon (occupé après 1945 par les forces françaises), proche de l'ancien aéroport de Tegel.

La reconstruction après 1945

Le tribut payé par Berlin lors des bombardements est particulièrement lourd : près de 43 % des immeubles sont détruits.

La plupart des hommes valides se retrouvent dans les camps de prisonniers alliés. Berlin doit son salut aux ***Trümmerfrauen*** (« les femmes des ruines »), qui entreprennent courageusement les déblaiements et les 1res reconstructions à l'aide de simples pelles et de brouettes en échange d'un doublement de leurs cartes de rationnement. Dans la topographie actuelle de Berlin, on dénombre 14 de ces collines artificielles constituées de gravats, dont le célèbre ***Teufelsberg,*** constitué de 26 millions de tonnes de débris.

La reconstruction de Berlin revêt d'emblée un caractère idéologique avec la confrontation de 2 blocs antagonistes. À l'ouest, on élabore la vitrine du capitalisme autour de l'***Europa-Center.*** Si la partie Est hérite de la majeure partie des monuments historiques, le régime communiste souhaite faire table rase de l'héritage prussien. Berlin-Est devient une capitale calquée sur le modèle socialiste : le château de Berlin, en partie détruit, est dynamité et la *Bauakademie* de Schinkel fait place au bâtiment médiocre du ministère des Affaires étrangères de la RDA. L'architecte en chef de Berlin-Est conçoit l'avenue de prestige du régime, la ***Stalinallee*** (rebaptisée en 1961 Karl-Marx-Allee).

L'économie planifiée souffre de nombreux dysfonctionnements en matière d'approvisionnement : les matériaux traditionnels de construction se font rares et les ***Baukombinate*** produisent des panneaux préfabriqués à l'échelle industrielle : les ***Plattenbauten,*** ces cités-dortoirs ouvrières, surgissent un peu partout et envahissent le paysage urbain.

UN TEMPLE DE L'AÉRONAUTIQUE

Créé dès 1923, Tempelhof a servi de modèle à de nombreux aéroports. Avec 284 000 m² et 1 230 m de long, il a même été le 3e plus grand bâtiment au monde après le Pentagone et le palais de Bucarest. Ses pistes ont accueilli un avion toutes les 90 s lors du blocus de 1948. Sa fermeture définitive a eu lieu en 2008. En 2010, les 380 ha autour des pistes ont été reconvertis en parc public pour le moins insolite !

Les expositions universelles d'architecture de 1957 et 1987

À l'occasion de l'***Interbau*** de 1957, un quartier modèle est construit en bordure du *Tiergarten* : l'*Hansaviertel,* un exemple d'habitat urbain éparpillé dans un milieu naturel. À ce projet ambitieux participent les plus grands noms de l'architecture contemporaine : ***Oscar Niemeyer, Le Corbusier, Alvar Aalto*** et ***Walter Gropius.*** Berlin-Est connaît alors un phénomène similaire. Les dirigeants souhaitent rivaliser avec Berlin-Ouest et décident d'un vaste plan de rénovation du patrimoine historique. Le ***Gendarmenmarkt*** est brillamment rénové et l'ancien quartier médiéval du ***Nikolaiviertel*** est en partie reconstruit (ou plutôt construit *ex nihilo*).

Le renouveau des infrastructures culturelles

Avec la division de la ville, Berlin-Ouest se trouve amputé de la majeure partie du noyau culturel et artistique de l'ancienne capitale du Reich.
Le centre commercial de l'*Europa-Center* confère à Berlin-Ouest de nouveaux points de repère. Les ruines de l'église du Souvenir (la *Gedächtniskirche*) se voient complétées par une nouvelle église avec son foyer et un campanile moderne. Surnommée la « Dent creuse », l'ancienne église devient le symbole de la partie occidentale de la ville.
Les subventions fédérales financent la création d'un nouveau complexe culturel, le ***Kulturforum,*** au sud du *Tiergarten.* Sous la conduite de ***Hans Scharoun,*** la Philharmonie et la Bibliothèque nationale voient le jour.
La réunification de l'Allemagne en 1991 rend à Berlin son statut de capitale. Les instances gouvernementales sont appelées à quitter Bonn pour rejoindre Berlin. Dès lors vont commencer les travaux d'aménagement, mais aussi les lourdes opérations d'assainissement des quartiers Est de la ville, notamment les districts de *Prenzlauer Berg* et de *Mitte.* La culture passe au 2d plan.

Das Neue Berlin : un terrain de jeu rêvé pour les cabinets d'architectes

Une fois le Mur disparu, il revient aux architectes de combler cette cicatrice béante entre les 2 secteurs de la ville. C'est à ce titre que la *Pariser Platz,* la *Leipziger Platz* et surtout la ***Potsdamer Platz*** retrouvent leur fonction d'autrefois. Cet immense espace vide en plein centre (avant-guerre, l'un des carrefours les plus importants de Berlin) a fait le bonheur des architectes, qui ont pu se lancer dans les projets les plus fous.
C'est l'Italien Renzo Piano qui remporte le concours pour l'aménagement de la *Potsdamer Platz,* dont la configuration permet de relier le *Kulturforum* avec le nouveau centre névralgique de bureaux et de galerie commerciale *(Arkaden)* et le quartier historique. ***Daimler-Benz*** y élit domicile. Tandis que ***Helmut Jahn*** conçoit le *Sony Center,* ***Giorgio Grassi*** réalise les bâtiments d'***ABB.*** Renzo Piano bâtit, lui, la *Debis-Haus (Atrium Tower)* au bord du *Landwehrkanal.*
Les quartiers gouvernementaux se trouvent pour l'essentiel dans le coude de la Spree, à proximité du Reichstag. 800 architectes du monde entier participent à ce projet titanesque qui englobe la construction de la ***nouvelle chancellerie,*** les nouveaux ministères ainsi que le réaménagement de l'hémicycle du ***Reichstag,*** qui se voit coiffé d'une coupole de verre, œuvre de l'Anglais ***Norman Foster.*** Dans le quartier des ambassades *(Botschaftsviertel),* près du *Tiergarten,* le complexe rassemblant ***5 ambassades des pays scandinaves*** se distingue par une architecture audacieuse où l'intensité de la lumière solaire influe directement sur l'ouverture de ses volets.
Son statut de capitale retrouvé, Berlin se doit d'améliorer les axes de communication et les transports urbains. Les trains à grande vitesse *ICE* desservent la nouvelle ***Hauptbahnhof.*** Une nouvelle ligne de métro, la U5 (appelée par les Berlinois « *Kanzlerlinie* »), est mise en circulation en 2009, après 14 ans de travaux et une facture de 260 millions d'euros. C'est la portion de ligne de métro la plus chère de l'histoire allemande ! 3 stations seulement, mais quel prestige que de traverser

la chancellerie ! Ce tronçon a été raccordé à la station *Alexanderplatz,* et a été complété en 2020 pour rallier la *Hauptbahnhof,* puis en 2021 avec l'ouverture de la station *Museumsinsel.* Les travaux ont peiné à avancer en raison des découvertes archéologiques tout le long du tracé. Le *Musée juif* de Berlin a élu domicile à Kreuzberg. L'architecte américain ***Daniel Libeskind*** y a dessiné un bâtiment en béton brut, en forme d'étoile de David brisée, symbolisant le traumatisme laissé par l'Holocauste. On peut citer aussi, au sein des chic *Friedrichstadtpassagen,* le bel ensemble des *Galeries Lafayette,* dessinées par ***Jean Nouvel.***

Les chantiers en cours

Le ***Stadtforum,*** lieu de débat public du Sénat de Berlin, a connu des discussions animées.

Si le mémorial de l'Holocauste est une réussite, le ***Palast der Republik,*** entièrement détruit, a été remplacé par une réplique de l'ancien château des Hohenzollern sur la ***Schlossplatz.*** Sous le nom de ***Humboldt Forum,*** il héberge des institutions culturelles et des musées (dont ceux de Dahlem). Certains regrettent pourtant la disparition de ce symbole de la RDA dans toute sa gloire ou son horreur amiantée.

Si la rénovation de la ***Neue Nationalgalerie*** de *Mies van der Rohe,* réalisée par *David Chipperfield,* est désormais achevée, il s'agit maintenant de lui adjoindre une extension, le ***Musée du XXe siècle,*** dessiné par *Herzog & de Meuron.*

Mêmes débats houleux autour du projet de construction d'un centre d'affaires dédié à la communication et aux médias (sous le nom de code de ***Mediaspree***) au long de la rivière, vers l'***East Side Gallery.*** Si les 1ers immeubles sont sortis de terre, le projet a sérieusement été revu à la baisse (notamment en nombre d'étages...) et les habitants du quartier ont même, en réaction, construit un village « alternatif », le ***Holzmarkt 25.***

Dernières réalisations : dans Mitte, le pont piéton au-dessus de la Spree, appelé ***Marie-Elisabeth-Lüders-Steg,*** qui relie la *Paul-Löbe-Haus* à la *Marie-Elisabeth-Lüders-Haus* et qui a pour particularité d'être réservé aux seuls parlementaires du Reichstag dans sa partie supérieure (pour leur permettre d'aller déjeuner sans doute) et autorisé à tout le monde dans sa partie inférieure. Dans le même secteur gouvernemental nommé *Band des Bunde,* le musée ***Futurium*** et ***The Cube*** sur le parvis de la *Hauptbahnhof* sont les dernières réalisations architecturales à agrémenter les rives de la Spree. Autre réalisation spectaculaire au sud de Mitte, le *Neubau* du magnat de la presse ***Axel Springer.***

À l'ouest, face à l'*église du Souvenir,* et proche du ***Bikini Berlin,*** une icône de l'après-guerre réhabilitée en 2014, le Ku'damm, s'est offert une porte d'entrée de prestige avec l'érection de 2 ensembles en hauteur, l'hôtel ***Waldorf Astoria*** et l'***Upper West,*** une spectaculaire tour de 33 étages et 118 m de haut avec un cinéma, un hôtel et un bar au sommet qui permet une vue panoramique à 360°.

À 2 pas de là, la ***Ludwig-Erhard-Haus,*** qui héberge la Bourse, a été construite dans une architecture organique déroutante.

Cinéma

Le cinéma allemand est né en 1895, mais jusqu'en 1910 l'Allemagne est dépourvue d'industrie cinématographique propre. La concurrence étrangère ayant disparu avec la Première Guerre mondiale, les studios de Tempelhof et de Neubabelsberg se mirent à produire drames et mélodrames, farces et comédies à la chaîne.

Inspirés d'abord par le fantastique de Hoffmann, les cinéastes allemands vont vite adopter l'*expressionnisme. Le Cabinet du docteur Caligari* (1919), avec l'acteur fou Conrad Veidt, lance le genre, entre grand-guignol et *delirium tremens.* ***Friedrich Murnau*** tourne en 1922 son *Nosferatu,* sous-titré sobrement *Une symphonie de l'horreur.* Le plus grand film de la période reste *Metropolis,* tourné par ***Fritz Lang*** en 1927.

Avec le redressement économique apparaît la *Nouvelle Objectivité* dont ***G. W. Pabst*** est l'auteur le plus illustre : *La Rue sans joie* (1925), où une inconnue du nom de **Greta Garbo** crie misère ; *Lulu* (1929), où Louise Brooks est divinisée par la critique ; et *L'Opéra de quat'sous* (1928), en collaboration avec **Brecht.** De son côté, **Ernst Lubitsch,** avant de filer à Hollywood, donnera dans le grand spectacle historique avec *Madame du Barry* (1919) et *Anne Boleyn* (1920).

L'apparition du parlant marque la fin de l'âge d'or, à quelques exceptions près, dont *L'Ange bleu* (1930) de **Josef von Sternberg,** avec la révélation de **Marlene Dietrich,** dans un film remarquable qui sut rendre la confusion qui régnait dans l'Allemagne de l'époque, dans les esprits comme dans les corps. Fritz Lang surfe génialement sur divers styles, depuis *Les Trois Lumières* (1921) jusqu'au mémorable *Testament du docteur Mabuse* (1932).

LILI MARLEEN

Étrange destin que celui de l'actrice choisie pour incarner Lola-Lola dans L'Ange bleu. De nombreuses jeunes femmes avaient déjà défilé, sans être retenues, et le producteur Eric Pommer faillit s'étrangler (« Pas cette putain ! » aurait-il hurlé) lorsqu'on lui proposa une fille qui était l'essence même du Berlin de l'époque : un « mélange de sexe et de cynisme » qui bouleversa Josef von Sternberg. Sans lui, Marlene Dietrich serait restée une meneuse de revue coquine pour ivrognes berlinois.

Après que le sosie de Charlie Chaplin aura achevé en sous-sol son macabre tour de piste, l'Allemagne se passe pendant 20 ans de faire du cinéma... Seuls émergent dans ce désert *Les assassins sont parmi nous* (1946), de Wolfgang Staudte et *Un homme perdu* (1951), de l'ancien acteur fétiche de Lang, Peter Lorre. Dans son genre, la Berlinoise **Leni Riefenstahl** utilise son réel talent de cinéaste pour se mettre au service du nazisme en assurant une propagande efficace au Führer avec *Le Triomphe de la volonté* en 1934, puis en magnifiant les J.O. de Berlin *(Les Dieux du stade)* en 1936.

L'exemple de la Nouvelle Vague française réchauffe les jeunes imaginations vers 1963-1964. Dans le sillage de **Volker Schlöndorff** (avec *Les Désarrois de l'élève Törless,* 1965, *L'Honneur perdu de Katharina Blum,* 1975, *Le Tambour,* 1979) et Peter Fleischmann (*Scènes de chasse en Bavière,* 1969), une nouvelle génération se hisse vite à un niveau mondial en cultivant un style décadent et un humour nihiliste, ou en critiquant la société allemande. L'inépuisable **Rainer Werner Fassbinder** *(Le Droit du plus fort, Tous les autres s'appellent Ali...)* en est l'âme punkoïde, tandis que **Werner Herzog,** avec *Aguirre* (1972), cultive un certain mysticisme et que **Wim Wenders,** à partir de *L'Ami américain* (1977), puis *Paris Texas* (1984), stylise sa fascination pour les road movies... Son film *Les Ailes du désir* (1987) est un hymne poétique au Berlin d'avant 1989. Les très doués Wolfgang Petersen (*Das Boot,* 1981) et Roland Emmerich, amateur de SF et de films catastrophe, attirés par le cours du dollar, s'exilent à Hollywood.

Signalons, en 2003, le succès de ***Good Bye Lenin !,*** film culte de l'*Ostalgie,* et *Rosenstraße,* de Margarethe von Trotta, l'histoire d'une révolte de femmes sous le régime nazi, primé à la Mostra de Venise.

Réalisé en 2006 à Berlin, *La Vie des autres,* écrit et réalisé par **Florian Henckel von Donnersmarck,** a reçu de nombreuses récompenses, dont l'oscar du meilleur film étranger, et a connu un succès mérité. Succès aussi en 2004 pour *La Chute,* d'Oliver Hirschbiegel, relatant les derniers jours de Hitler dans son bunker en 1945 et interprété par un époustouflant **Bruno Ganz.** En 2015, **Steven Spielberg** nous replonge dans l'ambiance de la guerre froide avec *Le Pont aux espions,* avec Tom Hanks dans le rôle principal. Le Berlin des Années folles se retrouve aussi dans la série **Babylon Berlin** entièrement tournée à Berlin par Tom Tykwer et diffusée depuis septembre 2018.

Le goût des Berlinois pour le cinéma est évident, preuve en est le succès annuel de la **Berlinale** où sont attribués les fameux Ours d'or et d'argent. Mais, pour s'en rendre vraiment compte, il faut participer aux grandes séances en plein air organisées l'été dans certains quartiers. Les lieux sont toujours agréables (ce ne sont pas les espaces verts qui manquent !), la fréquentation familiale et bon enfant, et l'atmosphère indéniablement festive. Programme sur le site ● *freiluftkino.de* ●

Littérature

Après 1918, c'est l'apothéose de Berlin et de ses cabarets, la « Babylone » de Brecht et des expressionnistes, qu'***Alfred Döblin*** immortalise juste avant fermeture dans son grand roman : *Berlin Alexanderplatz* (1929). Au théâtre, Brecht s'engage politiquement très à gauche, avec *Tambours dans la nuit* (1922) puis *L'Opéra de quat'sous* (1928), son 1er *Singspiel* (comédie musicale de l'époque), illustration de la lutte des classes magnifiquement servie par la musique de Kurt Weill.

En 1933, pour beaucoup, c'est l'exil, parfois même le suicide, ou encore « l'exil intérieur », dont ***Hans Fallada*** *(Seul dans Berlin)* est un exemple. La génération suivante produit ce que l'on appellera « la littérature des ruines » !

Malgré les tentatives de faire table rase avec le Groupe 47, les écrivains allemands de l'après-guerre, en dehors des figures que sont Heinrich Böll ou Günter Grass, voire Peter Handke, restent coincés, par la droite et par la gauche, dans une liberté restreinte et surveillée.

En 1999, le prix Nobel de littérature est attribué à ***Günter Grass.*** Roulez tambours…

Musées

Berlin, l'une des grandes capitales des musées en Europe ? Sans problème. Avec, dit-on, près de 180 musées, la ville n'aurait rien à envier à Paris et Londres… En 3 jours, pour 29 € avec le ***Museumspass Berlin*** (voir en début de guide la rubrique « Budget » dans le chapitre « Berlin utile »), vous pourrez faire votre choix entre 35 musées et des dizaines d'expos.

Les plus importants sont répartis en 3 zones : *Charlottenburg, Mitte* (l'île aux Musées et le *Humboldt Forum*) et *Tiergarten* (*Kulturforum,* l'art pictural et décoratif européen). Généralement, les musées sont fermés les lundi et jours fériés, mais il existe suffisamment d'exceptions pour que vous puissiez visiter plusieurs musées par jour.

Leur nombre s'explique aussi du fait de l'ancienne division de la ville. Chaque camp idéologique possédait son musée spécifique, tout avait été dédoublé. Un processus de regroupement des collections a donc été entamé après 1989, plusieurs gros musées parmi les plus importants de la ville ayant été longtemps fermés. Regroupements et déménagements de collections intervenant régulièrement, il vaut mieux se renseigner sur Internet sur l'actualité des travaux.

PERSONNAGES BERLINOIS

– ***Willy Brandt*** *(1913-1992)* **:** Herbert Frahm, de son vrai nom, né à Lübeck. Très tôt entré en politique dans les rangs socialistes, il passe dans la clandestinité sous son pseudo en 1933 et fuit le pays vers la Norvège. Rentré à Berlin en 1946, comme représentant du gouvernement norvégien, il devient président de la Chambre des députés de 1955 à 1957, puis bourgmestre-gouverneur de Berlin, jusqu'en 1966, puis chancelier de la RFA de 1969 à 1974. Il se distingue en développant l'ouverture à l'Est. Cette ***Ostpolitik*** lui vaut le prix Nobel de la paix en 1971. Il est contraint à la démission, à la suite de la découverte d'un espion de la RDA (Günter Guillaume) parmi ses plus proches collaborateurs. Le nouvel aéroport international porte son nom.

– ***Bertolt Brecht*** *(1898-1956)* **:** né à Augsbourg, mobilisé en 1918, il décrira son expérience dans *La Légende du soldat mort.* Ce dramaturge est aussi poète et romancier. Très tôt acquis aux thèses marxistes, c'est avec l'adaptation de *L'Opéra* *de quat'sous* qu'il devient très populaire. Dénonciateur du nazisme et théoricien du théâtre « didactique » prolétarien, il ne lui reste plus qu'à faire ses valises en 1933. De retour des États-Unis à la fin de la guerre, il choisit l'Allemagne de l'Est, où il fonde en 1948 le Berliner Ensemble. Personne n'est parfait : on lui décerna le prix Staline en 1953.

– ***Marlene Dietrich*** *(1902-1992)* **:** elle explose en 1930 avec le rôle de Lola-Lola dans *L'Ange bleu,* de Josef von Sternberg. Le succès lui ouvre les portes de Hollywood, où l'on cherchait une créature diabolique et sexy à opposer à l'iceberg Greta Garbo. Elle y entame en 1941 une liaison passionnée avec Jean Gabin, qui durera 6 ans. Marlene devait ensuite tourner avec les plus grands (*La Belle ensorceleuse,* de René Clair ; *Témoin à charge,* de Billy Wilder ; *La Soif du mal,* d'Orson Welles...). En 1978, elle fait encore du charme à David Bowie dans *Just a Gigolo,* de David Hemmings.

– ***Georg Wilhelm Friedrich Hegel*** *(1770-1831)* **:** prof modèle tout au long de sa carrière, il triomphe à 48 ans avec une encyclopédie des sciences philosophiques ! On accourt de tout le pays pour assister à ses cours. Et Goethe fait des pieds et des mains pour le rencontrer. Appelé dans la prestigieuse université de Berlin, l'ancien petit fonctionnaire de province achève la création de la méthode dialectique et de la philosophie de l'histoire. Mais s'il a inventé la dynamite, il manquait le détonateur : celui-ci s'appellera Karl Marx.

– ***Wilhelm*** *et* ***Alexander von Humboldt*** *(1767-1835 et 1769-1859)* **:** membres de la noblesse prussienne et descendants de huguenots, les 2 frères, élevés dans l'esprit de Rousseau, furent de grands voyageurs. Le 1er, philosophe et diplomate, est connu pour ses études sur la linguistique et la pédagogie (une des universités de Berlin porte son nom). Le 2d, considéré comme le père de la géographie moderne, visita 3 continents, vécut 20 ans à Paris et apporta une contribution essentielle aux sciences naturelles et à l'ethnologie. Le courant marin qui baigne les rivages de l'ouest de l'Amérique du Sud a été baptisé de son nom.

– ***Karl Liebknecht*** *(1871-1919)* **:** homme politique allemand, leader, avec Rosa Luxemburg, de l'aile gauche du parti social-démocrate allemand. S'est opposé de toutes ses forces à l'entrée en guerre de l'Allemagne en 1914. Fonde la ligue Spartakus en 1916 et se retrouve à la tête de l'agitation sociale et politique en 1918 après la défaite allemande. Fondateur du parti communiste (KPD) et leader (toujours avec Rosa) de la révolution spartakiste qui éclate en novembre. Forte à Berlin mais faible en province, celle-ci est écrasée par les chefs du parti social-démocrate au pouvoir. Karl Liebknecht et Rosa Luxemburg sont assassinés peu après leur arrestation.

– ***Ernst Lubitsch*** *(1892-1947)* **:** né à Berlin dans une famille juive, il réalise ses 1res comédies en Allemagne dès 1914. Mais c'est à Hollywood, à partir de 1923, qu'il obtient la reconnaissance internationale. Ses films reposent sur une mise en scène légère, brillante, caustique (la « *Lubitsch's touch* »), qui fait une grande part à l'ellipse : Lubitsch est ainsi resté célèbre pour filmer des portes closes, derrière lesquelles le spectateur peut imaginer toutes sortes de scènes. Il est aussi l'unique réalisateur à avoir fait rire Greta Garbo (dans *Ninotchka*) ! Parmi ses 80 films, beaucoup de chefs-d'œuvre, dont *The Shop around the Corner, L'homme que j'ai tué, Haute pègre, Le ciel peut attendre* et le fameux *To be or not to be,* satire du régime nazi.

– ***Rosa Luxemburg*** *(1870-1919)* **:** née en Pologne, elle s'installe en Allemagne en 1898. 1re grande figure féminine du militantisme, « Rosa la Rouge » (que Lénine comparait à un aigle) passa sa vie entre les congrès et les prisons (elle en profitait pour écrire). En 1916, elle crée la ligue ***Spartakus*** (avec Karl Liebknecht), qui devient le parti communiste allemand. Révolutionnaire mais antimilitariste, harangueuse de foule et romantique à la fois, intellectuelle pure mais proche des prolétaires, Rosa marque son époque par sa personnalité hors du commun. Elle meurt assassinée à Berlin par les forces de l'ordre : son corps est jeté dans les eaux de la Spree.

– ***Helmut Newton** (1920-2004)* **:** né à Berlin, d'origine juive, il est contraint de s'exiler en 1938 et part pour l'Australie, où il commence à travailler comme photographe. En 1956, il s'installe à Paris, plus tard à Monte-Carlo. Ses photos de nus dans de luxueux décors, nimbés d'un érotisme soft, le rendent célèbre. Ses modèles révèlent une plastique parfaite mais d'une beauté glaciale. Son style provocateur, élégant et sophistiqué tout à la fois, sa maîtrise de la lumière et du noir et blanc suscitent presque une école. C'est dans le ***Vogue*** français qu'il exprime avec le plus de liberté ses fantasmes et sa vision très personnelle du monde de l'argent et du pouvoir. Il avait manifesté son désir de léguer son œuvre à Paris. Ce souhait suscita réticences, manœuvres, tergiversations et atermoiements, au point que, finalement, proposition fut faite à Berlin de la recueillir.

– Citons encore : la chanteuse ***Nina Hagen,*** le musicien électro ***Paul Kalkbrenner*** ou l'acteur ***Daniel Brühl.***

– Autres personnages qui, sans être formellement nés à Berlin, y ont vécu longtemps (ou y moururent) et imprégnèrent la ville de leur œuvre : ***Richard Strauss*** fut directeur de l'Opéra de 1898 à 1917, et plusieurs de ses œuvres majeures y ont été créées ; ***Félix Mendelssohn,*** petit-fils du célèbre philosophe et créateur de l'immortelle *Marche nuptiale,* est mort à Berlin (et enterré à Kreuzberg) ; ***Herbert von Karajan,*** le célèbre dictateur de pupitre autrichien, resta à la tête de la Philharmonie de Berlin pendant 35 ans ; les ***frères Grimm,*** collecteurs des superbes contes populaires *(Blanche-Neige et les Sept Nains, Le Petit Chaperon rouge, Hansel et Gretel...),* travaillèrent (notamment sur un dictionnaire de la langue allemande) et moururent à Berlin ; ***Robert Koch** (1843-1910),* Prix Nobel de médecine en 1905, découvrit en 1882 le célèbre bacille de la tuberculose qui porte son nom et fit toute sa carrière à Berlin...

POPULATION

En 1220, Berlin était une petite île sur la Spree de 1 200 habitants. L'arrivée des huguenots français en 1685 a donné une forte impulsion à la ville, alors peuplée de seulement 10 000 âmes. En 1747, Berlin comptait déjà 100 000 habitants. Avec l'industrialisation et le boom démographique du XIXe s, la ville a dépassé le million en 1877.

Le grand Berlin créé en 1920 par l'intégration des communes limitrophes en a fait la plus grande ville du continent européen et la 3e du monde après New York et Londres. Elle a connu sa plus grande population pendant la période nazie (1942) avec près de 4,5 millions de personnes, avant de baisser drastiquement à 2,8 millions après 1945. La population berlinoise a alors complètement changé de visage : seuls 14 % des Berlinois d'après-guerre habitaient à Berlin avant-guerre.

En 2017, près de 25 % de la population berlinoise ne possédaient pas la nationalité allemande, mais appartenaient à l'une des 190 nationalités présentes dans la capitale. Si l'on additionne les étrangers de Berlin et les Berlinois allemands ayant un « antécédent migratoire », on arrive à près de 30 % du total. Les immigrés d'origine turque représentent la plus grande population étrangère à Berlin : environ 200 000 personnes, c'est-à-dire 6 % des Berlinois, mais la moitié d'entre eux a acquis la nationalité allemande. Viennent ensuite les Polonais (57 000), les Syriens (33 000), les Italiens et Bulgares (29 000), les Russes, Serbes et Kosovars (24 000), les Roumains (21 000), les Américains (20 000), les Français (19 000), les Vietnamiens (17 000), les Britanniques (16 000), les Espagnols et les Grecs (14 000)...

Le retour des juifs

On estime actuellement la population juive à plus de 50 000 personnes, dont à peine 10 000 seraient des membres actifs de la communauté. Si les juifs sont

revenus, c'est en partie parce que l'Allemagne a fait un formidable travail d'introspection sur son passé. Mais pas immédiatement après la guerre.
D'abord sont venues les personnes déplacées, des juifs polonais fuyant le communisme et l'antisémitisme. À partir de la fin des années 1970, quand le feuilleton américain *Holocauste* fut diffusé sur la chaîne publique WDR et eut drainé une audience de 20 millions de téléspectateurs. À partir des années 1970, sont arrivés les 1ers juifs russes. Leur nombre a décuplé quand l'URSS s'est décomposée dans les années 1990, ouvrant les portes de l'émigration. Ensuite, il y eut *La Liste de Schindler* de Steven Spielberg, qui a créé un électrochoc comparable en 1993.
Résultat, on constate une résurgence de la culture juive à Berlin. *Book clubs* yiddish, musique *klezmer* et célébrations religieuses LGBT y foisonnent désormais. Des artistes, intellectuels et écrivains, y constituent une avant-garde qui veut se tenir en marge du cadre réducteur du traumatisme de la Shoah et se réclament du rayonnement culturel de leur culture au XIXe s.

SAVOIR-VIVRE ET COUTUMES

Berlin attire tout le monde : des artistes de tout poil, des intellos en quête de nouvelles idéologies, des jeunes fêtards qui viennent picoler de la bière pas chère, des étudiants en Erasmus, des paumés qui se cherchent, des jeunes diplômés polonais, espagnols ou italiens en quête de bons jobs, des ***Ukrainiens*** fuyant l'invasion russe... Bref, de tout. Et tout ce petit monde semble très enthousiaste à l'idée de vivre dans la capitale la plus cool d'Europe et de partager l'espace avec de plus en plus de touristes chaque année. Le Berlinois de base, lui, ne voit pas forcément les choses sous le même angle : la réunification a modifié la ville au point que, avec un salaire minimum qui n'a que peu évolué, il a été obligé de se loger de plus en plus loin des quartiers centraux, où les prix ont explosé. En outre, vivre avec 4h de luminosité par jour pendant 6 mois n'est pas forcément un motif pour lui remonter le moral. Toute une série de raisons qui expliquent pourquoi le Berlinois apparaît parfois à l'image du symbole de la ville : l'***ours,*** un animal plutôt bourru et mal léché.
Le visiteur s'étonne parfois qu'on ne le laisse pas sortir du bus avant d'y entrer, qu'on lui claque la porte au nez dans un magasin, qu'on le renseigne avec la mauvaise grâce d'un garde-frontière du temps du rideau de fer ou qu'on lui jette son café sur la table. Il paraît que ce tempérament cache pourtant un grand cœur, fatigué de se battre... Certains pensent que le fait d'avoir été capitale d'un État qui s'appelait ***la Prusse*** a joué une influence certaine sur ce qu'on pourrait appeler les bonnes manières.
De culture protestante, la Prusse cultivait au XIXe s les valeurs en rupture avec le catholicisme : discipline, sobriété, rigueur du système éducatif, justesse de pensée, discrétion, objectivité, etc. À l'opposé des Bavarois qui favorisaient une vision plus jouissive de la vie... Pour ceux qui passèrent 12 ans sous la bannière à la croix gammée puis 40 ans sous celle de la faucille et du marteau, pas de quoi non plus développer une joie de vivre débridée.
Mais, au final, ces plantigrades ronchons peuvent se changer en nounours affectueux, si on leur offre un pot de miel sous forme d'un sourire et d'une formule de politesse passe-partout : ***Entschuldigung, bitte*** (« excusez-moi, s'il vous plaît ») ou, plus facile à prononcer, ***Pardon.*** Et même si nombre de touristes sont attirés par la réputation festive de la ville, on peut comprendre que les travailleurs qui prennent le métro dans le froid du petit matin ne se réjouissent pas particulièrement d'y voir des gens cuver leur alcool au petit matin. Même armés du constat qu'il n'y a pas de différences fondamentales entre les mœurs de nos voisins et les nôtres, certaines de nos attitudes latines peuvent parfois les agacer. Faisons donc, nous, mentir cette fâcheuse réputation de ne pas vouloir parler l'allemand, baragouinons au moins quelques mots de base et agissons en personnes civilisées...

– Traversez la rue lorsque le feu pour piétons est au vert, et ce, même quand il n'y a pas de voiture en vue. Amusez-vous au besoin à jouer à l'***Ampelmann,*** nom donné au petit personnage qui, à Berlin, passe du vert au rouge. Et si ce petit bonhomme, devenu une vedette incontournable auprès des visiteurs, n'arrive pas à vous convaincre de suivre ses indications, des mères de famille ou des policiers s'en chargeront. On vous expliquera en effet que c'est un très mauvais exemple pour les enfants qui pourraient vous regarder ! Faire le contraire pourrait même vous coûter une amende.

– Évitez d'aborder le thème du IIIe Reich avec un inconnu ou une connaissance trop récente. Traumatisés longtemps par leur passé, les Allemands (même jeunes) restent très susceptibles sur ce point et pourraient croire à une mise en accusation directe de votre part alors qu'ils sont aujourd'hui les 1ers à remettre à plat le passé. Faites donc preuve de tact et de diplomatie !

SCÈNES ET SPECTACLES

Musique classique, opéras

Berlin est aussi un endroit privilégié pour écouter de la musique classique ou aller à l'opéra. Les représentations y sont nombreuses, et les prix nettement plus bas que chez nous. Ne partez pas de Berlin sans être allé au moins une fois à la Philharmonie (proche du Kulturforum) entendre le ***Berliner Philharmoniker*** (mondialement connu) ou passer une soirée à la ***Konzerthaus,*** son équivalent à l'Est du temps de la séparation, ou au ***Staatsoper.***

On peut acheter ses billets à l'avance directement sur place ou auprès de la hotline de réservation ***Papagena Kartenservice*** *(☎ 47-99-71-00 ; • papagena.de •).* Mieux encore, se rendre directement aux caisses le jour même, 1h avant le spectacle, à l'*Abendkasse,* où les places sont à moitié prix. De loin la meilleure solution en semaine, où il y a toujours de la place. Le week-end, essayez de prévoir un peu plus longtemps à l'avance. Saison d'octobre à juin.

Toutes ces salles permettent la vente et la réservation de vente *online.*

Philharmonie *(plan centre, D3) : Herbert-von-Karajan-Str 1, Tiergarten. ☎ 25-48-81-32. Résas : ☎ 25-48-89-99 (9h-18h ; compter 2 € de frais de résa). • berliner-philharmoniker.de • S-Bahn et U-Bahn : Potsdamer Platz. Bus nos M48 et 200. Vente sur place aux caisses (lun-ven 15h-18h, w-e 11h-14h). Possibilité de visite guidée d'env 1h les jours où il n'y a pas de répétition (☎ 25-48-81-34 ; visites en français). Pas de visites organisées en juil-août. Lunchs-concerts gratuits le mer (voir sur le site internet).* Son orchestre prestigieux offre des représentations d'une qualité exceptionnelle, avec un large répertoire d'œuvres classiques, romantiques, modernes et contemporaines. La salle a la particularité d'être circulaire, le public entourant l'orchestre. Dans le hall, tous les mercredis à 13h (sauf en été) : ***Lunchkonzerte gratuits*** d'environ 50 mn. Arriver 15 mn à l'avance. On s'assied par terre, ambiance bon enfant, on peut même grignoter un morceau. *(• berliner-philharmoniker.de/en/concerts/lunch-concerts •).*

Staatsoper *(zoom 2, F3, **360**) : Unter den Linden 7, Mitte. ☎ 20-35-45-55. • staatsoper-berlin.de • S-Bahn : Friedrichstr ; U-Bahn : Hausvogteiplatz ; ou bus nos 100 et 200. Visites guidées en allemand : 15 €.* Le plus prestigieux des 3 opéras de Berlin.

Deutsche Oper Berlin *(zoom 1, B3) : Bismarckstr 35, Charlottenburg. Résas : ☎ 34-38-43-43 et sur Internet. • deutscheoperberlin.de • S-Bahn : Charlottenburg ; U-Bahn : Deutsche Oper. Billets en ligne ou sur place : mer-sam 12h-19h (jusqu'à 1h avt le début des représentations). Réduc de 50 % aux écoliers et de 25 % aux étudiants, mais pour en bénéficier il faut réserver 1 sem à l'avance.* L'ancien opéra de Berlin-Ouest. Bâtiment moderne et sans charme, mais les représentations sont aussi bonnes qu'au *Staatsoper*. Et on peut profiter de places intéressantes à la dernière minute.

Théâtre, danse et cabarets

Au cœur de cette Europe irriguée de mille courants artistiques, littéraires, linguistiques, Berlin rayonne dans les années 1920 : l'homme un tant soit peu cultivé parle alors couramment l'allemand, le français et le russe. Le cinéma bouillonne, nombre de lauréats du prix Nobel sont allemands (Einstein, Max Planck, Thomas Mann...), peintres, metteurs en scène, architectes ou artistes de cinéma se rencontrent au *Romanisches*, légendaire café de la Breitscheidplatz... Tous les mouvements d'avant-garde de la Belle Époque sont happés par Berlin, car « qui tenait Berlin possédait le monde ». Une atmosphère merveilleusement rendue dans ***L'Ange bleu*** et dans le film ***Cabaret.*** Entre 1919 et 1932, on ne compte pas moins de 240 cabarets-théâtres.
De quoi avoir envie aujourd'hui de renouer avec ce passé de plaisirs nocturnes... Cela dit, pour profiter au maximum de ces spectacles, il faut bien maîtriser la langue, faute de quoi toute la repartie tombe à plat. Parmi les meilleurs cabarets actuels, on citera :

♩ ***Chamäleon Theater*** *(zoom 2, F2) : Rosenthaler Str 40-41, Mitte, dans les Hackesche Höfe. ☎ 400-05-90. • chamaeleonberlin.de • S-Bahn : Hackescher Markt.* Entre Paradis et Enfer, histoire de retrouver cette ambiance Années folles. Au fond de la cour d'un magnifique immeuble Art déco.

♩ ***Wintergarten*** *(plan centre, D4) : Potsdamer Str 96, Tiergarten. Résa : ☎ 58-84-33 et sur Internet. • wintergarten-berlin.de • U-Bahn : Kurfürstenstr.* Là encore, dans le « jardin d'hiver », le charme des années 1920, avec des acrobates et des clowns, et, bien sûr, des spectacles de cabaret avec « chansons ».

Courant alternatif

Die Szene *berlinoise des années 1980 à aujourd'hui*

Issue en grande partie de « l'esprit de 68 », la scène berlinoise *(die Szene)* est devenue l'un des hauts lieux de la contre-culture européenne. Mouvement multiforme divisé en tendances (Verts, féministes, thérapistes, collectifs d'artistes ou entrepreneurs fous d'autogestion, côté organisation ; squatteurs, punks, anars, côté radicalisation), le courant alternatif berlinois devint une entité lorsqu'il était question de s'opposer au conformisme bourgeois et à l'autosatisfaction du capitalisme allemand.
Cette institutionnalisation de la marginalité eut des effets pervers étonnants : pas une organisation qui ne touchait des subventions officielles. Résultat : renouvellement pauvre des thèmes porteurs et mise en sommeil de la radicalité. Les nouvelles tendances se retrouvent plutôt dans les mouvements individualistes autour du développement personnel, des nouvelles spiritualités, de la santé alternative et de l'***écologie douce***. Vivant principalement dans les quartiers de *Kreuzberg, Schöneberg, Friedrichshain* et *Prenzlauer Berg*, ces intéressants spécimens de la faune berlinoise se rencontrent dans leurs lieux de prédilection.

BERLIN SELON DAVID BOWIE

« C'est à Berlin que j'ai ressenti pour la 1re fois, depuis des années, une telle joie de vivre et une telle impression d'apaisement et de soulagement. » En 1976, 6 mois avant la sortie de son album monument Low, *David Bowie prenait tellement de cocaïne qu'il était persuadé que des esprits maléfiques lui volaient son urine. Il la planqua au frigo. Son partenaire de débauche, Iggy Pop, sortait tout juste d'un hôpital psychiatrique. Leur exil à Berlin les sauva et leur permit de poursuivre leur carrière.*

Il existe toujours une grande différence entre l'est et l'ouest de Berlin en ce qui concerne les sorties. L'Ouest est très « classique », avec le genre d'endroits qu'on peut retrouver un peu partout dans le monde. L'Est nous a paru vraiment unique et donc beaucoup plus intéressant : synthèse d'ex-communisme, d'alternatif et de modernisme ouest-allemand, il bouillonne en permanence et brille par son originalité, son foisonnement d'idées nouvelles et délirantes. Venez voir à l'Est ce que vous n'avez jamais vu ailleurs.

– Nombreux ***concerts de rock*** chaque semaine dans les salles de concert et les clubs à la mode, et grosses stars en tournée chaque mois. Pour les dates et les horaires, se reporter aux pages musique de *Tip* (voir en début de guide « Infos pratiques sur place. Adresses et infos utiles »).

– ***Scène techno :*** certains la disent en voie de normalisation. Mais des milliers d'*EasyJet-Setters* y débarquent chaque fin de semaine pour y faire la fête. Ville du rock, de l'électro underground et de la liberté d'expression, Berlin reste l'une des escales nocturnes incontournables en Europe. Berlin est tendance, sans doute parce que la tendance est à Berlin : c'est la ville où les clubs ouvrent dans les salles des coffres d'anciennes banques ou dans des piscines désaffectées. Profitez, tant qu'il est encore temps, de ce qui fait la saveur de la nuit à Berlin : son ***côté alternatif***. On ne trouve plus que rarement des squats, ces véritables labyrinthes artistiques où s'entremêlent *street art* et soirées électro intimistes.

3 choses à savoir sur la nuit berlinoise : on ne sort pas seulement pour danser, mais aussi pour écouter de la musique ; on laisse son « costard-cravate » à l'hôtel : ici, le look idéal côté *dress code,* c'est « jean – tee-shirt – baskets » ; enfin, pas la peine d'arriver dès minuit devant la porte des clubs : le bon moment, c'est 2h du matin. Avant, c'est juste une mise en jambes... Et pour bien démarrer sa nuit, direction les terrasses des *Biergarten,* entre ***Treptow*** et ***Kreuzberg,*** ou encore l'une des petites guinguettes à cheval entre la rivière et le canal de la Landwehr...

Réputée pour ses réjouissances débridées et sans tabous, la ville a subi la crise sanitaire de la Covid-19 de plein fouet. Certaines adresses ont été contraintes de se réinventer en aménageant leurs espaces en lieu d'exposition ou en lançant des campagnes de *crowdfunding* pour sauver les meubles. D'autres, trop fragiles, ont mis la clé sous la porte. En 2022, la situation est plus ou moins revenue à la normale.

Street art

Incontestablement, depuis les années 1970 et la présence de nombreux Américains, Berlin est la Mecque du *street art.* Les artistes locaux et internationaux ont pris les friches et les murs abandonnés de la ville pour terrain de jeu en les couvrant de graffitis et de fresques. Faisant preuve de nombreuses innovations et à l'aide de techniques de plus en plus sophistiquées, des artistes de tous horizons qui se sont fait depuis un nom, comme ***Bansky, Roland Brückner, Victor Ash, Blu, Eduardo Kobra, Kripoe, Roa*** ou ***El Bocho,*** se sont réapproprié l'espace urbain de manière esthétique ou même polémique en parodiant la publicité.

Sans aucun rapport avec le vandalisme, le tag, la dégradation illégale, le *street art* utilise diverses techniques comme le pochoir, le *sticker,* le collage, le *bombing,* l'affiche, le graffiti en 3D ou encore la fresque. Ces œuvres sont à découvrir dans de nombreux quartiers, mais essentiellement dans certains coins de *Mitte,* de *Kreuzberg* et de *Friedrichshain,* et non seulement sur les grands murs, mais aussi dans les impasses, les sols, les cages d'escalier et même les poteaux électriques.

Érigé pour séparer les 2 camps pendant la guerre froide, le mur de Berlin a été reconverti après 1989 en la plus grande toile vierge au monde. La dernière portion existante s'étale à Friedrichshain le long de la Spree sur 1,3 km, entre l'Oberbaumbrücke et la Ostbahnhof. Rebaptisée ***East Side Gallery,*** elle constitue, avec 118 œuvres recensées, un condensé incontournable du *street art* berlinois.

Pour découvrir ces lieux en compagnie de spécialistes, n'hésitez pas à faire appel aux visites guidées assurées par ***Vive Berlin*** ou ***Good Morning Berlin*** (voir en début de guide « Infos pratiques sur place. Adresses et infos utiles »).

SITES INSCRITS AU PATRIMOINE MONDIAL DE L'UNESCO

En coopération avec le

Organisation des Nations Unies pour l'éducation, la science et la culture

Centre du patrimoine mondial

Pour figurer sur la liste du Patrimoine mondial, les sites doivent avoir une valeur universelle exceptionnelle et satisfaire à au moins un des 10 critères de sélection. La protection, la gestion, l'authenticité et l'intégrité des biens sont également des considérations importantes.
Le patrimoine est l'héritage du passé dont nous profitons aujourd'hui et que nous transmettons aux générations à venir. Nos patrimoines culturel et naturel sont 2 sources irremplaçables de vie et d'inspiration. Ces sites appartiennent à tous les peuples du monde, sans tenir compte du territoire sur lequel ils sont situés. Pour plus d'informations : ● *whc.unesco.org* ●
Berlin et ses environs comptent 3 sites inscrits au Patrimoine mondial de l'Unesco.
– ***L'île aux Musées*** *(Museumsinsel – 1999),* au bord de la Spree, regroupe des collections archéologiques et artistiques uniques au monde. Les 5 musées, appelés à ne former plus qu'un vaste ensemble à l'horizon des années 2025, appartiennent à l'héritage culturel du XIXe s, l'époque de la prééminence d'une bourgeoisie avide de connaissances. Construits entre 1824 et 1930, ils représentent la réalisation d'un projet visionnaire qui prendra toute sa valeur dans les années à venir. Chaque musée ayant été pensé en rapport organique avec les collections qu'il abrite, leur importance se double d'une incontestable valeur architecturale.
– ***Les châteaux et parcs de Berlin et de Potsdam Sanssouci*** *(1990)* **:** le domaine de la résidence d'été de Frédéric II de Prusse couvre 500 ha de parc et compte 150 bâtiments. Édifié entre 1730 et 1916, l'ensemble des 30 châteaux et parcs de Berlin et Potsdam et du Brandebourg constitue une entité artistique exceptionnelle dont le caractère éclectique renforce l'unicité. Cet ensemble est prolongé, dans le district de Berlin-Zehlendorf, par les châteaux et les parcs qui s'étendent sur les rives de la Havel et du lac de Glienicke.
– ***Les cités du style moderne de Berlin*** *(2008)* **:** 6 ensembles de logements construits de 1910 à 1933 et qui témoignent d'une politique innovante en matière d'habitat, spécialement durant la république de Weimar, lorsque la ville était à l'avant-garde sur le plan social, politique et culturel.

les ROUTARDS sur la FRANCE 2023-2024

(dates de parution sur • routard.com •)

Découpage de la FRANCE par le ROUTARD

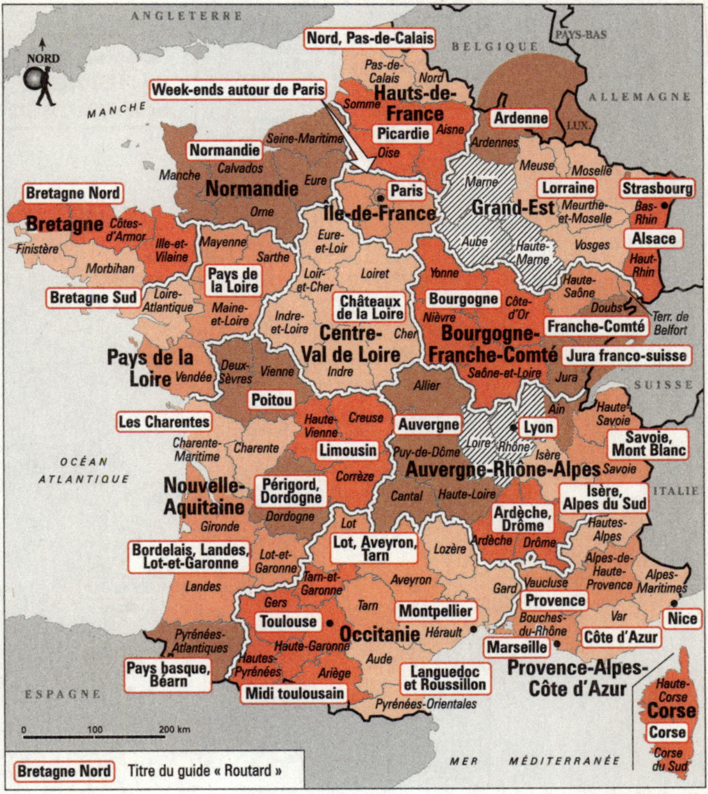

Autres guides sur la France

- Nos meilleurs campings en France
- Nos meilleures chambres d'hôtes en France

Autres guides sur Paris

- Paris
- Paris balades
- Restos et bistrots de Paris
- Le Routard des amoureux à Paris
- Week-ends autour de Paris

Le Routard à vélo

- EuroVelo6
- La Bourgogne du Sud à vélo
- La Flow Vélo
- La Loire à Vélo
- La Vélo Francette
- La Vélodyssée (Roscoff-Hendaye)
- Le Canal des 2 mers à vélo
- Paris Île-de-France à vélo
- ViaRhôna
- Les plus belles escapades à vélo en France

les ROUTARDS sur l'ÉTRANGER 2023-2024

(dates de parution sur • **routard.com** •)

Découpage de l'ESPAGNE par le ROUTARD

Découpage de l'ITALIE par le ROUTARD

Autres pays européens

- Allemagne
- Angleterre, Pays de Galles
- Autriche
- Belgique
- Bulgarie
- Crète
- Croatie
- Danemark, Suède
- Écosse
- Finlande
- Grèce continentale
- Hongrie
- Îles grecques et Athènes
- Irlande
- Islande
- Madère
- Malte
- Norvège
- Pays baltes : Tallinn, Riga, Vilnius
- Pologne
- Portugal
- République tchèque, Slovaquie
- Roumanie
- Suisse

Villes européennes

- Amsterdam
- Berlin
- Bruxelles
- Budapest
- Copenhague
- Dublin
- Lisbonne
- Londres
- Moscou
- Naples
- Porto
- Prague
- Saint-Pétersbourg
- Stockholm
- Vienne

les ROUTARDS sur l'ÉTRANGER 2023-2024

(dates de parution sur • *routard.com* •)

Découpage des ÉTATS-UNIS par le ROUTARD

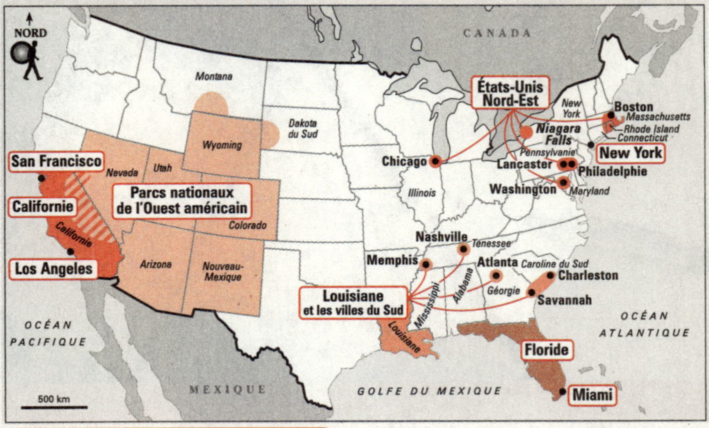

Autres pays d'Amérique

- Argentine
- Brésil
- Canada Ouest
- Chili et île de Pâques
- Colombie
- Costa Rica
- Équateur et les îles Galápagos
- Guatemala, Belize
- Mexique
- Montréal
- Pérou, Bolivie
- Québec et Ontario

Asie et Océanie

- Australie côtes est et nord + Red Centre
- Bali, Lombok
- Bangkok
- Birmanie (Myanmar)
- Cambodge, Laos
- Chine
- Hong Kong, Macao, Canton
- Inde du Nord
- Inde du Sud
- Israël et Palestine
- Istanbul
- Jordanie
- Malaisie, Singapour
- Népal
- Shanghai
- Sri Lanka (Ceylan)
- Thaïlande
- Tokyo, Kyoto et environs
- Turquie
- Vietnam

Afrique

- Afrique du Sud
- Égypte
- Kenya, Tanzanie et Zanzibar
- Maroc
- Marrakech
- Sénégal
- Tunisie

Îles Caraïbes et océan Indien

- Cuba
- Guadeloupe, Saint-Martin, Saint-Barth
- Île Maurice, Rodrigues
- Madagascar
- Martinique
- République dominicaine (Saint-Domingue)
- Réunion

Guides de conversation

- Allemand
- Anglais
- Arabe du Maghreb
- Arabe du Proche-Orient
- Chinois
- Croate
- Espagnol
- Grec
- Italien
- Japonais
- Portugais
- Russe
- G'palémo (conversation par l'image)

Livres-photos/Livres-cadeaux

- 50 voyages à faire dans sa vie **(nouveauté)**
- 52 escapades nature en France
- 52 villes coups de cœur en Europe (city trips)
- 52 week-ends coups de cœur en France
- 120 coins secrets en Europe
- 1 200 coups de cœur en France
- 1 200 coups de cœur dans le monde
- Cahier de vacances du Routard
- Expériences et micro-aventures en France **(nouveauté)**
- La France de Stéphane Bern
- La France à vélo **(nouveauté)**
- Nos plus belles balades et randos en France
- Road Trips Monde
- Road Trips en France
- Sacré : les 100 plus beaux sites de la planète
- Voyages
- Voyages : États-Unis
- Voyages : France
- Voyages : Italie

INDEX GÉNÉRAL

1840 105
25 Hours Hotel
Bikini 82
Ä 149
A-Trane 76
ABC de Berlin 41
Absinth Depot 109
Acksel Haus 135
Acud 108
ADLON (hôtel) 110
AKADEMIE DER KÜNSTE
(académie des Arts) 110
ALEXANDERPLATZ 127
ALEXANDROWKA (colonie
russe d' ; Potsdam) 195
Alexia 128
ALLIIERTENMUSEUM
(musée des Alliés) 175
Alt Berliner Biersalon 75
ALTE NATIONALGALERIE
(ancienne Galerie
nationale) 118
ALTER JÜDISCHER
FRIEDHOF
(ancien cimetière juif) 131
Altes Europa 105
ALTES MUSEUM (Ancien
Musée) 115
AMBASSADE DE LA FÉDÉ-
RATION DE RUSSIE 110
AMBASSADE
DE FRANCE 110
AMBASSADE DE SUISSE 87
AMC Arco Hotel 82
Ammazza
che Pizza 145
Amrit 104
ANCIEN MUSÉE
(Altes Museum) 115
ANCIENNE GALERIE
NATIONALE
(Alte Nationalgalerie) 118
ANHALTER BAHNHOF 155
ANOHA 155
Ankerklause 148
ANNE FRANK
ZENTRUM 131
ANTI-KRIEGS-MUSEUM 173
Apartments am
Brandenburger Tor 100
Aprilkind Berlin 163
AQUADOM & SEA LIFE 130
ARCHIVES DU BAUHAUS
(Bauhaus-Archiv) 96
ARCHIVES MUNICIPALES
(bibliothèque des) 122
Argent, banques, change 43
ART CONTEMPORAIN
(gare de Hambourg,
musée d' ; Hamburger
Bahnhof, Museum für
Gegenwart) 89
Art'otel Berlin Ku'damm 71
Art'otel Berlin Mitte 100
ARTS DÉCORATIFS
(musée des ;
Kunstgewerbemuseum) 95
Augustiner am
Gendarmenmarkt 102
AUTODAFÉ
(mémorial de l') 112
Avant le départ 41
AXEL SPRINGER
NEUBAU 153
B-Flat 108
Baba Angora 74
Babel 137
BABELSBERG 197
Babylon 108
BAND DES BUNDES
(ruban fédéral) 86
Bar de la plage
de Badeschiff 165
Bateau Ivre 148
BAUHAUS-ARCHIV
(archives du Bauhaus) 96
BEBELPLATZ 112
Bei Schlawinchen 149
BELLEVUE (château ;
Schloss Bellevue) 87
BELVEDERE AM KLAUS-
BERG (Potsdam) 194
BELVEDERE AUF DEM
PFINGSTBERG
(Potsdam) 195

BERGGRUEN (musée ; Museum Berggruen) 76
Berghain 166
BERGMANNSTRAẞE 157
Berlin Décor 109
Berlin mode d'emploi 202
BERLIN STORY BUNKER .. 156
BERLIN WALL PANORAMA (The) 126
BERLINER DOM (cathédrale) 114
BERLINER ENSEMBLE .. 134
Berliner Trödel-und-Kunstmarkt (marché aux puces) 85
BERLINER UNTERWELTEN e.V. 173
BERLINISCHE GALERIE (Museum für Moderne Kunst) 153
BIBLIOTHÈQUE DES ARCHIVES MUNICIPALES 122
BIBLIOTHÈQUE NATIONALE (Staatsbibliothek) 112
Bigoudène (La) 106
BILDERGALERIE (galerie de tableaux ; Potsdam) 193
Birgit & Bier 165
BODE-MUSEUM 121
Borchardt 102
BOTANISCHER GARTEN (Jardin botanique ; Dalhem) 178
BOTANISCHER GARTEN (Jardin botanique ; Postdam) 193
Boxhagener Platz (marché aux puces de la) .. 169
BRANDEBOURG (le) 180
BRANDENBURG AN DER HAVEL 198
BRANDENBURGER TOR (porte de Brandebourg) 109
Brasserie Zu Gutenberg (Potsdam) 187
Brauhaus Südstern 148
BRECHTHAUS (maison de Brecht) 133
BRITZER GARTEN 170
BRÖHAN MUSEUM (musée Bröhan) 77
BRÜCKE-MUSEUM (musée Brücke) 175
Budget 45
Buena Vida Coffee Club (Potsdam) 187
BUNDESKANZLERAMT (chancellerie) 87
Burgermeister 163

C

Café am Neuen See 83
Café August Fengler 141
Café Butter 139
Café Cinema 106
Café des Schicksals ... 145
Café Heider (Potsdam) ... 187
Café Krone 139
Café Küchen Zeit 73
Café Nemo (Omen) 140
Café Rix 145
Café Strauss 147
Café Wintergarten im Literaturhaus 75
Caféteria de la TU 73
Campingpark Sanssouci (Potsdam) 185
CARILLON (le) 88
Cassiopeia 167
CATHÉDRALE ALLEMANDE (Deutscher Dom) 126
CATHÉDRALE SAINTE-EDWIGE 112
CECILIENHOF (Potsdam) 196
Cèdre Blanc 73
Chalet suisse, restaurant Diekmann 174
CHANCELLERIE (la ; Bundeskanzleramt) 87
CHARLOTTENBURG (château de ; Schloss Charlottenburg) 77
CHARLOTTENBURG-WILMERSDORF (quartier de) 70
CHARLOTTENHOF VILLA (Potsdam) 194
CHÂTEAU (pont du ; Schlossbrücke) 114
CHECKPOINT CHARLIE .. 151
CHINESISCHES TEEHAUS (Maison de thé chinoise ; Potsdam) 195
CHORIN (abbaye cistercienne de ; Zisterzienserkloster Chorin) 200
CIMETIÈRE DE DOROTHEENSTADT (Dorotheenstädtischer Friedhof) 134

CIMETIÈRE DE LA COMMUNAUTÉ FRANÇAISE RÉFORMÉE DE BERLIN (Kirchhof der französisch-reformierten Gemeinde zu Berlin) 134
CIMETIÈRE JUIF (Jüdischer Friedhof) 142
CIMETIÈRE JUIF (vieux ; Alter Jüdischer Friedhof) 131
CINÉMATHÈQUE – MUSÉE DU CINÉMA (Deutsche Kinemathek – Museum für Film und Fernsehen) 90
Circus Hostel (The) 98
Clärchens Ballhaus 107
Climat 46
Club der Visionaere 165
Cocodrillo 105
COLD WAR MUSEUM 111
CORPS (musée des ; Köperwelten im Menschen Museum) 129
Cosmo Hotel 99
Coups de cœur (nos) 12
Crack Bellmer 169
CUBE (The) 88
Cuisine et boissons 203
CULTURES EUROPÉENNES (musée des ; Museum Europäischer Kulturen) ... 175
Curieux, non ? 208

D

Dachkammer 165
DAHLEM (quartier de) 174
DALLES NOIRES (les) 86
DAMENFLÜGEL (aile des Dames ; Potsdam) 192
Dangers et enquiquinements 47
Das Eis Café am Brandenburger Tor (Potsdam) 187
Das Wohnzimmer 140
Datscha 164
Datscha Park 104
DDR MUSEUM – MUSÉE DE LA RDA 129
DENKMAL FÜR DIE ERMORDETEN JUDEN EUROPAS (HOLOCAUST-MAHNMAL ; mémorial de l'Holocauste) 111
DEUTSCH-RUSSISCHES MUSEUM BERLIN-KARLSHORST (Musée germano-russe) .. 171
DEUTSCHE KINEMATHEK – MUSEUM FÜR FILM UND FERNSEHEN (cinémathèque – musée du Cinéma et de la Télévision) 90
DEUTSCHER DOM (Cathédrale allemande) ... 126
DEUTSCHES HISTORISCHES MUSEUM (musée de l'Histoire allemande) 113
DEUTSCHES TECHNIK-MUSEUM BERLIN (musée allemand de la Technique) 155
DIABLE (montagne du ; Teufelsberg) 178
Dicke Wirtin (Die) 74
DIE MAUER-THE WALL 124
Diener Tattersall 75
DOM SANKT PETER UND PAUL (Brandenburg an der Havel) 198
DOMÄNE DAHLEM 177
DOROTHEENSTÄDTISCHER FRIEDHOF (cimetière de Dorotheenstadt) 134
Drachenhaus (Potsdam) 187
Dudu 31 74
Duo, Sicilian Ice Cream 164
DZ BANK 110

E

East Seven Berlin Hostel ... 136
EAST SIDE GALLERY 167
Eastern & Western Comfort 160
Économie 208
Eden Café (Potsdam) 90
Eden Restaurant 103
Enfants 48
Environnement 211
EPHRAIM (palais) 123
Eschschloraque 108
ESPIONNAGE (musée de l' ; Spy Museum) 123
Essenza 102
ESTAMPES (cabinet des ; Kupferstichkabinett) 95
Europa-Center 85

F

Factory Girl 106
Faro 163
FERNSEHTURM (tour de Télévision) 128

INDEX GÉNÉRAL

Festsaal Kreutzberg Biergarten 165
Fêtes et jours fériés 48
FHXB – FRIEDRICHSHAIN-KREUZBERG MUSEUM .. 157
FILMMUSEUM (Potsdam) .. 189
FILMPARK BABELSBERG 197
FISCHERINSEL (île aux Pêcheurs) 122
Fischtheke 146
Flower's by Limehome 100
FLUSSBAD BERLIN 114
FONDATION HELMUT ET JUNE NEWTON (Museum für Fotografie) 79
FOTOGRAPHIE (Museum für) 79
Français à Berlin 211
Franken 149
Frannz 141
FRANZÖSISCHER DOM – HUGUENOTTENMUSEUM (Église française et musée des Huguenots) 125
Frea 105
FRÉDÉRIC II LE GRAND (statue équestre de) 112
Freischwimmer 164
FRICHE DU RAW 169
FRIEDRICHSHAIN (quartier de) 159
FRIEDRICHSTADTPASSAGEN (passages de Friedrichstadt) 126
FRIEDRICHSTRAßE 126
FUTURIUM (musée du Futur) 134

GALERIE NATIONALE (Ancienne ; Alte Nationalgalerie) ... 118
GALERIE NATIONALE (Nouvelle ; Neue Nationalgalerie) 92
Galeries Lafayette 109
GALLERY C/O BERLIN (The) 79
Garage du Pont (Potsdam) 186
Gasthaus Krombach 73
GEDENKSTÄTTE BERLIN-HOHENSCHÖNHAUSEN (maison d'arrêt centrale de la Stasi de Hohenschönhausen) 171
GEDENKSTÄTTE DEUTSCHER WIDERSTAND (mémorial de la Résistance allemande) 96
GEDENKSTÄTTE UND MUSEUM SACHSENHAUSEN (mémorial de Sachsenhausen) 200
GEMÄLDEGALERIE (pinacothèque) 93
GENDARMENMARKT (marché des Gendarmes) 125
Generator Hostel 98
Georgbraeu 103
Glaciale (Il) 140
GLIENICKER BRÜCKE (Potsdam) 195
Golgatha 148
GROßER WANNSEE 179
GRUNEWALD 176

HACKESCHE HÖFE 131
Hafthorn (Potsdam) ... 188
Hallesches Haus 147
HAMBURGER BAHNHOF, MUSEUM FÜR GEGENWART (gare de Hambourg, musée d'Art contemporain) 89
Hamy Café 145
HANF MUSEUM 123
HAUPTBAHNHOF (gare principale) 88
HAUS DER WANNSEE-KONFERENZ (Maison de la conférence de Wannsee) 179
HAUS DES LEHRERS (Maison de l'enseignant) 128
HAUS SCHWARZENBERG 131
Hébergement 49
HISTOIRE ALLEMANDE (musée de l' ; Deutsches Historisches Museum) 113
Histoire... de réviser ses classiques 212
Histoire express de Berlin 216
HISTORISCHE MÜHLE (vieux moulin ; Potsdam) ... 193
HOLOCAUST-MAHNMAL (mémorial de l'Holocauste) 111
Honigmond Garden 100
Hops & Barley 164

Hotel 26 162
Hotel 4 Youth 99
Hotel am Großen Waisenhaus (Potsdam) 186
Hotel Angleterre 144
Hotel Art Nouveau 71
Hotel Honigmond 100
Hotel Kastanienhof 99
Hotel Meininger Mitte Humboldthaus 98
Hotel NH Voltaire Potsdam 186
Hotel Oderberger 136
Hotel Zoo 72
Hotel-Pension Funk 71
Hotel-Pension Kima 71
Hotel-Pension Nürnberger Eck 82
Hotel-Pension Savoy 72
HOUSE OF ONE 123
House of Small Wonders 106
HUGENOTTENMUSEUM (musée des Huguenots) .. 125
HUMBOLDT (université) 112
HUMBOLDT FORUM 113
Hummus & Friends 103
Huong Lua 101
HUSEMANNSTRAßE 142
Hüttenpalast 144

I Due Forni 138
Il Glaciale 140
ÎLE AUX PAONS (Pfaueninsel) 179
ÎLE AUX PÊCHEURS (Fischerinsel) 122
ÎLE AUX MUSÉES (Museumsinsel) 115
Industriepalast 162
INSTRUMENTS DE MUSIQUE (musée des ; Musikinstrumenten-Museum) 95
Interview #experienceroutard 33
Intimes 164
INVALIDENFRIEDHOF (cimetière) 133
Itinéraires conseillés 28

Jäger & Lustig 165
JARDIN BOTANIQUE (Dahlem) 178
JARDIN BOTANIQUE (Postdam) 193
JARDIN ZOOLOGIQUE 80
Jolesch Café 146
JÜDISCHE MÄDCHENSCHULE 132
JÜDISCHER FRIEDHOF (cimetière juif) 142
JÜDISCHES MUSEUM (Musée juif) 153
Jugendgästehaus Am Wannsee 178
Jugendherberge Berlin International 81

KaDeWe 84, 85
Kalus 84
Käfer 86
KAISER-WILHELM-GEDÄCHTNISKIRCHE (église du Souvenir) 79
Kanaan 135
KARL-MARX-ALLEE 169
Kartoffelkeller 102
KASTANIENALLEE 142
KÄTHE-KOLLWITZ-MUSEUM 78
Katz Orange 106
Kauf Dich Glücklich 140
Kebap With Attitude ... 103
Kesselhaus 141
Keyser Soze 104
Kilkenny Irish Pub 107
KIRCHHOF DER FRANZÖSISCH-REFORMIERTEN GEMEINDE ZU BERLIN (cimetière de la communauté française réformée de Berlin) 134
Klunkerkranich 149
KNOBLAUCHHAUS 122
KOLLHOFF (tour) 90
KOLLWITZPLATZ 142
Konditorei Buchwald 84
Konnopke's Imbiss 137
KONZERTHAUS 125
KÖPENICK (château de) .. 170
KÖPENICK (quartier de) 170
KÖPERWELTEN IM MENSCHEN MUSEUM (musée des Corps) 129
Kopps 105
KÖRNERPARK (Neukölln) 158
KREUZBERG 36 (quartier de).. 143
KRONPRINZENPALAIS 112
Kuchi 104

INDEX GÉNÉRAL

Kulturbrauerei 141
KULTURFORUM (autour du) 91
Kumpelnest 3000 84
Kunstfabrik Schlot 108
KUNSTGEWERBE-MUSEUM (musée des Arts décoratifs) 95
KUPFERSTICHKABINETT (cabinet des Estampes) 95
KURFÜRSTENDAMM 79

L'Osteria (Potsdam) 186
LANDWEHRKANAL 157
Langue 51
LEGOLAND DISCOVERY CENTRE 91
Lemongrass 163
LIBERTÉ (cloche de la) 97
LICHTENBERG (quartier)......... 171
LINDENFORUM 112
Linnen 137
Livres de route 52
Lubitsch 74
Ludwig Van Beethoven Hotel 144
Luzia Bar 149

Madame Claude 148
MAISON D'ARRÊT CENTRALE DE LA STASI DE HOHENSCHÖNHAUSEN (Gedenkstätte Berlin-Hohenschönhausen) 171
MAISON DE L'ENSEIGNANT (Haus des Lehrers) 128
MAISON DE LA CONFÉRENCE DE WANNSEE (Haus der Wannsee-Konferenz) 179
MAISON DE THÉ CHINOISE (Chinesisches Teehaus ; Potsdam) 195
Malakeh 84
MANTEUFFELSTRAßE 157
MARBRE (palais de ; Potsdam) 196
Marché aux puces de la Boxhagener Platz 169
Marché bio 141
MARCHE DE BRANDEBOURG (musée de la ; Märkisches Museum) ... 123
MARCHÉ DES GENDARMES (Gendarmenmarkt) 125
Marché en plein air de Winterfeldtplatz 85
Marché turc en plein air 150
Marchés aux puces 141
MARIENKIRCHE (église Sainte-Marie ou Notre-Dame) 129
MARIONNETTES (musée des ; Neukölln)......... 158
Marjellchen 73
MÄRKISCHES MUSEUM (musée de la Marche de Brandebourg) 123
Markthalle Neun 145
MARMORPALAIS (palais de Marbre ; Potsdam) ... 196
MARTIN-GROPIUS-BAU 150
Maschinenhaus 141
Massai 138
Matrix Club Berlin 167
MAUER PARK 142
MAUERMUSEUM AM CHECKPOINT CHARLIE (musée du Mur) 152
Maultaschen Manufaktur 83
Max Brown Hotel 72
Max Fish 108
Max und Moritz 146
Médias 220
Meininger Hotel Alexanderplatz 136
Meininger Hotel Berlin Hauptbahnhof 82
Meininger Hotel East Side Gallery 160
MÉMORIAL DE L'AUTODAFÉ 112
MÉMORIAL DE L'HOLOCAUSTE – HOLOCAUST-MAHNMAL 111
MÉMORIAL DE LA RÉSISTANCE ALLEMANDE (Gedenkstätte Deutscher Widerstand) 96
MÉMORIAL DE SACHSENHAUSEN (Gedenkstätte und Museum Sachsenhausen) 200
MÉMORIAL DU MUR 132
MÉMORIAL EN L'HONNEUR DES SOLDATS SOVIÉTIQUES TOMBÉS LORS DE LA SECONDE GUERRE MONDIALE 88
Metzer Eck 137
Michelberger Hotel 162
Mikon Eastgate Hotel 99
Miniloft Apartment Hotel 100

MINISTÈRE DE L'AIR DU REICH 151
MISSING HOUSE (The) 131
MITTE (quartier de) 97
MOABIT (quartier de) 88
Mogg 104
MOLECULE MAN (sculpture) 169
Molinari and Ko 146
Monkey Bar 84
Morgenland 147
Morgenrot 139
Motel One Tiergarten 82
Motel One Upper West 71
MOULIN (vieux ; Historische Mühle ; Potsdam) 193
MUR (mémorial du) 132
MUR (musée du ; Mauermuseum am Checkpoint Charlie) 152
MUR (musée du ; Wall Museum) 168
Mur de Berlin 221
MUSÉE DE LA GUERRE FROIDE 111
MUSÉE JUIF (Jüdisches Museum) 153
MUSÉES (île aux ; Museumsinsel) 115
MUSEUM BARBERINI (Potsdam) 188
MUSEUM BERGGRUEN (musée Berggruen) 76
MUSEUM BLINDENWERKSTATT 131
MUSEUM EUROPÄISCHER KULTUREN (musée des Cultures européennes) 175
MUSEUM FÜR FOTOGRAFIE (Fondation Helmut et June Newton) 79
MUSEUM FÜR GEGENWART (Hamburger Bahnhof ; musée d'art contemporain, gare de Hambourg) 89
MUSEUM FÜR GESTALTUNG (Temporary Bauhaus Archiv) 79
MUSEUM FÜR KOMMUNIKATION 124
MUSEUM FÜR NATURKUNDE 134
MUSEUM IM BÖHMISCHEN DORF 158
MUSEUM PANKOW 142
MUSEUMSDORF DÜPPEL 178
MUSEUMSINSEL (île aux Musées) 115
MUSEUMSINSEL (station de métro) 113
MUSIKINSTRUMENTEN-MUSEUM (musée des Instruments de musique) 95
Mustapha's Gemüse Kebap 145

N

NEUE KAMMERN (Schloss ; château des Nouvelles Chambres ; Potsdam) 193
NEUE NATIONALGALERIE (Nouvelle Galerie nationale) 92
NEUE SYNAGOGE ET CENTRUM JUDAÏCUM (Nouvelle Synagogue et Centre judaïque) 130
NEUE WACHE (Nouvelle Garde) 112
NEUES MUSEUM (Nouveau Musée) 116
NEUES PALAIS (Nouveau Palais ; Potsdam) 194
NEUKÖLLN (quartier de) 143, 157
NEUKÖLLN (opéra de) 158
Neumanns Café 163
Newton Bar 107
Nhow Hotel 162
NIKOLAIVIERTEL (quartier Saint-Nicolas) 122
NOUVEAU MUSÉE (Neues Museum) 116
NOUVEAU PALAIS (Neues Palais ; Potsdam) 194
November 138
Nu 73

O

OBERBAUMBRÜCKE 168
ODERBERGERSTRAßE 142
Oliv Café 104
OLYMPIASTADION (stade olympique) 80
Omen (Café Nemo) 140
OPÉRA D'ÉTAT (Staatsoper) 112
OPÉRA DE NEUKÖLLN 158
ORANGERIESCHLOSS (château de l'Orangerie ; Potsdam) 193

Osmans Töchter 139
Osteria (L' ; Postdam) 186
Osteria Caruso 146
Ottenthal 74
Otto 138

PALAIS DE MARBRE (Potsdam) 196
Panorama Bar 166
PANORAMAPUNKT 91
Parkhotel Midi Inn 99
Pasternak 139
Patrimoine culturel 223
Paule's Metal Eck 164
PÊCHEURS (île aux ; Fischerinsel) 122
Pension Am Tiefen See/ Schiffspension Luise (Potsdam) 186
Pension Fischer 82
Pension Güntzel 71
Pension Peters 70
PERGAMONMUSEUM (musée de Pergame) 119
Personnages berlinois 230
PeterPaul 105
PETRIKAPELLE (Brandenburg an der Havel) 199
PFAUENINSEL (île aux Paons) 179
Pfefferbett 136
PFINGSTBERG (belvédère de ; Potsdam) 195
PHILHARMONIE (salle de concert de la) 91
PINACOTHÈQUE (Gemäldegalerie) 93
Pizzeria Oregano 149
Place Chichy 164
Plazebo 139
PLÖTZENSEE MEMORIAL CENTRE 96
Population 232
Poste 55
POTSDAM 180
POTSDAMER PLATZ 89
Pourboire 55
Prater Garten 140
Pratirio 74
PRENZLAUER BERG (quartier de) 135
PRINZESSINNENGARTEN 157
PRINZESSINNENSTRAßE 157

QUARTIER HOLLANDAIS (Potsdam) 189
QUARTIERS PÉRIPHÉRIQUES 170
Quasimodo 76
Questions qu'on se pose avant le départ (les) 34

RAW (friche du) 169
RDA (musée de la ; DDR Museum) 129
REICHSTAG 85
RÉSISTANCE ALLEMANDE (mémorial de la ; Gedenkstätte Deutscher Widerstand) 96
RICHARDPLATZ (Rixdorf) 157
Ristorante Garda 104
Ristorante Piaggio 175
Ristorante Totò (Brandenburg an der Havel) 198
Ritter Butzke 150
RIXDORF 157
Rocket + Basil 83
ROTES RATHAUS 129
Rotisserie Weingrün 103

Sabzi 101
SACHSENHAUSEN (mémorial de ; Gedenkstätte und Museum Sachsen-hausen) 200
Saigon Green 72
Saint-Amour (Le) 147
SAINT-NICOLAS (église) 122
SAINT-NICOLAS (quartier) 122
SAINTE-EDWIGE (cathédrale) 112
SAINTE-MARIE (église ; Marienkirche) 129
Sale e Tabacchi 147
SAMMLUNG SCHARF-GERSTENBERG (collection Scharf-Gerstenberg) 76
Samowar 75
SAMURAÏ MUSEUM 132
SANKT GOTTHARDTKIRCHE (Brandenburg an der Havel) 199
SANKT KATHARINENKIRCHE (Brandenburg an der Havel) 199
SANKT PETER UND PAUL (Dom ; Brandenburg an der Havel) 198

INDEX GÉNÉRAL

SANSSOUCI (château de ; Potsdam) 191
SANSSOUCI (Jardin botanique ; Potsdam) ... 193
SANSSOUCI (parc de ; Potsdam) 190
Santé 55
Saphire Bar 141
Savoir-vivre et coutumes 233
Scènes et spectacles 234
SCHEUNENVIERTEL (quartier du) 131
SCHIFFSHEBEWERK NIEDERFINOW (ascenseur à bateaux) .. 200
SCHLACHTENSEE 179
SCHLESISCHE STRAßE 169
Schleusenkrug 83
SCHLOSS BELLEVUE (château Bellevue) 87
SCHLOSS CHARLOTTENBURG (château de Charlottenburg) 77
SCHLOSS KÖPENICK (château Köpenick) 170
SCHLOSS NEUE KAMMERN (Potsdam) 193
SCHLOSS SANSSOUCI (Potsdam) 191
SCHLOSSBRÜCKE (pont du Château) 114
SCHLOSSGARTEN (parc du château) 78
SCHLOSSKÜCHE (cuisine du château ; Potsdam) ... 192
SCHLOSSPLATZ 122
Schönbrunn 170
SCHÖNEBERG (quartier de) 81
SCHÖNHAUSER ALLEE .. 142
Schwarzes Café 75
Schwarzsauer 140
Shaam 158
SIEGESSÄULE (colonne de la Victoire) 87
Sir Savigny 72
Sites inscrits au Patrimoine mondial de l'Unesco 237
SKALITZER STRAßE 157
SO 36 150
Soda Club 141
SOPHIENKIRCHE 131
Soup Kultur 73
SOUVENIR (église du ; Kaiser-Wilhelm-Gedächtniskirche) 79
SPANDAU (quartier de) 173
SPANDAU (vieille ville de) 173
SPECTRUM (le) 156
SPY MUSEUM (musée de l'Espionnage) 123
St Christopher's Inn Alexanderplatz 98
STAATSBIBLIOTHEK (Bibliothèque nationale) ... 112
STAATSOPER (opéra d'État) 112
STADE OLYMPIQUE (Olympiastadion) 80
Ständige Vertretung ... 101
STASIMUSEUM 172
Strandbad Mitte 107
STRANDBAD WANNSEE ... 179
Student Hotel (The) 99
Sucre et Sel 105
Südblock 147
SUDHAUS DE LA KINDL-BRAUEREI (galerie) .. 158
Sunflower Hostel (The) 160
SYNAGOGUE DE LA RYKESTRAßE 142

T

Tabac 56
Tadschikische Teestube .. 107
TECHNIQUE (musée allemand de la ; Deutsches Technikmuseum Berlin) 155
Tee.Salon.Iki 148
Téléphone 56
TEMPELHOF FLUGHAFEN 158
TEMPELHOFER PARK 158
TEMPORARY BAUHAUS ARCHIV (Museum für Gestaltung) 79
TEUFELSBERG (montagne du Diable) 178
Three Little Pigs 144
Tía Rica (La) 74
Tier 149
TIERGARTEN (quartier de) 81
TOPOGRAPHIE DES TERRORS (topographie de la Terreur) 150
TOUR DE TÉLÉVISION (Fernsehturm) 128
TRÄNENPALAST 127
Transports 57
Treffpunkt 101
TREPTOW (quartier de) 170
TREPTOWER PARK 170

Tres Tapas 141
Tresor 108

Umami 138, 163
UNTER DEN LINDEN 111
URANIA (horloge universelle ; Weltzeituhr)............................ 128
URBAN NATION MUSEUM FOR URBAN CONTEMPORARY ART 91
Ursprung – Librairie Dussmann 101

VICTOIRE (colonne de la ; Siegessäule) 87
VIKTORIAPARK 157
Villa Rixdorf 146
VOLKSPARK FRIEDRICHSHAIN 169

WALL MUSEUM (The) ... 168
WANNSEE (lac)......................... 179
WANNSEE (quartier de)........... 178
WASSERTURM 142
Watergate 166
WEDDING (quartier de) 172
Week-End Club 108
WELTZEITUHR (horloge universelle Urania).. 128
What do you fancy love ? 75
Wilde Renate 167
Winterfeldtplatz (marché en plein air) 85
Wohnzimmer (Das) 140

Yarok 103
Yorckschlösschen 149

ZEUGHAUS 113
Ziervogels Kult-Curry 137
Zille-Stube 103
ZISTERZIENSERKLOSTER CHORIN (abbaye cistercienne de Chorin) ...200
ZITADELLE 174
Zollpackhof 83
ZOOLOGISCHER GARTEN (Jardin zoologique) 80
Zosch 107
Zum Fliegenden Holländer (Potsdam) 186
Zum Schusterjungen 138

LISTE DES CARTES ET PLANS

- Berlin 6-7
- Berlin – Charlottenburg (zoom 1), *plan détachable*.. verso
- Berlin – Mitte (zoom 2), *plan détachable* .... verso
- Berlin – plan centre, *plan détachable* .... recto
- Berlin – plan d'ensemble ..62-63

Coups de cœur (nos)...........12-13
- Dahlem 176-177
- Distances par la route..............2
- Friedrichshain et Kreuzberg 36 161
- Itinéraires conseillés 28-29
- Métro de Berlin (le), *plan détachable* .... recto
- Mur de Berlin pendant la guerre froide (le)............... 223
- Potsdam 182-183

Remarque importante aux hôteliers et restaurateurs

Les enquêteurs du *Routard* travaillent dans le plus strict anonymat. Aucune réduction, aucun avantage quelconque, aucune rétribution n'est jamais demandé en contrepartie. Face aux aigrefins, la loi autorise les hôteliers et restaurateurs à porter plainte.

Avis aux lecteurs

Le Routard, ce n'est pas comme le bon vin, il vieillit mal. On ne veut pas pousser à la consommation, mais évitez de partir avec une édition ancienne. Les modifications sont souvent importantes.

Les réductions accordées à nos lecteurs ne sont jamais demandées par nos rédacteurs afin de préserver leur indépendance. Les hôteliers et restaurateurs sont sollicités par une société de mailing, totalement indépendante de la rédaction, qui reste donc libre de ses choix. De même pour les autocollants et plaques émaillées.

Avec routard.com, choisissez, organisez, réservez et partagez vos voyages !

✓ Rejoignez la plus grande communauté francophone de voyageurs : **plusieurs millions d'internautes.**

✓ Échangez avec les routarnautes : forums, photos, avis d'hôtels.

✓ Retrouvez aussi toutes les informations actualisées pour choisir et préparer vos voyages : près de 300 guides destinations, une centaine de dossiers pratiques et un magazine en ligne pour découvrir tous les secrets de votre destination.

✓ Enfin, comparez les offres pour organiser et réserver votre voyage au meilleur prix.

Les Routards *parlent aux* Routards

Faites-nous part de vos expériences, de vos découvertes, de vos tuyaux et de vos coups de cœur. Aidez-nous à remettre l'ouvrage à jour. Indiquez-nous les renseignements périmés. Faites profiter les autres de vos adresses nouvelles, combines géniales... On adresse un exemplaire gratuit de la prochaine édition à ceux qui nous envoient les meilleurs courriers, pour la qualité et la pertinence des informations.

Quelques conseils cependant :

– Envoyez-nous votre courrier le plus tôt possible afin que l'on puisse insérer vos tuyaux sur la prochaine édition.

– N'oubliez pas de préciser l'ouvrage que vous désirez recevoir, ainsi que votre adresse postale.

– Vérifiez que vos remarques concernent l'édition en cours et notez les pages du guide concernées par vos observations.

– Quand vous indiquez des hôtels ou des restaurants, pensez à signaler leur adresse précise et, pour les grandes villes, les moyens de transport pour y aller. Si vous le pouvez, joignez la carte de visite de l'hôtel ou du resto décrit.

En tout état de cause, merci pour vos nombreux mails.

122, rue du Moulin-des-Prés, 75013 Paris

● ***guide@routard.com*** ● ***routard.com*** ●

Routard Assurance *2023*

Enrichie au fil des années par les retours des lecteurs, *Routard Assurance* reste l'assurance voyage référence des globe-trotters. Tout y est inclus, même la **Covid** : frais médicaux, assistance rapatriement, bagages, responsabilité civile… Avant votre départ, contactez *AVI* pour un conseil personnalisé. À la recherche d'une attestation Covid ? Vous la recevrez automatiquement après chaque souscription. Besoin d'un avis médical, d'une prise en charge dans un hôpital ? Le plateau d'Assistance *AVI* dispose d'un vaste réseau médical à travers le monde disponible 24h/24 pour une réponse en temps réel. De simples frais de santé en voyage ? Téléchargez vos factures depuis l'espace assuré *AVI*, ils vous remboursent sous une semaine. *Le Colisée Gardens, 10, av. de l'Arche, CS 70126, 92419 Courbevoie Cedex. ☎ 01-44-63-51-00.* ● *avi-international.com* ● Ⓜ *La Défense.*

Édité par Hachette Livre (58, rue Jean-Bleuzen, CS 70007, 92178 Vanves Cedex, France)
Photocomposé par Luminess SAS (561, rue Saint-Léonard – CS 40003 – 53101 Mayenne Cedex, France)
Imprimé par Lego SPA Plant (via Galileo Galilei, 11 38015 Lavis, Italie)
Achevé d'imprimer : mai 2023
Collection n° 13 - Édition n° 01
11/5792/1
I.S.B.N. 978-2-01-722183-8
Dépôt légal : mai 2023

PAPIER CERTIFIÉ